VIVIR Y SER MEJOR EN FAMILIA

Edgar Yamil Yitani

Vivir y ser mejor en familia

Primera edición: mayo de 2017

©Editorial Calíope
©Edgar Yamil Yitani
©Vivir y ser mejor en familia
©Portada de: Alexandra Osbourne ArtWorks

ISBN: 978-84-947176-1-1
ISBN Digital: 978-84-947176-2-8
Depósito Legal: M-14317-2017

Grupo Editorial Max Estrella
Calle Fernández de la Hoz, 67
Editorial Calíope

editorial@editorialcaliope.com
www.editorialcaliope.com

Prólogo

El autor, personalmente tiene un trato asertivo, se muestra receptivo a los planteamientos pero no manifiesta e emocionalidad al tratar los temas, sino que lo hace de forma equilibrada en busca de la autoconfianza y las decisiones razonadas.

Conociéndolo así, se entiende y valora que hoy presente en esta obra una nueva serie de recomendaciones para la célula social más importante: la familia.

De manera ágil y cercana al lector, con ejemplos que todos hemos experimentado en nuestros hogares, con familiares, vecinos o conocidos, el autor nos comparte su filosofía de vida. Qué hacer, cómo hacerlo, cuándo y porque, defendiendo derechos básicos a la felicidad, el amor y al trabajo.

Pero de igual manera reconociendo derechos de otros, la individualidad, el respeto, motivando el desarrollo y aplicación de los valores éticos y morales.

Marca detalladamente el estatus ideal de las relaciones de pareja, con nuestros padres, hermanos e hijos.

Asimismo con las personas del sexo opuesto que mantenemos lazos afectivos, con los compañeros de trabajo, jefes, familiares políticos y con quienes convivimos diariamente.

Invita con sus reflexiones a pensar qué hacemos cada uno con nuestras vidas, a realizar una autoevaluación y corregir, de ser preciso.

Es un libro que poco a poco nos permite entrar y ubicarnos como protagonistas de alguna o varias de sus situaciones hasta llegar a la expresión ¡**es cierto!**, aun cuando interiormente siempre hayamos tenido conocimiento que tal o cual respuesta era la indicada, solo que hemos diluido una buena parte de las responsabilidades que tenemos dentro de la sociedad… porque resulta más sencillo hacer lo fácil que hacer lo correcto.

Vivir y Ser mejor en familia bien puede convertirse en un libro de «cabecera» para ser consultado indistintamente por mujeres y hombres de todas las edades, en todo tiempo, para compartirlo con la gente que nos rodea con la intención de mejorar la interrelación y que este buen funcionamiento del núcleo social básico trascienda para ser mejores personas y tener mejores sociedades. Es Un libro de autoayuda familiar.

El único requisito es tratar de ser feliz, en equilibrio, aplicando principios básicos para todos: respeto, honestidad, amor, seguridad, autoestima, reconocimiento, apoyo y solidaridad.

Adelante pues, es correcto decir que en la siguiente página inicia este esfuerzo por vivir mejor…

Que este tomo sea de su agrado y signifique algo positivo en sus vidas

Vivir y Ser Mejor en Familia

Debemos de entender a la humanidad, pero iniciemos por conocernos y comprendernos a nosotros mismos, pero no olvidemos que la humildad y sencillez en las personas los convierte en seres grandes.

Así mismo el repetirnos a nosotros mismos y el transmitir frases positivas en forma repetitiva, es señal de un gran día y te llegara esa vibración que se hará sentir en torno tuyo y beneficiara a todos sin distingo. Es importante el transmitir todo ello, ya que así lograras resplandecer con luz propia, alegría, optimismo, energía y con solo estar o platicar contigo, las personas sentirán bienestar, felicidad y una inmensa armonía.

Para que uno pueda enfrentar con responsabilidad la fortuna de ser madre o padre, se deben de seguir algunas recomendaciones, consejos o reglas. Estas no están escritas y tampoco son forzosas, pero sí muy convenientes, ya que nos ayudarán en la edificación y fortalecimiento de la familia y del hogar. Siempre hay que pensar positivamente y seguros de que lograremos todo aquello que nos proponemos.

Es bueno seguirlas, no porque sean obligatorias, pero sí por el hecho de que nos beneficiarán para tener una mejor convivencia, al igual que un entendimiento adecuado entre todos los miembros de la familia.

El amor no es para siempre, conservarlo y verlo crecer, es el sembrarlo con cada día y en cada oportunidad, es así como este se fortalece, crece y lo supera todo. Esto debe de hacerse no solo entre los esposos, sino también con toda la familia, porque los hijos y los padres lo requieren y necesitan.

Dentro de nosotros viven el bien y el mal, la luz y la oscuridad, depende de nosotros lo que hemos de vivir y la forma en que hemos de hacerlo.

Hoy en día, la comunicación por internet y la abundante información por diversos medios al alcance de casi todos, hace más complicadas las decisiones así como las enseñanzas.

Tal parece que los extraños se hacen más confiables para nuestros familiares que cualquiera en la familia, ya que ellos solo aconsejan y se pronuncian por posturas fáciles, mientras que uno reprime, reprende o advierte de las consecuencias. Lo que nos muestra duros y castigadores, pero si ese cuidado se perdería la esencia de la familia. Cuando tu hija o hijo te diga que eres muy duro, no te espantes, ello muestra que estas al pendiente de ellos y de que tienes interés en su futuro, ya que los padres no somos para siempre.

Se recibe tanta información y de tan diversas fuentes y personas con distintos modos de pensar y de actuar que lejos de ser una ayuda, todo ese cúmulo de datos se llega a convertir en una verdadera barrera que separa y desintegra los valores éticos, morales y las enseñanzas y costumbres familiares, generalmente, mas para mal que para bien. Porque esos grandes y equivocados consejeros carecen de estabilidad en su matrimonio, familia y relación social.

Debe de existir respeto en todos y para todos, sin importar raza, credo, edad o sexo.

Estas enseñanzas y consejos si en verdad son buenos, nos servirán para generar un óptimo ambiente familiar, a tener calidad de vida, y nos facilitarán la convivencia al interior de nuestra familia. No son malos en la mayoría de las veces, simplemente que falta la capacidad de elección y selección, para no actuar en forma equívoca, más bien se busca la respuesta que deseamos o necesitamos y no siempre la correcta, ello es lo que confunde en sí la información. Recordemos que una persona sin buena relación con su familia, nos estará ofreciendo muchas incongruencias, ya que quien no puede llevarse bien con sus padres y hermanos, difícilmente lo podrá hacer con su conyugue, hijos y parientes políticos.

Todos tenemos que aprender algo en forma diaria, porque sólo así podremos abandonar la infancia para crecer como jóvenes, alcanzar sueños y metas distintas; sólo superándonos y preparándonos cada vez más, tendremos menos errores, lo que nos llevará a contemplar la vida de manera distinta y con mayor seguridad. Todo requiere esfuerzo, entrega y dedicación, sin importar la edad o sexo.

También se requiere de una preparación básica y completa para alcanzar la oportunidad de ser universitario, debiéndose dejar atrás muchas ideas, sueños y juegos, para que esa persona estudiosa tome experiencia, recapacite, entienda, comprenda y asimile muchas otras cosas antes de llegar a ser un buen profesionista o profesional, lógicamente y más adelante, un destacado empresario o empresaria, una persona exitosa como esposo o esposa así como una parte importante y responsable en la integración de una familia. Si no se estudia, todo se puede, pero es más difícil y menos las oportunidades, hoy en día hay que prepararnos. Por ello antes de que los hijos salgan de casa, deben de aprender a trabajar y ganar su propio recurso, ello los hará madurar.

Cuando somos jóvenes, cualquier problema nos parece el fin del mundo y el término de nuestros sueños; pero ello no es así, la verdad es que no pasará nada. Hay que saber otorgar la debida dimensión a las situaciones, aprender a darnos un tiempo para nosotros mismos, permitir que los conflictos se resuelvan poco a poco, siempre conservando total calma y gran serenidad.

Antes de iniciar a leer, es importante recordar que debemos tener siempre una mente abierta, receptiva y positiva, pues ello nos hará más fácil la comprensión e interpretación de los puntos que, en forma breve, aquí iremos enunciando. Tampoco podemos perder el tiempo pensando y planeando, porque la vida pasa a cada segundo y no espera por nuestros pensamientos o acciones, recordemos que el tiempo jamás vuelve.

El que hablemos primero de las mujeres o de los hombres y que veamos las cosas desde el punto de vista de unos u otros, no es por parcialidad; se busca que se entienda que sin distingos de sexo, costumbres, educación, raza o credo, todos somos iguales. Valemos lo mismo y nadie está por encima de nadie, a menos que nosotros mismos lo permitamos.

No debemos de suponer, sólo razonar sobre lo que en verdad nos consta; ello nos facilitará la vida y evitará que lastimemos la de otros. Tampoco hay que dar las cosas por supuestas o lógicas, ya que el punto de vista de los demás puede ser diferente o simplemente igual, pero enfocado desde distinto ángulo.

La claridad en las palabras y la buena explicación de nuestras ideas, así como de lo que deseamos, es importantísimo; si tenemos dudas o ideas no bien entendidas o definidas, sólo debemos aclararlas con tiempo, oportunidad y paciencia sobre todo. Una mente fría y no actuar precipitadamente, serán siempre herramientas de gran ayuda, para tomar la decisión más correcta.

Este ejemplar no es una guía familiar, tampoco una enciclopedia de la sabiduría, simplemente son recomendaciones, consejos, recopilaciones e ideas breves que nos darán el «tip» para reflexionar, al igual que nos ayudarán a resolver algún problema o situación importante dentro y fuera de nuestro círculo familiar, aunque siempre haya muchas otras cosas que aprenderemos con la experiencia de la vida.

No existe una norma exacta para ello, más bien digamos que ésta va de acuerdo a la experiencia, educación, deseos de superación y comprensión entre cada pareja.

Aunque no debemos de olvidar que también influyen los medios que nos rodean o las costumbres dentro de las que nos educamos y vivimos. Por eso al experimentar cosas nuevas en nuestra vida, al encontrar situaciones que nos confunden, es importante preguntar con respeto, por qué de igual manera conseguiremos la respuesta, de no ser así es que estamos en el sitio equivocado o con las personas inadecuadas, aunque también pudiera ser que estamos con la actitud inapropiada y es por ello que todo lo vemos mal o de forma diferente en conjunto con todo lo que nos rodea.

Cuando alguien trata de lastimarnos es más lo que él se daña que la ofensa a nosotros; debemos recibir y aceptar lo que queremos, lo demás se perderá en el viento y el tiempo. Seamos siempre positivos, actuando bien, nos llegaran buenas cosas.

Y es que aquellos que tratan de burlarse de los demás, terminarán por debilitarse internamente al perder el respeto por sí mismos, lo que los llevará a una desesperación difícil de superar.

Recuerden siempre que «Las ofensas sólo nos dañan si queremos recibirlas, pero al ignorarlas, estas retornan a quien las esgrime». Paciencia, prudencia y sabiduría, son tres elementos que ayudaran a no cometer errores

Es como el perdón, cuando se da esperando recibir u obtener algo a cambio; simplemente no es perdón, porque pasa a ser una negociación.

Hay que reconocer que en el medio en que vivimos, todo suele ser de gran influencia y hasta la causa de muchas de nuestras acertadas o erróneas decisiones, ya que en ocasiones nos falta el valor para negar o aceptar las cosas.

Incluso la codicia, la avaricia y hasta la curiosidad, muchas veces nos llevan a que prestemos atención a cosas que no debieran ser atendidas o consideradas importantes por nosotros.

Simplemente nos confunde el impacto de las personas que nos rodean y provocan con sus actitudes o con acciones que no deseamos, lo que es muy diferente a que no nos demos cuenta de las cosas tal y como son en realidad, con la oportunidad y el tiempo que se debiera; simplemente nos dejamos arrastrar por la corriente, la cual terminará por ahogarnos.

Una de las cosas más importantes para lograr tener éxito en lo que emprendamos y deseemos, será honrar nuestra palabra. Lo que decimos es la imagen de lo que somos, por ello es importante la cultura, además de saber cómo, cuándo y en dónde hablar.

Si las palabras no son coherentes con nuestros actos, entonces no somos nada; habremos fracasado al no tener un buen cimiento que nos de la fortaleza necesaria para salir adelante.

Pero si nos esforzamos y tratamos de expresarnos con una coherencia real entre lo que pensamos, lo que hacemos y decimos, la suma de todo ello nos hará más auténticos y respetables tanto para nosotros mismos como para los demás.

Una recomendación para todos en la familia es que hagamos siempre lo mejor; iniciando por hacer, así como poner el ejemplo en todas partes y a cada momento.

Todo se resume a algo muy simple, esforcémonos por dar lo mejor de sí, respetándonos a nosotros mismos y a los demás, pues con ello no habrá lugar a reclamos o arrepentimientos.

La satisfacción personal del buen actuar es un sentimiento tan especial y valioso, que es imposible el poder resumirlo en palabras; su alcance va más allá de lo imaginado y recarga nuestras vidas de energía y esperanza.

Actuar siempre con honestidad, rectitud, honradez y sin el deseo de lastimar a los demás, hará que todo esté a nuestro alcance, esto nos simplificará la vida y por ende simplificaremos la de los demás.

Depende de las normas y criterios de cada familia, así como de cada persona, los caminos por los que habremos de andar en nuestra vida, ya sea aceptándolas o dándoles la contra con un actuar de rebeldía, actitudes que cambian de acuerdo a nuestras costumbres, tradiciones, medio, situación económica y estado emocional de los propios padres e hijos, entre muchas otras pequeñas o grandes diferencias y alternativas.

Lo más importante será que mujeres y hombres sean conscientes de lo que por lo regular exigen y esperan, que a veces es más de lo que pueden dar, sin reflexionar en ello con oportunidad, para poder resolverlo con paciencia y mente fría.

Las reglas que implementen los padres tienen mucho que ver en el desarrollo familiar, aunque no siempre la reglamentación que se dicta sea la más conveniente o acertada, ya que muchas veces esas sugerencias inquebrantables llevan a la familia a una situación sumamente difícil que provoca rupturas emocionales y afectivas, las mismas que en ocasiones llegan a sorprender a propios y extraños.

El respeto de la privacidad de cada uno de los integrantes de la familia es primordial, nunca deberá pasarse por alto. Ello es esencia de vida, esencia divina que hay que respetar y cuidar.

Son los padres quienes deben de respetarla más que nadie, mas no por ello deberán desentenderse de los hijos, de su educación, comportamientos y de sus costumbres.

Si estamos al pendiente de los hijos y de sus amistades, podremos tener una idea más clara de su comportamiento. Por ello es necesario y conveniente pasar con la familia el mayor tiempo posible, tratar de asistir a los eventos de nuestros hijos todas las veces que se tenga la oportunidad.

Los enemigos, siempre al acecho.

No dejemos que el aplauso que el hijo o la hija esperan, al igual que aquella mirada que los apoye o el grito de lucha que los impulse, provengan de extraños que a la larga se aprovecharán de ellos, esto debido a nuestra ausencia. Ya estando con ellos, es difícil evitar que los engañen o se aprovechen de sus bondades.

Tengamos presente en todo momento que siempre habrá alguien tratando de sacar provecho de los errores de los demás, aquellos que sólo buscan perturbar el ambiente familiar. Se hacen pasar por amigos y están solo al acecho.

Siempre habrá personas que no aceptan la felicidad de los demás, ya que no han encontrado la propia.

Niños y adultos tienen los mismos derechos a su privacidad, por lo que deberá de existir un gran respeto mutuo y constante. Pero hay que estar atentos a ellos.

Los hijos nacen sin saber, son como esponjas que todo lo reciben y absorben, razón por la cual los padres deben conversar sobre cada tema con ellos, educarlos de tal forma que esto sea una acción cotidiana, no una orden impuesta. La educación familiar no puede ser suplantada por ninguna otra, ya que en ella va el afecto que los hijos esperan, pero sobre todo, el apoyo que requieren.

En ocasiones se debe ser duro aunque como padres nos duela, pues hay que saber decirles no, por más amor y cariño que se les tenga, ya que de no actuar con firmeza poco a poco los hijos podrían perderse en la incertidumbre. A los hijos se les quiere por igual, pero con cada uno se tiene que participar de acuerdo a su personalidad.

Debemos demostrarles que se les quiere, pero que, por encima de todo, se les cuida, protege y se está con ellos en todo momento; pero una parte importante de ese cariño se demuestra compartiendo nuestros tiempos, actividades, sueños y aspiraciones.

A veces los hijos hacen travesuras, se pintan la cara, se ponen los zapatos de papá o de mamá, tan sólo para recibir besos, abrazos o minutos de atención. No los regañemos, con ello nos están diciendo que nos necesitan y que desean ser en un futuro como sus padres. Hay que saber ser una familia de tiempo completo.

Es una manera sutil de decir «Quiero todo lo que es tuyo y admiro lo que usas y haces». Por ello mismo, no debe importarnos si se rompió el zapato o si se manchó la ropa, es un accidente que puede pasar en casa o fuera de ella y lo veríamos como tal si a nosotros nos sucede, entonces no hay por qué golpear, agredir y mucho menos ofenderlos.

Lo ideal es compartir ese pequeño gran detalle con ellos, demostrarles que los queremos por lo que son y no por lo que se ponen o hacen. No por ello se permitirán conductas fuera de toda norma moral, ética o familiar.

Pero siempre hay que escuchar antes de regañar o castigar; a veces, lo que está prohibido resulta lo único posible y en ocasiones lo que se niega comúnmente, en momentos hay que permitirlo. Escuchemos, valoremos, pensemos y antes de actuar o hablar, recapacitemos; ello nos hará ser más justos.

La educación para los hijos se forja en casa y ésta empieza desde que ellos llegan al hogar. De ahí la importancia de lo que ven en televisión o en internet, pero también de las amistades o familiares cercanos, que con sus defectos y diversas formas de contemplar la vida, los puede desviar de la educación que se les pretende brindar, ya que esto los puede confundir y hacer vivir fuera de su edad.

Hay que estar cerca de los seres queridos y velar por su bienestar. No sólo supongamos lo que pasa o lo que podría pasar, ya que la suposición nos llevará a ver las cosas en forma distinta a la realidad. Hay que entender y comprender cada situación para tomar decisiones correctas.

El desconocimiento de la verdad nos hace inventar cosas diferentes a la realidad, por ello nacen cuentos increíbles que no sólo nos alejan de lo real, sino que nos llenan de dudas sin fundamento y sin razón de ser.

La suma de todo ello nos hará pensar en cosas que no existen o que si existen son totalmente malas, aunque tal vez en su esencia no lo sean, por lo mismo hay que estar alertas, no dejemos que las suposiciones, la mentiras y el engaño envenenen nuestro espíritu, tampoco que nublen nuestra mente y visión para que así, y sólo con lo que es cierto, podamos manejar un juicio verdadero y justo. Lo mismo debemos de cuidar en nuestros hijos.

La separación entre los padres, así como el que los hijos vivan más tiempo con uno que con otro, provocan vacíos sentimentales, separaciones afectivas y comportamientos distintos a los esperados. Nuestras ideas se confunden, tratamos de encontrar culpables a la situación que vivimos, sin reconocer que muchas veces la precipitación en una decisión para formar una familia, es lo que inició todo ello.

Cuando llega la separación de los padres, hay que ser lo suficientemente maduros, para hacerla de una manera sana y que afecte lo menos posible a los hijos. No hay que negarles la oportunidad de convivir con el padre o la madre, ya que ello los daña y desconcierta. Esto solamente es válido cuando alguno de ellos tiene comportamientos erróneos de paternidad, depresivos, agresivos o suicidas.

Un mal padre o una mala madre no debe de estar con los hijos, y en ningún caso el cónyuge que los tiene en su cuidado y custodia debe de envenenarlos en contra de quien fuera su pareja; ello afecta demasiado a la familia y causa descontrol, inseguridad, temor y rabia en los hijos.

No es porque seamos malos hijos ni tampoco por las influencias, en ocasiones simplemente somos arrastrados por el afecto, el cariño y la amistad que nos apoya y fortalece en la ausencia del amor y el respaldo que anhelamos. Esto es algo muy importante para entender los comportamientos, sobre todo cuando los hijos viven en escuelas, academias, universidades o internados, lejos del hogar y de la familia; si bien es caro o complicado estar en contacto con ellos, es muy necesario para que la familia no se desintegre.

Lo mismo acontece cuando los matrimonios se separan y los hijos se ven involucrados, de un momento a otro, entre con quién ir a vivir y con quién contar y cómo debemos de comportarnos con uno y con otro para no lastimar a ninguno de los miembros de nuestro clan. El resultado será un desajuste emocional que conducirá a los hijos a que se busque un amor, cariño o afecto inmediato y mucho menos complicado, por lo que seguramente terminarán por unirse al menos indicado o simplemente para vivir una aventura que no siempre los llevará a un buen fin.

Por desgracia hoy en día observamos que de los matrimonios con desajustes y desavenencias, surgen familias con complicaciones y problemas que les llevarán a edificar hogares de madres y padres solteros, separados y divorciados, con lo que dañamos a nuestros hijos y parejas, tanto o más que a nosotros mismos, al perder de vista la importancia de la unión familiar en la educación y formación de los hijos.

Por ello es que a veces los hijos buscan el calor de otra familia, ya que no lo encuentran en la propia, lo que afecta a padres e hijos por igual.

Cuidado, aquí los terceros o familiares resentidos suelen sembrar confusión e intriga, incluso recurren a los artificios de magia, espíritus y hechizos; lo cual en verdad solo sirve para separar mas a las familias y confundirlos; sin brindar ninguna solución.

Las conveniencias por encima de las responsabilidades.

Actualmente existen infinidad de hombres que tienen miedo a convertirse en padres, además de cumplir con un compromiso familiar. Por lo que el tener hijos les asusta, y si estos existen, tratan de no hacerse cargo de ellos, esperando a que estos tengan más edad, aguardando a que pasen las etapas infantiles y de mayor cuidado con las madres, para después tratar de llevárselos.

Esta es una acción triste y baja que no demuestra ningún amor por los hijos ni el deseo de asumir responsabilidades, pero que habla de conveniencias propias y de conformismos a cambio de tener un mayor patrimonio y objetos materiales. Aunque la mayoría de las veces, no logramos conseguir amor o compañía, sino tan sólo causar la desintegración en la familia.
Recordemos que el amor verdadero no se compra, ese se gana esforzándonos con cada día, con detalles, buen trato, con una sonrisa, con un abrazo sincero, afectuoso y de muchas otras maneras.

Es común que los hijos ya conscientes de la separación de los padres y del sacrificio realizado por uno de ellos, no acepten ayuda alguna, ni mucho menos la cercanía del otro que se fue y que los dejaron en el olvido, sin protección alguna durante la etapa de su niñez.

Ya que su cercanía les trae más molestias que satisfacciones y con ello tampoco se borran los sentimientos adquiridos por el olvido y el distanciamiento.

Por ello, el mejor consejo es que debemos ser responsables tanto hombres como mujeres, haciendo nuestro mayor esfuerzo por el bienestar de los hijos. Tratemos de frecuentarlos lo más posible en los casos de separaciones, ya que ello levantará la seguridad en los pequeños, los ayudará a tener una vida normal y armónica. Cuidemos de no afectar la vida, que ahora intenta vulnerar nuestra anterior pareja.

Sin ofender, menospreciar o culpar a nadie de la situación que ahora se vive, pues eso sólo serviría para alterar la tranquilidad y el desarrollo familiar, es tiempo de reflexionar la manera en que como individuos, podemos contribuir al fortalecimiento de la familia como núcleo vital de la sociedad.

Quizás el resultado de lo que nos está tocando vivir no ha llegado tal y como lo esperábamos. Las cosas o los comportamientos de las personas son muy distintos a lo que se deseaba, mas no por ello debemos de sentirnos culpables o responsables.

Respetar la voluntad de cada persona es una cualidad invaluable que no debemos perder en ningún momento y bajo ninguna circunstancia.

Cada quien tiene derecho a vivir la vida en la forma que más le plazca y le satisfaga, lo que en ocasiones nos lleva por caminos erróneos al cometer faltas sustanciales contra la ética y moral recibidas. También hay que considerar que, ya metidos en el camino de la juventud, debemos agotar los ímpetus de la aventura para que, terminada la travesía, se edifique con seguridad y sin dudas la familia que siempre se ha deseado. No queramos vivir como solteros cuando ya estamos casados y tampoco queramos ser casados que buscan aventuras juveniles, lo que más bien corresponde a los solteros.

Así vemos que hombres jóvenes andan con mujeres mayores y –al contrario– mujeres muy jóvenes con hombres maduros. Ello no debe de asustar a nadie, simplemente son situaciones que pasan, que se dan y que a veces no se pueden evitar. Lo más probable es que éstas sean relaciones pasajeras y no prolongadamente estables; sin embargo, para todos significa una experiencia distinta y agradable, aunque no siempre tenga un buen final.

Tomemos en cuenta que la gran diferencia de edades (cuando ésta sobrepasa los treinta años) provoca que uno de ellos alcance la vejez mucho antes que el otro, lo que produce dos mundos distintos en el mismo hogar, situación que sólo con mucho amor, cariño y respeto, se podrá superar. De no ser así, nacerá el engaño, la separación, los reclamos y el distanciamiento.

Debo reconocer, porque conozco muchos casos donde hay diferencias de hasta cuarenta años–, en los cuales las cosas caminan con éxito, gran amor y profundo respeto. Pero sobre esto comentaremos más adelante, y con mayor profundidad en el siguiente texto. Ya que hace falta mucha madurez e inteligencia, así como una sobrada prudencia entre la pareja.

De la misma manera, hoy en día existen muchas parejas formadas por homosexuales, quienes luchan por sus derechos como cualquiera de nosotros. Ello no los convierte en unos monstruos, no los hace malos o buenos, son como todos y cada uno de nosotros, sólo que con distintas formas de pensar, amar y convivir, como ya lo veremos en las páginas siguientes.

Si bien muchos vivimos en forma muy distinta, también pedimos respeto para lo que eligen una línea o una diferencia. Desgraciadamente el comportamiento erróneo de algunos humanos que son heterosexuales o bien homosexuales les ha creado una nota de reproche a muchos grupos en la mayoría de las sociedades de todo el mundo. Equivocadamente muchos cometen el error de considerar a personas de un mismo género, como personas con relaciones cortas, entregadas y capaces de llegar a puntos críticos y severos por el cariño hacia su pareja, olvidándose de las consecuencias de sus acciones. Algo que no nos parece justo, ni exacto. Por ello seamos prudentes con nuestras palabras y acciones, ya que la palabra deja una herida que nunca se borra.

La Homosexualidad.

La palabra por sí misma es extensa en significado, para muchos los define dentro de la homosexualidad algunos puntos muy importantes como lo son entre otros: la palabra **Gay** (sustantivo o adjetivo) la cual es una manera de uso actual para designar correctamente a los sujetos homosexuales masculinos, es decir a los hombres que de alguna forma o por algún comportamiento muestran declarada inclinación hacia la relación erótico–afectiva entre individuos de su mismo sexo (Hombres Con Hombre). Muchos de los conceptos relativos a la orientación sexual, llámese, heterosexual, homosexualidad, bisexualidad, o como se le quiera decir o llamar por la forma de enfocar o señalar se confunden a veces entre sí, sobre todo por falta de una buena y real información.

Cabe señalar y para dejar muy en claro esta situación, que la principal o mayor diferencia entre las denominaciones «hombre homosexual» y «gay» (que hasta los años setenta significaba alegre o divertido en inglés) es que este último vocablo es un término positivo, importado del inglés y elegido originalmente por la propia comunidad gay de la ciudad costera de San Francisco, California en la Unión Americana de Norteamérica.

Por lo que es un vocablo auto asignado a sí mismos y mediante el cual la comunidad y sus integrantes no se sienten de alguna forma o manera denigradas, sino más bien únicamente identificadas.

Mientras que Homosexualidad es un neologismo que originalmente en inglés tenía connotaciones negativas relacionadas con una patología, enfermedad o tara.

El cual fue acuñado en el año de 1869 por el conocido escritor austriaco Karl–María Kertbeny y que fue de alguna forma popularizado más tarde por el psiquiatra alemán Barón Von Kraft–Ebbing.

Por todo ello, antes de hacer juicios al aire o de criticar o etiquetar a las personas, recordemos que los fetos durante las primeras siete semanas de vida carecen de sexo y es a partir de esta semana que sus organismos se van definiendo y tomando las características de su futuro sexo.

Las variantes que se traen al nacer, que son diversas y abundantes, así como los circuitos electromagnéticos de energía vital de cada persona, no fueron escogidas o seleccionadas por los padres, ni por el mismo feto en forma directa; la naturaleza y sus efectos y consecuencias del tipo de vida emocional son un ingrediente que reacciona y funciona libremente y no es una regla.

Por ello sería injusto señalar un responsable directo, puesto que no siempre se puede saber en qué momento se dio el cambio radical en la persona, sea hombre o mujer.

En países hispanohablantes, la palabra «Gay» se refiere casi exclusivamente al género masculino, especialmente a aquellos que aceptan su género biológico; por lo mismo no se aplica al que se auto considera transformista, travesti, heterosexual, transexual y otros grupos que se hacen llamar fuera del armario como ahora se acostumbra decir sobre aquellas personas que siendo homosexuales, lo han mantenido oculto por años.

Sin embargo, muchas de las veces se les confunde y ello los lastima y hasta ofende, lo que sucede más por desconocimiento que por el deseo mismo de causar molestia. También suele usarse en algunos países para designar o calificar al género femenino; para evitar confusiones se suele hablar de «Gays y Lesbianas», aunque para muchos estas son solo algunas interpretaciones de esta expresión, lo que resulta más que redundante.

Las palabras amanerado, afeminado, de suaves movimientos, caderita andante, etcétera, sobre todo en los países latinos, se utiliza más bien a manera de un despectivo o insulto grosero que más daña que identifica y no por ello con los significados del nombre «homosexual».

Así que podríamos decir que al pretender ofenderlos, solo dejamos ver nuestra ignorancia y desconocimiento. Respetémoslos y nos estaremos respetando a nosotros mismos. Cada persona tiene derecho a tomar sus decisiones, incluyendo sus preferencias sexuales y forma de vida.

Lesbianismo es una palabra mejor utilizada cuando se habla de homosexualidad en las mujeres, mas no por ello a veces resulta bien asignada. Tengamos en cuenta que es un término comúnmente empleado en el último siglo en el idioma español, con la finalidad de hacer una referencia más exacta a la homosexualidad femenina, la cual es también una manera más actual para designar correctamente a los sujetos homosexuales femeninos, digamos, a las mujeres que de alguna forma o por su comportamiento muestran declarada inclinación hacia la relación erótico–afectiva entre individuos de su mismo sexo (Mujeres con Mujeres).

Lesbiana es un vocablo de dominio popular y el cual se emplea al hacer referencia de una mujer que es homosexual, es decir, una mujer que se identifica a sí misma, o a la que otros caracterizan, por su clara y afirmada preferencia y deseo sexual, amoroso o romántico hacia otras mujeres.

Aunque no en todos los casos se reúnen estos elementos ya que también las hay bisexuales, es decir, que gustan de compartir, convivir y tener sexo con ambos géneros. En estos casos como también en el de los varones, ya que la pareja juega papeles de masculinidad y femineidad, a veces hasta sin darse cuenta.

Por ello a las mujeres que se les ve más hombrunas se les considera (equivocadamente) el varón en la relación y a la más femenina, se le sigue considerando la parte hembra en la relación. Aunque también hay parejas que gustan de intercambiar los papeles y va mucho más allá de todo esto en sus relaciones.

El claro concepto de lesbiana que actualmente es empleado para señalar y hacer la notoria diferencia sobre las mujeres que por deseo propio y sin presión, buscan y comparten una muy marcada orientación sexual, un resultado del siglo XIX. Aclaremos que esta conducta, ya existía desde hace miles de años y que ha sido practicada por numerosas culturas a lo largo de la historia, como sucedía entre los griegos, romanos y en Europa en la edad media. Incluso Sodoma y Gomorra se narra fueron destruidas por la perversión y la pérdida de valores al caer en una desviada orientación sexual.

Aunque siempre fueron más celosas las mujeres, al resguardar estos comportamientos y dejar menos de sus evidencias públicas. Sin embargo, es en el pasado siglo, que la palabra lesbiana ha comenzado a sonar más fuerte y con un significado más claro y mejor definido al describir con mayor exactitud a este grupo de personas. Que al igual que cualesquier otro, merece nuestro respeto y trato igualitario.

Los primeros sexólogos basaron sus caracterizaciones de las lesbianas en sus creencias de que las mujeres que desafiaban sus estrictamente definidos roles de género estaban mentalmente enfermas. Pero entonces que sucede con los hombres que reaccionan igual; están todos ellos también trastornados. Fue entonces que decidieron aclarar y dar a cada quien su particularidad y libertad de acción y comportamiento, sin que por ello se diga que están afectados en su salud mental. Volvemos al hecho de que simplemente son comportamientos y variables del género humano, que no pueden ser manejados a la ligera.

Hace apenas unas decenas de años, un grupo de sexólogos en todo el mundo publicaron sus observaciones sobre el deseo y conducta hacia personas del mismo sexo y fue cuando por primera vez distinguieron a las lesbianas en la cultura occidental como una entidad distinta al de los gays.

Como resultado de estos estudios y aseveraciones, las mujeres que se dieron cuenta de su nuevo estatus médico, no se paralizaron, sino que conformaron una especie de subcultura bajo la sociedad misma, tanto en Europa como en Norteamérica.

El término lesbiana fue ampliado en la década de 1970 con la influencia de la llamada segunda ola del feminismo mundial y desde entonces se les da una clara y muy distinta identificación.

Pero hay que reconocer que a todas ellas lo que más les afecta como lesbianas, es la forma en que son percibidas por todos los demás, ya que las denigran o separan socialmente en muchos lugares del mundo y sobre todo hay que tomar muy en cuenta su real forma de sentir de cómo es que se perciben a sí mismas todas ellas, ya que algunos grupos de mujeres aún hoy en día y que realizan conductas homosexuales, pueden y rechazan enérgicamente la identidad lésbica por completo, y rechazan también el definirse a sí mismas como personas lesbianas o bisexuales

Esto se debe en mucho a que han sido practicantes ocasionales o no convencidas de sus alcances y regresan a su vida heterosexual y buscan ser madres y esposas. Aunque muchas otras se sostienen en sus ideas y aun así son madres que conciben y crían, mas no por ello aceptan a los hombres, por lo que continúan sus relaciones personales y sexuales exclusivamente con mujeres, pero con la idea de procrear y tener familia. Digamos que para ellas, los hombres son solo ocasionales y muchas ni así los aceptan.

Desde entonces los historiadores han reexaminado cuidadosamente las relaciones entre las mujeres, y cuestionan qué es lo que hace que una mujer o una relación entre ellas pueda calificarse lo suficiente para llamarlas lesbianas, porque ante tantas inconformidades y diferencias de comportamiento y forma de pensar y sin que hasta la fecha exista una regla exacta y sostenible, no se les puede encajonar a nuestro gusto y deseo.

Por ello sin lugar a dudas que el resultado de este estudio, ha introducido principalmente tres componentes, pero no únicos a la hora de querer identificar a las lesbianas: afirmándose que puede existir una conducta sexual, deseo sexual o una identidad sexual clara.

Sobre todo que estamos en medio de una sociedad que durante décadas ha vivido intrigada y sintiéndose amenazada por las mujeres que desafían los roles de género, y no aceptan ni aceptaran ser encajonadas en un grupo distinto al que ellas han seleccionado, así como fascinadas y asombradas con las mujeres que se relacionaban románticamente con otras mujeres y se exponen al mundo abiertamente sin importarles en que grupo se les acomode, ellas su vida y el mundo la suya.

Sin embargo, hasta la fecha, las mujeres que adoptan la identidad lésbica comparten experiencias difíciles que conforman un panorama similar al de la identidad étnica: como homosexuales, están unidas por la discriminación y el rechazo potenciales que sufren por parte de sus familias, compañeros de trabajo, vecinos, amistades y muchos otros, que las atacan y no se muestran, o que se muestran y destilan odio o pasión por ellas.

Como mujeres actuales, tienen preocupaciones distintas a las de los varones. Las condiciones políticas y las actitudes sociales también continúan afectando la formación de relaciones y familias lésbicas, por lo que las mujeres están manejando sus relaciones con una gran inteligencia, la cual debemos de admitir.

No obstante, no todos son lo que dicen ser y hay quienes viven con una cara y defienden determinadas situaciones morales aunque por detrás esto no sea lo mismo que hacen, ni tampoco lo que acostumbran y deseas dañando con ello a su comunidad.

Hablar sobre si es bueno o si es malo este modo de actuar, es algo en lo que en este momento no vamos a adentrarnos, ya que la idea de este ejemplar es la de crear unión entre la familia y los seres queridos, no tratar de crear abismos o separaciones, ni tampoco de aprobar o sentenciar las conductas de unos o de otros. Nuestro deseo e intensión es que si existen homosexuales en las familias, se pueda llegar a convivir con ellos respetando sus creencias, costumbres y preferencias, siempre que ellos también respeten, se comporten con moral y en forma correcta con cada uno de los integrantes de la sociedad.

Desafortunadamente hay quienes viven en el núcleo social y han abusado de la buena fe de las familias y de otras personas, al grado de aprovecharse de las mismas. Por ello la desconfianza y tantas dudas o señalamientos.

A quienes no les guste convivir con ellos, es importante que se mantengan alejados, mas no por esta razón se debe humillar, ofender o denigrar a las personas por sus preferencias sexuales. La homosexualidad no es algo nuevo, desde hace miles de años se tiene clara cuenta de su existencia y de cómo cada sociedad la ha enfrentado en cada época.

La bisexualidad viene también desde mucho tiempo atrás, ello tiene una razón de ser, sólo que a nuestra sociedad aun le cuesta comprender y aceptar su comportamiento, aunque casi siempre todo está al alcance de una fácil decisión que con un poco de voluntad, podría permitir que se logre la solución para quienes tienen esta preferencia.

Para muchos es algo natural, pues se cree que esta condición se trae desde el nacimiento, a otros que se les desarrolla durante la niñez y la adolescencia, mientras que para algunos esto podría ser por el simple deseo de cambiar de sexo o cometer actos fuera de su comportamiento natural, influenciados en ocasiones por los amigos, los deseos reprimidos, las drogas y el alcohol.

Déjenme subrayar que la homosexualidad nada tiene que ver con la prostitución o el abuso de menores por lo que no hay que confundir las ideas y menos aún dejarse llevar por los engaños y las difamaciones. Aunque a veces lo que confunde es el comportamiento equivocado de alguien en la comunidad que lejos de ser un homosexual, es algo mucho muy distinto.

Dentro de las formas de respeto necesarias que debemos observar, está la autonomía personal de cada uno de los integrantes de nuestra familia y sociedad; de esta manera al respetarlos, ellos nos respetarán.

Si bien debemos de apoyar a todos sin esperar recibir nada a cambio, entendamos también que no hay que hacer por los demás las cosas que ellos deben realizar por sí mismos, esto sólo provocará confusiones en el comportamiento pudiendo caer en el típico error de querer para los demás lo que en verdad queremos para nosotros mismos. Así ellos no estarán satisfechos, ni nosotros habremos alcanzado nuestras metas.

De ahí una frase que acostumbro a decir en mis pláticas:
«Cuidado con lo que deseas, porque puede ser lo que más te dañe».

Es fácil hacer críticas y recomendaciones pero éstas deben ser ciertas y sencillas, de provecho real. Siempre buscamos que los demás hagan lo que ni uno hace por sí mismo, de ahí el hecho de recordar que no debemos hacer a otros lo que no queremos para nosotros, ni tampoco exijamos lo que no podemos dar.

Casi siempre se piensa que lo que se pide o se acepta, es lo justo y correcto. Pero para tener una mejor idea de todo ello, es necesario que lo adaptemos a nosotros mismos.

Digamos: «Me gustaría que lo que le estoy pidiendo a mi novia o novio, se lo pidieran a mi hija o hijo», «Me gustaría que así trataran a nuestra hija o hijo», si creemos que es justo y correcto está bien, pero si pensamos que es un exceso o un abuso, entonces estamos pidiendo de más o en forma injusta.

A veces no nos damos cuenta y cometemos errores, pero corregir no cuesta y si resuelve en favor de todos.

En todos los grupos sociales hay gente buena, mala, sana o mentalmente enferma, quizás lúcida o con pensamientos vagos, complicados y casi siempre limitados; eso no lo podemos cambiar, necesariamente tenemos que aguardar, analizar y comprender, para decidir después qué es lo que se debe hacer. Esto significa proceder de acuerdo a la realidad en que ellos y nosotros vivimos.

Pero como en cualquier otro grupo social, uno debe de extremar cuidados y precauciones para con todos, no sólo para con los hijos, sin que por ello se pretenda ofender, denigrar o desacreditar, a quienes nos rodean.

En esta vida hay de todo, simplemente hay que saber dónde, cómo y cuándo colocarnos, para lograr alcanzar nuestros intereses.

Lo nuevo y llamativo, así como lo prohibido, suelen ser lo más destructivo.

Todos tenemos la misma oportunidad de vida, cada quien la utiliza a su manera y educa a sus hijos en la forma que vislumbra como la correcta y adecuada. Pero a veces, nos encontramos con que a los varones les agradan los hombres y a las hembras las mujeres; esos cambios hormonales ya los trae la gente desde que nace, en otras ocasiones por la influencia de personas con esas actitudes y muchas más, por el deseo de querer probar y saber que se siente lo prohibido. Lo cual no solo aplica para el sexo, sino también para los actos fuera de la ley y el orden moral o social o en todos ellos.

Invariablemente se cae en el camino distinto y se desvían las rutas trazadas, porque resulta alentador el llamado de lo nuevo, lo desconocido y quizás, por el hecho de ir en contra de lo que conforma la ética, la reglamentación de la sociedad o la familia, aunque en realidad no exista un sustento válido y real para ello; sin embargo –al fin humanos–, hacemos todo lo posible por intentar lo nuevo, aunque de antemano sepamos que habremos de equivocarnos.

Muchas parejas no se dan cuenta de que su comportamiento en el matrimonio, se verá reflejado de forma perceptible y abrumadora sobre los hijos. Así, el niño o la niña puede llegar a presentar conductas como aquella en la que se detesta a los hombres o a las mujeres, pues no conciben la forma de detener o controlar cuando ven a su padre o madre ofender, denigrar o golpear a su abuela, madre, hermanos o tíos, así como a los propios hijos.

Simplemente su mente se confunde y el rechazo a esas acciones es lo que los lleva a repudiar casarse, para no hacer el mismo daño del que su padre o madre fueron objeto o simplemente para no parecerse a quienes les dieron la vida. Esto obra e influye en ambos sexos y de distinta manera.

Cuando personas tan importantes en la familia como los padres o esposos, las madres o esposas son gritonas, mandonas, ofensivas, agresivas por cualquier detalle o comentario, es decir, cuando sólo buscan el más mínimo pretexto para agredir a sus familiares, se produce un desconcierto e inestabilidad emocional.

Lo mismo sucede en el caso de madres o padres adoptivos que son agresivos, simplemente se repite dicho comportamiento, ya que con este tipo de actuación sólo amedrentan a los hijos que como tienen distintos caracteres y temperamentos, suelen con ello desequilibrarse en su concepción sobre la vida y las personas. En ocasiones son los hijos quienes repudian como varones a las mujeres y como mujeres a los hombres o a las mismas mujeres, ya que no se saben defender y no ven que estas relaciones les puedan dar la estabilidad a su vida futura. Por ende prefieren a alguien de su mismo sexo, ya que no desean una continuidad de maltrato.

Estos niños y jóvenes de ambos sexos, los cuales no todos nacieron así, sino que en muchas ocasiones las circunstancias psicológicas, emocionales o de reproche, pudieron ser factores determinantes para llevarlos a ser lo que son o a pensar de la manera en que lo hacen. Acciones que a veces los acercan a su mismo sexo o al sexo contrario, dependiendo de cómo quién se quiere ser o de cómo a quién queremos representar el resto de la vida. En todo esto, la educación familiar influye de gran forma. Estar cerca de los hijos siempre será de gran ayuda. Por ello en algunas partes de nuestra obra, reiteramos las ideas y conceptos, a fin de que se retomen en conciencia nuevamente, después de haberse adentrado aún más en la lectura y en una amplia comprensión.

Hombres y mujeres corren los mismos riesgos a cualquier edad. Todos estamos expuestos a variaciones graves y problemáticas, sin embargo, se debe luchar en todo momento para poder salir adelante, sin olvidarnos de que ante El Ser Supremo, todos somos iguales sin distingo alguno.

Muchos de los problemas que sufre la sociedad, se deben a que las presiones que sienten los jóvenes al vivir los divorcios de los padres, incluso las carencias económicas, los tratos injustos o inmorales, así como los abusos, son demasiadas al ir en contra de la moral familiar y personal de los individuos. Si a ello le sumamos que la ayuda es poco adecuada y profesional para tratar de aminorar dichos problemas, además de que la educación es en parte incompleta e inadecuada (tanto en la escuela como en el hogar), todo ello da como resultado una vida caótica de la que querríamos salir sin importar el costo.

Muchas veces los psicólogos carentes de ética tratan de sacar provecho a las confesiones de sus pacientes, por ello hay que estar siempre pendientes de la familia y de uno mismo, para que no usen en nuestra contra las confesiones y secretos, cuando algún miembro de ésta, pueda estar siendo sometido a este tipo de tratamientos.

De ahí que algunas mujeres quieran ser hombres o comportarse como tales, y muchos hombres prefieran ser tratados como mujeres y vivir con la femineidad de ellas en una vida de complacencia, armonía y sueños hechos realidad, tan sólo para demostrar a sus padres que estaban equivocados con sus exigencias y enseñanzas, que el cónyuge de su padre o de su madre era bueno, sólo que nunca supieron darle el trato adecuado en lo afectivo.

Mujeres y hombres son quienes esgrimen este tipo de papeles que los hace ser hombres sintiéndose mujeres o mujeres que sienten que son hombres en la relación con una dama o un hombre; simplemente, porque no están a gusto con lo que son o porque no han logrado lo que desean. Por ello a veces el cambio no se debe tan sólo a exigencias hormonales del organismo, sino a una urgencia de liberación y expansión que exige y requiere la mente.

Pero como esto pueden existir muchas razones, variaciones, resultados y para todas ellas se tienen explicaciones distintas, de las cuales, algunas no las comprendemos, pero que sin embargo existen, pues se trata de problemas psicológicos que cambian la ruta de nuestras vidas en ocasiones sin darnos cuenta. En otros casos, es porque la curiosidad los llevó a ello y después ese hecho de hacer lo prohibido, los llama a seguir haciéndolo, aun sabiendo que no es lo correcto, simplemente porque ahí se encuentra lo que no se esperaba y que tal parece llena las expectativas de cambio en la vida de las personas.

Los padres no son siempre los culpables, también influye enormemente el medio que los rodea y que puede apoderarse de ellos, aún más cuando la diversión cae en excesos permitiendo libertades (que bajo la influencia del alcohol, las drogas y los abusos sexuales), los desconecta de la realidad y los lleva a límites que no aceptarían en un estado normal. Este podría ser el principio de un desajuste mental y emocional sumamente grave del que cuesta salir, simplemente porque no se tiene la orientación ni el apoyo necesario para lograrlo.

De ahí se derivan presiones, cuestionamientos, rebeldías, caprichos, dudas, deseos de conocer algo distinto o simplemente, de dejarse arrastrar por el engaño y las falsas promesas, para después tratar de esconder las propias debilidades o malas acciones, cambiándolas en diferentes y variadas excusas.

Es imposible conocer con exactitud lo que piensa o planea cada persona, a raíz de los actos que comete. Por lo tanto, no podemos juzgar sus actos a la ligera, no somos nadie para hacerlo, más no por ello nos dejemos convencer por estos.

Lo que sí podemos hacer como padres, hermanos, abuelos, etcétera, es tratar de cuidar la estabilidad emocional de cada uno de los integrantes de la familia, estando pendientes de las amistades y costumbres que los rodean.

Recordemos que como parte de la familia, siempre será mejor hablar que discutir, regañar o agredir; ni la paciencia, ni la voluntad por ayudar a la familia, se deben perder en ningún momento o circunstancia. Recordemos, somos familia.

Hay que tratar de estar siempre cerca de las personas, y poner mayor dedicación cuando alguna de ellas haya sufrido un trato injusto, cruel, desafortunado o fuera de su moral y costumbres. Todo ello sin importar la edad o sexualidad.

Lo mismo puede pasar con las violaciones a niños y niñas, a quienes las circunstancias que les tocó vivir, les hará dudar de cuál es la pareja que deben elegir para continuar su vida. Hay que darles ayuda psicológica y vigilar su estado de ánimo y comportamiento.

Cuando alguien es víctima de violación, ésta puede llegar a cambiar sus preferencias sexuales, tratar de abusar de otros o gustar de seguir siendo sometido, aunque no faltan los o las personas que buscan venganza deseando para sus conocidos lo mismo que a ellos les sucedió, todo esto debido al gran desequilibrio psicológico sufrido.

Al no recibir un apoyo psicológico válido, verdaderamente profesional, las cosas seguramente se complicarán y quizás hasta cambien de rumbo, alterando en la familia su modo de ver las cosas, todo ello en forma inesperada e inconsciente.

Por tanto, lejos de presionar o sobre proteger a los hijos que han sido lastimados, hay que someterlos a un tratamiento psicológico que les permita salir adelante y continuar de forma normal con su vida, momento en el que la familia deberá de participar activamente para evitar un choque de ideas o de razonamientos.

Todo esto sin descuidarlos, estando pendientes siempre de ellos pero sin agobiarlos y sin que sientan que se les sobreprotege, ya que esto también es malo y podría confundirlos.

El sobre proteger a un hijo por encima de los demás, solo lo dañara y lo dejara en desventaja con la vida, ya que no tendrá la madurez necesaria.

Los padres pueden llegar a temer que la sociedad se entere de las circunstancias traumáticas que viven o pasaron sus hijos, a causa de terceros conocidos o desconocidos y por ello estar tratando de ocultar el «suceso» y que, así, este se olvide»; pero con ello sólo lograremos que los hijos se desestabilicen e inicien una doble vida, la que deseamos los padres en apariencia y la que necesitan ellos en su interior y realidad.

Esto es causa de grandes conflictos emocionales, que a la larga pueden repercutir en una separación entre padres e hijos. Por ello hay que atender las cosas en tiempo y en forma, enfrentarlas con una gran comprensión.

Otros padres no aceptan que las hijas tengan un embarazo fuera del matrimonio y buscan como «solución» que el producto no nazca, esto con la finalidad de que la gente siga considerando a su pequeña como «una mujer tierna y recatada»; pero con la pérdida del bebé, sólo lograrán que la hija experimente la soledad, llevando a lo largo de su existencia la carga moral de haber cortado una vida y una parte de su ser, lo que deja una marca imborrable y perpetua. Todo ello, sólo por el miedo al qué dirán.

Algunos más, evitan el que la sociedad sepa de los errores de sus hijas, escondiéndolas durante el embarazo, ya sea de viaje, en otros estados, países o simplemente en ranchos o propiedades de la familia, que no frecuentan sus conocidos: de esta manera, siente que sus hijas serán libradas de la crítica pero no se dan cuenta del gran daño que les hacen a ellas y a los hijos de éstas, incluso a ellos mismos.

Sin embargo también los hay que las apoyan e incluso los registran como un hijo más de la familia, para que no carezca de padres y familia en ningún momento de su vida.

Tanto en la hija como en los padres, así como en la propia familia, este tipo de acontecimientos siempre serán un peso difícil de soportar, algo que no se olvida y que a todos siempre lastimará.

Quien mata a su propio hijo por pura vanidad o para cuidar su imagen social, nunca podrá encontrar la paz, al fin de cuentas un asesino será. Y es que no es por accidente, por un mal cuidado o por desconocimiento de su estado lo que corta la vida de un bebé, sino por una absurda idea de verse bien ante los demás, a cambio de saberse un asesino (a) dentro de ellos mismos.

Esto lo he hablado frecuentemente con varias personas que han pasado por este trago amargo, las cuales me han compartido que su pena en vez de aminorar con el paso del tiempo, cada vez se ha vuelto mayor. Tanto en hombres como en mujeres el sufrimiento no tiene descripción, unos por hacerlo, otros por aceptarlo y otros más por apoyarlo.

Lo que los padres, amantes o maridos no toman en cuenta a la hora de dar su aprobación para abortar un hijo, es que la mujer no estará completa y tranquila nunca más, ya que se participó en un delito grave que, fuera de estar perseguido por la ley, tiene consecuencias en la consciencia, la cual le atormentará por siempre.

Tampoco habrá tranquilidad en los padres, ya que esto sólo puede sobrellevarse en los casos cuando el producto fetal viene con algún tipo de mal congénito o deformación, por lo que al nacer, la criatura sólo vendría a sufrir y padecer; en estos casos es por decirlo así justificable, más no así en aquellos en que el sexo fue consensuado y el producto viene en perfecto estado.

Claro que no faltan los padres que bajo la excusa de presentir que el producto viene mal, cometen dicho acto sin que nada los disculpe.

Las hijas suelen mentir, confundir y engañar para tratar de resolver un error, optando muchas veces, por una salida equivocada. Un ejemplo de ello, sería para poder justificar un embarazo no deseado. Por ello el error se torna mayor y alcanza a otros que, por apoyarlas, sienten el mismo remordimiento e intranquilidad por lo que les resta de vida, misma que ya no podrán disfrutar a plenitud.

Un sector de la población femenina desea y prefiere tener un hijo (a) sin casarse, prefieren convertirse en madres solteras, con lo que están en su derecho. A estas no hay que señalarlas, por el contrario hay que reconocerles su valentía, entereza y madurez para enfrentar las cosas solas y por sus propios medios.

Hay mujeres que aunque han sido violadas por extraños en asaltos, secuestros y agresiones tumultuarias, no aceptan que se le corte la vida a la criatura que engendraron, ya que lo consideran un regalo divino y una parte de ellas mismas. Ello sí que resulta una muestra de valor, responsabilidad y maternidad, para estas damas nuestro reconocimiento y admiración.

En estos casos, como en todos los actos de nuestra vida, la honestidad será de gran ayuda, un excelente legado para los nuestros.

Uno espera que los demás nos den o nos traten de acuerdo a lo que nosotros creemos que nos corresponde, pero en ello nos equivocamos, ya que nadie podrá ver la vida tal y como nosotros la vemos.

La vida es como es, y nuestro punto de vista y sueños no lo pueden cambiar, por más mentiras que queramos dar.

Debemos aprender a respetar a los demás aunque estos sean de nuestra propia familia, dependan de nosotros en lo económico o de alguna otra manera. Y es que hay ocasiones en que olvidamos tocar la puerta de los hijos antes de entrar, quebrantando así su derecho a la privacidad e intimidad, obligándolos a permanecer fuera del hogar y a acudir a lugares donde sienten que sí pueden obtener su propio espacio, aunque el riesgo que corran supere lo imaginable.

«Es bueno perdonar a todos nuestros semejantes, para no vivir en un mundo lleno de rencor. Ello no significa que debamos olvidar las experiencias del pasado porque sólo así, podremos tomar las precauciones que nos permitan un mejor futuro.» Me confunden las personas que le piden a Dios, que los ayude a salir adelante, mientras que a diario ellos mismos, tratan de denigrar a sus semejantes.

Y si tanto se acentúa en la vida el hecho de que debemos de perdonar a nuestros semejantes, ¿por qué no hacerlo con los hijos, padres y seres queridos?

Tal parece que entre padres e hijos siempre ha existido un choque constante, una competencia por demostrar quién tiene la razón. No hay una tregua de amistad y cariño que dé oportunidad a que las cosas sigan adelante y de la mejor manera.

Aunque también debemos reconocer que hay relaciones familiares difíciles de sobrellevar, las cuales se ven expuestas en reuniones que terminan en conflictos, ataques y señalamientos mal intencionados entre sus miembros, que lejos de acercar lastiman.

En estos casos es mejor la distancia y el menor contacto, ya que con ello cada quien podrá vivir con tranquilidad y armonía en su propio mundo, rodeado de la gente que quiere y con quien desea convivir.

Hay padres que, aún después de divorciados, tratan a los hijos con la punta del pie, con amenazas y absurdas imposiciones, negándoles su propia libertad de decisión; llegando con ello incluso a arruinarles la vida, por lo que seguramente terminarán solos, sin respeto ni cariño.

Todo buen padre que se digne de serlo, debe hacer con frecuencia una auto reflexión acerca de la relación que mantiene con sus hijos, ya que en ocasiones desean tratar a estos igual o peor de cómo ellos fueron tratados en su infancia y adolescencia, sin que los hijos tengan responsabilidad alguna o den motivo para ello.

Otros quieren castigar a la pareja y para ello privan a esta y sus hijos de lo indispensable y les dan lo necesario a ruegos y suplicas, y no se dan cuenta de que están arruinando su vida y la de sus seres queridos, quienes a causa de ello muchas veces se separan mas de ellos.

La vida representa para cada persona algo diferente, por lo que los conceptos cambiarán de acuerdo al crecimiento y desarrollo que vamos teniendo a lo largo de nuestra existencia, sobre todo de cómo en ese camino que elegimos, iremos madurando y relacionándonos con nuestros semejantes, hasta alcanzar lo que deseamos y planeamos.

Sólo que unos maduran más que otros y de forma distinta, por lo que a veces pensamos; que hay quienes nunca lo logran y muchos más, que ni siquiera lo intentan.

Vivir de mentiras o intentar construir una familia sobre estos cimientos, es algo muy peligroso, ya que esta situación terminará en fracaso, desafío y tormento psicológico para quien la creó o así pretendió sustentarla.

Nadie merece ser humillado por ser blanco, amarillo o negro, eso es absurdo. En ello sólo se pueden basar aquellas personas que no están satisfechas con sus propias vidas y que piensan que, desapareciendo al resto del mundo o ignorándolo, ellos valdrán más. Todos tenemos el mismo valor y ninguna vida vale menos que otra.

Las religiones o ideas políticas no nos deben llevar a enfrentar a nuestros semejantes, ya que de ser esto así, estaremos perdiendo nuestra verdadera identidad, demostrando que no sabemos razonar y convivir con el resto de las personas en el mundo. Al no respetar las ideas o creencias de los demás, luego entonces, tampoco esperemos respeto por las nuestras.

Por el contrario, nadie es visto con más repudio que aquel que humilla y menosprecia a sus semejantes; ello lo vemos en la gente inculta, menos preparada y en aquellos que tratan de justificar sus comportamientos y acciones absurdas.

Como padres tenemos la obligación de facilitarles la vida a nuestras familias. Por tal motivo, no debemos de sembrar enemigos en nuestro andar por la vida, sino todo lo contrario, hagamos aliados que en un futuro puedan auxiliarlos a los nuestros y a nosotros mismos.

Tratemos de construir a nuestro alrededor un mundo real, sincero, leal, respetable, honorable, moral y disciplinado, de cierta manera que para los hijos –sin importar su origen–, poco a poco y en forma natural, se vayan contagiando entre ellos mismos de la gratitud hacia la vida, su valor y necesidad de convivencia, esa es y será siempre una gran herencia.

Casi siempre la mujer anhela para casarse y formar un hogar a una persona que le brinde amor, seguridad, apoyo y cariño; pero olvidamos que hay muchos otros elementos y circunstancias de gran peso e importancia en una relación de este tipo. Aprendamos a escuchar las advertencias y consejos de quienes nos aman en verdad. Ellos son nuestro apoyo y a veces ven lo que nosotros nos negamos a observar y comprender, aunque lo estemos viviendo.

Buscan sanamente a alguien con quien compartir su vida y que a la vez sea un digno padre de sus hijos, por lo que desea a un hombre honesto trabajador, leal, activo, alegre, decente, tratable y humilde pero con personalidad, entre muchas otras cualidades pero, sobre todo, que resulte un buen compañero para toda la vida. Los Psicópatas, los barbajanes y los viciosos, se ocultan entre atenciones y disculpas, confundiendo y atrapando a las mujeres jóvenes.

La inexperiencia, es un factor crucial en muchas decisiones. Ningún matrimonio debe de ser acelerado, calma, paciencia, certidumbre y análisis es parte de lo mucho que hay que tomar en cuenta antes de tomar una decisión tan importante.

En esa búsqueda se pierden y se olvidan del amor. A veces ellos quieren más a su dama que ésta a ellos, o viceversa, y el peso de esas diferencias al paso del tiempo, terminan por arruinar la relación, ya que la falta de reciprocidad cansa, pesa y rompe con los sentimientos.

Esto sucede generalmente cuando las parejas se casan, ambos siendo muy jóvenes, cuando la conveniencia los seduce y cuando el ímpetu es mayor que la madurez, lo que los lleva al altar. Pero llegar, no significa perdurar. También hay que ser valientes para llegar al matrimonio y aún más para romper con este si nos daña y afecta.

Aun la gente madura, con la experiencia de haber tenido otros matrimonios, suele cometer errores o pasa por alto muchos detalles a los que se tendrán que enfrentar en segundas nupcias o en una segunda relación, que a veces ni siquiera llega a matrimonio.

No es fácil acostumbrarse a vivir las veinticuatro horas con una mujer o un hombre para el resto de la vida, menos aun cuando siempre hemos tenido el amor, cariño, respeto y afecto al alcance, sin dificultad, en nuestro entorno familiar.

Casarse con alguien significa no sólo tener una pareja (preferentemente para toda la vida), sino dormir y despertar con ella respirando sus humores, conviviendo con sus modales, maneras y comportamientos, los cuales pueden cambiar o fluctuar a causa de problemas, presiones, imprevistos e inseguridades.

En ocasiones hasta se viven sus miedos y presiones, lo que nos cambia el panorama de la vida en pareja que habíamos imaginado, ya que el carácter de una persona tan cercana, si llega a alterar nuestro estilo de vida.

La propia familia política, puede ser un peso gigantesco en la relación de pareja, por ello hay que llevar las cosas con calma e inteligencia.

Los tiempos no son los de antes, hoy en día las cosas han cambiado a tal grado que la mujer ya no sólo es la ama de casa, la que cuida a los hijos y atiende al marido; se ha convertido en una persona preparada, con inquietudes y deseos de lograr algo en la vida. Necesita disfrutar su juventud, encontrarse con ella misma y saber cuáles son sus alcances y capacidades. La mujer juega un papel muy activo e importante en el mundo, ya nada puede contenerla.

Si después de conocer y probar todo ello, su deseo es unirse al ser amado y quedarse en casa por convicción, entonces será feliz, porque está convencida de que esa es la vida que ella deseaba.

No deben ser obligadas a abandonar sus sueños, tampoco a ser presionadas para que se casen, ello es algo serio y un paso que debe pensarse con madurez.
De esta manera encontrarán la verdad que siempre habían buscado, la satisfacción que necesitaban.

Los celos del hombre obligan a la mujer a vivir en soledad, casi en cautiverio, sólo porque a su novio o marido les desagrada que charle y se relacione con otras personas –más si se trata de varones–, situación que los enloquece y provoca que las maltraten y las tengan bajo una continua amenaza. Con privaciones y lejos del contacto con la sociedad. En todo ven interés por su mujer, creen que todos la desean y piensan que manteniéndola bajo amenaza constante, con malos tratos y humillaciones la tendrán bajo su total control, lo cual definitivamente es algo más que equivocado e incorrecto. El ambiente familiar se tornó agresivo, presionante, amenazador, oscuro, triste, falso y llenos de presiones y angustias, no solo para el matrimonio, sino también para los hijos y familiares.

Cuando la mujer es la celosa, la que no acepta que el marido salude a la vecina, a su amiga, mucho menos a las compañeras de trabajo o estudio, dicha situación propiciará que la pareja tenga una vida de locos, con un ambiente familiar enrarecido, triste, lleno de sumisión, presión y decadencia.

Los hombres, por su parte, buscan una mujer para descubrir los secretos de la vida, y aunque pareciera que todos quieren andar siempre con las más bellas, a final de cuentas terminan por casarse con las que son el mejor modelo para ser las madres de sus hijos y sus esposas. Es decir que no solo la belleza importa, sino la calidad de dama para ser madre y esposa es lo fundamental.

De ahí que las bellas digan que «La suerte de la fea, la bonita la desea», aunque en realidad una cosa es andar con alguien en plan de diversión, y otra muy distinta hacer la elección adecuada con quien habremos de formar una familia.

Por ello las mujeres, como los varones jóvenes, deben de reconsiderar su tipo de vida, la forma en que la disfrutan; sus aventuras, sus acciones y pensar en lo que se obtiene y lo que se puede perder a corto y largo plazo.

Los hombres como las mujeres tienden a casarse muy jóvenes, sin haber conocido y disfrutado de su juventud, por lo que no logran la madurez necesaria para llegar al matrimonio. Es por esto que toda la vida corren detrás de cualquier falda o pantalón que les hace señales, puesto que no maduraron esos aspectos y muchos otros, que los hará sentir que el matrimonio los agobia, los limita y los encierra entre cuatro paredes.

En estos casos los psicólogos pueden hacer poco, pues más que nada es importante que las personas maduren con los necesarios tropiezos, caídas y ajustes en sus vidas. Aunque la mayoría de los individuos que presentan este tipo de conductas, terminan casi siempre divorciados, solos y sin familia.

Hay hombres que no quieren tener hijos y esto provoca que las mujeres los abandonen, ya que no le ven sentido alguno a tener una relación en la que no habrá fruto, como producto del amor hacia su pareja.

Asimismo hay mujeres que no quieren tener hijos para no perder la figura, quieren ser esbeltas, bellas y hermosas por más tiempo, olvidando que el paso del tiempo a todos nos alcanza y que llegado el momento la belleza se acabará. Probablemente terminarán solas, sin nadie que perpetúe su vida y sus sueños, muchas de las ocasiones terminando solo con arrepentimiento, amargura y soledad

Alejémonos de las relaciones enfermizas.

Cuando dos personas se aman, se entienden, se respetan, son leales y honestas el uno con otro, pero sobre todo se tratan con respeto, lealtad, amor, cariño, afecto, sin violencia u ofensas y siempre con razonamiento, seguramente lograrán que su matrimonio perdure y sea un ejemplo de vida para los demás. Sin todo esto, el fracaso es inminente.

Hay ocasiones que aun teniendo una relación firme, segura y de verdadero amor, alguno de los cónyuges se deja llevar por el sabor de la aventura, con la idea falsa de que les falta vivir y conocer, o para desquitarse de la infidelidad de su pareja. Entonces y sin pensarlo, caen en los brazos menos recomendables y se dejan arrastrar por los piropos, las palabras dulces y los engaños de otras personas, que después no guardaran en secreto los romances, con lo que acaban desvaneciendo lo más valioso y la alegría que ya tenían, para entrar en un mundo de incertidumbre, en donde se llega a perder la fe, la esperanza y la credibilidad en la pareja.

Como vulgarmente se dice: «Se quedan como el perro de las dos tortas», pues perderán a su primera pareja por correr tras la segunda, hasta lograr perder a ambas y con ello terminan con su propia oportunidad de ser felices. He ahí la gran diferencia entre una aventura y un romance fuera del matrimonio o del compromiso con la pareja. Los hijos fuera del matrimonio, complican aún más estas situaciones y crean conflicto no solo con la pareja, sino también con ambas familias y sobre todo con los hijos.

Hay casos en que el tener una aventura con alguien que nunca lo comentara o se aprovechara de ello, les da una mejor visión de su matrimonio y entenderán que es lo que tienen, cuanto es lo que valen, si las (los) aprecian, si tanta ofensa y mal trato es correcto o injusto, si su matrimonio les da lo que quieren y anhelan, o si estaban equivocados y si tienen lo que desean.

Sin saberlo, en nuestra relación amorosa y familiar podemos encontrarnos con psicópatas hembras y varones, pero en ambos casos son unos monstruos en nuestra sociedad, su cara que presentan a diario, es una máscara social, ya que debajo de ella llevan y viven con otra faceta muy distinta. Les agrada hacerse víctimas denigrar a los demás desvalorar la labor ajena y solo saben resaltar sus acciones y mandato. Inventan relaciones a la pareja, justifican sus acciones y romances con mentiras y engaños y llegan a creer que lo que hacen es lo correcto. Dentro de todo llevan una violencia planeada en todos sus actos, para intimidar a su pareja y cubrir así sus engaños y carecen de emociones sanas, su trauma aumenta desde su juventud hasta los sesenta años y después empieza a decrecer ligeramente. Son maestros del engaño y logran convencer a sus propias familias de que lo que hacen es cierto y justificado.

Hombre o mujer tienden al sadismo, se encierran en una actitud pretenciosa y alcanzan desordenes cerebrales nada sanos o recomendables. Con estados de ánimo variables y arrebatados, que los llevan a una inestabilidad hormonal muchas veces hereditarios y otras tantas por lesiones en el lóbulo frontal del cerebro principalmente. A resultas de ello, los hijos optan por alejarse de una relación tan dañina y se rompe el soporte familiar tan necesario en nuestra sociedad.

Se manejan cuatro principales grupos que son los carismáticos los descontrolados, los secundarios y los primarios. En todos los grupos hay una similitud, son engreídos, no sienten lastima por nadie, son manipuladores, codiciosos y jamás sienten culpa por lo realizado, ofenden a la pareja, llegan o están de mala cara y se hacen exigentes de atenciones, mismas que se les darían sin tanto abuso y amenaza, simplemente porque convivan con amor.

Aunque si aparentan ser débiles estar abrumados y lastimados, para captar la atención de los demás ya que les agrada verse admirados o tomados en cuenta por la sociedad como mártires de su víctimas.

Cuentan historias fantasiosas y actúan con mucha mímica y narraciones de sucesos vividos para convencer a sus oyentes. Simplemente un psicópata sea de cualquier sexo, es una persona que sabe cómo manipular a los demás e influencia nuestros sentimientos. Las mentiras son su alimento diario y no teme ser descubierto. Es una enfermedad que con el tiempo se agrava.

Claro, la excusa es que aquel que no arriesga no gana, pero en estos casos casi siempre se pierde todo y sólo se obtienen malas experiencias que terminan arruinando nuestras vidas, así como las de aquellas personas que creían en nosotros. Por ello, antes de dar un paso, es importante utilizar la inteligencia.

Hay que recordar que un secreto es sólo de dos y mientras así se maneje no habrá problema, ya que cuando se involucra a más personas, esto se convierte en multitud y en un problema que crecerá cada vez más. Vive lo que tengas que vivir y no te quedes con ganas de nada; pero cuida de no perder en el camino lo maravilloso que ya tienes y que la vida te ha regalado. No te quedes con las ganas de abrazar o besar al que te infunde cariño o amor, pero se reservado (a) para que no tengas que dar explicación.

Por ello se dice, que hay que saber con quién, cuando y donde. Piensa antes de actuar.

Mujeres y hombres buscan por igual a una pareja ubicada mentalmente, sin importar su pasado, tratan de que no sea una persona sin rumbo en la vida, sino, por el contrario, alguien completo. Si tiene hijos o no, es cosa aparte, ya que a veces no hay la posibilidad de tener los propios, por lo que el intento y la búsqueda pueden llegar a unir más a la pareja, esto sólo sucede cuando en ello hay amor, cariño, entrega, confianza, entrega, lealtad y respeto verdaderos.

Quizás así podamos entender por qué las mujeres o los hombres con los matrimonios más estables, son aquellos que no se casaron con la más atractiva o con el más guapo (a); sino con la persona más madura, respetuosa, cariñosa consciente amable, con criterio amplio y acorde con sus ideas, sueños y aspiraciones.

Siempre será importante buscar como pareja a alguien que tenga buenas costumbres, una personalidad que sea afín con la nuestra, que tenga los mismos o similares gustos y aficiones, pero sobre todo que se pueda incorporar al medio que nos rodea, sin perder la cabeza y sin menospreciar a quienes giran en nuestro entorno.

Los hombres y las mujeres que vienen de familiares con problemas de conducta, siempre darán problemas y serán poco perdurables en sus relaciones y sin darse cuenta cambiaran su conducta al paso del tiempo. Aquí es en donde la pareja puede llevarlos a mejorar y a cambiar o a perderse y quedar sin control.

Esto para ambos casos –sin importar si somos mujeres u hombres–, los ingredientes para una unión duradera serán los mismos y se deberán buscar por igual, para así estar seguros de haberlos encontrado, antes de dar el paso hacia el matrimonio o hacia una relación semi formal.

Lo ideal es contar con una persona capaz de afrontar toda situación en los planos económico y emocional, donde el esposo como la esposa o los propios hijos se vean involucrados. Que sea una digna madre y un padre ejemplar para sus descendientes, de quien nadie tenga que avergonzarse por su comportamiento pasado o presente, entre muchos otros detalles por pequeños o grandes que estos sean.

Nadie es perfecto pues todos cometemos errores. Pero si se lucha por retornar al camino responsable, esta será una actitud respetable y muy válida; son los hechos posteriores y su nueva forma de vida, lo que deberá marcar la diferencia, a lo que se quiere dejar en el pasado.

En el caso de los jóvenes (en ambos sexos), es injusto sacarlos de su hogar con mentiras y falsas promesas, para después maltratarlos y humillarlos, hasta llegar a las ofensas mutuas, con un daño todavía mayor para los hijos.

Quienes así piensan, es vital que soliciten ayuda psicológica, pues no son personas en las que se pueda confiar ahora ni nunca, por ello hay que conocerse mejor, antes de enamorarse y tener un compromiso mayor.

Aquí los padres juegan un papel preponderante, pues en ocasiones no están al tanto de con quién o quiénes se reúnen sus hijos, no toman las precauciones necesarias para saber en realidad cuáles son las intenciones de quienes los rodean, por ello la importancia de hablar con claridad y respeto para crear la confianza suficiente entre las mujeres y varones, a quienes habremos de dar los elementos necesarios para que se entienda cuál es la forma de vida de la familia.

No debemos caer en el error de fomentar la personalidad del emperador en las hijas e hijos, porque querrán iniciar gritando o haciendo berrinches y pueden llegar hasta a ofender y golpear a los padres. Aquí los padres para no aceptar su equivocación en su educación, tratan de disculparlos todo el tiempo y con ello, solo los dañan aún más.

Existe un refrán en el desierto que resulta aplicable a este fin y que dice: «Antes de que padezcas de sed, tómate un día para cavar el pozo que te la quitará por muchos más.»

Hay quienes alegan que hay temas que no se deben hablar con la pareja a menos que vayamos a casarnos con ella, pero al no hacerlo con anticipación y oportunidad, se corre el riesgo de que, ya enamorados, poco razonamiento tengan las palabras, por lo que hay parejas que terminan viviendo juntos sin casarse y sin ninguna seguridad a futuro. Cuando la familia y los amigos o amigas nos recomiendan alejarnos de una persona, en vez de encapricharnos por sentirnos totalmente enamorados, pongamos la cabeza a enfriar y analicemos lo que nos dicen y comentan. Una mujer u hombre que no respeta a su propia familia, que la ofende, insulta y reniega; nos estará dejando ver exactamente el trato que nos dará al paso del tiempo. «Te lo digo puerta, para que lo escuches ventana.»

Otras parejas ni siquiera llegan a casarse, sino que después de cinco o siete años de noviazgo o de vivir juntos, se dan cuenta de que no son compatibles y de que se la han pasado tratando de sobrellevar una relación sin futuro que concluirá tarde o temprano. El tiempo transcurrido implica que al romperse esa relación hay una mujer madura con pretendientes poco adecuados, lo que le dificultará una nueva relación. Y para el hombre también habrá consecuencias.

Por el otro lado, el hombre mal acostumbrado a no tener compromiso alguno pero sí continuas satisfacciones, trata de prolongar su soltería lo más posible y no se cansa de intentarlo con una y con otra mujer, que mientras ellas así lo permitan, estos estarán encantados con dicha situación.

Es mejor decir las cosas claras desde un principio, para que no se creen falsas expectativas y se abuse de las personas. Con ello se evita que ambos se lastimen, y si lo hacen, sea porque alguno de ellos rompió sus propias reglas.

Si tenemos un amigo o amiga a quien le gusta denigrar a su novio, novia, compañera, compañero, esposa o esposo, esta persona sin duda no representa una buena amistad para que conviva con el matrimonio que hemos edificado al lado del ser amado. Lo mejor será que al iniciar la vida de recién casados, esas amistades se encuentren lo más alejadas posibles.

Tampoco es bueno relacionarse con matrimonios que se gritan e insultan, que se faltan al respeto y carecen de afecto mutuo, menos con aquellos que tienen algún vicio.

No importa cuánto podamos haber estimado a alguien en la juventud, si esta persona, sin importar su sexo, no ha madurado y alcanzado el plano de la convivencia, será mejor no tenerla cerca de nuestra relación de pareja, pues bien podría enviciarla, confundirla o destruirla.

Si durante el noviazgo alguno de los dos es ignorado, humillado, ofendido, menospreciado o lastimado constantemente por su pareja, eso es indicativo de que la relación no tiene futuro, por lo que será mejor terminarla. Si aun así se quiere llegar a otros compromisos, seguramente que no duraran y alguien terminara por arrepentirse.

Tampoco es bueno permitir que con amenazas o promesas nos sometan a caprichos y nos impongan condiciones. No porque nuestra pareja sea mujer u hombre, tenga un gran poderío económico, debemos permitirle que nos utilice, desprecie o ridiculice; valemos tanto como nuestra pareja y merecemos el mismo respeto, afecto, cariño y buen trato que otorgamos.

Ya que los insultos hoy serán porque viste a zutana o mengano y mañana serán porque no los viste, iniciando una serie de dramas interminables en una familia desastrosa y sin ningún futuro.

Como quien dice, será perder el tiempo pero, además, los mejores años y la tranquilidad de los individuos inmersos en este tipo de relaciones destructivas, que lo único que logran –además del daño propio– es propiciar un ambiente de estrés perjudicial para las familias, amigos, vecinos y conocidos de quienes, lamentablemente, se encuentran viviendo una situación como esta.

Es mejor cortar por lo sano y buscar en otro lado.

Como dice el refrán: «Más vale solo, que mal acompañado».

Recordemos, una vez más, que el respeto es básico en nuestra vida. Si uno de los integrantes en una pareja se siente superior demostrándolo en todo momento (actitud con la que nos hiere), debemos tomar en cuenta que al paso de los días, meses y años, este comportamiento seguramente irá en aumento y, llegada la ocasión, la relación terminará de forma inapropiada y con pésimos resultados, o se aceptara y se vivirá sometido (a).

Luego entonces –si ese es el final en estos casos–, lo más recomendable para quienes sientan que están en una relación de pareja donde se les menosprecia, es necesario que con valor, amor propio y quizás ayuda familiar y psicológica, terminen esa relación e intenten una nueva por otro lado, ya que ahí nada bueno les espera.

Hay que saber con qué persona iniciar una relación sentimental, a qué edad y en qué momento de nuestras vidas, porque suele suceder que los noviazgos se prolongan por tantos años que al terminarlos, alguno de los dos ya tiene pocas oportunidades para reiniciar una nueva relación.

Lo mismo pasa en las relaciones de divorciados, en donde solo hacemos perder el tiempo a la mujer, para que pasados los años y aburridos de una relación, nos retiremos con un «Lo siento, no eres lo que buscaba».

En otras ocasiones es tanto ya el tiempo juntos, que se siente que es una obligación el casarse, lo cual tampoco es cierto, pues no se debe tomar así.

Si nos pusiéramos a reflexionar sobre: ¿qué caso tiene prepararse profesionalmente si nuestra pareja no nos permitirá ejercer una carrera? ¿Cómo poder demostrar nuestras capacidades y cualidades en el terreno laboral si esto no nos será permitido? Caeríamos en la importancia de que tanto hombres como mujeres disfruten su juventud al máximo, que conozcan todo lo que la vida les ofrece siempre actuando con responsabilidad, pues será la forma en la que habremos de sentirnos preparados y con una mayor madurez, antes de establecernos en una relación formal que no sabemos a dónde nos puede llevar.

¿Cuántas parejas pierden a su cónyuge en la misma luna de miel, en un accidente o en una revelación de que no son lo que decían ser? Esos golpes emocionales lastiman y dañan, tanto como una estaca con astillas en el corazón.

Por ello, el noviazgo en estos tiempos debe tomarse con calma y sin precipitación, buscando siempre que en nuestra pareja exista madurez, entendimiento y estabilidad emocional, lo que dará seguridad al cónyuge para no tener que vivir en una eterna persecución de celos y amenazas que terminen por convertir una bonita relación, en un batalla eterna.

Es fácil encontrar a una pareja para pasar el tiempo, acostarse con ella y llenar los momentos de soledad o de inseguridad; mas ello no es siempre el mejor de los caminos.

Cuando se está enamorado se quiere apresurar el compromiso con la pareja, ya que se piensa que tal hombre o mujer están perseguidos o peleados por terceros, lo cual es falso. Todo debe tomarse con calma, lo que es nuestro será y nada ni nadie lo podrá cambiar. Recordemos que hoy día los matrimonios estables, están conformados por personas maduras y con criterio.

Si a nuestra pareja le falta criterio, si en ella o en él no encontramos seguridad, confianza y es alguien en quien poder confiar; es lógico que no van por buen camino las cosas.

Aquellos que se casan sin esa estabilidad, compatibilidad de ideas y sin un proyecto de vida, es muy probable que experimenten momentos difíciles que les arrebaten la paz pero, lo que es peor, que los lleve al fracaso de su matrimonio arrastrando el fin de un sueño y quebrantando la gran oportunidad de haber podido construir algo en pareja.

Toda nueva pareja debe de vivir en la misma esfera moral, con las mismas metas y quizás hasta haciendo pequeños sacrificios, base que ayudará a que la unión matrimonial perdure.

Padres e hijos que rehúyen a sus obligaciones

Esta situación se da por lo general en ambos casos, lo cual no debe sorprendernos, aunque es mayor el número de ejemplos en que los hombres rehúyen de toda responsabilidad para con los hijos, dejando a estos al cuidado de las madres. Al no aceptar su papel de papá, no se dan cuenta de que, a la larga, el precio que pagarán será superior a lo imaginado, pues el tiempo perdido jamás se recupera.

Aun así encontramos padres que al ver ya crecidos a los hijos, cuando las madres pasaron las etapas más difíciles (como la niñez y adolescencia) al lado de estos, tratan de quererse quedar con ellos, lo que representa una jugada baja y deshonesta. Los hijos son seres humanos y no objetos en venta, cuyo anhelo es el de ser amados y tratados con respeto por aquellos que los engendraron.

Al crecer y requerir de un mayor apoyo económico, existen hijos que optan por irse con los padres cuya economía es mejor que la del otro, olvidándose de aquel que los amó sin condiciones y apoyó durante su niñez, lo que no es agradable para nadie pues, sin duda, habla mal de ellos.

Por eso, hoy en día, en los divorcios, las madres que no son apoyadas por los esposos económicamente, están dejando en estos casos el cuidado y la manutención de los hijos, siendo ellas quienes simplemente aporten una parte del gasto y vean a los hijos dos o tres días a la semana, es decir, se pasan del otro lado y hacen ver a los maridos su suerte.

En ocasiones resulta fácil negarse a ser los padres o incluso las madres por la responsabilidad que esto implica, pero debemos recordar que un hijo es una bendición que nos llega por algo, en espera de que nos haga reaccionar, cambiar o redirigir nuestras vidas.

Muchos son los casos en los que el hombre no desea que nazca su bebé. Por fortuna la mayoría de estas posturas no prosperan gracias al compromiso de las mujeres. Aunque también encontramos que hay mujeres que no desean a los hijos, haciendo hasta lo imposible por evitarlos y no tenerlos. Este tipo de mujeres normalmente terminan solas, sin el amor de una pareja ni de los hijos, viviendo una existencia triste y llena de cargas morales, en caso de llegar al aborto. Otras deciden que no quieren ser madres porque carecen de ese amor por los hijos y así lo deciden y llevan en su vida.

Más triste es el hecho de que las madres no quieran a sus hijos, que renieguen de tenerlos y los aborrezcan desde el embarazo, ya que, aun abortando, esa huella será para siempre. Con cada amanecer, se recordará que se le quitó la vida a un ser inocente que era parte de nosotros.

Matar a un ser sólo para que la gente diga que la hija de don zutano o doña mengana es una tierna señorita, es algo que no tiene nombre y que merece reflexionarse, porque es un asesinato inmisericorde y sin excusa, el cual es gravísimo, ya que toda una familia se confabula para el asesinato, tan solo por cuidar a la hija del qué dirán.

Pero la realidad es que nadie dirá nada, ya que no será ni la primera ni la última; sin embargo es mejor que la vean como una madre soltera y no que ellas se sientan unas asesinas de sus propios hijos.

Hay muchos casos en donde hombres y mujeres andan de antro en antro aprovechando toda oportunidad para hacerle el amor a cualquiera que se mueva frente a sus ojos, lo que frecuentemente trae consigo enfermedades, muchas de las cuales además de ser incurables, son transmisibles y hereditarias a las criaturas que engendran.

Este tipo de comportamientos tendrán consecuencias desastrosas, por lo que, en estos casos, la familia deberá decidir qué hacer y si se debe tener o no a una criatura cuyos días lamentablemente estarán contados para vivir en sufrimiento, en caso de enfermedades transmisibles graves.

Difícil decisión y más difícil el consejo, ya que cada caso es distinto, por lo que las familias deberán reconocer sus alcances al enfrentar estas situaciones.

Hay quienes al saber que sus descendientes nacerán enfermos y con padecimientos que les dificultarán llevar una vida normal, prefieren no tenerlos para no hacerlos sufrir. Otros lo hacen para no tener que cuidar de ellos, pero, a fin de cuentas, cada quien sabrá qué es lo que más conviene para no hacerle daño a un inocente.

Lo extraño es que sus familiares les apoyen para quitarle la vida a una criatura que no pidió nacer, ni mucho menos morir. En estos casos, la familia completa sufrirá de por vida la carga de la injusticia, sus corazones y mentes estarán siempre intranquilos y difícilmente la madre encontrará consuelo. Salvo casos especiales, en donde la justificación es válida y da tranquilidad a todos.

Por lo general, cuando la mujer pierde a un hijo por no querer convertirse en madre, y por el contrario el hombre si desea convertirse en padre; después de practicado el aborto, el esposo seguramente la abandonará. Si es el amante, la seguirá explotando o ella a él, y pasado el tiempo nunca terminará con ella, ya que no hay una mujer maternal en su relación, sino una persona sin criterio.

¿Qué se puede esperar de una mujer o de una familia que plantea la muerte de un bebé, aun sabiendo que este viene sano y con una vida por delante? Matar a alguien inocente, solo para que la gente no se dé cuenta de que nuestra hija tuvo relaciones, no es y nunca será la mejor solución.

¿Quiénes somos para terminar con una vida de nuestra misma sangre y carne, fruto de nosotros mismos?

Existen personas conscientes que saben que si engendran a un nuevo ser, cabe la posibilidad de transmitir a este algún padecimiento congénito que le dificultará la vida, por ello no desean tener hijos y usan diversos métodos para este fin.

En estos casos, el mejor consejo será que tanto hombres como mujeres recurran a alguna operación para no engendrar familia, evitando con ello causar daño a seres inocentes.

Buscar soluciones a nuestros problemas de pareja en otras personas que carecen de preparación y experiencia, sólo logrará confundirnos, no nos ayudará a resolver ninguna de nuestras inquietudes, tampoco será bueno platicar a todos nuestro caso o sufrimiento, ya que podrían aprovecharse de ello.

La respuesta podría llegar a ser confusa, pues sólo estaremos recibiendo consejos equivocados e ideas falsas, que en lugar de beneficiarnos nos perjudicarán. La mayoría de las veces las parejas ignoran que pueden llevar un mal congénito o que este nació de alguna enfermedad, transfusión o transmisión, no por ello deben de sentirse culpables, su responsabilidad es enfrentar los resultados y luchar para revertirlos. La única recomendación es la de no perder la fe en ningún momento o situación.

Peor aún resulta el contar a las amigas o amigos lo que nos sucede, ya que algunas veces estos no desean nuestra felicidad sino nuestro fracaso, por ende su consejo será malintencionado. Y si conocen la causa o respuesta correcta para no herirnos, preferirán callar que ayudar.

No en todos se puede confiar, y la intimidad de pareja, a nadie se debe contar

En ocasiones los amigos nos dan la respuesta que nosotros mismos deseamos escuchar y no por ello será la más adecuada, ya que sienten que si lo hacen en forma contraria, podrían perder nuestra amistad. Entonces, seguramente, no son tan amigos como nosotros lo creíamos, aunque ellos piensen que así nos apoyan más.

Un verdadero amigo siempre te dirá la verdad; falta que tengamos el valor para entenderla y comprenderla.

Existe gente que durante su vida no ha aprendido a respetar y reconocer los valores de los demás, por consiguiente, estos son un grave enemigo para todos y de ellos nos debemos alejar.

La falta de valor para apoyar y auxiliar al ser querido, aun sabiendo que se puede perder una amistad, sólo nos demuestra que este no es un buen individuo, que no es una persona confiable que merezca nuestra confianza y amistad.

La ética profesional es sumamente valiosa e importante, tanto como lo es la verdad entre los amigos; sólo que muchos prefieren callar la verdad, que enfrentar a los amigos ante sus errores.

Estas personas no son dignas de contar con nuestra amistad, ya que cuidando de no perder nuestra cercanía, provocan o permiten nuestra autodestrucción.

Es muy importante reconocer a los verdaderos amigos pues, de no hacerlo, estaremos en riesgo de recurrir a las personas equivocadas que en lugar de ayudarnos en nuestra relación de noviazgo o matrimonio, lo que harán será darnos los peores consejos, haciendo ver a estos como justos y necesarios aunque en realidad sepan que con ello vamos directo al fracaso o al rompimiento con la pareja.

Y es que quizás muchos de esos consejos ni siquiera ellos mismos los ponen en práctica, quisieran, pero saben que sería desastroso para su matrimonio o relación. Los recomiendan porque no significa ningún riesgo para ellos.

Otros más dan pésimos consejos con aire de bondad, bajo el consuelo y el abrazo afectivo, esperando que nuestra relación se vaya a pique lo antes posible, ya que si ellos no son felices, no pueden permitir que otros lo sean, aunque su versión es exactamente la contraria. Es decir santos por fuera y demonios por dentro, con voz engañosa y mirada de compasión. ¡Cuidado! estas pueden ser las peores personas que podrían estar a nuestro alrededor.

Algunos lo que en verdad esperan es vernos fracasar, para así poder acercarse a nuestras parejas corrigiendo en su relación nuestros errores que bien conocen, es decir, están esperando una oportunidad con nuestra pareja (ya sea para ellos, para un familiar o mejor amigo). Así que no hay que confiar los detalles del corazón a cualquiera, porque seguramente saldremos perdiendo al ser defraudados.

Por esta razón suele pasar que nuestra pareja termina casándose con nuestro mejor amigo o amiga, a quien no le importará terminar con la amistad, al fin y al cabo a costa de ello, es que encontró la felicidad para el resto de su vida.

Como dice el refrán: «De que lloren en mi casa a que lloren en la tuya, mejor que lloren en la tuya».

Las personas que de todos se burlan, a quienes todos critican, ofenden y humillan, son las peores amistades y las menos recomendables para estar cerca de nuestras familias. Estas ni siquiera deben ser consideradas buenas amistades, por el contrario, sólo son un peligro para cualquiera al no conocer el respeto hacia los demás, ni las consecuencias al traspasar los límites.

Por ello les diría que si lo que vamos a decir de nuestro prójimo no es más bello y valioso que el silencio, mejor hablemos de otra cosa o dejemos correr al viento.

Si lo único que podremos decir de una persona ausente son cosas malas, es mejor guardar silencio y hablar sobre otro tema. Así como se dice que los caballeros no tienen memoria sobre sus relaciones con las damas, de igual forma hombres y mujeres debemos de perder la memoria, cuando hablemos para recordar malos momentos, acciones y decisiones de otras personas.

No hay peor mal que el que uno mismo se hace, cuando buscamos dañar a nuestros semejantes. Al final nos dañamos a nosotros mismos.

Hacer y desear el mal nunca atraerá cosas buenas a nuestras vidas, por el contrario, sólo lograremos confundirnos sobre cuál es nuestra realidad y lo que en verdad somos.

Lógicamente, este tipo de personas tampoco son recomendables para entablar una relación sana, sincera, de respeto y duradera.

Quien ofende y denigra a su pareja, así como a quienes lo rodean, es una persona no confiable y un potencial enemigo para cualquier familia con aspiraciones a la prosperidad interior de cada uno de sus integrantes; ya que lo que hoy hace a otros, mañana lo hará con nosotros, además de que siempre será un pésimo ejemplo y una mala influencia para la familia en general.

Como dice el refrán: «Quien con coyotes anda, a aullar aprende».

A estas personas mantengámoslas alejadas de nuestro entorno, por el bien familiar. No importa que el camino sea complicado y difícil sin ellos, pero siempre sabremos que lo que con el sudor y el trabajo se siembra, por más entrega, cuidado y sufrimiento que nos demande, nos brindará los mejores frutos.

Por ello, si no se ama a la pareja, si no la queremos con defectos y virtudes, lo mejor es no seguir con la relación puesto que, de hacerlo, sólo estaremos perdiendo el tiempo, además de poner en riesgo la propia felicidad y futuro, pero sobre todo la de nuestros hijos.

Es importante aclarar nuestra mente, ya que muchas veces decimos que estamos enamorados, cuando la verdad es que sólo estamos ilusionados, y como toda ilusión desaparece, en algún momento de nuestras vidas seguramente nos encontraremos con el tiempo y juventud perdidos.

Por ello les digo: «La paciencia y cuidado que se le brinda al árbol desde que es sólo una rama, nos dará con el tiempo, los frutos más suculentos y la sombra más acogedora». Pasa lo mismo con la familia.

Debemos reconocer a quienes nos ayudan a simplificar las labores de nuestro hogar y trabajo.

Si deseamos que las cosas marchen bien, dispongamos de tiempo para nosotros, para que podamos realizar nuestros planes de superación y trabajo, es importante reconocer la labor y desempeño de los demás. No denigremos a nadie, y menos aún a aquellos que nos sirven.

El que una persona trabaje lavando ropa, manejando el auto, tallando o reparando los muebles e incluso colaborando en nuestro hogar o trabajo manteniéndolo limpio, ordenado y bien presentado, no la hace menos que a ninguna otra. Por el contrario, debe ser visto como un aliado de la familia, como aquel que nos ayuda a llevar con mayor facilidad nuestra vida y el desarrollo de nuestro hogar. Comprendamos que su trabajo nos permite tener una mayor tranquilidad para trabajar, vivir, estudiar y hasta para pensar.

Lejos de señalarlos con desdén, habría que verlos con agradecimiento por simplificar nuestro modo de vida al darnos la oportunidad de realizar otras actividades, mientras ellos se dedican –durante las horas de trabajo– a nuestra atención, a la de nuestra casa y familia.

Aunque cabe mencionar, nunca faltan las personas mal agradecidas, tanto del lado de quien recibe los servicios, como del lado de quien los ofrece.

Nadie tiene la obligación de servirnos y mucho menos de ser ofendido por ello.

Se nos olvida que ello es parte de un compromiso moral con nosotros mismos, de una forma de actuar con la verdad y sencillez, que en ocasiones pasamos por alto.

No confundamos a quienes nos apoyan, recordemos que no toda aquella persona que nos trata con su dedicación y esmero, es parte de la servidumbre o de la planta laboral. Casi siempre dentro de nuestra familia, hay quien se entrega y se sacrifica para tratar de que las cosas resulten lo mejor posible. Como ejemplo encontramos a la abuela, la tía o la hermana, que ayudan sobre todo a quienes son madres solteras, resultando un gran apoyo para éstas.

Por lo general, la persona que hemos descrito anteriormente como la que mejor nos ayuda, casi siempre se encuentra en la madre o en la esposa de todos y cada uno de nosotros. Pero a falta de ésta por comodidad y para no vivir con la familia encima, se apoya uno en la servidumbre (si es que se cuenta con las posibilidades económicas para contratarle), quienes a lo largo de los años se tornan en una parte de la familia.

La madre, como la esposa, la tía o la abuela, es la mujer que se desvela por nosotros, la que no vive tranquila mientras festejamos con los amigos, la que no puede conciliar el sueño sabiendo que no estamos en casa, ni podemos resolver nuestros problemas, y mucho menos terminar con las parrandas y aventuras. Y muchos creemos que con llevarles un regalo al año están pagadas o correspondidas. Cosa absurda, pero muy frecuente.

La madre, principalmente, es una mujer que no puede decir que está cansada, cuando todos y cada uno de los que conformamos la familia diariamente le depositamos todo el peso de nuestros problemas cotidianos. Es la persona de la cual sólo esperamos soluciones y ayuda, la que nos permite vivir mucho más tranquilos para poder seguir adelante.

Le exigimos la ropa siempre lista, la habitación reluciente, la comida a punto y de acuerdo a lo que nos gusta, la casa siempre dispuesta y jamás ofrecemos nuestra ayuda.

A pesar de ello nunca nos detenemos a preguntarnos si ella está bien, si tiene algún problema o deseos de compartir con nosotros sus pesares y angustias, que le permitan aligerar sus sentimientos.

La madre no tiene un sueldo, sin embargo, contamos con su disposición las 24 horas del día para que nos alimente, nos despierte y nos arrope si es que estamos enfermos o deprimidos. Es quien nos tiene lista la bolsa del almuerzo o lunch para el trabajo o la escuela, la ropa impecable, la que nos prepara de comer lo que más nos gusta, pero sobre todo es la que nos baña a diario de su amor maternal, con lo cual salimos seguros a enfrentar el mundo desde que somos niños.

Como siempre andamos de prisa sin querer perder un segundo de nuestro tiempo para arreglar las prendas que vestimos, la habitación en la que dormimos, mucho menos para resolver nuestros pendientes y compromisos, esto no nos permite detenernos para decir gracias y cubrir de besos a nuestra madre, detalle que deberíamos tener presente en todo momento.

Al llegar tarde a casa no nos percatamos de su desvelo y preocupación, sólo nos importa aligerar el regaño y es por ello que le decimos que exagera. Ni siquiera sabemos recompensar su preocupación, por lo que con nuestros pretextos sólo logramos hacer más hondo su pesar e intranquilo su vivir.

Cuantas veces los hijos hemos llegado al hogar y lejos de agradecer la preocupación y desvelo de una madre, la hemos insultado, situación que sólo el corazón de ésta logra resistir y continúa amándonos, al grado de bañarnos a diario con sus rezos, bendiciones y perdón.

«El corazón de una madre puede ser lacerado a diario y aun así seguir derramando amor, cariño y bondad sobre su familia.»

Cuando alguien me cuenta sobre un gran problema que lo aqueja y no le encuentra solución alguna, siempre le digo que si no está en sus manos resolverlo, al irse a dormir se lo deje a Dios, ya Él se encargará, con su infinita bondad, de dar la mejor y adecuada solución a aquello que nos aflige.

Sin embargo la mayoría de nosotros (esposos, hijos y nietos) llegamos al paño de lágrimas maternal y es ahí donde depositamos nuestros problemas y conflictos. Nos vamos a dormir pero son las madres las que no duermen y se quiebran la cabeza tratando de resolvernos la vida.

Pero ello no es lo peor del caso, pues existen personas que se avergüenzan de los padres que tienen por considerar que éstos son incultos y que no cuentan con abolengo, cuando hay que recordar que de ahí nacimos y llevamos su sangre y que si algo somos, es gracias a ellos.

Despreciarlos no nos hará mejores, por el contrario, nos dejará ver como unos perfectos desagradecidos e in merecedores de la vida que tenemos, como personas totalmente vacías y sin sentimientos.

Aunque la otra cara de la moneda nos dice que también existen los padres que desprecian y que no aceptan a sus hijos, en ocasiones porque estos son mejores que los padres, otras porque su comportamiento les apena. Situación que es tan grave como la anterior. Hay padres que son tan egoístas, que solo quieren la atención de la esposa para ellos y los hijos, al robarles parte de esa atención, se convierten en sus enemigos.

Aún con todo y ello, podemos aseverar que es en los brazos de nuestra madre donde encontraremos el amor y cariño que necesitamos. Muchas veces abusamos de esa entrega, porque sabemos que en ellas estará el perdón para los hijos, a pesar de que estos sean unos ingratos, abusivos y ventajosos.

En el oriente medio se acostumbra una frase que dice así:
«Los hijos cuando son pequeños no nos dejan dormir; cuando son grandes no nos dejan vivir».

Y en efecto así son las cosas, cuando los hijos son pequeños, los padres–sobre todo la madre– están pendientes de ellos las veinticuatro horas del día, velan su sueño, los crían con amor, ternura y sobrado cariño.

Cuando son jóvenes les gusta andar con los amigos, pasear, conocer y experimentar cosas nuevas, algunas de las cuales conllevan riesgos. Es por ello que los padres están inquietos hasta verlos llegar a casa, sanos y salvos, historia que se repite día a día. Aunque a cambio de ello, los hijos y las hijas se indignan, se molestan y se piensan presionados; pero ya el tiempo les dará respuesta a sus palabras y reclamos.

A pesar de que los hijos sólo se limitan a decir: «No sean exagerados, a mí no me va a pasar nada» o «Déjenme vivir mi vida y disfrutarla», esto es porque no esperamos a escuchar una de las diez mil razones que los padres tienen para preocuparse por todos y cada uno de sus hijos.

Cuando los hijos se casan y se van del hogar, el primer pendiente de los padres será saber cómo les irá en su nueva relación como esposos; después cuando tienen hijos, les interesa la salud de estos y de su cónyuge. No porque ellos lo pidan, sino debido al gran amor maternal o paternal, que es lo que lleva a los padres a no poder estar distanciados de los hijos, mucho menos sin saber nada de sus vidas.

Los hijos no lo entienden, pero a veces la vida los sorprende con una enfermedad o accidente grave o con el nacimiento de un hijo que requiere de más atenciones. Es ahí cuando el apoyo familiar más se requiere.

De esta forma es como los padres, en conjunto o solos –según sea el caso–, forjan a esos jóvenes que después se la pasarán gritándoles, regañándoles y hasta avergonzándose de ellos.

Muy pronto algunos hijos olvidan que la vida que ahora tienen fue forjada a base de sacrificios, cuidados, desvelos, amor, cariño y afecto, por parte de sus seres queridos.

La vida cómoda y placentera les hace olvidar el amor con que fueron concebidos y criados, incluso hasta de su fe por Dios se pierde. Equivocadamente se piensa que al ignorar a los padres y nuestras creencias, no tenemos a quien temer, por lo que el desenfreno es total y rotundo hasta vivir en carne propia el caos.

Tal parece que con la juventud los individuos se vuelven prepotentes, charlatanes, ventajosos, olvidadizos y creídos, perdiendo la dimensión de la vida real hasta caer en la fantasía. El resultado nos llevará a ser injustos, infames y groseros, hasta con aquellos que nos dieron la vida.

Existen quienes sólo saben regañar a los padres y hacerse al mismo tiempo los sufridos, esto con la finalidad de exprimirles las últimas gotas de amor, cariño y dinero, sin experimentar algún tipo de remordimiento al saber que estos podrían estar enfermos, cansados, ancianos o si sufren una gran pena. Tampoco les importa si esos ancianos tendrán para vivir, comer o mantenerse el día de mañana, sólo quieren ver satisfechas sus necesidades y se olvidan de qué pasará con ellos.

Sólo saben lamentarse de que les duele esto o aquello, de que trabajan y no les alcanza, de si están enfermos y no tienen para los medicamentos, siempre con el objetivo de querer justificar que están solos en el mundo y que no tienen más que ofrecer, porque la vida los ha tratado mal. La verdad de todo ello es que este tipo de personas son unos buenos para nada y de ahí no pasarán con su vida.

No faltan los que les gusta hacer leña del árbol caído, los que cuando un dolor moral o sentimental existe sobre los padres, aprovechan para agobiarlos y presionarlos a realizar actos indebidos que a la larga los separe de la realidad.

El simple hecho de presionar a los padres para que nos permitan hacer lo incorrecto, lo que está fuera de lo moral y de toda ética, los lastima hasta hacerles con todo ello una carga difícil de llevar por el resto de sus vidas.

Nuestro egoísmo y torpezas nos ciegan al grado de no querer escuchar la realidad, lo que seguramente propiciará que nuestros padres sean despreciados y repudiados por nuestros errores, llevando de ahí en adelante un pesar moral que no los dejará vivir con tranquilidad y alegría.

Al equivocar el camino corremos el riesgo de convertirnos en gente mala, que a donde vayamos seguramente propagaremos el odio y el rencor, a veces hasta sin darnos cuenta.

Habrá a quienes no les importe que de ahí en adelante, los padres sientan que han traicionado sus propios ideales, pues lo único que desean es cumplir sus caprichos y no pararán hasta reducirlos a nada en sus valores y forma de vida, hasta que ya no puedan hacerlo más.

Cuando las mañas y excusas ya no dan para más, de forma infame se utiliza a los propios hijos, ya que la cuestión es lograr el cometido sin importar el precio, por insano que este sea. El chantaje moral, explotar el cariño y los afectos, no serán motivos para detenerse.

Es ahí cuando ya no nos importan nuestros hijos, cuando los utilizamos como medio de saqueo y presión para con nuestros padres o cónyuges, es ahí donde el amor por la familia desaparece, destruyendo así los principios morales y éticos.

Para que ello no se repita a diario, los que vayan a ser padres, los que ya lo son o quienes no han sabido serlo, deberían recapacitar todos los días durante un par de minutos y valorar si no existe una llamada pendiente por hacer a algún ser querido, si no hay una acción que puedan desarrollar por alguien, para hacerle más fácil su andar por la vida.

En ocasiones el solo hecho de salir a la calle y saludar con afecto a quienes nos sirven o nos rodean, es ya un buen inicio no sólo para sentirnos mejor, sino también porque alegraremos la vida de alguien más. De ahí la importancia de hacerlo con sinceridad y franqueza.

Al salir de casa, los padres deben de enseñar con el ejemplo diario a los hijos la llave universal de la humildad y la sencillez, brindando el saludo al barrendero, vecino, empleado, voceador y hasta al lechero, nunca expresándonos mal de ellos, humillarlos y mucho menos dirigirnos con burlas o malas palabras. Recordemos que la bondad es un atributo natural que sana el alma y alegra la existencia.

Nuestro ejemplo será la imagen que quede grabada para bien o para mal en las mentes de nuestros hijos, quienes no hay que olvidar que durante su infancia tratan de imitar a los padres en su desenvolvimiento por la vida, hasta alcanzar el punto ideal que los asemeje a ellos.

Por esta razón no hay que hacerles daño con malos hábitos ni malos consejos, así como con la incertidumbre de lo que podría llegar a pasar; siempre hay que pensar positivo y enseñarles a que ellos también lo hagan.

Los padres no deben expresarse de forma grosera o despectiva con sus familiares, amigos, vecinos, empleados o conocidos, ya que ese ejemplo seguramente lo tratarán de imitar sus hijos, aún sin darse cuenta. De seguir por este camino la vida les deparará una cuota muy alta de pagar, sufriendo por esto el reproche, ya que nunca podremos ser personas en las que se pueda confiar.

A los hijos no sólo hay que darles buenos consejos, hay que prodigarles un trato diario de humildad, sencillez, lealtad, amor, afecto, cariño, fe, esperanza y muchas otras cualidades, las cuales deben de impregnar su espíritu para que de este surjan cosas buenas y positivas de forma natural, en todos sus actos por el resto de sus vidas. Es decir, sembremos con bondad en su corazón los valiosos atributos que les ayudarán a triunfar a lo largo de su existencia.

Siempre será un orgullo para los padres ver que los hijos triunfan y los superan, que son personas de bien.

Por ello la necesidad de esparcir estas enseñanzas en sus caminos, sobre todo predicando con el buen ejemplo para que las aprendan y comprendan, para que así les perduren y puedan prodigarlas a los suyos y a quienes les rodeen.

Recordemos que una familia aseada (Física, espiritual y Mentalmente) es una familia sana. El aseo al cual nos referimos no sólo debe ser externo (cuerpo) sino también de la mente y espíritu, pues con ello se logrará impregnar el alma de cosas buenas sin perder la personalidad, además de que podremos enfrentar los grandes retos con aquellas acciones adecuadas, que harán que la vida sea más fácil de enfrentar.

No sólo busquemos la limpieza exterior sino también la interior y sobre todo la mental, transfiriendo todo ello a lo familiar y al ambiente que a diario nos rodea. No aparentemos ser unos, cuando en verdad somos otros.

Siguiendo el adagio, es mejor que con la familia no se hagan negocios, porque ello la puede llegar a separar. Las diferencias que nazcan lejos de olvidarse, simplemente serán reavivadas cada vez que se encuentren o convivan.

Mientras que con los extraños, si algo sale mal simplemente diremos que era de esperarse, qué hicimos un mal negocio, tomamos la decisión equivocada y ahí quedó todo.
Por ello no enterremos la oportunidad de tener una familia unida y sin rencores, pensemos siempre con la cabeza fría antes de actuar.

Todos necesitamos de todos y nunca la ayuda estará de más.

Madres y padres solteros, divorciados o viudos, con hijos sanos o enfermos

«Cada quien su vida y para todos nuestro respeto, en cualquier tiempo, forma y lugar, es lo que mejor nos va a resultar».

Hoy en día existen muchas madres solteras como también los hay padres solteros, esto no es solo consecuencia de que los matrimonios y relaciones no funcionen, sino además porque la vida reclamó a una madre o padre, truncándose con ello los planes que como pareja tenían contemplados desde su unión.

En ocasiones son los más cercanos en el trabajo o los amigos quienes influyen en la separación de las parejas, otras veces, la propia familia de los casados, todo por no querer o aceptar al cónyuge de las hijas o hijos, por sentir que son poca cosa para ellos. No ven el gran daño que ocasionan a futuro al destrozar la vida a sus seres queridos.

Todos los seres humanos tenemos un límite, una forma de ver y sentir las cosas, pero se olvida que la prudencia debe existir en ambas partes y que cuando alguna de estas pierde el control, la otra tiene la necesidad de reforzar su paciencia, pues sólo así se resistirán los momentos difíciles.

Cuando uno de los cónyuges fallece de forma inesperada, la familia se desestabiliza.

El problema mayor surge cuando, a raíz de esto, el cónyuge que sobrevive busca casarse, no sólo para que le ayuden con los gastos de casa o con los hijos, sino también por sentirse solo. Ello arrastra a la familia entera a un mundo nuevo y desconocido, al punto de enfrentar a sus integrantes a retos y divergencias en modos de ser y pensar.

Situaciones tan importantes deben ser habladas en familia sobre todo cuando los hijos ya están en la edad del entendimiento, para que esta nueva relación no sea un choque emocional que los desubique, lesione o los saque de sus sentidos naturales de afecto, pudiendo llegar a creer que ya no se les quiere o que se les ignora o simplemente no tienen ninguna valía para la familia.

Y es que no es fácil lograr una convivencia armoniosa, entre tus hijos, mis hijos y nuestros hijos. A ello hay que sumarle entre mi familia, tu familia y la familia de mi ex esposa (o), lo cual es complicado, pero cierto.

La igualdad y el buen trato, así como la atención, paciencia y deseos de encontrar la manera de satisfacer los requerimientos de cada miembro de la familia, no siempre será fácil, para ello es necesario pensar y analizar con detenimiento antes de actuar.

Intentar rehacer nuestras vidas no debe ser denigrante para ningún hombre o mujer, pero sí es importante medir los riesgos y consecuencias de nuestros actos antes de tomar cualquier decisión.

Existe el caso de mujeres que al divorciarse en los mejores términos, logran que su ex esposo les provea a ella y a sus hijos el sustento diario, los gastos de colegio y los viajes. Ello sin importar si el padre se casa nuevamente o se hace pareja de otra dama.

Sin embargo, si es la ex esposa la que se casa o tiene pretendientes, hay hombres que se desentienden de ella y de los hijos, cancelando todo trato o apoyo a su primera familia.

Este tipo de situaciones provoca desajustes emocionales tan grandes en las ex esposas, que cuando éstas deciden intentar una nueva relación, llegan a separarse, pero al hacerlo, ya no cuentan con el apoyo del primer esposo ni mucho menos del segundo, y son los hijos los únicos que salen perdiendo.

Aunque los más lesionados son los hijos, por las actitudes en contra de sus madres o padres, esto es algo que no perdonarán jamás y que será imposible de olvidar. El daño, ya está hecho.

Es decir, se pierde de ambas maneras, a causa de los celos, la rabia y el enojo que nacen de actos infantiles y mal entendidos.

Por increíble que parezca esa es la realidad, la vida es muy injusta o es lo que nos parece, por lo que sentimos o creemos que se nos niega la felicidad.

En ambos casos todos pueden encontrar su felicidad, sólo hay que pensar en el cómo y cuándo, para que los hijos no resulten lastimados, ya que al quebrantar a la familia en una forma dolosa e irresponsable, estaremos también afectando el futuro emocional y de convivencia familiar de nuestros nietos.

Tanto hombres como mujeres debemos tomar en cuenta todo esto y más, ya que cada caso es distinto, como por ejemplo cuando es la mujer la que sustenta al hombre y los papeles se invierten. En ambos casos, debemos actuar con equidad e igualdad.

Antes de pensar en nosotros mismos, pensemos que los hijos sufren por igual en esta lucha de David contra Goliat, según sea el caso; por lo que tanto padres e hijos deben reflexionar en su modo de actuar anteponiendo la nobleza, el sentido y la razón.

Lo más recomendable antes de iniciar una nueva relación con miras a establecer una estabilidad dentro de la familia, es que se aborde el tema con todos sus integrantes, a fin de que éstos no se sientan desplazados por un «extraño» que no pertenece a su núcleo, sea hombre o mujer, al que culpen por robarles el cariño que sienten les pertenece.

O quizás porque esta persona que llega a ser la compañía del padre o de la madre, pudiera representar un desequilibrio emocional familiar, propiciar problemas o enfrentamientos con los ex cónyuges (de los que ya se encuentran separados), cortando con ello todo apoyo, lo que sin duda desestabiliza y arruina los planes a futuro en ambos casos.

Debemos entender y comprender que no es fácil vivir solos en la vida, aunque en esta situación, las mujeres son quienes cuentan con una mayor capacidad para afrontar la soledad, pues en el caso de los hombres, tener una compañera casi siempre se vuelve una necesidad. En cualquiera de los casos, nunca resultará imposible rehacer nuestras vidas.

Aunque hay excepciones, pues no en todas las ocasiones que se requiere de una nueva pareja será por el hecho de no estar solos y desear un acompañante que rompa con la monotonía, sino también para que esta persona venga a fortalecer así como a colaborar en la economía del hogar, aspecto en el que casi nunca reparamos, pero que sin embargo es vital en toda relación de pareja.

Existen detalles importantes que los hijos ignoran, los cuales al no ser discutidos, provocan desacuerdos, distanciamientos y malos entendidos. Por ello, la comunicación como la prudencia, la inteligencia y paciencia, siempre serán ingredientes naturales que los padres debemos saber sobrellevar con la verdad.

En ocasiones los hijos y demás familiares desean que la madre o el padre adopten actitudes similares a las de fulano o zutano, cuando que ello no es tarea fácil.

Recordemos que cada caso es distinto, que cada mente es un mundo y que cada persona tiene diferentes necesidades, capacidades, metas y pensamientos; por lo que el hecho de sentirse acompañados por alguien, les brindará fortaleza para luchar y seguir adelante, de otra manera podrían caer en la depresión, soledad y tristeza.

Hago mención que los lapsos de depresión en el ser humano, aun cuando estos sean superados, van dejando una huella indeleble en nuestro cerebro, en tal forma que pareciera que adormecen algunas de nuestras áreas funcionales, las cuales llegan a tardar años en recuperarse y en ocasiones no del todo.

Hay que recordar que las épocas de frío son las más propicias para caer en depresión, sin que ello signifique que las personas que viven en zonas tropicales no sean propensas también a experimentar este padecimiento, por lo que siempre será de vital importancia estar al pendiente de la familia.

De la misma manera el consumo de carbohidratos aumenta el aminoácido llamado triptófano, que ayuda a mejorar el estado de ánimo al igual que la serotonina y el ácido fólico; ambos los encontramos en las verduras y legumbres. Tal vez por ello dicen que con el paso de los años, hay que comer más vegetales para que la salud mejore y la razón no se pierda.

No olvidemos que a mayor intensidad de luz, menor será la posibilidad de sufrir de depresión, es por ello que a las mujeres que recientemente parieron, así como a los ancianos, se les recomienda que por nada les falte sus horas de luz y calor cada día.

Es recomendable nadar, ejercitarse y convivir con las personas a lo largo del día, ya que mientras se trabaja y estudia, la depresión no tiene cabida y muy difícilmente se presenta. Esta más bien ataca a las personas sedentarias y dejadas de sí mismas.

Si bien es cierto que los hijos como los nietos inyectan vida a los cónyuges que se encuentran solos, al prodigar una nueva clase de energía y forma de vivir, también es cierto que ellos no llenarán el hueco de una pareja. Y es que hay personas que sin la compañía de su otra mitad no logran alcanzar la plena felicidad que necesitan y anhelan. Si nos mantenemos cerca de los hijos, encontraremos el amor y afecto que necesitamos y esperamos.

Más difícil aún resulta el tener que ser abuelos y en ausencia de los padres velar por algún nieto que se encuentre con discapacidad, impedimentos o deficiencias físicas o mentales.

También existen personas con un criterio equivocado que pretenden que los nietos e hijos ocupen el sitio del cónyuge ausente, llenando ese hueco en su existencia, lo que definitivamente resulta erróneo. Y es que en lugar de ayudarse a sí mismos, acabarán por hundirse en una vida vacía y sin sentido, que a la larga les dejará caer la verdad en forma despiadada.

Esto lo vemos frecuentemente en las damas y caballeros que han vivido acostumbrados a que la pareja les apoye en todo sentido en su vida cotidiana, por lo que al verse solos esto les produce un inmenso vacío, pues se sienten desarticulados en sus actividades diarias, sin poder encauzar su tiempo y vida de la forma adecuada para salir adelante.

En este aspecto la mujer con el paso de los siglos ha ido aprendiendo a adaptarse de forma natural, ya que los esposos antiguamente no regresaban de la guerra, los viajes y aventuras, dejándolas con la carga de la casa y de la familia, lo que la ha ido capacitando y otorgándole un sentido extra de adaptación a la vida.

El simple hecho de encontrar la fórmula de adaptar la vida a los tiempos y necesidades de la familia en sí, ya es un gran logro, sin embargo, ellas parecen tenerla inmersa en sus sentidos de la responsabilidad y dirección del hogar.

Indiscutiblemente la vida es un gran tesoro, pero no olvidemos que es propio e indivisible. Por lo tanto, cada uno de nosotros lo debe de cuidar y utilizar de la mejor manera, como nos guste y nos plazca, aunque sepamos que no es lo correcto o aceptable. Es nuestra vida y tenemos la libertad de hacer con ella lo que queramos.

Hay que aprender a aceptar a la gente con sus virtudes y defectos, como les gusta ser y actuar, respetándoles bajo cualquier circunstancia.

Existen personas que al saber que una joven o un muchacho tienen uno o más hijos y está entre sus planes volverse a casar, se les tacha de cuscos, ofrecidos o locos, sin que exista razón para ello. ¿Por qué no pensar que es un individuo a quien la vida le está dando una segunda oportunidad? Lo que a otras personas por su cerrada forma de pensar, nunca les llega. Hombres y mujeres, sin importar la edad tienen los mismos derechos y oportunidades.

No podemos ser jueces tan crueles, siempre tratando de poner como ejemplo a fulana o a fulano. Cada caso es distinto como lo es cada cabeza, por lo que no podemos exigir a unos, lo que hacen otros. Si bien todos debemos tener los mismos derechos y obligaciones; no es así cuando se habla de capacidades y capacidad, ahí sí que hay diferencias, más no por ello unos valen más que otros.

La vida no es igual para todos, cada quien la ve a través del propio espejo de sus experiencias, necesidades, capacidades y realidades.

Podemos imaginar muchas cosas, intentar saber lo que hay dentro de cada persona, pero no por ello podremos estar seguros de que nuestros pensamientos corresponden con exactitud a sus sentimientos y realidades.

Hay alegrías y dolores que no se expresan, hay recuerdos que no se borran, así como hay momentos que impulsan o detienen nuestro avance por la vida. Por ello, simplemente sería injusto afirmar que sabemos lo que hay dentro de otra persona.

Para los que juzgamos sin pensar y sin conocer a determinada persona, no podemos ser tan ingratos de castigarlos porque no hacen lo que deseamos o queremos, simplemente porque no sabemos lo que hay en sus planes, cabeza o sentimientos.

Si es así se está equivocado porque para rehacer la vida de toda una familia se requiere de mucho valor, el cual quienes critican seguramente no lo tienen y aunque lo ambicionen, nunca tendrán la oportunidad de poder hacer ese cambio.

Podríamos decir que hasta por celos de que alguien más puede tener la oportunidad de rehacer su vida mientras que otros no, es que se levantan falsos testimonios, aplicando nombres y sobrenombres despectivos.

Esa gente es mala, carente de principios y ciegos a la verdadera vida, lo que los convierte en personas de poco fiar. No nos dejemos arrastrar, seamos inteligentes y pensemos antes de actuar, que las burlas de otros no nos contagien y arrastren a tomar actitudes poco éticas y sin ningún valor.

Existen muchas personas llenas de odio y rencor, no sólo con nuestros semejantes sino hasta con la propia vida. Es este tipo de sujetos a quienes vemos con un gran vacío a lo largo de su existencia, por ello no aceptan ni permiten que otros tengan una segunda, tercera o cuarta oportunidad, porque ellos nunca la tendrán.

Cuando vemos que otros las tienen, queremos demostrar lo que en verdad no es y nunca será, por lo que sólo tratamos de obstaculizar a los demás en sus metas, las mismas que están lejos de nosotros.

Aprendamos a ser sinceros, honestos y leales, con todos aquellos que nos apoyan, nos rodean o piden ayuda, porque solo así podemos alcanzar la verdad de lo que en realidad estamos buscando.

Responsabilidades y obligaciones que nacen de nuestras decisiones y conductas

Muchas de las personas que se niegan a la oportunidad de un nuevo matrimonio, hacen todo lo posible por bloquear las oportunidades de otros, incluso al grado de mal aconsejar a los demás, esto con la única finalidad de que no triunfen en la vida y no alcancen la felicidad anhelada, la misma que nunca estará con ellos.

Nos negamos a aceptarlo porque no tenemos el valor para llevar a cabo nuestros propios ideales, sentimos que si para nosotros no existe la alternativa de una nueva oportunidad, no hay por qué ayudar a otros a que sí la tengan; gran error, pensamiento que urgentemente debemos de cambiar, pues ello aligerará la pesadez de nuestra existencia y nos dará la fuerza necesaria para seguir adelante.

Si realmente entendemos que lo que está a nuestro alcance no es lo que necesitamos para ser felices, dejémoslo libre para que los demás puedan alcanzar su felicidad y nuevas oportunidades, puedan lograr sus sueños y anhelos.

Mujeres y hombres por igual debemos aprender a cuidar nuestra libertad, pues si permitimos que esta se nos limite, así como nuestro sentido de valía (en cuanto a lo que somos y lo que podemos lograr), estaremos entrando a un juego absurdo en el que nada podremos ganar y si perder algo sumamente valioso.

Sin excepción alguna todos tenemos en esta vida una nueva oportunidad, tratémosla con prudencia y cuidado; de algo debe servir lo vivido. ¡Usémosla para ser mejores! No para volvernos a equivocar o para caer aún más en nuestros pasados errores.

Por lo regular, estas personas han tenido que sufrir en carne propia un divorcio o la muerte del ser amado, aunque a muchas de ellas les haya también tocado vivir un matrimonio lleno de engaños y falsedades, lo que en ocasiones es peor que estar separados.

Otros más optan por casarse muy jóvenes, pensando que era el momento justo o el adecuado en su vida, sin darse cuenta que esa misma juventud carecía de la experiencia y de la visión a futuro, la cual es necesaria para que podamos conformar un verdadero hogar lleno de amor, cariño, bondad, comprensión, apoyo, fidelidad y respeto.

Hay quienes viven tan solo cuidándose del qué dirán y aparentando llevar una vida íntegra, cuando en el fondo es todo lo contrario; ya que sabemos que somos engañados por la pareja o nosotros mismos los o las engañamos, todo en un sucio convenio de apariencias sociales en donde la mentira real nos mantiene solos y tristes en medio de la diversión y de las personas.

Cuando uno de los cónyuges –ya teniendo hijos propios– decide volverse a casar con otra persona que también los tiene, se debe hacer todo lo posible por querer a todos por igual. Es como el adoptar a unos hijos que, sin desearlo, son orillados a una situación incómoda todo por la conducta de sus padres.

No se les debe tratar con diferencias, tampoco es válido que a unos se les llame «Mis hijos» y a otros «Los hijos de mi esposo o de mi esposa», ello es denigrante, al tiempo que insulta y lastima a quienes no lo merecen.

Simplemente son o no son nuestros hijos. Si no estamos preparados para afrontar la situación, no iniciemos una relación que tiene asegurado un pésimo final, sumado al hecho de que se lastimará a inocentes.

No podemos decir a unos pequeños que hoy pasan a ser nuestros hijos, y que si nos divorciamos de su mamá o papá, ya no lo serán; porque entonces como es que deseamos o queremos integrar una familia.

Adoptar a un hijo es algo muy loable, adoptarlo cuando se tienen los propios o se piensan tener, lo es aún más. Pero en cualquiera de los casos se requiere de madurez y control emocional, todo ello para no lastimarlos en un momento de desesperación, presión, separación o angustia.

Este hecho nos habla de un alto sentido de amor, sencillez e inteligencia, pero sobre todo de agradecimiento con la vida y la pareja, entre muchas otras cosas más.

Adoptar y cuidar como nuestros a los hijos de la pareja, en verdad es algo que nos llenará de satisfacciones toda la vida, aunque al mismo tiempo es una obligación a la que uno no debe de rehuir y a la que jamás se puede renunciar, aun cuando se rompa con la pareja o esta fallezca.

Este es el temor común entre las uniones del mismo sexo, muchas de las cuales, al no contar con una estabilidad con su pareja y tras haber adoptado a un infante, temen de sobremanera que al romper su relación acabarán por lastimar a una criatura inocente, al provocarle un daño emocional así como desconcierto e incertidumbre en su interior, ya que no saben si se quedaron si papá o sin mamá.

Por otro lado, cada vez son más los hogares que se permiten acoger a los infantes abandonados, huérfanos y desprotegidos, brindándoles la posibilidad de pertenecer a una familia. Aquí la importancia de dar afecto, cariño, paciencia y razonamiento a los recién llegados, pues todos sabemos que no es fácil reiniciar nuestra vida de la noche a la mañana, más si existen dudas que pesen en la mente y el corazón.

Los riesgos son los mismos para todos, ya que suele suceder que los niños o las niñas que se toman en adopción no son recíprocos en el cariño que se les prodiga, por el contrario, con el paso del tiempo acaban por sentirse en un ambiente que no es el suyo y que no desean. Es ahí en donde la familia debe de estar pendiente de los actos y los hechos, para que el comportamiento de unos no lastime a otros.

Como todo en la vida las conductas son inciertas e impredecibles, por ello la importancia de que los niños adoptados sean considerados como verdaderos hijos, ya que sólo así se estará brindando un apoyo sano, auténtico y real.

Se tiene conocimiento que muchos de los hijos que llegan por adopción, suelen igualar o hasta superar en agradecimiento, cariño y bondad a los hijos biológicos de las parejas, ya que como dijimos, cada persona es un mundo diferente.

También existen los que nunca son agradecidos y viven para sí mismos, cerrándose a reconocer el cariño, esfuerzo y dedicación de quienes los adoptaron, cuidaron, protegieron y les brindaron más que una oportunidad de vida.

En estos casos a los hijos no se les debe llamar «adoptados», pues desde el momento en que nos comprometemos a tenerlos como parte de nuestra familia, aceptamos la responsabilidad de protegerlos y nunca debemos de señalarlos como extraños.

Si existiera la más mínima duda de no poder asumir nuestro compromiso y responsabilidad, es mejor no traerlos a nuestras vidas sólo para sufrir.

Tampoco se debe permitir que entre hermanos se llamen «medios hermanos» o «hermanos políticos», pues simplemente somos o no somos hermanos. La igualdad debe ser generalizada por todos. Del diálogo diario es que se fortalece la familia.

Se debe ser consciente de que los compromisos que hagamos serán para toda la vida, a los que de ninguna manera podremos rehuir. Lo más importante es ser sinceros, pues cuando se ama a la pareja se ama a todo lo que es de esta, por lo que sus hijos deberán ser considerados por nosotros como propios, debiéndoles de cuidar y proteger por igual, sin importar las circunstancias aun cuando las parejas se lleguen a separar. Esto es válido para las dos personas que conforman la pareja.

Quien en algún momento fue nuestro hijo, lo es y será por siempre, bajo un compromiso verdadero, no sólo de palabra o presunción, con nuestros hechos y actos se lo debemos demostrar todos los días de su vida.

Asimismo, sus hijos son y serán nuestros nietos, sin ninguna clase de distingos, al igual que a su esposa o esposo deberemos tratarlos como nuestra familia política, nunca excluyendo a nadie ligado a ellos, a pesar de que estos volviesen a adoptar a otra persona.

Adoptar cuando no se puede tener hijos en pareja es algo maravilloso, ya que nos habla de la integración y afecto entre dos personas, que buscan hacer perdurar su amor, cariño y posesiones, a través de otros seres menos afortunados.

Este tipo de compromisos deben ser para siempre, no sólo en el momento que nos plazca o nos haga falta.

Existen parejas que al no poder tener hijos propios deciden adoptar, con lo que sus vidas encuentran estabilidad y cariño, situación que viene a coadyuvar a la tranquilidad de los papás, que a veces en forma inesperada logran embarazarse haciendo que la familia crezca. Esto bien podría significar una gran recompensa de la vida hacia todos en casa.

Lo que sí debemos tener presente es que aunque se haya logrado tener hijos propios, bajo ninguna circunstancia debemos despreciar o tener un trato diferente hacia a aquellos que pudimos adoptar; la ingratitud no está permitida, sólo la igualdad.

Les reitero una y otra vez que: «Cada quien su vida y para todos nuestro respeto, en todo tiempo y lugar».

En países de todo el mundo la adopción de niños y niñas que sobrepasan los cinco años de edad, casi siempre es dada a prueba. Pues es necesario comprobar que ambas partes lograrán sobrellevar una relación de hijos y padres, así como de si podrán acoplarse a los modos de ser y pensar de unos y otros, ya que de no ser esto posible, será mejor intentar reubicarlos en otro hogar, donde cada quien pueda encontrar lo que está necesitando.

Desgraciadamente este tipo de opciones, no son aplicables a los hijos que ya tiene nuestra próxima pareja sentimental. «No todos somos monedita de oro, ni la última gota de agua en el desierto.»

Simplemente no hagamos lo que no deseamos que nos hagan, tanto a nosotros como a nuestros cónyuges e hijos; una condición simple, pero justa y razonable.

El efecto de los engaños entre la pareja

Cuando las cosas no van bien en la pareja, el engaño es una excusa a los deseos reprimidos. A veces el pretexto creado para que la pareja nos rechace y se aleje, ya que no se tiene el valor de decir que ello es lo que se desea.

Sea como sea engañar a la pareja es malo, algo que no debemos de realizar ni como hombres ni como mujeres.

Cuando uno engaña al otro, se lastima a la pareja y en silencio se facilita al cónyuge el que él o ella también emprendan una aventura, situación de por sí grave y difícil, con la que podríamos lograr que las cosas se salgan de control arrastrando con esta falta a la familia a un punto de inestabilidad con miras a su destrucción.

Los problemas empiezan jugando, como cuando retamos a la pareja a que no se atrevería a hacer tal cosa o por no tener con quien, pero desgraciadamente y como dice el dicho: «Siempre hay un roto para un descosido». Por ello es importante no jugar con lumbre, pues solos nos podemos quemar.

Casarnos, formar un hogar y una familia no es cosa simple y fácil. Todo requiere de planificación entendimiento y aportación de ambas partes, ya que sólo en equipo esto puede llevarse a buen fin.

La pareja joven, inocente y confiada, es común que caiga en las redes que tienden los amigos y familiares, por lo que cuando se dan cuenta, ya se encuentran atrapados en un mar de problemas y angustias, que no son lo ideal ni lo más recomendable. Debemos estar alertas y ser desconfiados.

En otras circunstancias los amigos sienten que la relación de sus conocidos, en cierta forma, es parte de ellos, por lo que tratan de sacar el mayor provecho de la pareja, ocasionando algunas veces la ruptura mediante el engaño y los celos, incluso sin darse cuenta de que lo están haciendo.

Primeramente habría que mencionar que esos no son amigos. Quien intente dañar nuestra relación de pareja con quien estamos comprometidos, probablemente tendrá un interés oculto que no dejará ver hasta que logre su cometido, por lo tanto, debemos alejarnos de ellos ya que nos descubrirán tan pronto tengan la oportunidad.

Lamentablemente hay quienes ignoran esas pequeñas «señales», cayendo en el juego y cometiendo el peor error al separarse del ser amado. Ya que hecho el daño, desaparecerá el enemigo que se hacía pasar por amigo.

La duda nace en todos porque se piensa que la hermana, el primo, el amigo o el tío, no son capaces de engañarnos y que lo que se nos dice sobre nuestra pareja es la única verdad. Ello nos confunde y nos conduce a una inminente separación.

Ellos mismos también son engañados por terceros y los ocupan para ocasionar nuestra ruptura, pensando que están haciendo algo bueno por nosotros, sin darse cuenta que son sólo fichas del juego de otros, acciones que afectarán nuestro futuro drásticamente.

En ocasiones la vecina, el amigo, el maestro del gimnasio o de la escuela, nos van guiando a una situación previamente preparada por ellos, pero nuestra inocencia o el deseo de experimentar cosas distintas será lo que nos lleve a vivir momentos de cambio y difícil control; hay que saberlos controlar y llevar, para no cometer errores.

Pocas veces la infidelidad es razonada pero sí trabajada por otros (sin que nos percatemos de ello) para conducirnos a caer en una trampa. Las cosas terminarán por romperse de la manera más simple y confusa, tanto que no nos daremos cuenta de lo que pasó hasta que estas ya no tengan remedio.

Las personas que nos llevan a la infidelidad siempre nos delatan, a fin de destruir nuestras vidas y de traicionar nuestros sentimientos; muy contados son los que saben guardar un secreto de este tipo, ya sean hombres o mujeres.

Poner en riesgo el matrimonio no vale la pena. La emoción de un instante nos puede arrastrar al fracaso de nuestras vidas. Ya que no sabremos en manos de quién estamos hasta que ya es muy tarde.

Hay quienes pretenden justificar como mujeres el que su pareja les engañe, aunque también hay hombres que recurren a los mismos argumentos. ¿Acaso entre ambos las cosas ya no funcionan como en un principio? ¿No será que sólo estamos buscando pretextos para no enfrentarnos a la realidad? A veces la infidelidad es una manera de decir ya no te quiero, separémonos.

También es cierto que una aventura fuera del matrimonio pareciera ubicar en las personas muchas cosas, sobre todo cuando se descubre lo valiosa que es nuestra pareja y los errores que en común se han cometido. En otros casos, los resultados suelen ser todo lo contrario, pues sólo se logra que se pierda la confianza y que lo que se había edificado entre dos se convierta en nada.

Aunque muchas personas me comentan que ello les ha servido para valorar más lo que tienen o para darse cuenta de que lo que tienen no es lo que tenían pensado; sin embargo les recarga el ánimo y les da cierta aventura a sus vidas. Aunque esto lleva mucho riesgo y es demasiado delicado.

Digamos que es una apuesta en la que, aun ganando, salimos perdiendo.

Pareciera que la oportunidad de ser infieles todos nos la quieren dar, sean hombres o mujeres. Pero tras de ello nada bueno quedará, pues el remordimiento así como la sensación de la pérdida de valores serán como una espina que se llevará clavada por dentro, además de que con nada la podremos borrar.

Es importante ser maduros. Pensemos entonces antes de hacer las cosas, para no arrepentirnos cuando sea demasiado tarde. Claro que, como en todo, hay excepciones, ya que hay amores que no se concretaron o uniones que no se permitieron y esta es la manera de no perder lo que se ama.

La verdad de las cosas es que debemos ser un tanto más inteligentes que los demás para no dejarnos llevar por propuestas e invitaciones negativas.

Claro que nunca falta aquella pareja que quiere demostrar que es diferente, que nada ni nadie los puede afectar, por lo que encontramos a quienes intercambian a los esposos o a las esposas, experimentando un juego de total libertinaje donde los prejuicios no tienen cabida. Este tipo de conductas nunca serán recomendables, puesto que la línea que sostiene la moral familiar bien podría debilitarse y romperse en cualquier momento.

Pero tampoco lo podemos prohibir, ya que cada pareja tiene derecho a vivir como mejor les agrade y les guste.

Seguramente a pocos padres les gustaría ver a sus hijas acostándose con todos sus compañeros universitarios o con sus vecinos, mientras sus esposos las esperan en la puerta de su hogar. Más hoy en día, donde las enfermedades contagiosas por sexualidad (Sida) o por la simple transmisión de saliva (Hepatitis) cobran altas cuentas, terminando inclusive con la vida de muchas de esas personas que se dicen liberales y abiertas. Esto no debe de asustarnos, pero sí es para ponernos a pensar y charlar con la familia.

Tampoco nos gustaría presenciar a nuestros hijos varones en vida terminal, sólo por nuestro deseo de verlos en la cama con todas sus amigas, vecinas y conocidas; el dolor de lo primero no se puede aminorar con los recuerdos de lo segundo.

Casados significa: «casa de dos», por lo tanto las parejas se deben uno al otro y no para que se ande con cualquiera, porque si ese es nuestro deseo, lo mejor sería no casarnos para poder llevar una vida desordenada como hombres o mujeres, seguros de que el final será un completo desastre, pero al menos no tendremos una familia que se hunda con nosotros.

También es cierto que muchos hijos se casan sólo para salir de la vigilancia paternal, para poder hacer con sus vidas lo que les venga en gana, pues de esta manera no habrá quien ponga freno a sus actos.

Pero aun así la vida nos pasa la factura y de que cuesta, cuesta. La libertad conlleva sus riesgos y responsabilidades. Al aceptarlos, también hay que afrontarlos.

Aquellas mujeres y hombres que se lanzan a la aventura, terminan por pagar la cuenta por la vida desperdiciada. Habrá quienes, aún con ello, sentirán que es lo que deseaban, mientras que otros se arrepentirán, pero en ambos casos son personas poco maduras y preparadas para llevar una familia, por lo que optaron por no tenerla para poder seguir viviendo con libertad.

Pretextos a todo y por todo

Para los pretextos nos sobran tiempo y razones, sólo que ninguno de ellos nos dará la felicidad que todos necesitamos, lo que anhelamos.

A veces resulta gracioso ser testigo de cómo en los matrimonios existen discusiones absurdas, que no buscan lastimar ni agredir a la pareja, más bien cuando son por la pura necesidad de saber que hay quien los acompaña, escucha y está al pendiente de ellos, sobre todo al paso de los años cuando la vejez y la vida han dejado su huella, robando la fortaleza que algún día se tuvo.

Por ello cuando entremos a la habitación de nuestros hijos y veamos que todo está hecho un desastre porque dejaron los juguetes tirados, la ropa fuera de lugar o manchas de lodo en el piso, no nos enojemos. Por el contrario, demos gracias al cielo porque tenemos hijos que pueden subir y bajar una escalera, comer golosinas, además de que cuentan con la posibilidad para jugar sin agotarse, pero sobre todo porque disfrutan y son parte de esta vida, regalándonos su alegría.

Así como el hijo que se la pasa en su cuarto viendo la televisión, escuchando música, haciendo ejercicio o en la computadora, debe ser una tranquilidad para nosotros, puesto que está en casa. Lo mismo debemos pensar cuando se trata de la pareja, quien después de cumplir con su trabajo y compromisos prefiere descansar en el hogar que pasarla con los amigos.

Cuando ofrecemos nuestro hogar para la reunión de amistades de cualquier miembro de la familia, así sea de nuestros hijos, cónyuge o nosotros mismos, esta debe significar una bendición, no la veamos como una carga, sino como la oportunidad de poder recibir y atender a las personas que día a día edifican una parte importante de nuestra vida.

Esto siempre deberá ser con medida, reglas y sin excesos, sabiendo a quiénes volver a invitar y a quiénes no, en el futuro.

Es bueno tener que limpiar y poner la casa en orden después de haber celebrado Navidad, Año Nuevo o alguna fiesta especial, porque ello nos está diciendo que no estuvimos solos, que disfrutamos del cariño de los nuestros cobijados por el calor del hogar.

Qué bueno será saber que la ropa ya no les queda a nuestros hijos, porque esto significará que hemos cumplido al proveer lo necesario para el crecimiento de estos.

El poder darles ropa nueva nos dirá que las cosas van bien, quizás con algunas carencias, pero conscientes de ser personas que gozan de salud, dicha y felicidad. Esos sacrificios, no pesan, por el contrario son satisfacciones, motores que nos impulsan diariamente en la lucha por la vida y la superación.

Los cónyuges en ocasiones reniegan porque tienen que dar mantenimiento a la casa, gastar en su conservación y cuidado, lo que no debe molestarnos, pues más que un refugio se trata de nuestro hogar, del patrimonio familiar, el cual por bonito o feo que a muchos pudiera parecer, al fin de cuentas es nuestro. Es parte importante dentro del legado familiar.

Cuando somos mayores de edad, el ruido y la luz de los autos nos molesta, al punto de enojarnos por ello, cuando la verdad es que deberíamos estar agradecidos con la vida porque aún podemos ver, sentir, opinar y escuchar.

Para nada debemos enfadarnos por lo que se publica y se informa, hay que tomar de todo ello lo que mejor nos plazca, lo positivo y realmente útil, ya que esto es prueba de que existe libertad y respeto en nuestra sociedad.

Qué bueno que tengamos con quien discutir, a quien pedirle algo, porque será la muestra de que no estamos solos.

Qué bueno es tener que limpiar el auto, llevarlo al servicio y ponerle gasolina, porque ello significará que podemos pagar su uso y que tenemos la capacidad y libertad para manejarlo.

Por las mañanas no nos levantemos molestos por temprano que sea, mejor demos gracias por tener la oportunidad de ver un nuevo día, de tener la fuerza para disfrutarlo y trabajarlo, sin importar si ello nos conduce al cansancio, pues ante todo debemos demostrar que somos responsables, útiles, confiables a la hora de valernos por nosotros mismos. Al término del día, ese cansancio nos dará una gran satisfacción al haber cumplido. Seamos positivos y aprendamos a encontrar lo bueno en todo lo que sucede.

Vivimos en un mundo de injusticias, en el que vemos que para muchos la mujer no tiene valor alguno, pero ello poco a poco tendrá que cambiar y cuando ese momento llegué, seguramente experimentaremos cosas increíbles que nunca nos imaginamos. La igualdad, la moral y la ética son valores indispensables para alcanzar la superación y el éxito como comunidad, los cuales no debemos dejar perder.

Todo es posible y soportable cuando las cosas son acordadas y discutidas como pareja, pero el tiempo puede llegar a traicionar la mente y hacer resurgir diferentes sentimientos, conduzcámonos entonces con mesura e inteligencia.

El que engañemos al marido teniendo hijos de otro hombre, y que a estos los hagamos pasar como suyos y presentarlos a la sociedad como hijos de nuestra pareja, sin duda alguna es una conducta vil para un ser humano, puesto que nos habla de cobardía y falsedad, así como de oscuridad en cuerpo y alma. Aquí no podemos culpar al hombre con quien se tienen relaciones extra maritales, pues la única responsable es la mujer. Ella debe valorar las circunstancias a futuro, para evitar el deterioro de la relación en pareja y rompimiento o ruptura familiar.

A veces la mujer convence al marido de que tengan un hijo, pero como el esposo no tiene la posibilidad de engendrar uno propio, se ve presionado a aceptar la propuesta de concebirlo con alguien que no sea él, aunque en su interior no esté de acuerdo. El temor a perder a la mujer amada, es una de las razones. Pero esto lleva a que, pasados los años, ni se quiera a la mujer, ni a los hijos de otro. Hay que tomar en cuenta que a veces, se rentan vientres para procrear y al nacer la criatura, unos ya no la quieren dar y otros ya no la desean recibir. ¡Cuidado!

En otros casos, tras haber tenido los hombres una relación extra marital, con lo que se pudo adquirir una enfermedad venérea, al reproche se le aúna que entonces las mujeres también pueden llevar a cabo este tipo de conductas, pues al fin y al cabo el esposo fue quien provocó dicha situación.

Sabedores de lo sucedido, siempre será importante tener el valor para afrontar con responsabilidad las consecuencias de nuestras acciones.

Mujeres y hombres por igual pueden llegar a ser engañados y nunca darse cuenta de dicho engaño por parte de su pareja. Y es que las mujeres pueden hacer cosas que los hombres nunca sospecharían de que son capaces, cosa que también sucede a la inversa, porque los hombres no son una pera en dulce.

Pero no hay que olvidar que el matrimonio no se trata de engaños y mentiras, sino de respeto y confianza, de entrega y fidelidad, de amor y cariño.

Existen mujeres que al no encontrar al hombre de sus sueños, deciden embarazarse en un país o ciudad lejana donde nadie las conoce, para después traer a casa una criatura que nunca conocerá a su padre y que crecerá solamente bajo el afecto de la madre y familia de esta. A veces es más sano y recomendable todo ello, a tener que soportar a un patán, mantenido y desobligado al lado de las mujeres. Un verdadero reto, pero con valor se puede y es aplaudible que se tome el riesgo.

Muchas veces esto es preferible a tener que seguir aguantando como pareja a un vividor que nunca nos dejará en paz, siendo sólo una carga para la mujer y un mal ejemplo para los hijos. Por ello hay quienes deciden convertirse en madres solteras y si no pueden viajar a otro país, lo hacen en otra ciudad lejana, cambiándose el look acostumbrado para que no exista una fácil localización tiempo después.

Ahora, con los avances científicos y el posible congelamiento del cordón umbilical, ya la madre no necesita saber en dónde localizar al padre en caso de requerir un trasplante de células madres para su hijo, pues eso ha quedado resuelto. Esto es recomendable cuando en un accidente los padres de los pequeños mueren y más adelante pudiesen necesitar dicho trasplante. Hay que ver la vida positivamente y todo será mejor.

Por otro lado, es muy triste ver que hoy en día existan hombres que sólo buscan casarse para conseguir quien los mantenga y les provea de todo lo necesario, como si estuvieran imposibilitados para valerse por sí mismos y con ello poder sostener –como se espera– un hogar.

Hoy pareciera plaga, el gran número de hombres que andan tras las hijas, divorciadas, casadas o viudas con dinero; no por que las quieran, sino para que los mantengan.

Esta es indiscutiblemente una de las causas principales de tantos divorcios, lo que también ha provocado que actualmente las mujeres sean madres y empresarias, ya que nada se tiene seguro al lado de la pareja irresponsable.

Quizás esto es recomendable cuando nos percatamos de la existencia de hombres que sólo tratan de embarazar a las mujeres para explotarlas y aprovecharse de ellas, ofenderlas, maltratarlas y engañarlas. Aunque lamentablemente, también están aquellas mujeres que van sobre los mismos intereses y pasos, dejando mucho que desear con su conducta, la cual al final siempre les resultara una difícil carga.

Cuando se pierden los valores

Cabe reiterar que los mismos derechos que tienen los hombres, los tienen las mujeres, sin importar la clase social, cultura o religión, pues estamos inmersos en un mundo de igualdad donde la mujer ya no puede ni debe ser explotada para beneficio de los hombres.

Aunque también es cierto que hay mujeres que se manejan en distintos catálogos. Algunas con principios, otras que no los conocen, quienes cambian de acuerdo a la corriente de sus vidas y aquellas otras que necesitan una brújula para saber por dónde ir.

Al igual que los hombres, existen también las mujeres que buscan la oportunidad de quedar embarazadas de hombres que les puedan facilitar la vida y las de sus hijos, para no tener que trabajar y así contar con comodidades a las que de otra manera no podrían acceder. Aunque si la jugada sale mal, sólo lograrán arruinar su existencia y la de los hijos.

Si se logra «atrapar» a alguien con suficiente dinero, todo sacrificio será pequeño con tal de no perder lo conseguido, asegurar un futuro cómodo y placentero sin importar que a la pareja no se le quiera, lo que a la larga traerá consecuencias.

Ya que en muchas ocasiones, el dinero se acaba y no queda nada de lo que se buscaba y al no haber existido amor y cariño, solo se cosecha incertidumbre, tristeza y arrepentimiento.

Pues se arriesga a que la persona «atrapada», aunque se le llene de hijos, a la larga dejará a su pareja de tan pocos escrúpulos para buscar en otra persona el verdadero amor y afecto sincero que desde un principio anhelaba.

Con esto no se piense que los hombres son todos unos santos, puesto que algunos son peores a lo antes narrado. Y es que no se trata de hablar del género masculino o femenino, se trata de principios morales éticos y de valores familiares, que cuando no existen, sucede esto y mucho más y es aplicable a todo género.

Por ejemplo hay mujeres que no sólo van sobre los hombres solteros sino también sobre los casados, ya que no importa destruir un hogar mientras logren sus objetivos.

Tal parece que no importa tener amor o cariño, pues en ocasiones sólo se busca la comodidad y alcanzar la meta que se pretende. Igual o peor comportamiento presentan los hombres.

Al percatarnos de que estos o estas tienen los fondos económicos necesarios para darnos casa y comida sin privaciones, puede no importar que seamos el «segundo hogar», sobrepasando el interés al amor. Digamos que son relaciones vacías de conveniencia, que llegado el momento por sí solas acabarán por desvanecerse.

Además de ello, el hombre o mujer que accede a dicha situación, deja ver a los demás su gran ausencia de valores, atrayendo para sí una enorme carga moral con la que tendrán que lidiar a lo largo de su vida. Siempre serán personas poco confiables.

Y es que quienes caen en estos juegos son torpes e ignorantes, capaces de cambiar a su familia, el cariño y afecto sincero, por un bonito trasero, unas piernas primorosas o un cuerpo bello, con lo que estaremos cambiando la felicidad por una vida vacía. Es decir arriesgamos todo, sin oportunidad de ganar.

Este tipo de personas, con la facilidad que llegan a nuestras vidas, así también se irán, todo en el momento en que falte la juventud, la fortaleza, el dinero y los lujos, cuando se tengan que enfrentar responsabilidades o, peor aún, cuando la pareja ya no los quiera a su lado.

A aquellos que por su naturaleza son «vividores», no les importará utilizar al esposo o esposa para alcanzar los fines deseados. Así encontramos a quienes «facilitan» a su pareja al jefe, al político, al vecino y hasta al amigo, siempre con el objetivo de conseguir algo sin que ello nos cueste, aunque la verdad es que el costo que tendrán que pagar a la larga será sin duda alto, sin poder volver a atrás y quedando sin derecho a reclamo alguno.

Los hay quienes también «apuestan» no sólo a la esposa o esposo, sino hasta a los hijos, con tal de continuar alimentando el vicio del juego o la drogadicción. Aquí es importante que los afectados pongan un alto a este tipo de atropellos, pues de lo contrario serán cómplices de los artificios y engaños del cónyuge o la pareja.

Estos actos, además de ser vulgares, nos demuestran que quienes los ejercen no son dignos de ninguna pareja y menos aún de tener una familia, al no saber respetarla ni valorarla.

Cuando el hombre sabe que es padre de un hijo fuera del matrimonio, su primera reacción es de miedo, por lo que casi siempre se busca la manera de no adquirir ese compromiso, el cual sin duda vendrá a cambiar su proyecto de vida.

Cuando como mujer se le demuestra al hombre que tiene uno o más hijos de él, por lo regular el padre ya más consciente de la responsabilidad adquirida (junto a la gran satisfacción que representa tener un hijo), sin duda tratará de apoyar a estos. Pero si los hijos no saben su procedencia y los padres desconocen la existencia de estos, resolver favorablemente la situación será casi imposible, por lo que las mujeres tendrán que seguir siendo el eje sobre el que gire su familia.

Otro caso triste que vemos en la actualidad es cuando ante un accidente, enfermedad o investigación por sospecha, se descubre el ADN de los miembros de la familia, que al no coincidir, lleva a sufrir grandes decepciones no sólo por parte de la pareja, sino también por parte de los hijos. Ya que la sangre no miente.

Ello suele suceder a las mujeres que tienen un alma oscura, a las que están confundidas, a aquellas que se drogan o alcoholizan, que al haber perdido la razón, terminan siendo seres que no pueden encontrar la comprensión anhelada y que, por lograr sus gustos y vicios, se dejan llevar por quien sea y en donde sea.
Hasta para tener una aventura hay que ser inteligentes, prudentes y sobradamente precavidas (os).

Una mujer en sus cinco sentidos no es capaz de dañar a sus hijos, lo más probable es que ni siquiera los expongan a ningún peligro y hasta la vida den por ellos. Así es en realidad la esencia maravillosa de las mujeres. Quienes muchas veces no buscan al padre del hijo, porque saben que este se los puede quitar.

Es así como en el momento en que los hijos alcanzan el entendimiento, será importante crearles una conciencia en el hecho de cuál es la verdad sobre cada cosa, para que el día de mañana no surjan los reclamos y se termine con la familia.

Tal y como le decimos a los hijos: «Es mejor una vez colorado, que cien veces descolorido».

La gente que vive mintiendo o fingiendo, es gente que no podrá caer más bajo, pues con sus actos deshonra y denigra a la raza humana, es alguien que carece de todo valor moral para vivir con la verdad. Querrán seguir disfrutando de la opulencia de su relación de pareja, mientras que por dentro saben que son personas vacías.

Conductas que confunden

Si la mujer desea concebir un hijo con el semen de otro hombre porque su pareja es estéril, ambos deberán de estar de acuerdo en cuanto al procedimiento para quedar embarazados. Sólo de esta manera podrán llegar a cuidar, criar y brindar el apoyo necesario a su bebé.

Lo mismo deberá pasar cuando la mujer sea quien no está en posibilidades de embarazarse de forma natural. Una buena opción sería alquilar un vientre materno de forma asistida.

Hoy en día existen múltiples procedimientos para aquellos padres que desean tener familia y que no lo han logrado de forma natural, por lo que muchas veces, sin saber quién es la madre del óvulo o el padre del esperma, se logra procrear hijos que vienen a integrarse al hogar para complementar así la misión de la familia.

Algunos de los métodos son óptimos cuando alguno dentro de la pareja es portador de alguna enfermedad venérea o hereditaria que no desean transmitir a su descendencia.

Este tipo de acciones logra ser la salvación del matrimonio, al igual que la adopción, ya que es difícil pasar por esta vida y no dejar nada trascendente.

No puede haber amor para los hijos cuando fueron concebidos por el engaño dentro del matrimonio y nunca se les ha dicho la verdad acerca de su origen, en estos casos, recurrir a un banco de semen es lo más recomendable.

Hombres y mujeres pueden llegar a ser cobardes y ventajosos, indistintamente, ya que al no querer perder la comodidad del matrimonio aun cuando no se quiera ni se respete al cónyuge, desean su apoyo económico y/o moral para criar y educar a los hijos, sólo para tener una descendencia ante la sociedad, aunque por dentro se posea un corazón vacío.

Aquellos que han engañado a su pareja normalmente lo hacen con personas distintas, por lo que les resulta fácil buscar este tipo de alternativas. Es algo así como para que no sea mi culpa, sino un acuerdo entre ambos.

Es decir, tienen dos vidas. Una en su matrimonio para guardar las apariencias y otra fuera del mismo para satisfacción personal, uniendo ambas con tal de concebir hijos, que si bien son o no son biológicos, estos no reciben el cuidado, el amor y la atención necesarias para ayudarlos a salir adelante, simplemente porque un hogar sin respeto no vale nada.

Cuando el esposo o la esposa dan la complacencia para este tipo de actos extra maritales, después es imposible reclamar. Ello seguramente terminará tarde o temprano con una serie de «revolcones» con personas distintas y con un par de vidas vacías, sin respeto y sin valores.

Lo que se permite una vez para ver qué se siente, hará perder la moral, el pudor y la ética, entonces ya después se repetirá por siempre y, aunque no se vuelva a hacer, la duda permanecerá en todo momento.

Esto lo vemos con algunas personas que no pueden concebir y para que la gente no vea que son impotentes, gustan de hacer reuniones o de acudir a ellas, en las cuales se retirarán antes que su pareja para dejarlas en las garras de sus invitados, propiciando este tipo de encuentros y situaciones.

Peor es el comportamiento entre las parejas que no sólo intercambian al esposo o esposa, sino que gustan de ver al ser amado con otra persona, lo que los excita y llena de sensaciones difíciles de explicar ya que son distintas en cada caso.

Esas aventuras suelen terminar con un «premio» o con una responsabilidad no esperada. Son los hijos que llenan el hueco ante la sociedad pero no el corazón de los que debieran ser los orgullosos padres, al nacer de la aventura y no del amor.

Aunque la mujer pueda llegar a caer en las redes del momento, lo más común es que a la larga preferirá divorciarse que vivir con un don nadie.

Siempre les repito a mis alumnos que: «Para obtener una recompensa más fácil, sólo se debe apalear las ramas que tienen frutos y no a los troncos que las sostienen».

El esposo terminará por merecer eso y más, mientras que ella demostrará en todo momento ser una persona a la que no se le puede confiar nada, que vive sin valores ni principios para lo propio y menos aún para lo extraño, por lo que buscará la forma de subsistir entre sus semejantes. Aunque a veces la suerte le sonría y si recuerdan las vivencias de sus experiencias, seguramente serán las personas que mejor aprovechen las segundas oportunidades.

Una madre difícilmente aceptará que a sus hijos alguien los pueda querer como ella, por lo que buscará por todos los medios el alejamiento de aquellas personas que pudieran dañarlos o manejarlos.

Los padres que no quieren a sus hijos no buscarán la felicidad de estos, sólo sus propias satisfacciones, por lo que no les importará que se alejen los buenos partidos.

Enemigos del bienestar

Muchos padres que no han sabido ser los mejores, no desearán que sus hijos se integren a una familia unida y bien llevada en todos los sentidos, esto por el temor de que salgan a relucir sus deficiencias y errores, causando más problemas que bienestar a sus hijos.

Por esto muchas mujeres llegan a crear padres imaginarios para sus hijos, diciendo que las abandonaron, que murieron en un accidente o que simplemente jamás los volvieron a ver, con lo cual quedan en absoluta libertad de cuidar y amar a sus hijos de forma íntegra, correcta y constructiva, a tal punto que no se nota la ausencia del padre.

Cuando en un hogar uno de los padres no va de acuerdo a las reglas de la sociedad y el otro cónyuge trata de disculparlo todo el tiempo sin atreverse a corregirlo, esta será una actitud que lejos de ser positiva será perjudicial, ya que al no crecer con una imagen fortalecida, nacerán las dudas además de que propiciarán que los hijos busquen en otro hogar lo que en el suyo nunca pudieron encontrar.

Quienes se prestan a estas situaciones por carecer de valor para enfrentarlas no son mandilones sino cobardes, como aquel que se los hizo, prefiriendo seguir con la mentira a tener que enfrentar con rectitud dicha situación. Por consiguiente llamémosles simplemente cobardes, sin importar si son hombres o mujeres, ya que en ambos casos sólo se daña a los hijos.

Gente sin escrúpulos, sin valores y conformistas de la vida que se sienten fracasados en su propio desempeño, los encontramos en todos los círculos sociales sin importar su sexo, estatus social, religión o nacionalidad.

Hombres y mujeres se convierten en unos verdaderos don nadie, en personas vacías. A ellos sí se les puede marcar un alto dentro de la sociedad, pero no así a quienes luchan por una segunda oportunidad en la vida, ya sea por ser divorciados, separados, abandonados o porque han perdido a su pareja.

Aquellos que han sabido ser personas dignas a pesar de los infortunios que la vida les ha presentado, tendrán derecho a más oportunidades sin límite alguno.

Esto también aplica para las madres solteras que tienen el derecho de buscar una segunda oportunidad que, lejos de mal juzgarlas por ello, debemos reconocer el valor que poseen al enfrentarse a un nuevo reto en la vida.

En ocasiones las madres solteras, ante la presencia de más de un pretendiente, tratan de esconder la existencia de alguien más que las frecuenta, a quienes para no enfrentarlos, les dicen que tendrán que trabajar al día siguiente, aunque en realidad se vayan a una fiesta o reunión. Esto no es necesario, pues quien las valore no tomará a mal que intenten encontrar lo que desean en la vida, lo que se logra conociendo a las personas, menos aún si en los planes de alguno de ellos no está el convertirse en sus parejas de por vida.

Nadie tiene por qué molestarse, presionarlas o limitarlas, debemos recordar que gozan de libertad y si alguien las quisiera obligar a lo contrario, es porque simplemente no las valora. Si son del interés de alguien seguramente regresarán, pero si sólo hay espacio para la amistad, es que así tenían que ser las cosas, no hay por qué afligirse ni mucho menos mentir, pues eso les hará sentirse inseguras e incómodas.

La verdad siempre será mejor en todo tiempo y lugar.

Los cónyuges pueden llegar a presentar conductas deshonestas en el matrimonio, al ser tentados por hombres o mujeres que los acechan en su entorno cotidiano y no precisamente por amor, sino por diversión o convivencia, dejándose en ocasiones arrastrar de manera equívoca.

Es decir que tanto los esposos como las esposas, pueden recibir ofrecimientos de extraños que viendo que una persona ha alcanzado cierta posición económica y social, intentarán seducirles sin importar ser uno o una más con una relación extramarital, todo con la única finalidad de que se les provea una vida cómoda. Son oportunistas en busca de hombres y mujeres que quieren vivir una aventura.

Cuando la situación llega a su punto crítico, casi siempre es tarde para contenerla y reaccionar ante los errores cometidos, pues se ven dentro de una relación con hijos fuera del matrimonio, lo que resulta un límite para los familiares quienes seguramente comenzarán a vivir a un ritmo acelerado cargado de una serie de problemas. O sin hijos, pero con alguien que los chantajea y se aprovecha de sus debilidades.

Hay hombres que piensan que por ser viriles pueden tener muchas mujeres, pero ello es un error, pues la vida no es un juego.

La vida es la oportunidad divina de poder hacer con nuestro tiempo y materia todo lo que queramos, con errores y aciertos, pero siempre tratando de no perjudicar a los demás. Es un acto propio de responsabilidad absoluta.

Hay hombres que pensando así se hacen responsables por igual de cada uno de sus hijos, mientras otros rehúyen cobardemente al compromiso llegando incluso a negar su paternidad, proceder que raramente se ve en las mujeres.

Desafortunadamente no siempre se está preparado para ser padres, para poder alcanzar correctamente los niveles intelectuales y morales que nos puedan llevar a desarrollar una vida ejemplar ante los ojos de nuestros hijos.

Existen hombres que se quieren casar sin saber para qué, pues piensan que el matrimonio es una nueva aventura, un romance sin límites y sin obligaciones. Lo malo es que cuando se enfrentan a la realidad y al compromiso, lo primero que desearían hacer es correr a los brazos de mamá o papá para que los salven, tirando por la borda su matrimonio y con ello a la familia.

También les sucede a la mujeres, que al no ser conscientes y menos aún preparadas para las artes de la vida conyugal, son las que no pueden con los compromisos y obligaciones del matrimonio. Habiéndolo consentido sólo por el hecho de representar la única manera de salir de la casa de mamá y papá, así como para dejar de recibir regaños y limitaciones en los horarios, simplemente porque pensaban que estarían haciendo realidad un cuento de hadas al lado de su príncipe azul, el cual no existe.

Como seres humanos que somos, tenemos muchos errores, lo que nos lleva a pensar que no hay mejor forma de vivir nuestro tiempo que con naturalidad y de acuerdo a lo que somos y creemos.

La historia se repite. Nuestros recuerdos y procedencia familiar tienen mucho que ver en nuestro comportamiento, ya sea para vivirlo nuevamente, mejorarlo o para ya no pasar por lo mismo.

Y es que si durante nuestra vida siempre hemos visto y experimentado delitos o actos inmorales, ello se convertirá en una carga psicológica, en un modo de vivir y actuar ya característico desde nuestra infancia.

Pocas veces podemos ver que dichos actos hacen reflexionar al humano y reaccionar en forma totalmente distinta, aunque esa rebeldía a lo vivido se convierta en una experiencia que nos lleve al extremo en forma drástica y peligrosa, pues no hay que olvidar que los extremos son malos.

Valorando a la familia

Cuando el padre o la madre de familia tengan hijos dentro y fuera del matrimonio, será necesario apoyar a todos ellos por igual, ya que unos y otros no tienen la culpa del comportamiento de sus padres.

Recordemos que los hijos son verdaderas esponjas que todo lo absorben, aprendiendo sin querer a ser como la madre o el padre.

Esto es si la madre es floja y fodonga, así serán las hijas, sin importar si éstas son casadas o solteras. Si el padre es bronco, desobligado o vicioso, así será el camino que les muestre a sus hijos.

Si hay problemas con ellos más adelante, no hace falta preguntar el porqué, pues sabiendo en qué ambiente se han desarrollado, sabremos cuál será el probable comportamiento de nuestros hijos. Aunque hay que reconocer que en muchos casos la regla no aplica, buscando la mayoría de ellos cambiar para bien.

En otros casos suele suceder que los hijos no aprenden lo bueno de los padres, se oponen y buscan vivir en completa rebeldía, ocasionando con ello una agonía a quienes los criaron con amor y buenos ejemplos. Las malas compañías pueden llegar a poner a los hijos en contra de sus propios padres y a los esposos distanciarlos entre sí.

Es digno reconocer a madres y padres que velan por sus hijos, aunque estos sean de matrimonios o relaciones distintas, incluso aquellos que han sido adoptados, recogidos o aceptados como parte de la familia.

Todos valen lo mismo y cada uno de ellos incrementa su valor afectivo de acuerdo a sus acciones, comportamiento y actos. Un padre no puede querer más a un hijo que a otro, pero sí puede llegar a identificarse más con uno que con otro. Cada quien se gana un lugar, de acuerdo a su comportamiento y afecto.

Se requiere de valor para no esconder a los hijos concebidos fuera del matrimonio. Esto no es una gracia que se pueda aplaudir, pero hablará bien de los padres que sepan afrontar su responsabilidad, ya que es sumamente importante que no desconozcan a su propia sangre.

Los hombres y mujeres que enfrentan esta responsabilidad, dan muestra de sus conceptos y sentimientos, no se escudan en el error o la inconsciencia de una noche.

Queriendo proteger a los hijos porque concibieron a muy corta edad, hay padres que toman a los nietos como propios hijos, cuidando de ellos. Sin embargo, esto no debe romper con la responsabilidad de los padres verdaderos para con los hijos.

Si bien no todos, existen individuos que se comportan de forma irresponsable y sin sentimientos, cometiendo error tras error. Mientras que una gran mayoría demuestran su responsabilidad al no sucumbir a la seducción, la coquetería, la aventura y provocación, pues son conscientes de los riesgos que ello conlleva.

Tal vez por ello la maternidad fue delegada a las mujeres en forma divina, puesto que ellas son capaces de entregar su vida sin regateos por el hijo concebido, aun sin importar las consecuencias a futuro.

Hay quienes dicen que no es así, pero todo está en la forma de ver las cosas, ya que todo luce distinto dependiendo el cristal con que se miren. Con razonamiento, paciencia y voluntad, siempre se puede acordar lo mejor que se debe de observar.

Existe una anécdota muy conocida y popular que narra la forma en cómo llega al consultorio de su médico una señora con dos niños en brazos, suplicando al doctor que le realice un aborto, ya que acaba de darse cuenta de que está embarazada una vez más; el médico pacientemente se sienta invitándola a que haga lo mismo y le pregunta el porqué de tal decisión.

La señora le comunica sus problemas para tener un hijo más en la familia, ya que ella y su esposo sólo tenían contemplados a dos. No teniendo el dinero suficiente para criar uno más, ella le explica que preferiría esperarse uno, dos o tres años, para que la situación mejore y así poder tener a ese otro hijo.

El profesional la observa y le dice: «Bien, por qué no matamos a uno de estos dos y así usted reducirá aún más sus gastos, pudiendo esperar a tiempos mejores sin tener que mandarlo a la escuela, ni comprarle ropa nueva, lo que les implicaría menos gastos.

La señora replicó: ¿Está loco, doctor? ¿Cómo voy a dejar que mate usted a mi hijo? ¡No soy una asesina!».

Fue hasta entonces que ella cayó en razón, el médico tampoco lo era y entendió que lo mismo era matar al hijo que venía, que al que ya tenía.

La mujer, por su parte, es un ser sentimentalmente débil, a quien se le puede envolver en la telaraña de las promesas y atenciones, acorralarla en momentos emocionales que embotan su cerebro y que las llevan a tener reacciones que nunca pensaron.

No para todas aplica la misma regla, ya que hay mujeres que no van con este concepto por drástica que sea la situación. En ocasiones son las drogas, el alcohol o el engaño las que las llevan a realizar actos no deseados y de graves consecuencias.

No se trata de poner mujeres en venta, tampoco de que las ofrezcamos por su ingenuidad y virginidad. Se trata de apoyarlas a que encuentren una pareja que les ayude a sortear los momentos difíciles de la vida. No por ello se entienda que al no encontrar la pareja ideal, deberán dejar pasar su juventud sin haberla disfrutado.

Lo que buscará la familia es que encuentren a aquella persona que les brinde amor, cariño, respeto y buen trato por siempre, en presencia o en ausencia de los padres. Ya que ello garantiza –de alguna manera– el futuro de las hijas y de los hijos de estas.

Ahora bien, si de acuerdo a esto consentimos que nuestra abuela, madre o hermana, estando expuestas al fracaso sentimental, les apoyamos y les damos nuestro afecto para que busquen su felicidad; la incógnita seria si con las hijas y las nietas, deberíamos de ser iguales o más consecuentes.

No se trata de apoyarlas a que tengan comportamientos inmorales, sino a darles nuestro respaldo al cien por ciento cuando ellas así lo requieran y aun cuando no lo soliciten.

Hay padres que al ver que la hija o el hijo se van a casar, suelen comentar y hasta amenazar con la frase de: «Aquí no se aceptan devoluciones», «Si sales de casa ya no regresas», «Esta no es casa de paso», entre otras muchas advertencias absurdas que se dicen por amor y porque no se acepta que los hijos abandonen el hogar.

Debemos ser prudentes al hablar, tratar de que la pasión no nos domine o nos haga decir cosas sin pensar, peor aún, sin medir las consecuencias.

Los hijos siempre deben tener un lugar en el hogar de sus padres. Nadie se los puede negar ni quitar, ya que por el hecho de que casen no dejarán de pertenecer a nuestra familia, sino por el contrario vendrán a fortalecer los cimientos ya edificados.

Debemos procurar a nuestra familia estando unidos en todo momento, tratar de orientar a los más jóvenes sin violar su privacidad, nunca perder el respeto a los matrimonios recién conformados, ni mucho menos, tratar de imponer nuestra voluntad al grado de llegar a privarlos de lo que en realidad son y quieren en la vida.

Esto puede resultar catastrófico para los sentimientos de los hijos, es tanto como romperles el encanto de pertenecer a un hogar y a una familia. Estaremos cortando sus alas al no darles la libertad para convivir con el ser amado y construir, junto a su pareja, la vida que ellos han soñado.

Algunos padres se quejan al decir que al casarse sus hijos los olvidaron, lo cual a veces es cierto, pues al recibir en su propia casa de parte del cónyuge afecto y cariño, los hijos sin darse cuenta poco a poco se van alejando. Así que para no quedarse solos es importante pensar antes de hablar, aprender a respetar la individualidad y libertad de los hijos, sin tener por ello que alejarnos de sus vidas. La idea es estar siempre presentes, sin presionar, sin estorbar y tratando de no molestar.

Tampoco es bueno regañar a los hijos delante del cónyuge, del novio o la novia, ya que ello los hará vulnerables como pareja. Sólo propiciaremos que les pierdan el respeto, además de devaluar su personalidad ante su compañero.

Aun cuando se trate de los hijos la verdad es una, debemos respetarla y acreditar a quien la ejerce, así como esclarecer la mente de quien no la observa o va con rumbo distinto, sean nuestros seres queridos o nosotros mismos.

Existen individuos que se dicen «padres» y tal pareciera que gozan con ofender y humillar a los hijos o a los cónyuges de estos; esta es sin duda una acción equivocada, un acto detestable hacia la propia familia. Tarde o temprano provocará que los hijos terminen separándose de los padres en busca de un ambiente adecuado, donde la comprensión y el cariño estén presentes en todo momento. Y Que la pareja busque afecto en otro lado.

Esto sólo habla de adultos con deficiencias, sin moral, vaga educación y sin sentimientos, quienes a la larga terminarán solos y sin que nadie se preocupe por ellos. Y es que sin darnos cuenta nos convertimos en lo que no aceptamos, siendo nuestra arrogancia lo que nos lleva a abusar de los demás, aunque con ello sólo estaremos destruyéndonos a nosotros mismos.

Recordemos que el amor no se demuestra lastimando a los seres queridos, sino otorgándoles afecto, lealtad, amor, cariño, comprensión y apoyo, todo cuanto esté a nuestro alcance para ayudarlos a tener una vida más fácil, sin perturbar sus planes de vida y coartar su libertad.

Lo idóneo es que los cónyuges e hijos reaccionen por igual. Pues en ocasiones damos preferencia al padre por ser –casi siempre, mas no en todos los casos– quien aporta el mayor cúmulo económico al hogar, aunque no siempre es así, mientras que a la madre no la valoramos como se debiera, olvidando la labor que desempeña a diario dentro y fuera del hogar, pues existen aquellas que trabajan a la par que su pareja o aún más, ya que aportan dinero a la familia y se encargan del cuidado de la familia y del hogar, sin pago alguno, solo por amor.

Hay que entender el gran ahorro que representa para la familia el que la madre organice la casa, la comida, el lavado y planchado, los horarios de todos, la disposición de tiempos para el estudio, el trabajo, el descanso y la convivencia entre los miembros.

Pero además de ello, las madres preparan la comida, cuidan, limpian y están al pendiente del hogar. Se preocupan porque los trastes y la ropa estén siempre limpios ¿Cuánto costaría que una o más personas se hicieran cargo de todo esto? Aunque lo hicieran, cabe recalcar que no estarían a nuestro servicio las veinticuatro horas del día, ni tampoco todos los días del año siempre a nuestra disposición. Sin embargo, las madres lo hacen por amor a su familia. Un gran amor que muchas veces no entendemos.

Para ellas, las vacaciones regularmente les representan más trabajo.

La importancia de los padres

Ambos padres debieran tener el mismo valor para los hijos, sin embargo, casi siempre la madre abnegada, cariñosa y sacrificada, es la menos recompensada con el afecto de la familia.

El sacrificio de la madre no sólo se basa en tener un hogar limpio para sus seres queridos, dirige la moral en la familia, vive con el ejemplo, aporta su tiempo a todos y cada uno de los integrantes, estando siempre presta a escuchar y resolver nuestros problemas, aunque en realidad todos ignoren que ella también merece el apoyo y cuidado de los demás.

Lo más interesante es que la familia descansa en ella todos sus pesares, lo que nos da cierta tranquilidad y respiro. Mientras que nosotros les recompensamos con una vida de estrés e intranquilidad, la mayoría de las veces, sin percatarnos de ello.

Siempre estamos renegando que ya no tenemos ropa nueva que ponernos o porque la que tenemos no es de tal o cual marca, sin pensar nunca que nuestros padres sufren en silencio de lo mismo, pues lo poco o mucho que puedan obtener lo invierten en los hijos, siempre con la finalidad de darles lo mejor en la vida.

Se han preguntado alguna vez: ¿Qué cosas son las que hacemos por aligerar la carga de nuestros padres? Seguramente son muy pocas.

Y es que por lo general el tiempo que tenemos para nosotros apenas nos alcanza, mucho menos les decimos: ¡Qué bonita y arreglada está la casa! ¿Tuviste una buena jornada laboral? ¿Te agotaron tus tareas en el hogar? ¡Gracias por arreglar mi cuarto!

No somos capaces de decirles que si están cansados los llevaremos a tomar un refresco, un café o a dar simplemente una vuelta. Tampoco que nos encargaremos de servir la cena, poner la mesa y lavar los platos.

No, por el contrario todos exigimos atención, exactitud en el sabor y cantidad de los guisos, calidad, temperatura y quizás hasta cierta abundancia.

Además de ello reclamamos por qué no nos gustó el zurcido de la ropa, por qué no estaba planchada cuando la necesitábamos o por qué no nos dieron a tiempo nuestra mesada.

Por el contrario, los padres tienen que ver que la economía alcance para que podamos comer todos los días, lo cual, lejos de agradecérselos, les saturamos con reproches que salen sobrando.

Cuando sólo ellos saben cuántos milagros y sacrificios han tenido que hacer para que la comida alcance y nada falte en el hogar para sus hijos. En ocasiones llegan a comer menos por dar otro plato al hijo hambriento.

Prefieren dormir con los ojos abiertos, mientras esperan la llegada de los hijos.

Por lo que si creemos que con un regalo el Día de las Madres o el Día del Padre, en Navidad o cumpleaños, pagamos todo esto y mucho más, entonces estamos perdidos. Seremos unos completos desconocidos de la vida, unos ingratos.

A los padres puede irles mejor o no, pero las exigencias estarán siempre presentes. No tomamos en cuenta el esfuerzo que a diario realizan con tal de llevar el sustento a su hogar, para que no les falte nada al interior del mismo.

Aprendamos a ser agradecidos, más con nuestra propia familia, esforcémonos por cambiar nuestros actos reprochables e indebidos.

Nada nos cuesta ser cariñosos con nuestra familia, brindarles una palabra amorosa y tierna; esto hará renacer en ellos un sentimiento de positivismo que les dará fuerza para seguir adelante.

Debemos agradecer a diario su apoyo con nuestro respeto y amor. Un simple beso representará nuestro reconocimiento sincero a su labor, dedicación y trabajo, será la manera de darles vitalidad, además de ayudar a unir a la familia.

Es importante dar de manera desinteresada sin esperar recibir nada a cambio, tan sólo por el deseo de apoyar la fortaleza de cada uno de ellos como personas. El afecto familiar debe incrementarse y practicarse a diario.

Tal vez lo mejor sería dedicarles unos minutos de nuestro día para conocer algo de ellos, por ejemplo de sus sentimientos, niñez y sueños, tratando con esto de hacer que se sientan reconocidos, que no son ignorados y mucho menos, que están solos al compartir sus ilusiones.

Estos serían verdaderos regalos para su corazón, vitaminas a su ánimo y madurez a su andar por la vida.

Los hijos deben de tener no sólo un par de padres, sino mejor aún, una familia en la cual todos sean amigos, en la que prevalezca el respeto, afecto, apoyo y comprensión.

Unos padres que sean los mejores amigos, no los más estrictos que los haga parecer jueces, aquellos que nos quieran y nos digan la verdad sin herir ni lastimar, pero sí que nos abran los ojos a la realidad. Que no lo hagan en forma abrupta, tampoco con frases que laceren nuestro espíritu y corazón, sino con el ejemplo correcto; que sepan llegar al raciocinio como una suave caricia, la cual fortalezca nuestro ser.

No es fácil encontrar un buen esposo o esposa, pues los tiempos han influido negativamente en las personas, por lo que resulta complicado conseguir un grupo de amigos para toda la vida.

Así que tengamos la paciencia y prudencia que tuvimos o que alguna vez nos hubiese gustado que se nos tuviera, no sólo para buscar a la pareja apropiada, sino también para encontrar las amistades adecuadas para nuestra familia.

No seamos jueces implacables de nuestros semejantes ni tampoco de nuestras familias, hay que tratar de ver lo bueno y malo de las personas, para que ese análisis objetivo nos ayude a salir adelante.

Los buenos padres no son aquellos que más castigan a sus hijos sino aquellos que conviven en armonía con ellos, apoyándolos a alcanzar sus metas así como a vencer sus dificultades, premiando sus logros y sabiéndolos orientar durante sus tropiezos.

Por ello es que hay una etapa en la vida para cada cosa, no queramos ser padres cuando ya no tengamos la edad para verlos crecer, porque eso significaría estar alejados de su época y caer en la incomprensión. Si bien no es bueno tener hijos a la edad de quince años, tampoco lo es a la edad de setenta años.

Y es que cuando nuestros hijos tengan veinte años nosotros seremos unos padres abuelos de noventa, sin el vigor y la fuerza para acompañarlos en su niñez y juventud, etapas de vida que exigen una mayor responsabilidad y en las que ambos padres juegan un papel más que importante.

Es mejor que en esa etapa seamos buenos suegros y abuelos, mas no así unos padres fuera de época que, además de no comprender a los hijos, seguramente no estaríamos presentes en los momentos más importantes de su vida.

Hay que ser responsables de nuestros actos, no queramos ser lo que no vaya de acuerdo a nuestro momento en la vida. Esa responsabilidad es también muestra de amor y comprensión.

Con el paso de los años, hombres y mujeres buscan el divorcio porque su cónyuge les parece viejo, optando por buscar a una persona más joven, situación con la que conseguirán crear un precipicio entre la pasada etapa de su vida y la actual. Ya que no es lo mismo compartir la vida en todos los aspectos con alguien de acuerdo a la edad, que con alguien cuarenta o cincuenta años más joven.

Al no existir la fortaleza física, no hay la resistencia a los embates de la vida. El tiempo no pasa sin cobrar su cuota y la vida reclama sus correspondientes momentos, en la hora y lugar adecuado.

Las mismas cosas se ven desde dos puntos diferentes, variando la manera de pensar y actuar, lo que representará que ambos difieran sobremanera.

Por lo que si una persona de sesenta años se casa con una de quince, tres décadas después, el de sesenta tendrá noventa y estará en una etapa de relax, mientras que la de quince tendrá la madurez de los cuarenta, que es cuando uno quiere comerse la vida de un solo bocado. De ahí que se produzca el engaño y se pierda el amor.

Por lógica esto crea un abismo entre ambos y graves problemas de incomprensión. Cierto es que todo puede resultar, pero hay cosas que por más que se intenten jamás saldrán como se espera.

El esposo se verá como el padre de su cónyuge, mientras que las burlas y comentarios harán que la relación se deteriore a pasos agigantados. Aunque claro, siempre habrá personas que por interés económico se sacrifiquen esperando enviudar, para así obtener una fortuna que de otra manera no estaría a su alcance. Por ello hay que heredar a los hijos y no a la pareja, conservando el uso y el usufructo, mientras vivamos.

Lo mismo sucede cuando la mujer le lleva demasiada edad al cónyuge, quien seguramente a los cuarenta o cincuenta años, lo que más querrá es continuar con su vida en plenitud; mientras que una mujer de ochenta o noventa años difícilmente podría llevar a cabo la actividad plena que el matrimonio requiere.

Cuando las diferencias no sobrepasan veinticinco años, es posible que las cosas funcionen, siempre y cuando se tenga la voluntad férrea para ello.

Por todo ello es recomendable que la diferencia de edades entre los cónyuges no sea muy grande. Que cuando la mujer sea mayor, no lo sea por más de veinte años, y que la relación entre un hombre mayor con una mujer menor no exceda los treinta años. Más que la edad, la madurez, la lealtad y el respeto en cada uno de los integrantes, es lo que dará resultado a la relación.

Lo aconsejable es que la edad del hombre sea normalmente mayor a la de la mujer por un mínimo de cuatro años a un máximo de hasta treinta, esto en hombres que pretenden casarse entre los veintiocho y cincuenta años de edad, con jovencitas de dieciocho a treinta años.

Esto debido a que la mujer tiene por naturaleza propia un desgaste físico más alto que el hombre, poniendo como ejemplo el momento en que experimenta la maternidad, lo que al paso de los años, sin duda, hace mella en su apariencia.

Aunque cabe recordar que las mujeres que tienen hijos antes y después de los cuarenta años, su cuerpo parece auto vacunarse contra varias enfermedades. Por estudios, se ha comprobado que éstas viven arriba de los ochenta años gozando de buena salud y vitalidad.

Por lo que aquellas jovencitas que pudieran pensar que al no tener hijos vivirán más tiempo y se conservarán hermosas, están equivocadas, ya que la maternidad parece dar a la mujer no sólo la bendición de procrear a los hijos, sino una fortaleza y vitalidad mayor con cada embarazo.

Hay que recordar también que resulta arriesgado querer ser madre primeriza pasados los cuarenta años, ya que ello puede traer graves consecuencias a los bebés e incluso a las madres.

Lo ideal es que los matrimonios sean con diferencias que van de los cuatro a los treinta, para prolongar la permanencia a la unión sentimental que se tenga. Las mujeres que viven cerca de la anorexia, así como las parejas que se unen siendo familiares en los grados cercanos, corren el riesgo de que sus hijos traigan algún cromosoma distinto o que carezcan de alguno, lo que los podría llevar a tener hijos con deficiencias.

Aunque siempre existirán las diferencias a la regla y con ello las grandes excepciones. Así que retornamos al hecho de que cada quien es libre de hacer con su vida lo que más le plazca. Así como de correr los riesgos que se quieran, siempre hay que pensar y actuar positivamente, para que se logre todo lo que se desea.

Cada caso es particular, ya que todos nosotros manejamos las reglas y disponemos de las variantes, tantas como nuestra mente pueda imaginar.

Es común ver a hombres que le llevan a su cónyuge más de treinta años, sin embargo, hay entendimiento y buena convivencia, lo que se logra con la madurez de ambas partes. Es importante saber evaluar las situaciones y compensar las eventualidades, así como las diferencias, anteponiendo la inteligencia, experiencia y sabiduría, esto soportado por el amor, entendimiento y respeto. Sobre todo este último es importantísimo y no lo debemos dejar perder jamás; por ningún motivo y en ningún momento.

El tiempo, su administración y buen empleo

Hay muchas formas de otorgar y de recibir tiempo, siempre buscando la más adecuada y efectiva para que este no se pierda, pues nunca lo podremos recuperar.

Será vital el tiempo que dediquemos a nuestro cónyuge e hijos al estar en familia, por lo que debemos procurar que este sea de calidad.

En cada familia, la esposa es la reina de la casa, mientras que las hijas son las princesas. El hogar es la fortaleza que los padres resguardan celosamente, donde caballeros y princesas se preparan para enfrentar al mundo.

Es bueno que los hijos mantengan contacto con los padres no sólo para que sientan que existen, sino para que sean conscientes del valor que tienen al fungir como integrantes de una familia, de todo lo que representan para la unión en el hogar.

Nada cuesta hacer una llamada de forma frecuente al cónyuge e hijos durante el día, aunque esta sea durante las horas de trabajo. Tampoco nada cuesta pasar a dar una bendición y un beso a los hijos antes de que estos se duerman, desearles que descansen, y mucho menos decirles por la mañana que les deseamos un día maravilloso y que estamos orgullosos de ellos por lo que son y por lo que diariamente realizan.

Así les recordamos que a pesar de los momentos más comprometidos, estamos al pendiente de ellos. Que sus acciones, labores y desempeño, no pasan desapercibidos para nosotros, que estamos siempre ahí para apoyarlos, no para ofenderlos o denigrarlos.

También debemos insistir constantemente que valoramos su afecto y cariño, que son parte importante de nuestra vida, que son la esencia y alegría de la familia, por lo que no podemos detener nuestro andar.

Hoy en día la telefonía celular facilita el contacto entre los miembros de la familia. Quizás para muchos este sea un gasto alto, el cual si analizamos, bien vale la pena pagar para que todos puedan estar unidos por la comunicación.

Aunque existen personas que a pesar de contar con este servicio que acorta distancias, ni así atienden o dedican el tiempo que sus seres cercanos requieren. La calidad de convivencia, volvemos a repetir, es sumamente valiosa.

Las reglas en el hogar son muchas y siempre será bueno tratar de cumplir con todas ellas, pero debe haber excepciones para que de vez en cuando se pueda romper alguna de estas, si con ello se disfrutará a plenitud de esos momentos inolvidables en la unión familiar.

Siempre deberemos hacer cumplir las reglas para que las excepciones no causen malos entendidos.

La flexibilidad tiene que operar para todos, pues así los resultados beneficiarán la colectividad familiar con una mayor armonía y mejor vida.

Otra manera de dar tiempo a los nuestros, es participar con ellos en el mayor número de actividades que las ocupaciones y trabajo nos permitan. Cuidarlos, estar pendientes de sus amistades, conocer sus gustos y forma de pensar, nos ayudará a guiar a los seres queridos, a comprender y entender lo que sienten y desean.

Igual sucede con la novia del hijo o con el novio de la hija, a quienes además de tratarlos debemos de conocerlos, dejarlos ver cómo en realidad son en cuanto a su familia, procedencia y costumbres, la forma en que se han desarrollado.

Hay que hablar con ellos antes de que se rompan las reglas familiares, y no cuando estas se hayan quebrantado.

Querer esconder el pasado de la familia o de alguno de sus integrantes es algo que pesa demasiado, lo que con el paso de los días se irá convirtiendo en una carga difícil de llevar; sirviendo de pretexto para que alguien busque destruir la armonía familiar.

Si alguien nos quiere debe aceptarnos con nuestras virtudes y errores, con nuestros errores y aciertos; ya que sólo así se podrá alcanzar el entendimiento, el respeto y el cariño que se anhela.

Si el hijo o la hija son divorciados, si son legítimos, adoptados o ilegítimos, a quienes simplemente se les quiere como verdaderos hijos, no hay por qué esconderlos. La verdad no tiene nada de malo, aunque a veces hay que esperar a que los hijos tengan cierta edad para que puedan entenderlo y no se lastimen unos y otros. La palabra deja cicatrices en el alma que, aunque pase el tiempo, persisten. Hay medios hermanos que entre ellos no se llevan bien, pero al paso del tiempo se dan cuenta que están equivocados, porque si ellos o ellas se casan y en dos o más ocasiones, no pueden escoger con preferencia a un hijo sobre de otro y ahí se acentúa su grande y grave error de juventud.

En otras ocasiones, debemos proteger a los hijos de las envidias de los extraños, por lo que no hay necesidad de enterarlos de su procedencia. Simplemente son nuestros hijos y parte importante de nuestra familia. Una cosa es la familia y otra la comunidad, no confundamos.

El futuro cónyuge de nuestros hijos siempre deberá saber la verdad de la familia a la que se va a integrar, entender que está aceptando formar parte de la misma con sus defectos y virtudes, de la manera en que a él se le querrá y respetará. También debe comprender que se desea que él actúe y se comporte en forma recíproca a la que será tratado. Sin mentiras, ni engaños, con responsabilidad y transparencia.

Es bueno que los padres y futuros cónyuges se vayan conociendo para que cada uno conozca la forma de ser, actuar y pensar del otro, pues con ello la familia se verá unida y fortalecida. No se trata de iniciar una competencia, sino de crecer en convivencia.

Sin nada que esconder no hay de qué preocuparse, todo será tan claro como el agua.

Y es que si se contempla integrar a un nuevo miembro a la familia o si alguien pretende integrarse a una, lo mejor es que exista un conocimiento pleno de quién es quién, de lo que se desea y se espera de la futura relación por lo que no debemos dejar pasar el tiempo, mientras más pronto logremos una compenetración, la relación será la adecuada.

Hay quienes sólo quieren casarse para obtener algún beneficio personal, alguna satisfacción sexual, para no estar solos o por querer saber qué se siente al estar casados. Aunque otros y otras solo buscan a quien les ayude con los hijos, sus gastos o necesidades.

A otros les gusta tener relaciones con personas mayores para después hacer sus vidas con alguien más adecuado a su edad, pensando que con ello ganarán experiencia rápidamente.

Aunque la realidad es que lo mejor será ir de acuerdo con las relaciones acordes a nuestra edad, llegar a una relación por amor y no para satisfacer nuestra curiosidad.

Existen a quienes les corre el tiempo y se casan precipitadamente, a estos les falta madurez. Están también los que desean vivir la vida a su manera sin atarse a compromisos, los que temen enfrentar responsabilidades, lo cual se ve tanto en hombres como en mujeres.

Muchas veces quieren casarse por el deseo de querer conformar una familia totalmente diferente a la que tienen actualmente, aunque esto puede no ser suficiente para materializarla. Por el contrario hay quienes buscan algo como lo que han vivido, ambicionan tener una familia como aquella en la que les tocó crecer.

Otros, por su orfandad y anhelo de cariño, ambicionan una familia para verse rodeados de gente a quien querer y quien los quiera, sin medir la responsabilidad que ello conlleva y las consecuencias que podría tener si no se hacen las cosas de manera correcta.

El no querer verse solos en la vida, específicamente durante su vejez, es motivo para que algunos experimenten la necesidad imperativa de formar una familia lo antes posible, lo que podría derivar en una fallida elección de la pareja. Y es que al querer ganarle tiempo a la vida, se pierde la oportunidad de construir un hogar sólido con la calidad y funcionamiento esenciales.

Por no tener suerte o por no saber elegir a la pareja idónea, existen mujeres que se quedan solas al cuidado de sus hijos, esto luego de ser abandonadas por hombres que sin importarles haber arruinado la vida de su pareja y menos aún de una criatura inocente, no desean tener la responsabilidad de la paternidad ni de una familia, lo que desde luego debe ser sancionado por las autoridades y la propia sociedad.

Ello es consecuencia de quererle ganar tiempo a la vida y no tener la prudencia necesaria para poder esperar a escoger lo que en verdad se requería para lograr la felicidad. Es decir, precipitarse en las decisiones para formar una familia, nunca será una buena decisión.

Lógicamente muchos tratan de aprovechar esta situación. Y es que en el afán de las mujeres por seguir disfrutando su vida de forma independiente y sin compromisos (en ocasiones con hombres de su misma edad, con gente mayor o casados), creen correr menos riesgos de ser expuestas públicamente y así no tener compromisos.

Cuando hombres o mujeres desean volver a tener una oportunidad, optan por cambiarse de ciudad para así iniciar una vida nueva, diferente a lo antes experimentado, hasta encontrar lo que estaban buscando. Aplicándose a este caso el refrán de que: «Lo que no fue en tu año, no es de tu daño».

En este tipo de situaciones, lo más recomendable es que con ellas y sus hijos se sostengan buenas relaciones por parte de los padres que los engendraron, no importando que vivan juntos, separados o con terceras personas; ya que siempre será bueno poder auxiliar a los hijos en caso de que exista una enfermedad grave o alguna otra situación que pudiera ponerlos en riesgo.

Es extraño el mencionarlo. Pero resulta que en muchos países ya no existe el incesto y se permiten las relaciones entre padres e hijos y a veces hasta entre hermanos, con la facilidad de vivir juntos, pero sin casarse, aunque en muchas partes ya lo pueden hacer y así vemos que el incesto en España no es ilegal, nunca se nos hubiera ocurrido buscar en qué países está legalizado o despenalizado el incesto, pero ahora resulta que son varios los lugares donde parientes pueden mantener relaciones siempre y cuando sean entre adultos (Ambos) que consienten y estén conscientes de lo que están haciendo.

El Incesto

El incesto es un tabú para muchos, pero para otros una costumbre ancestral y que ha venido dándose de generación en generación. Tanto en áfrica como en el oriente y algunos otros países de resonancia importante. No podría decirse si es bueno o malo, ya que al estar permitido en muchos países estaríamos lastimando derechos humanos, pero cabe mencionar que muchas de las veces la continua mezcla de sangre familiar, hace que los niños que nacen traigan fallas genéticas y fallas en cromosomas importantes.

Esta es una lista de países que permiten el incesto.
En Francia, hace dos siglos que el incesto se eliminó totalmente del Código Penal por orden directa de Napoleón Bonaparte.
En España, el incesto en este país europeo dejó de ser delito en 1978. Los familiares directos pueden estar juntos, mas no casarse.
En Japón, como en España, si se permite que adultos mantengan relaciones incestuosas, más no el matrimonio.
En Suecia, para este país los hermanos que comparten un padre sí se pueden casar, sin que sea delito.
Así también en Portugal, el incesto ya está despenalizado.
Y en Nueva Jersey En 1979 se permitieron las relaciones sexuales entre parientes, pero es ilegal que se casen hermanos, padres e hijos e incluso tíos y sobrinos. Así podríamos nombrar otras tantas ciudades y países a favor y en contra de ello. También muchos padres que en algún momento adoptaron, al morir el conyugue han anulado la adopción y se han casado con los que fueran sus adoptados y ello no está penado, pues se trata de distinta genética y sangre. Por ello no hay que sorprendernos con los cambios, hay que estar preparados para

ellos con una excelente preparación y una mente amplia y centrada. No todos los cambios son malos, ni tampoco por ser cambios son buenos. Sin embargo, según cita en el diario Excélsior, la misma Bárbara Goyo, quien es fundadora de un conocido grupo de apoyo para niños que han sido adoptados de en la ciudad de Chicago, califica este tipo de relación como una **«atracción sexual genética»**, que se manifiesta con intensos sentimientos románticos y sexuales entre dos personas separadas por mucho tiempo. Aunque también se dan como hemos podido ver, entre personas que se desarrollan independiente mente sin dejarse de ver, pero que de alguna manera tienen afinidad de ideas y sentimientos.

Los secretos de la pareja deberán pertenecer sólo a ellos.

Debemos recordar que los secretos de una pareja deben ser sólo de dos personas y no de más, pues cuando estos se cuentan a un tercero, casi siempre surgen los problemas. Por lo que bien vale que muchas cosas sólo sean para nuestra propia satisfacción y no para compartirlas con nadie, pues no todos entenderán el porqué, el cómo y el para qué, lo que llevará a que cada quien haga sus propias conclusiones con lo que estaremos dando la oportunidad a que nos menosprecien.

Otros más, al tener un pasado difícil por su adicción a las drogas o alcoholismo, de la noche a la mañana se ven atrapados entre amigos que sólo abusan de ellos al explotarlos y manejarlos a su antojo, ya sea delinquiendo o vendiendo su cuerpo al mejor postor. Cosas como estas, hacen que algunas personas se conviertan en individuos con vidas reservadas, a fin de que los demás no los identifiquen por sus actividades, intentando llevar dos vidas al mismo tiempo, lo que comúnmente trae más problemas que satisfacciones.

Tratar de llevar dos vidas tan distintas, provocará conflictos internos y externos en el individuo, así como para quienes les rodean.

Recordemos una vez más que hombres y mujeres somos iguales, todos con los mismos derechos y capacidades de tomar decisiones propias. Así que no nos equivoquemos al trazar nuestro camino y destino, ya que seremos los únicos responsables de lo que hagamos y de las consecuencias que ello traiga.

Es necesario ser conscientes de que los amigos no caben al 100% en la relación de matrimonio. Al casarse, las amistades deberán mantenerse al margen para poder tener el tiempo y espacio para el ser amado, de otra manera, los conflictos estarán presentes sólo para dañar las relaciones.

Y es que será un fracaso nuestra vida conyugal si se ocupa el tiempo que debemos dedicar a nuestra pareja, en gastarlo entre amistades y reuniones que nos alejarán de quien nos quiere verdaderamente.

Aun cuando no se esté casado legalmente, el hecho de vivir en pareja nos exige los mismos cuidados y obligaciones, lo que será vital para que nuestra relación perdure y más, si se tiene familia producto de dicha unión.

Los matrimonios se componen de dos personas que se aman y que al estar casados, se entiende que desean vivir en casa de dos como uno solo y no «amigados»; Por lo tanto los amigos deberán estar fuera de casa, siendo sus visitas respetuosas, breves y lo menos continuas posibles, siempre con valores morales y sociales.

Ni los amigos ni las amigas deben de llamar a los ex compañeros, ex novios y ex pretendientes, menos aun cuando estos son mujeres u hombres casados; ya que por buena que sea la amistad, corrompen el ambiente familiar y dañan el tiempo de la familia.

Con la llegada de los hijos el panorama se ampliará para las parejas y las relaciones familiares de muchas otras maneras; es ahí cuando el hogar seguramente tendrá nuevos amigos.

El tiempo de la pareja no debe ser malgastado en las amistades. Yo les recomiendo que mejor «Cada cosa a su tiempo y un tiempo para cada cosa.»

Nunca expongamos a la pareja a situaciones incómodas, a que las amigas o amigos se tomen libertades con ella, pues los disgustos surgirán. Anticipémonos a los malos entendidos, y a un probable rompimiento.

Cuando una pareja piense en formar un hogar será importante preguntarse cómo y para qué, pues está a un instante de vivir de manera distinta, además de que deberá emplear la responsabilidad e inteligencia para salir adelante, sino los amigos perjudiciales acabarán por arruinar su relación.

Sin darnos cuenta, los amigos pueden llegar a tener celos por la relación que tiene su mejor amiga o amigo, por lo que, sin percatarnos, damos las herramientas necesarias para que logren su cometido de «recuperar» a la amiga o amigo del alma y de toda la vida. Cuidemos nuestro matrimonio.

De la misma manera en que estaremos destruyendo la oportunidad de que nuestros amigos sean felices, colaboraremos a la ruina de nuestra propia vida, por lo que con el paso del tiempo seguramente caeremos en la cuenta del daño que se hizo al destruir la vida de una persona, a la que se quería y se pensaba estar protegiendo.

Las amistades sinceras son para toda la vida, no es necesario estar al lado de ellas todo el tiempo para preservarlas; también con la distancia la amistad se conserva, se hace más fuerte y valiosa.

Es necesario que en ambos lados adquieran su espacio e individualidad para lograr el desarrollo de sus metas y ambiciones, lo que dará como resultado dos caminos diferentes, debiendo aceptar con valor seguir por el camino que nos corresponde aun cuando esto separe la amistad vivida en otros tiempos.

No es malo exigirle a las amistades de la infancia o del trabajo que nos entiendan, que sean justos o que nos traten de una manera distinta a como lo hacían; normalmente nos buscan, porque ellos y ellas ahí es en donde se sienten seguros y pisan sobre seguro. En estos casos, lo más recomendable es hablar y dejar bien explicado que los tiempos han cambiado y que al crecer también debemos de hacerlo sentimentalmente.

Si en verdad queremos formar una familia unida y perdurable, se debe aprender a ser independientes, ya que esta es una cualidad que sumada al amor y el respeto, nos permitirán formar un hogar para el resto de nuestras vidas.

Cuando nos casamos se unen dos mundos distintos, por lo que resulta difícil salir adelante, identificarnos y acostumbrarnos a nuestra pareja. Pero con amor, respeto, voluntad, fe y esperanza, será menos complicado alcanzar las metas.

No debemos hacer las cosas más difíciles en el matrimonio, al atraer otros mundos al nuestro, como el de los amigos, pues sólo estaríamos causando un gran desastre. No permitamos que los afectos se confundan y destrocemos las esperanzas, además de traicionar la confianza de quien nos ama.

Los amigos que no quieren o no pueden casarse, son los que más nos pueden alejar del matrimonio; sin embargo, a veces son los que están casados quienes por envidia o por no querer que nos vaya mejor que a ellos, tratarán de que no logremos nuestro objetivo. Esto se da por igual entre hombres y mujeres, sin importar la edad o la experiencia que puedan tener.

Es bueno para ambos lados saber quién es quién, como es cada persona y cuál es su forma de pensar. Estar en contacto frecuente entre los padres y el cónyuge, ¡es magnífico! Ya que la comunicación hará más liviana la carga, eliminará los pesares y borrará las dudas, al tiempo que nos brindará seguridad en lo que estamos realizando.

Los padres podrán decirle al cónyuge cómo es su hija o hijo, lo que le gusta y disgusta, sus sueños y metas en su vida, aunque no por ello debamos seguir el mismo ejemplo de comportamiento. Aunque a veces se necesita un cambio.

Debemos aprovechar de forma correcta que compartan con nosotros cuáles son las costumbres y forma de vida de cada uno de los integrantes de la familia; el porqué de los comportamientos y sus actitudes, esto con la finalidad de que exista un mayor entendimiento y comprensión. Si de ello se piensa sacar ventaja contra la pareja, entonces simplemente no somos capaces para unir nuestra vida a la de otra, por lo que bien valdría la pena evaluar nuestra actitud.

No queramos saber de una familia a través de terceras personas, no queramos inventar lo que no está escrito; hace falta que uno reciba la información en vía directa, con verdad y sin engaños, pues de ello dependerá en gran parte la felicidad futura de la pareja. Aunque en ocasiones, investigar o mandar a investigar no es una mala alternativa, que también puede aclarar muchas dudas o presentimientos.

En ocasiones creemos conocer a las personas por los años que llevamos tratándolos, pero como esa relación no es amorosa y menos aún íntima, la amistad existente suele apegarse a las reglas de un grupo, por lo que al tener una relación mucho más directa, se descubren actitudes y comportamientos que uno ni siquiera imaginaba.

De ahí la importancia de conocerse lo más posible, ya que es la única manera de que las personas se valoren, se comprendan y aprendan a sobrellevarse con respeto, cariño y lealtad.

De esta forma poco a poco conoceremos muchos más aspectos de nuestra pareja y de nosotros mismos, como sueños, metas, miedos, capacidades y logros. Evaluando su comportamiento y sus actitudes para cada cosa que, en conjunto o por separado, nos toque vivir.

No deberá importarnos lo que cada quien haya vivido en el pasado, es a partir del noviazgo lo que deberá interesar a ambos. Pero si el pasado pesara tanto sobre una pareja, habrá que tener mucho cuidado, pues este no sólo acabaría por perjudicar a uno sino a los dos cónyuges.

Se debe pensar y comprender sobre el comportamiento y sentimientos dentro de la relación matrimonial y familiar; ya lo hemos mencionado, lo que no fue en nuestro año, no será en nuestro daño. Las experiencias pasadas deben darnos la oportunidad de elegir nuestro mejor destino, pero no debemos de castigar a nuestra pareja por su pasado, eso ya no tiene vuelta de hoja, lo pasado es pasado y olvidado será.

Tratemos de no equivocarnos dos veces, pero si lo hacemos, no importa; de todas formas debemos salir adelante y luchar incansablemente hasta lograr lo que deseamos. La tenacidad, la perseverancia y el deseo de seguir adelante, siempre encuentran recompensa.

No olvidemos el refrán que dice: «Si hoy les permitimos toser en nuestra cara, mañana nos escupirán en ella». Así que como pareja, hay que respetar y darnos a respetar. Si no hay respeto desde el inicio, es mejor buscar otra pareja y no perder el tiempo con la que se tiene o se intenta tener.

El tiempo es importante y nunca se detiene, pero que ello no sea la excusa para no luchar fervientemente hasta lograr nuestras metas.

Si las personas muestran inmadurez al querer seguir viviendo como solteros y sin responsabilidad alguna, busquemos por otra parte a la persona adecuada para compartir nuestras vidas, ya que estaremos sosteniendo una relación sin futuro.

El matrimonio no es lo más indicado para aquellos que desean continuar divirtiéndose, por lo que no debemos insistir en algo que no dará resultado, sólo nos dañaríamos y mucho más a los hijos.

Cuando las cosas no van bien, cuando se empieza con más problemas que satisfacciones y alegrías, no esperemos a que con esto se nos vaya la vida, quizás sea mejor para ambos darse una nueva oportunidad con otra persona. Hay que buscar a quien sí nos comprenda, a quien vaya más con nuestra manera de ser, de pensar y que no traiga arrastrando traumas familiares.

Si se busca, se encuentra, y para cada uno de nosotros hay una pareja adecuada; solo está en que sepamos dónde y cuándo buscar, para tratar de no equivocarnos o para acertar lo mejor posible.

La pareja que nos conviene para formar una familia.

La vida se encargará de poner a nuestro paso múltiples oportunidades, pero será responsabilidad nuestra elegir de entre ellas a la persona adecuada que más se adapte a nosotros, a lo que buscamos. Aunque a veces las apariencias nos atraen y nos equivocamos.

Desesperarnos será propiciar errores y equivocaciones. Hay que tomar las cosas con calma y no dejar que el tiempo nos presione a tomar decisiones que nos puedan dañar para toda la vida.

El dinero no es lo que hace que una familia sea feliz, son los principios y conductas de sus miembros lo que determinará la forma en cómo se quiere vivir. Aunque claro, siempre será más fácil salir adelante teniendo los medios necesarios para ello, que sufrir con la carencia de estos.

Esos cimientos de valores y responsabilidad son la base más sólida para construir una familia, pues de esta manera se podrán soportar las dificultades y contratiempos que a lo largo de los años se tengan que enfrentar.

Las familias no se compran en un aparador, se conforman con el amor, entendimiento, respeto, sinceridad y valores.

Si bien existen cosas de nuestra pareja que no nos agradan, debemos pensar detenidamente si podremos aceptarlas por el resto de nuestra vida; así como si ella aceptara las nuestras.

Recordemos que nadie es perfecto y que todos merecen una nueva oportunidad, más aún los nuestros. Por ello: «Si caes cien veces, levántate ciento una y alcanzarás lo que estás buscando», siempre esfuérzate al máximo y continuamente.

Es malo querer etiquetar a una persona por su pasado, si pensamos hacerlo, mejor separémonos de ella. Tampoco podemos culparla por sus intentos de encontrar algo mejor en su vida, todos tenemos ese derecho.

Si verdaderamente queremos dar una nueva oportunidad a la pareja, démosla sinceramente y con profundidad sin dudar de ella, compartamos la vida con lealtad y respeto. Si existe una mínima duda y no se percibe un buen final, no hay que dar pie a un inicio.

No podemos exigir lo que no estamos dispuestos a dar, así que más vale pensar las cosas dos veces antes de hacerlas, para no volver a equivocarnos.

Basándonos en ello decidamos si formamos o no una nueva familia, y es que a partir de ese momento sólo nos debe interesar lo que se construye en el presente como pareja, como esposos y padres de una futura familia.

Ni como pareja ni como nueva familia podemos exigir a las personas que cambien sus actos pasados, valoremos lo que hemos aprendido de ellos, definamos si podremos superar juntos el futuro, si nuestra capacidad de aceptar sus actos y comportamientos no intervendrá en la búsqueda para lograr construir un hogar armónico.

Por mínimo que sea si sentimos malestar alguno por aquellas conductas pasadas de nuestra pareja o las propias, debemos tratar de solucionar de la mejor manera dicha situación. Pero si a pesar de los esfuerzos aún experimentamos pesar, será necesario terminar toda relación. Es importante resolver nuestros problemas para poder iniciar una relación de pareja sana, en la que estemos totalmente seguros de poder seguir adelante.

No podemos ni debemos exigir a nuestra pareja que modifique sus actos pasados, pero sí podemos intentar desarrollar una vida que nos identifique con ella, logrando así la oportunidad de vivir unidos para amarnos, querernos, apoyarnos y compartir el tiempo, siempre respetando la individualidad personal de la pareja.

Por otra parte, hay quienes son sinceros al compartir muchos aspectos de su vida pasada, con amistades, familiares o nuevas parejas, pero logran esconder lo que piensan y hacen en el presente, inventando excusas para su situación. Simplemente no desean que un evento interfiera en otro y no saben cómo decir que ya tienen algún compromiso para mañana o para ese día con otra persona.

Superficialmente pudiera decirse que ello está bien, pero en el fondo es un error. Pues si desde un inicio comenzamos con mentiras al tratar de ocultar que tenemos uno o más pretendientes, esto con la idea de ganar tiempo al frecuentarlos a la vez, será la manera equivocada para elegir a la persona que creemos es la que más nos conviene.

No lo hagamos de este modo, actuemos correctamente, pues sólo así estaremos seguros de que somos entendidos, comprendidos y tratados con confianza. No recurramos a la mentira para alargar una relación que simplemente no será perdurable.

Pero si de sinceridad hablamos, entonces, lo más importante es la franqueza. Si sabemos que más de una persona está interesada en nosotros, lo más sano sería pedir un poco de tiempo para conocerse más y poder hacer la elección correcta. Hecha la cual y si las cosas no resultan, podremos intentarlo con alguna de las demás personas interesadas, sin haberles mentido ni utilizado nunca. Esto es válido para cualquier hombre o mujer.

Suele suceder que nos encontramos con una persona que nos agrada y nos llena plenamente en todo sentido, sin embargo, sabiendo que sus intenciones de amistad no van de acuerdo a nuestros planes de construir un hogar y una familia, debemos aceptarlo. Si después de hablar el tema no se está en el mismo nivel en cuanto a formas de ser y pensar, será mejor intentar cristalizar nuestros sueños y anhelos con otra persona.

No echemos a perder una buena amistad con mentiras y engaños. Hay que ser sinceros y saber exigir lo mismo, ya que de esta manera seremos felices y lograremos todas las metas propuestas. Hay que poner todo de nuestra parte para que las cosas continúen y así todo mejorara. Desgraciadamente las amistades solo saben decir, divórciate, déjala, abandónalo, que sufra y no se dan cuenta del gran daño que hacen. Ya que solo confunden y nada resuelven.

Ese cuento de los pretendientes de que si me das la oportunidad «voy a cambiar» y «ella o él será diferente conmigo» o «vamos a iniciar de cero», es muy viejo. Jamás ha existido un cambio real y duradero, en pocas palabras no perdamos nuestro tiempo y tampoco hagamos que los demás pierdan el suyo con nosotros. Sin embargo en los matrimonios y relaciones serias, ello si es válido y se puede retomar la forma en que se inició y se vivió por largo tiempo, dejando a un lado las fallas ultimas y los malos recuerdos de eventos recientes. Porque no se habla de cambiar, sino de corregir los errores y fallas y así las cosas si funcionan.

Si hay madurez en nosotros como personas, no debe existir ningún problema. Las cosas al ser claras podrán ser entendidas y comprendidas, más aun cuando a fin de cuentas lo que buscamos la gran mayoría es encontrar una buena pareja para pasar en su compañía el resto de nuestras vidas.

Tal vez hoy deseamos una cosa y mañana cambiamos de parecer, pero si no existió engaño alguno, seguro se puede volver al camino andado e intentarlo de manera distinta. Hay que luchar por lo que tenemos y así lograremos nuestra metas y sueños.

En algunos casos hay quienes desean tener una pareja no para casarse con ella, sino tan sólo para convivir y pasar tiempo juntos, lo que puede hacer la diferencia al momento de la elección final.

Y es que no sería justo hacer pensar a la otra persona que estamos dispuestos a proporcionarles una relación plena y duradera cuando que no es el caso. Si no se tiene nada pensado de ello, lo mejor será llevar una buena amistad sin caer en promesas falsas.

La importancia de tener o no tener relaciones sexuales antes del matrimonio

Existen individuos que desean una pareja más no así una familia, puesto que está ya la tienen y no es su deseo alterar la convivencia y entendimiento que con esta existe; es decir sólo buscan un compañero (a) casual.

Por otro lado, están aquellos que sólo se casan o se juntan para lograr tener sexo gratis y responsable, sin que ello sea para formar un hogar y menos aún familia, así ambos trabajan y ambos aportan, pero no edifican en sus vidas futuro alguno.

Otros anhelan una pareja para convivir y así no estar solos, pero no para procrear; ello también es sorprendente, pues actualmente se da con mayor frecuencia.

Otros para tener relaciones antes de casarse, unos más para perder su virginidad con la persona que más los puede cuidar o agradar, otros para que nadie de sus amigos se entere y así son muchas las causas y pretextos, pero no por ello las causas son ciertas o las más acertadas.

Las mentiras siempre caen por su propio peso, todo en algún momento se sabe. Así que si somos objeto de algún engaño, lo más recomendable será guardar silencio y esperar, más si existe una buena amistad que nos interese conservar con quien nos ha ofendido, no debemos reclamar pero sí valorar y ser conscientes de que la persona no es honesta, lo que de llegar a tener una relación más íntima y formal en un futuro, podría traernos serios problemas.

Entendamos que también podemos equivocarnos y podemos haber creído durante años, algo que no es y que ahora que lo sabemos o conocemos nos resistimos a aceptar.

Aquellos que en verdad quieren, aprecian y estiman a alguien, no engañan. La gente honesta no teme hablar con la verdad.

El tiempo en familia, en pareja y en nuestra vida social, es algo que debemos administrar en todo momento.

En el trabajo llegamos a invertir gran parte del tiempo de nuestra vida, pues es ahí donde construimos una segunda familia. Por tal motivo, en este debe reinar el respeto para hacer que nuestras relaciones no lleguen a convertirse en una carga no sólo para nosotros, sino también para nuestra propia familia, y por ende se provoque un conflicto en nuestro campo laboral.

Las amistades logradas en el trabajo pueden llegar a ser aliados para una reconciliación con nuestra pareja en momentos difíciles de nuestra vida; pero de la misma manera, pueden convertirse en la causa de nuestro ruptura familiar.

Así que debemos valorar qué se dice, a quién se le cuenta y de qué manera contamos nuestras cosas. Nunca será recomendable dejar que personas extrañas se apoderen del dominio y manejo de nuestras vidas, pues esto sólo nos traerá problemas, malos entendidos y pésimas experiencias.

Y es que a veces decimos las cosas para convertirnos en víctimas, para demostrar cuán inocentes somos o para demostrar que no nos dejamos de nadie. Pero esas versiones nada tienen que ver con la realidad y sólo hacen que nuestro medio acepte o desprecie a las personas que nos ayudan o nos dañan.

El enojo del momento nos puede hacer hablar sobre temas o cosas que no debiéramos ni mencionar, lastimando con ello la relación y dificultando la reconciliación, para acabar con el futuro de la misma. Y es que aunque se quisiera dar marcha atrás para reconocer nuestros errores, el problema puede llegar a crecer de tal forma, que al haberlo compartirlo con todos, resultará casi imposible su solución.

Una infidelidad es difícil de olvidar, más aun dependiendo de sus causas, por lo que siempre será importante hablar con la verdad. No pongamos más engaños sobre lo que ya nos lastima. El refrán nos dice: En boca cerrada, no entran moscas.

Por ejemplo, existen hombres que no aceptan casarse con una mujer que ya no es virgen, entonces tienen un malentendido machista con la vida. Ese tipo de personas son peligrosas, posesivas y de carácter casi siempre violento; aunque a veces se escudan en la pasividad y en actitudes que esconden su verdadera esencia para atacar de improviso con la única finalidad de lastimar y humillar a los demás. Ya que ellos mismos han tenido diversas relaciones con otras personas, luego entonces no se manejan con la misma calidad humana cuando se trata de una mujer.

Entendamos que perder la virginidad en un hombre o en una mujer, es algo ya común y que no por ello se debe desvalorar a las damas, ya que si en verdad aceptamos que todos somos iguales, no hay tal diferencia y ni siquiera cabe el derecho a mencionarlo.

Hombres y mujeres tienen los mismos derechos, valen lo mismo antes y después del acto sexual.

Quien no acepta que su mujer y futura esposa no sea virgen, siempre buscará lo mismo y, aunque lo encuentre y se case, lo más seguro es que al siguiente día de la boda abandone a su cónyuge para ir en busca de otra virgen, lo que denota sólo un episodio machista y absurdo de nunca acabar.

Es ahí en donde la mujer debe de entender que al casarse con una pareja machista, cerrada, celosa y sin madurez, jamás podrá ser feliz al vivir en el acoso, el ocultamiento y la amenaza de celos de su pareja.

Quienes experimentan los celos por todo y de todos, son personas conflictivas, inseguras e incapaces de amar, pues traerán más problemas a la relación que amor y cariño.

La vida de los cónyuges es individual, pero al momento de casarse y llegar a la convivencia en pareja mucha de esa individualidad se pierde. El tiempo se va como un día se irán los hijos de casa y se regresará al inicio, a ser únicamente una vida de dos. De ellos dependerá la carga que lleven a cuestas en su relación siguiente.

El respeto es básico y necesario para dar fuerza y permanencia a la estabilidad familiar y el ser siempre positivos y esforzarnos por mantener lo nuestro, es de gran importancia.

El trato a nuestros hijos e integrantes de la familia

El trato hacia los hijos debe basarse en el amor y el respeto, pero sobre todo será fundamental estar cerca de ellos para apoyarles en todo momento, con lo que les estaremos brindando seguridad, educación y disciplina.

Anteriormente hablamos de algunas situaciones, pero son muchos los casos y distintas las circunstancias que rodean a cada familia, por lo que nuestro criterio deberá ser amplio, responsable y genuino.

Debemos aplaudir sus éxitos festejando con ellos y sin menospreciar a nadie, pues a veces se gana y otras se pierde. Hagámosles ver que lo valioso es participar con compañerismo, respeto y sin trampas, lo que significa ya un éxito, el resultado será lo de menos. A veces nos tocará ganar y a veces perder; en ambas hay que festejar, puesto que lo más valioso es que se pudo participar.

Compartamos sus caídas y fracasos con cariño y respeto, nunca con regaños y advertencias, menos con frases hirientes o burlonas que sólo nos alejarán de ellos pues poco harán por el entendimiento y la buena convivencia.

Es necesario sembrar en ellos los valores de la moral, civismo, igualdad, humildad, sencillez, respeto, amor por ellos y por sus semejantes, así como por la vida misma.

Si no damos ejemplo de ello con nuestros actos y acciones diarias, difícilmente nuestras enseñanzas serán aceptadas. No olvidemos que los hijos absorben y copian los comportamientos, así como los patrones de vida de los padres, aun sin darse cuenta de ello.

Se debe estar unidos a los hijos para tratar de asimilar en conjunto los buenos y malos momentos, haciéndoles ver que esta es la única forma de vencer a los imponderables de la vida, que no existe nada que juntos no se pueda lograr.

Es de vital importancia demostrarles con hechos y afecto que se les quiere con su particular forma de ser, que los defectos y virtudes de la gente son lo que los hace ser distintos de los demás, no diferentes, porque todos somos iguales.

Esto es válido y aplicable para todos, sin importar la edad, creencias, color o nacionalidad.

Distintos pero no diferentes, es una intención de igualdad para no herir y lastimar a nadie, más aun si se trata de nuestra propia familia.

Hoy la diversidad de géneros no solo está de moda, sino que el número de personas que se dejan ver con esta nueva forma de convivencia ha ido en aumento. No hay que alarmarse, simplemente hay que comprender los cambios y las preferencias, aunque estas no vayan con lo que se esperaba.

Lo importante es que las distintas formas de pensar, actuar y convivir, no alteren la moral de la familia y mucho menos cambien las reglas de vida dentro del hogar.

Sin importar la forma de pensar o de actuar de las personas, todos los miembros de la familia están obligados a prodigar amor, cariño y respeto por igual, predicando con el ejemplo en cada uno de nuestros actos.

A pesar de ello, hay quienes piensan que lo más conveniente para continuar preservando una óptima convivencia familiar, es separar a quienes actúan y se comportan de manera diferente a los demás miembros, esto con la finalidad de no confundir a nadie en sus conceptos de vida; lo cual no es nada fácil, y más si la familia es objeto de injurias por parte de la sociedad a la que pertenece, sólo por que alguno de sus miembros entró a un mundo diverso al que se pensaba le correspondía.

Es difícil poder enseñarles a vivir en armonía, si cada vez que salimos a pasear en familia (ya sea caminando o en el auto), vamos ofendiendo a gritos y bocinazos a los demás.

Qué educación estamos aportando a la familia y hacia qué los estamos llevando; en respuesta, algún día un familiar llegará herido o muerto a nuestro hogar, simplemente porque nos quiso imitar.

Así como también es malo vivir envidiando lo que no se tiene y maldiciendo a quien le ha ido mejor que a nosotros, es tanto como enseñar a nuestros hijos a que detesten a la sociedad; con lo que los convertiremos en individuos resentidos y enemigos de la misma, confundiendo el pensamiento de nuestras familias.

Es muy cierto que no existe el padre perfecto, pues aunque algunos traten con su mejor esfuerzo de minimizar o erradicar aquellos defectos que podrían transmitir a sus hijos, muchas veces no lo logran.

Es más, en ocasiones se tienen defectos que se piensan que no lo son y por ello se siguen cometiendo sin darnos cuenta, lo que hace un tanto más complicada nuestra existencia, además de que lastimamos a gente cercana como son los hijos, cónyuges, padres, compañeros de trabajo y amistades.

Por eso es conveniente insistir sobre la importancia de analizar nuestras actitudes y sobre todo a aprender a escuchar a los integrantes de nuestra familia, pues todos tienen derecho de voz y voto en el seno familiar. En ocasiones el más pequeño, el que pensamos menos preparado o bien inculto, quizá el más anciano, puede darnos la clave para que se resuelva lo que está sucediendo, todo ello antes de que sea demasiado tarde. A veces es tan fácil la respuesta y tan grande nuestra necedad o capricho, que lo perdemos todo.

Todos tenemos derecho a ser escuchados

No importa la edad, si alguien quiere ser escuchado debemos darle la oportunidad. No los interrumpamos y antes de poner en tela de juicio sus conceptos, analicemos sus palabras, pues éstas podrían ser el aviso oportuno para evitar más tarde un conflicto mayor. Quizás esta sea la oportunidad para saber y conocer lo que hay en la mente de cada integrante de la familia.

Otras veces se expone o se reclama un punto muy distinto al que se trata de resolver, lo que debe ser tomado en cuenta para estar enterados de un probable suicidio, abandono del hogar o de la decisión de separarse de la familia. Es labor de los padres estar siempre alerta a cualquier demanda del grupo.

La sabiduría proviene de la experiencia y por ello una persona inteligente sabrá guardar silencio y escuchará con detenimiento mientras se muestra atento; de aquello que ya conoce y de las ignorancias dichas por alguien que pretende demostrar su inteligencia, cuando carece de ella.

En algunos casos las madres o los padres, en su apasionamiento por dar el mayor de los cuidados a la vida de los hijos, cometen un grave error al convertirse en el pan diario para cada uno, mientras que al padre o a la madre los hacen ver como al ogro, aquel que hay que temerle más que respetarle a su llegada al hogar.

Para que la familia funcione mejor, es recomendable ser equipo y no enemigos, ya que ello confunde a los integrantes y distancia a unos de otros.

Muchas veces de forma consciente o inconsciente, ponemos a los hijos contra el padre o la madre, llevándolos a un punto de presión que los hará explotar en cualquier momento. Puede pasar mucho tiempo antes de que nos percatemos del grave problema que vivimos, al grado que podría ser demasiado tarde para poder remediarlo.

Lo hecho, hecho está. El arrepentimiento no es la fórmula para cambiar el pensamiento y actuar de los demás.

Sin embargo, siempre hay que poner nuestro mayor empeño y esfuerzo por remediar un error, más aún si con ello se trata de unir a la familia.

Para que no se confunda el cariño con otros sentimientos, a los hijos hay que llamarles la atención de forma firme. Si se les va a imponer un castigo, este deberá ser prudente y sin cólera, el cual debemos otorgar en un lugar determinado –preferentemente a solas–, sin ridiculizarlos frente a los hermanos y familiares, menos frente a sus amistades, vecinos o invitados.

La firmeza en estos casos es una buena forma de educarlos, pero no hay que llevar las cosas al límite, porque en esta pretensión podemos lastimarlos y perderlos. La explicación de nuestros actos puede ser de gran ayuda para que se razonen mejor los acontecimientos.

Que sepan a su pequeña edad que sólo en ese lugar se les va a corregir. Porque si se hace en un lugar distinto para cada ocasión, a lo que van a temer es al padre o a la madre y no al castigo que se les dará por su mala conducta, además de que temerán estar en casa. A medida que crecen, las disposiciones deberán ser distintas y sin abusar de ellos.

Nunca excedernos en los regaños y castigos, pues lastimarlos en demasía provocará una mayor rebeldía y alejamiento hacia las personas, aun siendo sus propios familiares. Hacerlo los puede arrojar en los brazos de extraños, que les ofrecen lo que están buscando y que de alguna manera solo tratarán de sacarles ventaja y aprovecharse de ellos.

El que los padres no se apoyen entre sí en este tipo de situaciones, puede venir a debilitar la estructura de la familia. Y es que en ocasiones uno de estos intentará consolarlos poniéndolos en contra del otro, con la intención de ganarse el afecto y cariño de los hijos, lo cual no resultará jamás. Solo se hace endeble la estructura familiar. A ello hay que sumar que nadie tiene comprada la vida y en cualquier momento uno u otro puede faltar y a veces muere el que consolidó cerca de sí a los hijos y deja en gran inestabilidad a la familia, con lo que causa daño.

Este proceder casi siempre se lleva a cabo a espaldas o en ausencia de la pareja, tratando de demostrar con ello, quién es el bueno y quién el malo de la historia, competencia que al final sólo exhibirá la debilidad por parte de ambos padres, lo que los hijos sabrán aprovechar a su conveniencia.

De lo que padres no se percatan, es de que con este tipo de conductas se están perjudicando ellos mismos, ya que están dividiendo su hogar. Lejos de ganar adeptos, estarán cediendo terreno en la educación familiar, situación que más tarde podría convertirse en algo incontrolable tras haber perdido el respeto y la confianza entre todos los miembros de la familia.

Estos detalles –aparentemente insignificantes– sin duda traerán complicaciones al núcleo familiar, por lo que si no son resueltos oportunamente, pueden llegar a terminar en rupturas que harán más débil la relación entre las parejas y los hijos.

Con los hijos no hay que emplear los golpes, pues las manos son para acariciarlos, son de éstas que esperan sujetarse para salir adelante en la vida ante cualquier problema o reto inesperado.

A veces encontramos que los sobrinos, los nietos o los vecinos, gustan de estar en nuestro hogar; con ellos debemos tener un comportamiento de respeto, afecto y cordialidad, pues será la oportunidad de que nuestros seres queridos vean que así como somos con unos, lo somos con los demás. El ejemplo de vida es importante.

El padre y la madre deben tratar de incorporar a los hijos a sus actividades cotidianas, incluso tratando de que conozcan su trabajo, amistades y diversiones, haciéndolos sentir que son parte integral de su entorno y que ellos son vitales para su vida en todo momento y para siempre.

A los hijos no les agrada verse relegados de las actividades familiares, pero si se les invita a que participen y estos no quieren, tampoco se les deberá obligar. Pero hay que estar al pendiente del porqué de tal comportamiento y la razón de ello. No sea que algún familiar los esté lastimando o abusando de ellos y nosotros lo ignoremos.

Hay que darles tiempo para que las cosas no parezcan una imposición, mucho menos la forma en que los padres quieren ver hechos realidad en sus hijos, aquellos sueños o planes que nunca pudieron realizar.

Los hijos no deben crecer obligados a ser la semejanza y reflejo de sus padres, pues ello los hará perder su propia personalidad.

Debemos impartirles buenas costumbres, darles un buen trato y ser su guía, permitiéndoles conservar la libertad total que los llevará a elegir el tipo de personas que quieren ser en la vida.

Uno de los grandes errores cometidos por los padres, es querer hablar con los hijos cuando éstos ya no están dispuestos a escuchar.

La realidad es que con los hijos e hijas debemos implementar una comunicación desde que son pequeños, a fin que puedan de alguna manera asimilar las cosas por convicción propia y no por imposición, sabiendo distinguir entre los sexos y las costumbres, de acuerdo a sus edades.

Si los padres no saber dar continuidad a sus enseñanzas con el ejemplo, los hijos pudieran llegar a perderles el respeto, todo por tratar de someterles a imposiciones absurdas que ellos mismos no siguen ni practican.

Debe de haber momentos y circunstancias para todo, así como el padre o la madre juegan con ellos por un rato, así también ellos después de hacer lo que los grandes realizan cotidianamente, acabará por aburrirles.

Hay que evaluar las situaciones e ir alternando tiempos, formas, circunstancias, pero, sobre todo, nunca perder el entendimiento y debemos de razonar, antes de actuar u ordenar.

Será básico buscar el momento y sitio adecuado para cada plática, comentario o simplemente para exteriorizar nuestro punto de vista, esto con el valor para aceptar nuestros errores, si es que llegamos a cometer alguno. Esto deberá aplicar para ambos lados, tanto los que participan en la conversación queriendo llegar a un mejor entendimiento, como aquellos que son pasivos pero receptivos.

Ver, oír y callar,
una gran sugerencia en lo familiar

Ver, oír y callar es un gran consejo que los padres deben saber aplicar según sea la ocasión, para que los hijos o la pareja no piensen ni sientan que se les traiciona su confianza o que se les presiona porque se saben sus secretos.

No sería mala idea que desde pequeños se les platique sobre el trabajo que se desempeña, sin apenarse por ser un trabajador de limpieza o un mensajero; todos tenemos en la vida una labor importante.

En ocasiones claro que no es fácil explicar a lo que uno se dedica; como tampoco es fácil decir que uno es simplemente lo que uno puede ser o desea ser.

Sin importar en qué trabajemos, mientras sea legal y correcto, debemos de sentirnos orgullosos de lo que somos y de lo que hacemos; con el entendido de querer y de luchar por ser mejores.

El ejemplo diario, el que los hijos nos vean sanos, activos, siempre alegres, agradecidos con la vida; entendidos del respeto hacia nosotros mismos, hacia los demás y a la misma naturaleza. Nos da un plus que aumentará su confianza en ellos mismos, fortaleciéndolos física, intelectual y espiritualmente.

Muchos quieren ser artistas, otros bailarines, otros más coreógrafos, maquilladores, nudistas, pintores, escultores, vagos, forajidos etc. Para todo ello es necesario, tener confianza, seguridad, certidumbre y hasta el creer en ellos mismos, puesto que solo así podrán expresar los dones divinos que cada uno llevamos dentro.

Será recomendable llevar a los hijos a la oficina o a nuestro lugar de trabajo, incentivándolos al pagarles una cantidad económica simbólica por ordenar documentos, ayudarle a la telefonista o a la persona del aseo en sus actividades, ya que con ello se propiciará que valoren el trabajo de los demás, así como a quienes se les exige lo mejor de su trabajo.

Ello los hará sentirse útiles, responsables y respetuosos con el trabajo, lo cual el día de mañana les será de gran ayuda al contar con una mejor preparación para afrontar cualquier reto profesional; además de que tendrán la oportunidad de trabajar en otras áreas con mejores sueldos que les brinden la posibilidad de ascender, pero siempre ubicados en la realidad de que cada quien recibe lo que en realidad se merece.

Este tipo de ejercicios de interactuar con el personal, también los hará sentir la diferencia entre ser patrón y empleado, lo que los motivará a estudiar para ser como mamá o papá, o tal vez sea para superarlos con otra profesión.

Démosles la libertad de hacer con su vida lo que ellos deseen, para que de esta manera encuentren la satisfacción personal y por consiguiente en la familia; si al final quieren retornar al negocio familiar, dejémosles las puertas abiertas.

Pero al tener una familia, la madurez que no se tuvo en la juventud nos debe llegar, ya que solo así podremos dar el ejemplo sano, adecuado y más correcto a nuestros hijos de ambos sexos. Los dos padres deben de aplicarse a esta recomendación, ya que un padre o una madre irresponsable, que se la vive en el trago, la parranda y siempre con los amigos, generarán hijos desobligados e irresponsables, a quienes se les complicará la vida.

Tampoco es bueno que si los padres se han separado, los hijos vean entrar a su casa a distintas mujeres u hombres que vienen a ver a alguno de sus padres, ya que ello los desorienta y los hace entrar en dudas, tener ciertos miedos y a sufrir un descuido o a veces sin que lo sufran, así lo sienten y con ello se les lesiona, ya lo hemos dicho, para todo hay un momento y un lugar.

Cuando los hijos son pequeños, el solo hecho de vestir igual que el padre o la madre los hará sentir la posibilidad de poder aspirar y compartir el mundo de sus mayores; experimentarán ser importantes, personas educadas y preparadas que querrán conquistar más y mejores metas en el futuro.

En ese momento se sentirán una parte importante de ellos, les ayuda a sentir que pueden ser como sus héroes y seguir su ejemplo; lo que les ayudará en su autoestima, los hará mejores y a tener gran seguridad en sí mismos.

Mostrarse a la gente como individuos similares a sus padres, les llenará de orgullo y satisfacción, sobre todo por el privilegio de poder convivir en armonía al lado de ellos en la sociedad en la que viven y se desenvuelven.

Recordemos que en determinada etapa de la vida los padres se convierten en los héroes de sus hijos, por lo que hay que saber compartir esos momentos sin romper sus sueños, al mismo tiempo que debemos demostrarles lo que es correcto, no sólo lo que a nosotros nos parece lo más idóneo.

Las niñas querrán vestir los atuendos de la madre, peinarse como ella y hasta hablar con sus imperfecciones, al igual que actuarán los niños, quienes además de imitar el peinado del padre, tratarán de caminar como él, rasurarse, dar sus órdenes y copiar sus ademanes.

De ahí la importancia de que los padres no sean malhablados, que no pongan apodos a los demás, en general, que no insulten a sus semejantes.

Incluso el vivir con la pareja y no estar casados, tampoco es tan bueno, ya que en las escuela los demás padres de familia no los ven con la seguridad de un matrimonio, además de ello, los hijos siempre cargan la duda del porqué sus padres nunca se casaron. Cada pareja sabe y hace las cosas de acuerdo a su manera de pensar, sentir y ver la vida, pero a veces las consecuencias son graves, complicadas y difíciles de comprender para los hijos.

No es bueno que la pareja se llame entre sí con nombres denigrantes o con groserías, insultos o apodos, menos aún que vivan insultándose o peleando; ello no es un buen ejemplo para nadie y como consecuencia, tarde o temprano se perderá el respeto hacia los padres.

Si se insiste en ello los hijos acabarán por ofender a sus propios padres y hermanos, por el simple hecho de que así los criaron. Ello hará desaparecer la armonía en la convivencia y acabará por desintegrar a la familia.

Ese modo de actuar dejémoslo para los frustrados, los acomplejados, envidiosos, los faltos de preparación y para quienes desean llamar la atención.

Qué gracioso puede ser recordar al abuelo, tío o al mismo padre, por sus vulgaridades, obscenidades y groserías; eso no es algo para presumir, por el contrario, todo eso debe de ser algo para olvidar.

Ello es deprimente pues sólo deja ver que detrás de todo hay gente inculta y acomplejada. Esa nunca será una buena herencia para los hijos.

Es importante que los padres no hablen con apodos a la gente, que no insulten a nadie delante de los hijos y que no sean agresivos frente a ellos, porque de hacerlo, los decepcionará. Y es que al ver que son temidos por lo demás, los hijos experimentarán que dicha situación también los acecha y dicho miedo los hará pensar que también ellos lo podrán sufrir en carne propia, o caerán en la equivocación y querrán ser igualmente de groseros y abusivos, lo que los puede llevar a una situación complica y difícil.

Cuando piensen en visitarlos o en pasar un tiempo con ellos, sus mentes entrarán en un conflicto y una revalorización de lo que pasa y sucede; así como también pensarán en a qué se exponen.

Esta será una razón más que obvia para que se le pierda la admiración a los padres, madres o hermanos.

En el caso de que ellos traten de imitar a sus padres en este tipo de conductas para ganarse su aprobación, estarán llevando consigo el repudio de la gente por el resto de sus vidas. Una carga muy pesada para cualquiera.

Tan malo resulta que a veces esto ha sido la causa de que las familias se desintegren y los hermanos se alejen, ya que nadie quiere llevar malos ejemplos o conductas a sus nuevos hogares y familias.

No lo hagamos frente a ellos ni tampoco estando solos, pues tarde o temprano se van a enterar y sus ilusiones puestas en uno se derrumbarán en un instante para siempre, quedando por los suelos la admiración que tenían hacia sus padres y familiares.

Hay que educar a los hijos desde que nacen, pero siempre con cariño y respeto. No se trata de dar conferencias o sermones que no entiendan, sino de dar información útil en pláticas, juegos y en la vida diaria, casi sin que se den cuenta, pero en forma razonada para cada edad, esto con la finalidad de que al crecer comprendan lo que es correcto para ser personas de bien.

El ejemplo diario es una gran lección que se asimila por varios sentidos y que difícilmente se olvida. Todos podemos colaborar en ello y no cuesta nada.

Es necesario explicar las consecuencias que nuestro comportamiento puede llegar a tener, esto acorde a la edad de cada uno de los hijos. Ello les dará un panorama más actual y real de lo que les viene por vivir.

Debemos hacerles ver la forma de convivir con sus amigos y conocidos, la razón de no tener compromisos sentimentales si no se es consciente y se está preparado para ello, con lo cual estarán más cerca del éxito que del fracaso.

Es sumamente importante orientarles acerca de la responsabilidad que implica intimar con alguien y las consecuencias de ello, tanto en el presente como en el futuro. Sobre todo, cuando se carece de la edad y madurez suficiente para poder enfrentar los posibles resultados que de ello se deriva. Porque a veces perdemos la oportunidad de vivir como jóvenes, por tener la responsabilidad de ser padres a tan corta edad.

Y es que dicha situación dejará en su mente y vida un hueco imposible de llenar, lo que dará como resultado una inconformidad de vida y ello nos puede llevar a un desequilibrio emocional y sentimental.

Mostrémosles que hay diversas formas de vivir la existencia, que no debemos anticipar los tiempos y formas, pues las consecuencias podrían acabar por arrebatar sus sueños y metas, al tiempo que destruirán las de sus padres.

No es nada bueno ser madre o padre a los trece o quince años de edad, tampoco es necesario ni adecuado que los jóvenes estén inmersos en roles que no corresponden a su edad, todo por un momento de satisfacción o aventura. Y es que al cargar con las consecuencias de sus actos, no sólo afectarán su propia vida sino también la de los involucrados.

Claro que nunca faltarán aquellos «amigos» que tratarán de convencerlos de lo contrario, que hay que ir en contra de las reglas y costumbres, de que en lo prohibido están las satisfacciones. Por ello, siempre hay que tratar de ver más allá para descubrir que quienes actuaron de forma incorrecta, no son lo que hubieran querido ser, que con su comportamiento equivocado lo único que lograron fue desvanecer sus sueños en el aire.

Hay que cuidar lo que se dice y la forma en que se dice, para que esta sea una manera de compartir conocimientos y no imposiciones de conductas. Se debe hablar con los seres queridos y hacerles entrar en razón antes de que sucedan las cosas y no cuando éstas ya no tengan remedio.

La calidad, debe sobrepasar a la cantidad de información que habremos de brindar a nuestros hijos, además de estar seguros de que esta sea comprendida, pues sólo así estaremos cumpliendo de forma eficaz nuestro cometido.

Esto es algo tan simple como la lectura, hay que iniciar por aprender a leer para después comprender. Aunque debemos saber que no es la única manera de obtener conocimientos y enseñanzas. Ya que no solo leyendo se aprende y se razona.

Basados en la técnica del aprendizaje, vayamos de lo sencillo y elemental hasta lo más complicado; de esta manera siempre se podrá estar en desarrollo y el avance será fácil, cómodo, constante y productivo.

Los hijos no deben ser sobreprotegidos por sus padres. Ellos deberán vivir en armonía plena de responsabilidad con obligaciones y derechos, pero bajo el mando y guía familiar. De no ser así, obtendremos hijos rebeldes e inconformes con la vida, individuos desesperados por salir del seno familiar.

Permitir que los hijos se casen muy jóvenes no es tan recomendable como en otras épocas lo fue. Y es que las circunstancias han cambiado en forma drástica y significativa en nuestros días, alterándose las costumbres y tradiciones; la revolución de la modernidad es para todos y aplica de igual manera, queramos o no, por ello, hoy más que nunca es necesario preparar a la familia lo mejor posible.

Existen padres que, sin darse cuenta, inducen sus complejos de inferioridad a sus hijos, lo que se refleja en enseñanzas absurdas que muchas veces resultan hasta torpes, pero como así han vivido ellos, no se dan cuenta o no quieren reconocer que están mal al tratar de educar así a los hijos. Y es que con todo ello, sólo lograrán confundir y empujar a sus seres queridos por los caminos equivocados y difíciles. Esto es algo que a todos nos puede pasar de una u otra manera, pues siempre se cometen errores, es parte de nuestra realidad humana.

La falta de comunicación o el temor de contrariar a los demás, es lo que lleva al fracaso de la vida familiar, con ello destruimos la posibilidad de ser mejores y de salir adelante.

Mientras no entendamos nuestra responsabilidad de padres y no sepamos anteponerla a todo lo demás, terminaremos por cometer errores de toda índole. Algunos de ellos podrían ser graves y la causa principal de que se desmorone la vida familiar.

Para todo hay edad, tiempo y momento. No tratemos de presionarlos a que vivan la vida más rápido de lo que les corresponde, démosles buenos ejemplos, nuestra mejor orientación, pues esto hará que la familia sea mucho más unida y esté mejor preparada para afrontar los embates de la vida diaria.

Habrá quienes al casarse, querrán que el marido o la esposa les compren aquello que sus padres les compraban, que sus esposas les guisen, los cuiden y los mimen, tal como lo hacían sus madres cuando pequeños. Estos y muchos errores más que se derivan de una niñez y juventud mal dirigidas, nos dejan ver que no se dio la oportunidad de madurar ni de comprender las diferentes etapas de nuestras vidas, lo que suele ser la causa de muchos problemas, conflictos y hasta fracasos.

Cada familia es un mundo diferente, hay que verlo y entenderlo así, ya que llegarán muchos cambios no sólo por entrar en competencia con lo que se tuvo en la juventud o en la soltería, sino porque son parte de una nueva relación ahora en pareja, en matrimonio y con el deseo de superar lo pasado, pero, al mismo tiempo, tratando de encontrar algo distinto que nos satisfaga en todos los aspectos.

Todo ello basándose en ser mejores personas, con muchas más perspectivas de lo que somos y sobre lo que buscamos o deseamos alcanzar en la vida.

No la iniciemos con caprichos, como aquellos de «Quiero una cocina como la de mi mamá» o «Plánchame la camisa como lo hacía la mía», esas son niñerías que hablan de inmadurez, de poco entendimiento y de una mala convivencia. Hay que poner cada uno lo mejor sin esperar recibir por ello nada a cambio, así, lo poco o mucho que se nos dé, será más que suficiente para tener felicidad.

Las comparaciones siempre serán malas, pues acabarán por lastimar y hasta alejar de nosotros a los seres queridos, amistades y conocidos.

No podemos vivir cuidando a los padres de lo que les dan o no les dan a los hermanos o a sus propios padres, tampoco se puede vivir haciendo comparaciones de cuánto recibió X y cuánto nosotros o Z. Hay que ser racionales, aprendamos a vivir la vida; lo que es nuestro, es nuestro, lo que deseamos obtener por presiones o por comparaciones, ni lo recibiremos con el agrado de quien nos lo da y ellos sentirán más que es un compromiso que una atención, lo que le quita al obsequio su verdadera valía.

La envidia, siempre resulta ser una mala consejera y nos lleva a cometer errores absurdos de los que después estaremos arrepentidos.

Esos sólo son pretextos infantiles que no van dentro de una relación amorosa y menos en el matrimonio, ya que tenemos que aprender a cuidar y a valorar a nuestra pareja con lo que se hace, se dice y en la forma en que se actúa, pues de otra manera, corremos el riesgo de padecer una vida llena de conflictos e inconformidades.

Muchas veces no viviremos como en casa, otras será mejor, incluso se nos mimará sobradamente, en otras tendremos que enfrentar con madurez nuestro papel de pareja y de padres.

Bien dice el refrán que: «El hombre llega hasta donde la mujer quiere», ello es operante desde el noviazgo. Pero no por ello podemos olvidar el hecho de que hay hombres y mujeres que se hacen de trucos y artimañas para cazar y acercarse a su presa y tender sobre esta sus trampas y engaños.

Todos nos deben de respetar

Renglones atrás comentábamos sobre el refrán cierto y válido que nos dice: «Si hoy permites que te tosan en la cara, mañana nos escupirán en ella».

Lo mismo opera para los hombres y no hay pretexto que valga, lo que se permite en un momento de pasión, amor o por cariño, terminará por convertirse en el yugo que nos someta de por vida.

Resulta gracioso que aquellas personas que se la pasan comentando que en su casa tenían esto o lo otro, no lo era en la forma en que dicen y olvidan la mala economía, así como los problemas que los agobiaban y que alguna vez también se tuvieron en familia.

También están aquellos que antes de concretar un compromiso nos advierten de todo lo que no tendremos. Así nos dicen que no podremos ver a nuestras amistades, que tendremos que cambiar nuestro vestuario, que nunca habrá vacaciones y que no habrá ayuda en las tareas de la casa, ni del trabajo.

Se nos argumenta que debemos ahorrar hasta en la comida, que nunca tendremos invitados, que a lo mejor algún día se puede lograr algo, pero que los primeros años no habrá lujos, ni regalos y menos atenciones. Cuando lo hay, resulta que hay que guardarlo y no gastarlo, ni disfrutarlo; en pocas palabras, será una vida difícil y hacia abajo, nunca para mejorar.

Otros no desean el apoyo de nadie y prefieren morirse de hambre antes que aceptar que se equivocaron, rehúsan aceptar que no supieron hacer bien las cosas.

Simplemente se unieron a otra persona más por capricho que por verdadero amor, a veces por tener el pretexto para salir de casa y otras para no ser la única persona de su grupo de amigos que no se ha casado o encontrado con quien vivir; pero no por ello hay entendimiento, amor, cariño, afecto o entrega.

Pero aun con todo esto hay quienes insisten en casarse, claro que van directo a un infierno de veinticuatro horas y sin sentido, pero el qué dirá la gente puede más que la verdad y la razón y se exponen a todos los peligros y malos tratos sólo por vanidad.

Pues no sólo será una relación de padecimientos sino también de frustraciones que, llevadas al límite, nos recordará que cuando el hambre entra por la puerta, el amor escapa por la ventana.

Nunca debemos permitir que nuestra pareja ni tampoco el novio (a) nos limiten en lo que debemos hacer, vestir y con quienes podemos o no hablar; el matrimonio no es un convenio para vendernos con la otra persona, sino para convivir con ella, hacer de nuestra vida una relación armoniosa, fructífera, alegre y satisfactoria, con fines comunes.

Si no se logran las metas y muchas otras cosas que generalmente buscan tanto los hombres como las mujeres, será mejor buscar otro tipo de pareja.

Tampoco se puede llevar adelante una relación a escondidas de nuestras familias, ya que aquellos que rehúyen a la familia de la pareja, seguramente lo hacen por el temor a ser descubiertos en actitudes equivocadas o por su forma inadecuada de comportarse.

A esta clase de personas, ya sean mujeres u hombres, es fácil detectarlos, pues simplemente no les agrada entrar a la casa de su pareja, mucho menos hablar con sus familiares, además de que esquivan los compromisos de esta, nos esconden de sus amistades y conocidos simplemente porque nos engañan, nos mienten o son muy diferentes a lo que nos muestran. Su mejor defensa, es que sepamos poco de ellos y no se exponen a ser descubiertos o encarados.

Por todos los medios tratarán de mantener a él o a ella alejados de sus amistades y zona de trabajo, regularmente porque ahí tienen otros intereses o porque aspiran a tenerlos. Les molesta que los demás tengan una atención con su pareja porque se sienten amenazados, piensan que todos están sobre el hombre o mujer que les interesa. Situación que se vive en ambos géneros.

Quisieran esconder a su compañera o compañero de la sociedad, pues se encelan y se convierten en fieras que desearían matar o atacar a quienes los ven, más aún si alguien resalta su belleza, habilidades, capacidades, conocimientos o atributos personales.

Se convierten en seres desconfiados hasta de su propia sombra, temen que alguien se acerque a su pareja. Cuando fracasan en sus relaciones, buscan un culpable y jamás reconocen su pobre manera de pensar y actuar. Incluso algunas personas llegan a convertirse en la sombra de sus ex parejas, ya que aunque estén separados o divorciados, no aceptan que alguien más esté con ellos.

Visto de otra manera, hay que buscar una pareja que nos entienda, nos quiera y respete, que disfrute la vida, sus éxitos y los nuestros. Que comparta las satisfacciones y entienda que el apoyo entre ambos es básico para vencer las adversidades. Pero que así mismo, tenga la capacidad de entender y comprender, que no somos dueños de la vida de nuestros seres queridos.

El género no es sólo una diferencia, sino la oportunidad de compartir, conocer y congeniar con seres distintos en su físico, pero igualmente entendibles en sus deseos, costumbres y anhelos.

Si nuestra pareja (sea novio o esposa) resulta ser un dictador, una persona inestable, agresiva, celosa; alguien que no respeta nuestra forma de vida y de ser, simplemente cerremos la puerta y saquémoslo del corazón, pues aunque digan que va a cambiar, no será con nosotros. Lo que hayamos cedido, difícilmente podremos recuperarlo. Las personas mejoran, pero no siempre pueden cambiar.

En realidad, la mayoría de las veces, la gente no cambia, sin embargo sí mejora, a veces muy notablemente, aunque ello depende del trabajo en unión, la constancia, el amor y cariño de pareja.

Esas personas que suelen llamar por teléfono a su pareja cada diez minutos y que desean saber con quién están, dónde y qué estamos haciendo, es gente que está enferma, que es insegura de sí misma, que no confía en los demás, la cual vive con ansiedad y desconfianza, por ello mismo nunca podrá ser feliz. Lo más recomendable será alejarnos de ellos, sin importar si son mujeres u hombres.

Las celosas también abundan. Estas por lo general no permiten que el esposo ande bien presentado por la vida, incluso hasta tratan de engordarlo, no le ayudan en cuanto a su vestimenta para que no logren proyectar la personalidad idónea ante los demás, pensando que con ello no llamarán la atención y nadie se fijará en ellos, con la equivocada creencia de que así los conservarán.

En otro ejemplo destacan los hombres celosos, aquellos que no permiten que su pareja use minifalda, se maquille o utilice ropa ajustada que las haga verse sexis con lo que pudieran llamar la atención de los demás, pues ello les hace sentir que con la pura mirada la gente ultraja a su pareja. Este tipo de relaciones no son recomendables ni sanas, pues acabarán por convertirnos en esclavos de sus caprichos y complejos. Además de que terminan por tener casi encerradas a sus parejas, limitándolas en todas sus actividades.

Estos individuos son personas desubicadas e inseguras que difícilmente cambiarán, por lo que no vale la pena perder el tiempo con ellos. Normalmente cargan con complejos nada fácil de eliminar y sumamente complicados de controlar. Desgraciadamente los hay en ambos géneros e incluso entre la comunidad gay.

Cuando uno se encuentra en la vida con este tipo de personas que advierten de estos problemas desde el inicio de una relación, lo más probable es que su situación se intensifique durante el matrimonio o vida en pareja, por lo que debemos mirar hacia otra parte, antes de que la relación acabe por romperse y termine de forma dolorosa, quizás hasta fatídica.

Aquí debemos incluirnos todos, ya que como dicen: «La historia la escriben los vencedores, siempre bajo sus criterios», aunque lo que se diga en ella no siempre sea lo más cierto, ni lo más acertado.

En ocasiones hay quienes inventan que llevan una vida ideal rodeada de estatus y calidad de vida, a fin de exigírselo a su pareja, aun cuando saben que no se las pueden dar, ocasionando alteraciones en su presupuesto y forma de vida familiar.

Lo que se busca con ello es ejercer presión psicológica ocasionando inseguridad en la pareja, la cual terminará por fastidiarse o doblegarse, perdiendo por completo su personalidad y libertad; lo que llevará a esta relación a su completo fracaso.

Aquí habría que valorar la separación del cónyuge, pues en caso de haber hijos, estos resentirán al igual que la pareja, la persecución de celos y desconfianza por el resto de sus vidas.

No faltan aquellos hombres y mujeres que de la noche a la mañana se «descubren» bipolares, sólo para menospreciar, ofender y humillar a su pareja, hasta llevarla al punto de la separación como una fuga a la tranquilidad añorada, perdiendo todo lo que tenían a cambio de recuperar la paz y libertad.

Hecho lo cual, la bipolaridad «desaparece» y el causante se recupera milagrosamente para rehacer su vida, quedando sin compromiso alguno con su anterior pareja. Esta conducta ruin y baja se practica diariamente por hombres y mujeres. Tengamos cuidado de que no nos lo hagan.

Los novios (as) que viven temiendo que alguien les robe a la pareja con la mirada, además de que no permiten que el ser amado luzca sus atributos naturales en forma moral y digna, como lo ha hecho a lo largo de su vida de acuerdo a su educación y enseñanzas familiares, terminarán por provocar una situación lamentable para todos.

En este rubro podría decirse que las mujeres son más celosas que los hombres, sólo que los límites a los que lleva esta patología resultan más preocupantes cuando la experimentan los hombres; en ambos casos, hemos visto cosas increíbles que derivan en la cárcel o la muerte.

Los celos entre parejas del mismo sexo provocan reacciones serias. Lo mejor es no provocarlos, porque podría llegarse a límites nunca antes imaginados.

Un día alguien me comentó que cuando la pareja nos dice: «No podré darte esto o lo otro», «Intentaré cumplir en lo demás», es momento de alerta máxima. Y es que ante la advertencia cantada, no habrá engaño ni forma de retornar. A veces es una señal a manera de defensa para no sentirse presionados, en otras, porque en realidad conocen que su capacidad no podrá superar lo que en la actualidad son, tienen o quieren.

Otra más me decía que mientras nos llega la pareja adecuada debemos disfrutar con aquella que nos haga sentir bien, con quien tenga algo de lo que deseamos y buscamos, pues llegado el momento sabremos escoger a la persona indicada, sin que por ello hayamos desperdiciado el tiempo.

Por esta razón se dice que: «Mientras llega el indicado, me divierto con el equivocado». Aunque en ello se apuesta la honorabilidad, la moral y la decencia, así como algunas otras virtudes que, de alguna manera, nos colocan en un sitio especial. La recomendación es no aceptar este tipo de relaciones.

Recordemos que hombres y mujeres tenemos los mismos derechos y obligaciones, que debemos tratar de ser siempre inteligentes y prudentes para no actuar sin pensar, para no herir a los demás. Pero hay que saber detenernos en la carrera de la vida, para pensar antes de actuar y de hablar, con ello los resultados serán mejores.

Tener pareja o casarse para vivir en un infierno, no vale la pena. Siempre será mejor vivir solo que mal acompañado.

Todos tenemos derecho a vivir y a disfrutar la vida, no debemos quedarnos con las ganas de nada, más si se trata de sueños, detalles sanos, experiencias únicas e inolvidables.

La vida es única y no podremos gozarla dos veces, así que intentemos no desperdiciar esta oportunidad para atraer a nosotros toda la felicidad y alegría, en forma adecuada y ordenada. No rompamos con la moral de la familia, ni perdamos la cabeza por la aventura.

Y es que desafortunadamente las personas con conductas equívocas tienden a ser aplaudidas por algunos familiares y amigos, por lo que no logran darse cuenta del daño que hacen con su comportamiento antisocial, personalista y absurdo. Esto significa que nadie podrá ayudarnos, por lo que será importante tomar cartas en el asunto para lograr superarnos y ser mejores individuos por nuestro propio esfuerzo.

Sin embargo, la advertencia es la siguiente, ellos no cambiarán al igual que quienes les apoyan. Estarán en contra nuestra dándoles la razón a sus familiares, por lo que si no se sale de este círculo vicioso, se tendrá que permitir cosas indeseables hasta el punto de ser sometidos, perdiendo con ello la identidad y caer en un mundo sin alegría y sin satisfacciones.

Simplemente seremos esclavos de los gustos, caprichos e imposiciones de la pareja, entonces ¿qué caso tiene casarse con alguien así? Si no obtenemos lo que buscamos, por ende no lograremos nada bueno.

Una magnífica herencia es la libertad, pero hay que saber administrarla, vivirla y acrecentarla, sin que por ello lleguemos a confundirla; quien desea cortar nuestra libertad simplemente no nos quiere, no nos valora y menos nos merece.

Sin que se busque un compromiso formal, a la pareja debemos respetarla, quererla, cuidarla y protegerla; esto es fundamental para apreciar mucho más a la persona que está a nuestro lado, a quien habremos de valorar sus virtudes y calidad en el trato.

Cuando las relaciones se terminan o simplemente no pueden llegar a más, será importante hablarlo para que con inteligencia las rupturas sean asimiladas y queden entendidas. Qué mejor que la amistad –aunque ahora fría o de otra forma– todavía subsista.

Por supuesto que en el corazón quedará la huella de lo vivido y se extrañará, pero a veces es mucho mejor estar separados para no sufrir, que estar cerca y vivir un infierno.

Los cónyuges y las parejas

Si no estamos preparados para enfrentar con madurez y responsabilidad nuestros compromisos, responsabilidades y de lo que ellos se deriva, será mejor no iniciarlos.

La competencia aferrada entre los cónyuges, aquella por demostrar superioridad o mando, así como caer en agravios e insultos, desarticula a ambos en una pareja. También lastima a la familia y daña las relaciones de todos en el hogar de manera grave y muy lamentable.

Y es que muchas veces, el fracaso en la relación de dos personas divide y distancia incluso a sus familias.

Recordemos que una vida en intimidad conlleva una gran responsabilidad la cual no es sólo propia, sino para con la pareja.

Por ejemplo, uno llega a conocer cosas de la pareja que no se deben contar, lo que implica respeto hacia ella en presencia o ausencia, todo ello sin necesidad de acordarlo. Sencillamente se trata del sentido común que debe regir las relaciones con nuestra compañera (o). Solo que al haber problemas entre ellos, se olvidan del respeto, de la moral; tal parece que como no nos entendimos, ahora se trata de acabar, mal informar, difamar a la persona que no se acomodó a nuestros caprichos y comportamientos.

No importan las desavenencias entre los cónyuges, los hijos no deben ser utilizados en contra de ninguno de ellos, pues será una situación lamentable que llevará a la familia entera al fracaso. El daño que con ello se les hace a los hijos es imperdonable, sumamente delicado, pues se sienten utilizados por tales agresiones.

El chantaje sentimental es un truco viejo, sin embargo, da resultados cuando en alguien de la familia existe la sobrada nobleza de entregar ciegamente la confianza a quien no la merece.

Todo con medida y razonamiento. La actitud de ambos en la pareja debe ser de entrega equitativa a lo que se recibe. Si la pareja comete errores, con bondad, respeto, cariño, paciencia y fidelidad, estos se pueden equilibrar, por lo que será necesario hablar con ella sin llegar a las ofensas ni humillaciones, simplemente con honestidad.

Si las cosas pueden continuar, ¡qué bueno! ¡Hay que seguir adelante! Seguramente los malos momentos se borrarán. Si resulta imposible continuar, la separación respetuosa será lo más recomendable. Si en la relación hubo hijos, no hay que dañarlos, afectarlos, menos aún utilizarlos para dañar a la pareja.

No se debe educar a los hijos con un reglamento militar que les enseñe a saludar, qué deben comer, cómo dormir o despertar, tampoco que no se les permita pensar por sí mismos, menos aún el negarles que puedan actuar de acuerdo a su propia individualidad. Ello es atentar contra su libertad, sus derechos humanos, sueños y aspiraciones.

Hay que tener valor e inteligencia, así como la voluntad de darles libertad, alegría, armonía y aprendizaje, entre muchos otros valores y virtudes que en conjunto, harán de cada uno de ellos una persona distinta, capaz de vivir en sociedad, de adaptarse a los cambios y necesidades de la vida a través del tiempo. Debemos orientarlos en lo que es correcto e incorrecto, pero nunca alterando su esencia personal.

Aprendamos a escuchar a los miembros de la familia, no sólo a quienes traen el sustento diario, recordemos que todos somos parte de la misma y por ello somos importantes.

A veces, los hijos viven en la escuela o en la universidad, un tipo de enseñanza muy distinta a la que brindan los padres, ello suele ser causa de fricciones y malentendidos en el ambiente familiar. Debemos ser conscientes y pendientes de todo.

Las reglas del hogar son las reglas y nadie debe de quebrantarlas, ya que sin ellas no hay orden y mucho menos un claro destino. Conversándolas y discutiéndolas, se pueden actualizar y aligerar, para que todos las comprendan y acepten.

El entendimiento es básico como también lo es el apoyo que todos requieren, este último es el derivado del primero, con lo que se forma y se saca adelante a la familia.

No hay que sentir que lo que hacemos está siendo juzgado en forma errónea o injusta, debemos de tratar de salir adelante, luchando siempre por superarnos constantemente.

Lo más importante es lo que nosotros pensamos y deseamos, no nos dejemos arrastrar por las amenazas, rencores y envidias de los demás.

Debemos aprender a defender nuestro punto de vista, ideas y sueños, porque sólo así alcanzaremos nuestras metas.

Si se está por concluir una relación reciente o de años, no tenemos que hacerlo como enemigos, insultándonos, ofendiéndonos o tratando de denigrar a la otra persona. Eso es absurdo, infantil, poco ético y carente de toda moral.

Con educación, buenas maneras, así como en forma razonada, las cosas resultarán mejor al dañarse, mucho menos a los involucrados directos e indirectos.

Siempre debemos atender a todos sin importar cuantas veces quieran ser escuchados, pues tal vez no hemos logrado entender el mensaje que está en su mente y que quizá se deba a que no han encontrado las palabras adecuadas para hacer comprender a la nuestra lo que piensa, desea o necesita.

Escuchar a los demás nos da la oportunidad de analizarlos y conocerlos mejor, para así revalorar su personalidad, intenciones y palabras, lo que seguramente nos brindará grandes enseñanzas y una mayor apreciación de la situación que se vive. Así mismo nos permitirá el poder ayudarlos de mejor manera.

Callar a los hijos sin darles la oportunidad de expresarse puede resultar mucho más complicado, ya que por ello se toman conductas rebeldes y caminos erróneos para tratar de lograr o hacer lo que se desea, puesto que piensan que así llamarán nuestra atención.

Los hijos pretenden ser escuchados, comprendidos y consolados, además de poder compartir tiempo y aventuras con sus seres queridos.

Aprendamos de las fallas, pues este será el camino para lograr ser mejores y alcanzar en base a ello una superación constante, eficaz y verdadera.

Debemos esforzarnos cada día en beneficio de la familia, ya que de esta manera todos los miembros participarán dando lo mejor de sí, en pro de un mismo objetivo.

No cometamos el mismo error dos veces. Si hay circunstancias que nos lleven a seguir por el camino equivocado, por ello debemos ser conscientes de que lo que estamos haciendo no es lo acertado, por lo tanto, no exijamos a los demás lo que no podemos dar, ni estamos dispuestos a hacer.

Si los padres no tienen una conducta ejemplar, si en ella hay equivocaciones voluntarias e involuntarias, con la misma elasticidad debemos tratar y sopesar los errores de los hijos, no olvidemos que son tan humanos, frágiles y sensibles como nosotros, sólo que con menos experiencia.

Querer que los demás realicen o lleven a cabo un comportamiento distinto al que tienen es algo muy complicado. Entonces apliquemos esta sencilla regla: no pidamos lo que no podemos dar.

Tampoco hay que obligar a otros que anden por caminos equivocados, pues además de destruirnos interiormente nos estaremos interponiendo en el normal desarrollo de la vida de las personas, lo que es grave y dañino.

Seguramente no sería de nuestro agrado que alguien tuviera ese tipo de conducta con nosotros o con la gente que queremos, entonces, ¿por qué comportarnos así o por qué tratar de llevar las cosas de esa manera?

Recordemos que cada quien lleva dentro de sí mismo su lado de luz y oscuridad, por lo que debemos intentar que nuestras conductas se hagan con el lado bueno, sano, sincero, sabio y de bondad, pues ello nos traerá mejores resultados tanto en lo individual como en lo colectivo.

Pidamos la superación con la misma fuerza con la que nos la exigimos a nosotros, pero conscientes de que todos somos distintos, no seamos inflexibles, recordemos que no todos tenemos las mismas cualidades y capacidades.

No podemos ser padres flojos, sucios y a la vez exigir con toda la fuerza y poderío que nuestros hijos sean activos, trabajadores, limpios y estudiosos.

La educación familiar se imparte desde que los pequeños nacen. La enseñanza es para padres e hijos, por lo que un acercamiento entre ambos siempre será la mejor recomendación, recordemos que todo es un aprendizaje constante, los unos siempre aprendemos de los otros.

Cuando alguno de los padres no desea estar con los hijos, ya sea por divorcio o separación del cónyuge, o porque nacieron fuera del matrimonio, crean un abismo entre sí. De esta manera pasan los años sin que los padres dediquen tiempo a sus hijos, esperando tan sólo a que estos crezcan para poder conquistarles con regalos, lo que significa una equivocación, puesto que los afectos y el respeto se ganan de distinta forma.

El amor y dedicación a los hijos deben ser de calidad y sinceros, no de temporalidad y falsos.

A pesar de ello existen padres que no dejan de buscarlos para tratar de separarlos de las madres, aun cuando éstas han enfrentado innumerables vicisitudes por intentar sacar adelante a sus hijos sin ayuda ni protección del padre. También hay madres que invierten los papeles.

Una situación por demás lamentable es aquella en la que las madres solteras o casadas comparten al extremo con sus hijas sus aventuras, conquistas y diversiones, confundiendo con esto la mente de niñas y jóvenes que en un momento dado, sienten que lo que sus madres hacen es lo correcto. En este caso, las hijas intentarán imitar a sus madres, sin saber que con ello destruirán sus vidas.

Es ahí cuando el padre o la madre, lejos de recibir el amor verdadero de los hijos, obtendrán sólo un cariño robado que no les pertenece, el cual nunca llenará sus expectativas de buenos progenitores.

Bajo esas circunstancias, los hijos seguramente perderán todo afecto hacia sus padres, ya que no se les apoyó cuando más lo necesitaban, dejando hondas huellas en etapas como la niñez y juventud, imposibles de borrar.

Existen situaciones que para un hijo son especiales y significativas, por lo que es importante revalorar el comportamiento que se quiere tener, ya que no se puede ganar en un día lo que se dejó perder durante años.

Esto nos lleva al inicio, el respeto por la pareja. Dicha cualidad debe existir en todo momento sin importar las circunstancias, nunca ocupando a los hijos como pretexto para denigrar a la pareja delante de ellos.

Por esto, encontramos matrimonios que aun cuando se separan tratan de mantener una buena relación por el bienestar de sus hijos, brindando a estos un apoyo incondicional que se convertirá en una premisa valiosa y fundamental de respeto y admiración de los hijos hacia sus padres.

En ocasiones hay padres que, sin ellos desearlo, tienen comportamientos absurdos y equívocos que no pueden evitar, sin embargo, compensan a su familia de muchas otras maneras, no con dinero, sino con amor y apoyo moral, con lo que intentan subsanar sus errores o poco éxito en la vida.

Por ello se dice siempre que: «El amor de calidad supera siempre al de cantidad», lo que no siempre resulta al no ser aceptado por todos en la familia.

Tal parece que la inconformidad en la familia es algo que siempre está presente. Y no podríamos decir que está mal, porque ello es parte de la libertad y derechos que se tienen como integrantes de cada familia; ahí es donde se demuestra la educación, el ejemplo que se les ha dado y mostrado durante años.

La vida pasa la factura basándose en lo que se siembra, porque sólo eso se cosechará; no hay manera de sembrar ajos y cosechar tomates.

Por consiguiente, si hacemos cosas buenas y tenemos comportamientos adecuados, nuestra familia añadirá esos elementos a su conducta; si lo hacemos de otra manera, ellos también lo harán, con lo que seguramente el resultado será siempre negativo, difícil de controlar y más aún de corregir.

Los errores cometidos son siempre causantes de huellas que dejan marca dentro de la familia, no importa quién los cometa, pues la verdad quedará plasmada en la mente como en el ánimo de cada uno de los integrantes.

Algunas veces llegamos a observar que uno de los padres, al verse enfermos o presentir su muerte, lejos de tratar de unir a los hijos con el cónyuge, tienen como deseo el separarlos, adoptando una conducta de víctimas, con lo que sólo traerán dolor, frustración y problemas a la familia, pero sobre todo provocarán un daño directo a los hijos.

Hay que tener valor para abandonar a la familia sin lesionarla, pero hay que tenerlo mucho más para formar una familia ejemplar, cuidarla y defenderla en todos los tiempos y lugares.

El mal carácter, la frustración, los insultos, las amenazas y los caprichos, son actitudes erróneas que siempre dañan a la familia y a uno mismo.

El alcoholismo y la drogadicción son dos severas adicciones con los que se afecta de manera inimaginable a la familia, pues ya convertidos en enfermedad o costumbre, por el motivo que sea, dañará a todos y cada uno de sus miembros.

Debemos evitar caer en vicios que puedan lastimar drásticamente el desarrollo armónico al interior de nuestro hogar, pensando siempre en los derechos y valía de quienes forman parte de nuestro entorno.

En caso de tener una adicción será importante contar con la madurez e inteligencia necesarias para aceptar el tratamiento pertinente, el cual nos permita salir de una situación que, de agravarse, podría convertir nuestra vida y la de aquellos que nos rodean en una existencia llena de dolor y sufrimiento.

Y es que algo como esto afecta a todos en la familia, por lo que aquellos que pudieran padecer alguna de estas enfermedades derivadas de un vicio, deben hacerse responsables de sus actos y acciones antes de que sea demasiado tarde.

A los hijos no se les puede decir que no fumen o que no tomen bebidas embriagantes, mientras que los padres lo hacen. Lo correcto es que desde pequeños se les explique los riesgos que conllevan tal o cual conducta. El buen ejemplo siempre será de gran ayuda.

Tampoco podemos decirles que se alejen de las drogas, si ven tanto al padre como a la madre comercializarlas o utilizarlas para su propio consumo. Ello no cabe en el razonamiento de los hijos, puesto que no aceptan que sus padres a quienes toda la vida han considerado sus ídolos, las personas a quienes aman y respetan, se dañen de esa manera y perjudiquen a quienes les rodean.

Mucho menos podrán aceptar que los defrauden quienes más quieren, lo que les hará sentirse engañados y frustrados luego de haber depositado su total confianza en las figuras que, se supone, deberían guiarles por el buen camino.

Con todo esto la desconfianza crecerá y será necesario algo más que intentarlo, para lograr convencer a quien siempre se le ha engañado diciéndole que ahora sí tratarán de hacer lo correcto, aunque anteriormente no se hubiera hecho.

El medio que nos rodea suele influir para que las personas cambien, ya que si la zona en que se crece y se estudia está totalmente corrompida; luego entonces seguramente habrá más cosas malas por aprender, que buenas por conocer.

En algunas ocasiones, y por más que se intenta, uno no puede cambiarse o mover a los hijos tan fácilmente de vecindario, escuela o universidad como nos gustaría, pero es ahí donde los principios morales, así como la unión familiar, nos sacarán adelante a todos y cada uno de nosotros, sin importar nuestra raza, creencias, color o edad.

El eje de la familia no se debe romper por difíciles que sean los tiempos o por complicadas que parezcan las situaciones. La fe, la esperanza y el deseo de salir adelante, tienen que ser el impulsor para alcanzar una mejor vida para mantener unidos a los seres queridos. Si nos lo proponemos, seguramente que lo lograremos, hay que tener fe en nosotros mismos.

Existen también otras circunstancias alternas que parecieran errores menores y que son tan graves como los anteriores; uno de ellos es el que los padres intenten obligar a sus hijos a que estudien o trabajen en lo mismo que ellos, pasando por encima de los deseos y sueños de personas a quienes se debe respetar su individualidad.

Querer obligar a los demás a hacer y ser lo que nosotros queremos, sin respetar ideas y metas futuras, aun cuando no les satisfaga o vaya en contra de sus proyectos de vida, será un error que traerá consecuencias de muy alto costo para quien ejerza dicha actitud autoritaria.

Desear que el hijo sea el atleta que el padre no pudo ser, la hija la modelo o actriz que la madre no fue, nunca será la mejor manera para convivir con ellos ni lo más recomendable para sacarlos adelante.

Se tiene que dar la oportunidad a los hijos de que estos elijan libremente lo que desean hacer con su vida sin lastimarlos ni ofenderlos, por el contrario, hay que apoyarlos para que encuentren la forma de enfrentar y conquistar su futuro, en ello sí podemos ayudar y mucho.

A diario conocemos casos en la industria y comercio donde los padres forjan un imperio a lo largo de su vida para que, llegado el momento, cedan las responsabilidades a sus hijos, sólo porque en sus planes está que sus herederos sean los futuros dueños y administradores de sus empresas. Con ello, lo único que ocasionan es que los hijos aborrezcan esas actividades que les conducirá a buscar otros caminos. Y es que como dicen por ahí: «A la fuerza, ni los zapatos entran».

Será mejor conducirse con inteligencia, tratar de hacer parte a los hijos de las empresas, oficios o negocios de los padres, sin presionarlos y sin humillarlos, con lo que seguramente se obtendrán resultados que beneficien a ambas partes.

Por ello, cuando a los hijos no se les ha instruido, ni enseñado a valorar el trabajo de los padres o cuando las empresas se heredan sin que los hijos las conozcan y entiendan su manejo y responsabilidad, muchas veces se pone en riesgo el futuro de las mismas, así como la estabilidad económica y funcionalidad de las familias.

Lo ideal es proceder con tranquilidad, sencillez y respeto, pues sólo de esta manera se dará transparencia a nuestros actos, que es como podremos lograr lo que en verdad queremos.

Debido a que se ha dejado perder esa esencia de conocimiento y sabiduría, es como los contactos, clientes y proveedores se dejan en manos ajenas, en empleados que por más confianza que se les tenga, acabarán por romper las reglas hasta entonces establecidas por los fundadores, lo que podría llevar a una empresa a la bancarrota. No siempre existe la comprensión sobre lo que se es o lo que se quiere llegar a ser, pues no todos los empleados comprenden los riesgos que se corren en una empresa familiar, ya que lo que está en juego ni siquiera les pertenece, por ello no podrán ni sabrán defenderlo como suyo.

Este tipo de negocios algunas veces resisten la segunda generación, pero si se continúa con un patrón autoritario y de imposiciones sin fundamento, la tercera generación termina por desconocer su funcionamiento, pudiendo llegar a rebelarse y destruirlas. Por tal motivo, es necesario saber educar y orientar a los hijos para que con toda libertad elijan ser lo que desean.

Comparando sus sueños con sus realidades y conociendo el producto y beneficio de la empresa familiar y lo que esta le generaría, al manejarla como ellos ya están enterados. De otra manera, seguramente todo será un desastre.

Como hijos nos corresponde luchar por entender la razón de cada decisión que se toma, hacer un claro análisis del porqué y para qué serán los cambios, pues sólo así se podrá sacar adelante a las empresas de la familia, formando para estas un futuro más sólido y prometedor.

Pero como padres, tenemos la obligación de enseñar el porqué y el cómo de cada decisión y acción que se toma, porque nadie nace sabiendo. Así como nos tomamos tiempo en aprender y enseñar a los empleados, así también y con mayor dedicación y experiencia, debemos de enseñar a los hijos, para que estos sean mejores y nos superen, ello debe de llenarnos de orgullo y no de envidia o de celos.

Los jefes de familia deben enseñar a sus hijos a cuidar, administrar y proteger lo poco o mucho que se tenga, sin olvidar jamás que lo más importante en la vida es la unión familiar. Nunca se debe perder el respeto ni los afectos por quienes integran nuestra célula familiar. Querer que ellos sufran y pasen por lo que nosotros pasamos no es correcto y menos aún justo.

Cuando se va por la vida queriendo imponer a la familia nuestra voluntad, aun en contra de la realidad y la cordura, se corren riesgos que quizás después se lamenten. Los padres deben buscar la forma y el momento adecuado para que a los hijos les agrade lo que a ellos, para que por voluntad propia, sigan sus pasos cuando ellos así lo deseen.

De ser lo contrario dejémosles gozar su libertad, sin amenazas de por medio. Recordemos que lejos o cerca de nosotros, siempre serán nuestros hijos.

Las cosas deben hacerse por deseo propio y no de manera forzada ni condicionada. No pongamos en riesgo la armonía familiar sólo por querer imponer nuestro punto de vista.

Una cosa es implantar reglas para propiciar la armonía y buen desarrollo de la familia, pero otra muy distinta es querer dirigir sus vidas, eso no es válido.

Sin presión alguna a los hijos se les debe enseñar y animar, puesto que la decisión final debe ser de ellos y siempre totalmente voluntaria, para que al estar convencidos de las cosas, luchen con disposición plena para salir adelante tanto en lo individual como en lo familiar.

Es así como podremos conservar la estabilidad familiar. La igualdad entre los integrantes de una familia es importantísima, lo mismo valen los hombres que las mujeres, todos son en esencia parte fundamental de nosotros. En caso de que las cosas no sean así, si a ellos no les agrada la profesión o trabajo de los padres, debemos comprenderlos y apoyarlos en lo que les guste, puesto que de esta forma estaremos coadyuvando a la superación y realización personal de los hijos.

No importa que se tenga que transformar la empresa familiar, qué mejor que hacerlo juntos; a tener que dejarla en manos ajenas, las cuales seguramente no sabrán cómo cuidar y proteger el capital afectivo y familiar depositados, lo que es, sin duda, lo más valioso e importante en una herencia.

Sin necesidad de sacrificar una empresa familiar, se puede crear una segunda fuente de trabajo y riqueza. Si se logra sacar recursos de la primera para la creación de la segunda empresa, el negocio bien podría resultar exitoso. El punto será intentar las cosas con ganas y entusiasmo, con deseos de salir adelante, con fe y la voluntad de luchar hasta lograrlo.

Entonces, ¿por qué no permitirnos la oportunidad de invertir en los proyectos de los hijos? Los riesgos siempre serán los mismos y los resultados podrían ser excelentes, pero sobre todo se apoyarán los sueños de la familia, las capacidades de sus miembros. Esto indudablemente enriquecerá por sí solo el ambiente familiar de seguridad y confianza, haciéndolos sentir parte vital.

Hay que brindarles la alternativa de que vivan y sientan lo mismo sin imponérselos, que experimenten la libertad para estudiar y trabajar en lo que desean, para que una vez convencidos de alcanzar las metas que se han propuesto en la vida. Cada quien debe adquirir una mayor seguridad en sí mismo, tener sus propias experiencias, lo que en conjunto les permitirá valerse por sí mismos cuando los padres ya no estén.

Tal vez después de intentarlo y valorar las oportunidades que la vida les ofrece, influirá en su manera de desarrollarse tanto en lo personal como en lo profesional, recapacitando sobre lo que tienen y lo que pueden llegar a tener.

Siempre serán nuevas formas de ver el futuro así como de comprender las facilidades que se les otorgan, valorando de distinta manera lo que se tiene. De esa forma, aunque decidan realizarse en otra actividad, sabrán que siguen contando con lo más valioso que se puede tener: el apoyo familiar.

Esa madurez de la que hablamos no se vende en ningún sitio, se gana y ésta sólo se logra a base de confianza mutua, entrega y sacrificio.

Otra manera de apoyar a nuestros hijos será dedicándoles el mayor tiempo posible desde que son pequeños, no sólo para jugar, regañarlos o pasear con ellos, sino para conocerse mutuamente.

Habrá que hacerlos reflexionar sobre uno mismo, sobre nuestras experiencias y vivencias, además de algunas otras opciones que hayamos conocido, mismas que pudieran ser significativas y valiosas. También debemos incluir aquellas cosas que quizás no salieron bien o que no se pudo terminar, haciéndoles ver el porqué de cada una de ellas y de sus resultados, pero sobre todo el mostrarles que, aun cuando las cosas no resultaron como se esperaba, se siguió adelante, alcanzaron sus sueños y metas.

Asimismo, podemos indicarles que tal o cual negocio y su cuidado es lo que nos permite tener una propiedad y percibir una renta de la misma, con lo que de forma mensual o anual, sirve para poder adquirir prendas de vestir, realizar algunas compras y viajar, esto como agradables satisfacciones. En ocasiones, esas inversiones en bienes que aportan algunas rentas, pueden ser el seguro de subsistencia para casos de quiebra en los negocios, de enfermedades o por la llegada de la vejez.

Sería como decir: «Puedo tener este auto gracias a lo que recibo por las rentas o ganancias percibidas por tal negocio», por ello, si lo cuidamos, este podría dar aún más y por largo tiempo. Por el contrario, si lo vendemos obtendríamos uno o dos de estos gustos, pero después ninguno, ya que habremos agotado de forma definitiva esta entrada económica tan importante, que más que una simple entrada, es una enorme ayuda para la subsistencia personal y de nuestra familia y que se recibe mensualmente.

No hay que recurrir a amenazarlos, con que si no cuidan tal o cual negocio, nunca podrán tener un auto como el que los padres poseen, pues no comprenderán el mensaje y sólo se logrará confundirlos hasta llevarlos a la rebeldía. Eso lo tienen que descubrir y entender por ellos mismos, con lo cual la intención alcanzará su fin. Así que hay que enseñarles lo mismo de diversas maneras, siempre con paciencia y buen modo.

Cuando alguien piensa a futuro, se debe tomar en cuenta a todos por igual, pues los padres no son eternos y las épocas difíciles siempre existirán tanto para los hombres como para las mujeres; por ello hay que pensar en ellas y en ellos.

Hay a quienes les interesa obtener lo que desean en la vida por sus propios medios, por lo que aun sin alcanzar en su totalidad lo que buscaban, son felices y se muestran satisfechos por haberse esforzado e intentado una y otra vez por lo que querían. Esos esfuerzos no sólo dan la experiencia, sino algo mucho más importante que se llama madurez y seguridad en sí mismos. Los hijos tienen los mismos derechos, por lo que no hay que limitarlos sino apoyarlos.

No impongamos condiciones a la familia ni coartemos la libertad y sueños de los hijos, por el contrario, apoyémoslos en sus proyectos hasta verlos triunfar o al menos hasta que reconozcan que lo que se les ha brindado, es una mejor opción que la que han elegido.

Si queremos imponer nuestra voluntad por la fuerza y no porque nos asista la razón, sobre los deseos de los demás, estaremos cometiendo un grave error que sólo conducirá a la rebeldía de los hijos, quienes se asegurarán de obtener lo que quieren de cualquier otra forma, pero menos de aquella que provenga de nuestras manos o recursos.

Es a los padres a quien corresponde hablar con ellos para aconsejarles y hacerles ver sus puntos de vista, así como el porqué de nuestro agrado o desagrado hacia la iniciativa que piensan tomar, no con la finalidad de pelear sino para que entre ambas partes elijan la mejor opción.

Es importante tener presente que los padres no deben tratar de demostrar que son más capaces que cualquier miembro de la familia, sino que su trabajo y desempeño es sólo con el fin de facilitar las cosas a sus seres queridos, esto en busca de mejores y mayores oportunidades. Hay que dejarles saber que se vive y se trabaja para la familia, para quienes desean un mejor futuro; apoyándolos al ofrecérselos y no imponérselos.

Cuando se quieren imponer las cosas a los hijos, lejos de que se produzca una admiración por el padre o la madre, lo que surge es un reto, el cual con el paso de los años lastimará la convivencia y reducirá el respeto entre ambos hasta distanciarlos.

Las burlas de los padres hacia los hijos nunca serán aceptables, pues en lugar de humillarlos se les debe respetar y apoyar, así como brindarles la confianza absoluta. Errores los cometemos todos y a diario, a lo largo de nuestras vidas. Ello no significa que no se pueda bromear con ellos o no se les puedan marcar sus fallas y errores, eso también es parte de la educación, ya que es mejor ser corregido en casa que burlado fuera de ella.

Mofarnos de las demás personas, incluidos los hijos, les hará sentirse ofendidos y menospreciados. Aunque en algunos casos se debe ser un tanto estricto pues sólo así comprenderán que sus arrebatos, planes y amistades, no son lo más adecuado. A pesar de ello, nunca debemos cerrar la puerta del entendimiento y de la razón, pues siempre habrá una mejor opción que la ruta del enfrentamiento.

Muchas de las veces hay sobrenombres para los hijas y así vemos que les dicen, muñeca, princesa, reina, bebé, chiquita, corazón, mi niña y muchos otros, esto no es con el fin de denigrarlas o de ofenderlas, simplemente se les trata de hacer sentir que no sólo se les quiere y se les ama como lo que son, sino que su presencia nos llena y nos significa mucho mas y que significan en la familia algo importante.

Pero sucede lo contrario cuando los sobrenombres son despectivos, ya que no sólo los lastimamos, sino que los denigramos y reducimos su seguridad, lastimando sus sueños, tanto así como los alejamos de sus metas y de nosotros mismos.

Como padres, hijos o hermanos, no hagamos leña del árbol caído, mucho menos cuando se trata de nuestra propia familia. Aunque propios y extraños merecen y deben de recibir el mismo respeto.

Menospreciar a los demás para acrecentar nuestra imagen es sólo una torpeza que con el paso del tiempo se convertirá en un abismo infranqueable para acercarnos de nueva cuenta a nuestros seres queridos.

No olvidemos que el respeto es parte de la buena siembra para lograr tener una excelente familia de la que seguramente se derivarán otras más, con las mismas condiciones y cuidados. Ello es lo que eleva la calidad de vida, la moral y ética de una comunidad.

Cuando nuestros hijos estén en casa descansando y sin hacer nada, no los hostiguemos ni lastimemos con ofensas innecesarias; pidámosles que nos ayuden en las tareas del hogar de buena manera y sin olvidar darles las gracias por su ayuda. Las tareas del hogar deben de ser distribuidas justamente entre todos sus integrantes. Siempre será mejor tener a los hijos en casa viendo la televisión que en la calle o en una cantina con malas compañías. Debemos comprender que ellos también requieren su tiempo y espacio para disfrutar de su propia vida.

Si los presionamos a que salgan a la calle, entonces los estaremos exponiendo a mayores riesgos, mientras nosotros sufriremos por el destino y las amistades que tendrán fuera de casa. En ocasiones son los propios hijos quienes rechazan las invitaciones que reciben, evitando así salidas o reuniones que de antemano saben podrían traerles problemas, esto sin que los padres sepan de ello, lo que demuestra que su seguridad y educación familiar están dando frutos.

Si a los padres se les vuelve costumbre el hostigar a los hijos obligándolos a estar siempre en casa cumpliendo con obligaciones que no les permitan tener su propio espacio y debida libertad, por esto, ellos preferirán salir a la calle para refugiarse con los amigos en busca de la comprensión y apoyo que en su hogar nadie les brinda.

La sensación de vacío que podrían experimentar probablemente les llevará a buscar afectos fuera de su casa, sin importar si son los correctos. Además los hará buscar la manera de tener su propio hogar anticipadamente.

Tampoco es bueno el permitir a los hijos que sean desordenados, desaseados, flojos e irresponsables; ya que ello los afectará en su vida futura y les hará más difícil la convivencia en pareja. También es necesario educarlos desde pequeños y sobre todo reforzarles dicha educación y costumbre en la adolescencia, ya que su rebeldía, corajes, enojos, impotencia y el no ver logrados sus sueños de amor, afecto o cariño con quienes les atraen, muchas de las veces lo demuestran con rebeldía, desorden e incumplimiento a la reglas del hogar.

No lo hacen porque estén a disgusto, sino porque sin darse cuenta buscan con quien desquitar su coraje, frustraciones o fracasos. Esto se ve tanto en los hombres como en las mujeres, pero si se lo permitimos, esta rebeldía no tiene freno y puede tornarse en un problema mayor, no solo llevándolos a una vida desenfrenada y a la aventura con quien puedan, sino que a veces hasta a los vicios como el alcoholismo o la drogadicción.

Esto es más común, entre los hijos de parejas que se han separado, divorciado o enviudado y que de alguna manera cada uno de ellos logra continuar con sus vidas con una nueva pareja, es cuando ellos piensan que ellos están siendo ignorados hasta en casa o por sus propios padres, estas son las primeras muestras de rebeldía, enojo e incomprensión.

En estos casos, hay que hablar con ellos, hacerles ver que son importantes tanto para la familia como para cada uno de sus padres, que como hombres o mujeres son queridos y amados, y la importancia de todo lo que hacemos, expliquémosles que su rebeldía descompone el ambiente familiar y rompe con sus reglas, así que siendo enérgicos, hay que suspender algunos beneficios para que ellos o ellas sientan que si tienen comodidades y apoyos, pero también para que comprendan que para recibirlos deben de merecerlos, simplemente siguiendo las reglas acordadas y cumpliendo con sus obligaciones.

La preparación como la educación de los hijos, es un patrimonio para toda la vida; que siempre rinde frutos y que nunca se agota.

Si los varones tiran su ropa, no arreglan sus recámaras y no están en los horarios estipulados para llegar a casa para convivir armónicamente en familia, simplemente no deben de contar con dinero para ir de vacaciones o con sus amigos, ni para adquirir sus gustos y antojos. Todos sin excepción deben de cooperar en el hogar, de una o de otra manera y aun haciéndolo, deben de guardar respeto, orden y disciplina. Porque es como el hogar permanece, la familia se fortalece y además es lo que podrán enseñar a sus hijos.

Las mujeres, como lo hemos ya mencionado en otras ocasiones, son el motor oculto del hogar, la amalgama elástica que permite la trascendencia de la familia y del hogar a través de los buenos o malos tiempos que se enfrenten, con un papel de grandes responsabilidades, casi nunca reconocidas.

Cómo será un hogar con una mujer que no sabe cocinar, atender y cuidar de su familia, que tira su ropa por toda la casa, que no arregla su recámara y que anda sucia y desaseada. Simplemente es un anuncio anticipado de un fracaso total. Una mujer que solo saber vivir con las amigas y el trabajo, siempre tendrá problemas interiores; ya que su realidad es una y su apariencia será otra totalmente falsa y sin sentido. Lo que a la larga la afectará terriblemente debilitando su propia seguridad, deseo de progresar y convivir con alguien.

Vivir en familia no significa estar en competencia

Vivir en familia no significa estar en competencia, sino en una unión de apoyo moral, sentimental y mental (que nos inyecte el deseo de luchar para salir adelante), así como el afecto, la voluntad y el cariño que necesitamos para no sentir la gravedad de los intentos fallidos; para con ello disfrutar con cada uno de ellos, nuestros logros o conquistas, pero así mismo compartir de buena manera nuestros fracasos, intentos y experiencias, ya que esa sabiduría es esencial para estar alerta en nuestras vidas.

Nunca será bueno vivir en competencia y menos aún el vivir celosos de los demás familiares o hermanos; entendamos que todos somos distintos y que cada uno de nosotros tenemos una personalidad distinta; no podemos ni debemos de vivir comparándonos o fijándonos en lo que tienen o reciben, seamos felices con lo que tenemos y aprendamos a no codiciar lo que poseen otros. Aprendamos a valorar lo que tenemos y recibimos, lo que ya es nuestro y así encontraremos una mayor felicidad, tranquilidad y satisfacción en cada momento de nuestras vidas.

La armonía logrará construir una hermosa y perdurable familia. Esta se compara con lo satisfactorio que resulta recibir un sueldo, el cual nos indica que somos personas activas y proveedoras de nuestros seres queridos en más de un sentido. Sentirnos útiles y necesarios para la continuidad familiar o para que la convivencia sea más sencilla y aplicable, es más que gratificante y nos da seguridad en nosotros mismos.

Cuando entre los hijos existen ofensas graves y los padres permiten dicha situación (a veces sin percatarse y otras aprovechándose de ello), esto no será más que crear un monstruo en la familia que más adelante no podrán controlar. Hay que respetar a todos, recordemos que todos somos iguales, aunque a veces con distinta suerte o con más o menores oportunidades, pero al fin y al cabo somos iguales en nuestra esencia humana.

A los hijos se les debe enseñar a respetarse entre ellos, siendo la mejor forma para lograrlo el ejemplo de los padres. Recordemos que si se hace el compromiso de una adopción, lo mismo vale un hijo que otro, aun cuando alguno no lleve nuestra sangre, porque ambos llevan nuestro corazón, afecto, cariño, compromiso y promesa de igualdad.

Porque lo que en verdad une a la familia no es la sangre, sino el cariño, el amor, así como el respeto y la entrega que hay entre todos los que la componen. La fe nos fortalece y la esperanza no nos deja caer en el abandono, elementos necesarios para que el amor y el cariño familiar florezcan verdaderamente.

Tener hijos no nos convierte en una familia, es el convivir con ellos, educarlos, fortalecerlos, apoyarlos, amarlos y quererlos lo que nos une y nos hace verdaderamente fuertes e invencibles.

Quien no tenga la capacidad para poder manejar las cosas será mejor que no adopte, pues se evitará el herir los sentimientos de los demás al crear separaciones innecesarias que dejarán huellas para toda la vida.

Si los hijos de nuestra pareja y los propios conformarán una familia, la igualdad debe reinar en nuestros actos, pues nadie vale más o menos que los demás. Algo que es fácil decirlo, pero difícil de llevar a cabo, más aún cuando cada grupo siente que tiene derechos que están siendo ignorados o que se les reducen. Una familia trabaja, lucha, vive y crece en el entendimiento, con afecto, cariño, respeto, apoyo, igualdad y lucidez en todos sus actos.

Aquella persona que no pueda aceptar que ambos hijos deben tener el mismo valor, sufrirá toda la vida, ya que su comportamiento sólo generará repudio, inseguridad y coraje, así como la envidia que ha sembrado, situación que sin duda le será perjudicial a la larga y desarticulará a su familia.

Si alguien utiliza palabras soeces para comunicarse, ésta será una muestra palpable de una falta de educación, pero sobre todo de que se carece de respeto hacia la pareja o la familia y de que no se es capaz de construir sobre bases sólidas un ambiente agradable para la familia. Ello será suficiente para que el resto de los integrantes busquen comportarse de igual manera.

Muchas veces los padrastros y madrastras utilizan un lenguaje poco adecuado, con lo que logran confundir a los hijos al alterar la armonía familiar. Si a esto se suman gestos, desprecios, maldiciones y malos tratos en general, sólo se estará contribuyendo a enrarecer y corromper el ambiente, viciando el ambiente familiar, debilitando su unión y funcionamiento.

Si no se está preparado para ser madre o padre de los hijos de nuestra nueva pareja o de los que se adopten teniendo hijos propios o en su ausencia, es mejor no consumar dicha unión o adopción. Si no se puede ser parejo y comprender que ellos y ellas valen lo mismo y tienen los mismos derechos y obligaciones; por ello no intentemos unirnos a otra persona. Si nuestra mentalidad es que nuestros hijos son superiores a los de otros padres, tampoco tratemos de construir un nuevo hogar, porque en todos esos casos sólo se obtendrá un desastre y se lastimará a muchas personas.

Un hogar funcional

Un hogar funcional es aquel donde la consciencia de todos está tranquila, en el que la humanidad y personalidad de cada uno de sus integrantes es reconocida y respetada, es un sitio en el que se respira paz, armonía, entendimiento, tranquilidad, amor, agradecimiento y lealtad, entre muchas otras cosas. Es aquel en el que está presente la paciencia de todos para entender, escuchar, comprender y apoyar a los demás sin sarcasmos ni mentiras, donde todo fluye de manera natural, constante y sincera. Al menos así es como todos deseamos y tratamos de que sea nuestro hogar.

«Quien tiene el temple y valor para formar una familia, venciendo los tiempos y enfrentando los retos; es una persona digna de reconocimiento y de seguir su ejemplo.»

Aunque hay parejas que tal parece que tratan de vivir rompiendo esa armonía, por ende su cónyuge trata de no llegar a casa o de no permanecer en ella, situación que se da y es provocada indistintamente por cualesquiera de los integrantes de la pareja.

Algunas veces al divorciarse los padres, cuando uno de ellos ve que su ex pareja cuenta con un nuevo amor, trata de desvirtuar la realidad y verdadera identidad del padre o la madre ante los hijos, lo cual viene a perjudicar sustancialmente el ambiente familiar, exhibiéndose con ello el equivocado proceder de este tipo de padres, que bien pueden lastimar a los hijos, ya sean adoptivos, naturales o de nuestra pareja.

Los celos son una actitud complicada que muchos consideran una personalidad difícil de controlar, por lo que es necesario trabajar en ello para no llevar las cosas a términos o condiciones que más tarde no se puedan resolver.

Por celos se pueden llegar a decir cosas inadecuadas, secretos o confidencias que sabemos lastimarán a la otra persona, pero al final el resultado, aunque malo, para ellos será peor para nosotros al saber que nuestras acciones fueron las equivocadas, ya que pasado el mal momento habremos lastimado a otros y a nosotros mismos, con el adicional de que ya no se nos tendrá confianza y sabremos del peso de nuestra culpa.

Con el paso de los años, los hijos acabarán por descubrir el engaño y darse cuenta de la realidad, con lo que podremos perder su respeto, confianza y cariño; esto tras haberles mentido o haber hecho daño a otros para estar cerca de ellos.

Este tipo de parejas sólo dañan a la familia al propiciar su desintegración, lo que se propaga casi siempre de forma irreparable. Por ello, si la nueva pareja no puede ver a los hijos de la otra persona como si fueran propios; entonces, no tiene ningún caso tratar de relacionarse con alguien que puede destruir lo que se tiene y se ha logrado en la vida.

Puede parecer ridículo o engañoso, pero a veces es preferible tener una amiga o un amigo afectuoso sólo para ciertas ocasiones, que tratar de integrarlo a nuestro hogar; ya que habrá inconformidades, rebeldías y enojos por los hijos de ambas partes.

«Si tienes un tesoro en las manos, no lo abandones por vivir una aventura». Esto refiriéndonos a los hijos, ya que a veces por tratar de rehacer nuestra vida los padres, nos apresuramos y los afectamos sin darnos cuenta. Aunque a veces es tanto lo que uno espera de ellos y tan poco lo que al final se logra, que sentimos que dejamos escapar nuestras oportunidades. Por ello cabe decir también: «Lo que dejes escapar por no saberlo conservar, difícilmente volverá, aunque te pertenezca».

Sin embargo sería absurdo y equivocado, el pensar que se pierden oportunidades al no poder casarnos con un hombre o mujer en cuanto enviudamos, nos divorciamos o nos separamos.

Como ridículo sería pensar que por no andar con los chicos o con las chicas en las fiestas, el antro, el cine o los cafés, estaremos perdiendo oportunidades de ser felices. Simplemente que todos tenemos que aprender a enfrentar nuestro encuentro con la vida, desde distintos sitios, lugares y comodidades. Lo que a unos les sobra, otros lo carecen y así podríamos enumerar un sin fin de cosas, pero es de razonar que no podemos ambicionar el poseerlo todo y conseguir todas las oportunidades, porque simplemente la vida no nos sería suficiente y jamás terminaríamos de experimentar lo que llega con cada amanecer.

Si alguien no cuenta con el suficiente tiempo para tratar a una nueva pareja sin descuidar a sus hijos, lo mejor será esperar a que ellos sean más grandes e independientes, para así no arriesgar con ello los afectos, pues de lo contrario podría ocasionarse confusión e incomprensión, con lo que perderemos a los hijos y a la nueva pareja. Aun así, de esta manera, también se corren riesgos, ya que a veces los celos y la envidia logran complicar la relación entre la pareja; ya que los hijos de uno no aceptan a los del otro y solo viven para remarcar el trato para unos y otros, aunque para los padres este sea justo y equitativo. Recordemos que cada cabeza es un mundo. Simplemente no busquemos los problemas que no necesitamos. El perder a un ser amado es muy duro, no acentuemos ese dolor, llevando a otra persona al hogar antes de que sea oportuno.

Es injusto hacer creer a alguien en una posible unión o matrimonio, cuando bien se sabe que este no puede existir, que ni siquiera se dará. Estos engaños no sólo lastimarán a la otra persona, sino que de paso nos denigrará como seres humanos, ya que no estamos cumpliendo con honorabilidad nuestros actos, sino aprovechándonos de los sentimientos de los demás.

Tan fácil que es decir la verdad desde un principio, me gusta estar contigo, la paso bien pero no podría ser tu novia, esposo, pareja, ni casarme contigo. La verdad a veces duele, pero si se expone en tiempo y forma, no lesionará, ni denigrará a la otra persona además de que le dará la opción de seguir adelante en las mismas condiciones que nosotros y sin posibles reclamos por haberlos engañado, ello abre otras muchas posibilidades.

En la vida hay tiempo para todo, pero debemos saber encontrar el momento adecuado para cada cosa, esto con la finalidad de que funcionen los sentimientos sin crear problemas, lo que nos aproximará cada vez más a tener mayores éxitos.

Si bien es cierto que el tren de la vida cuando pasa no espera, también es cierto que no todo tren que pasa es el de nosotros. Así que no podemos ver en cada oportunidad, la decisión última o definitiva para lo que estamos esperando, deseando o planeando.

Los hijos no sólo son una responsabilidad sino también un tesoro, un compromiso de vida con nosotros mismos, por lo que debemos cuidar de ellos en todo momento, sin que por esto deba entenderse que hay que interferir en sus vidas o complicarles sus decisiones, menos aún, chantajear su amor, cariño y afecto.

El cuidar de los hijos es un deber que corresponde a los padres, pero ello no deberá ser la causa para que se les recrimine en otros sentidos a lo largo de sus vidas o durante nuestra vejez, ello es cosa muy distinta. Recordemos que no debemos abusar de nadie, mucho menos de nuestra propia familia.

Es triste escuchar a personas que quieren adoptar por el deseo de no envejecer solos y así tener quien vea por ellos, esa no es la finalidad de la adopción. Vemos aquí una actitud carente de respeto por la vida de los demás. Un egoísmo mal entendido y pésimamente manejado. Sintetizando, una muestra de inmadurez y de poca aceptación por los beneficios que nos da la vida.

Sin importar si son hombres o mujeres, las amistades –aun cuando estas sean desde la infancia– nunca deberán ser una prioridad mayor a la de cualquiera de los integrantes de nuestra familia.

Nuestro tiempo, atenciones y cuidados, deben de ir primero a nuestros seres queridos y después a los amigos y conocidos. Esto no implica que no debamos cumplir con nuestros tiempos de trabajo y profesión, así como con nuestra vida social, pero no por ello rompamos con las reglas de vida en familia.

Sin darnos cuenta al querer ayudar a los demás sin pensar en nuestros actos, podemos llegar a cometer graves errores por tratar de ayudar a las amistades con sus problemas, ya que con ello sólo logramos descuidar nuestro hogar y a la familia, lo que nos lleva a ser «Farol de la calle y oscuridad de la casa».

Para quienes se han casado más de una vez, pretender hacerlo nuevamente o si son de los que tienen varias casas con hijos en ellas, es necesario recordarles que todos los hijos valen lo mismo y son igualmente importantes. Por ende, no tengamos más responsabilidades y compromisos que aquellos con los que podamos cumplir adecuadamente.

A los hijos y seres queridos no hay que enseñarlos a llamarse por apodos o con groserías, ello lesiona la integridad sentimental, moral y mental de cada persona, debilitando su espíritu y haciéndolos rebeldes, sobre todo a la conducta correcta o más adecuada. En un momento parecerá gracioso, pero a fin d cuentas es denigrante.

Tampoco debemos de sobreprotegerlos y menos aún fustigarlos en contra de nuestra ex pareja, lo que sucede cuando queremos que vivan con ellos para no tener responsabilidad. Pero sin embargo nos excedemos dándoles, mimos, excusas o dinero, ya que con este tipo de conductas, sólo los hacemos más rebeldes e incontrolables. Ellos y ellas lo hacen con el fin de que su ex pareja sufra conflictos y tenga constantes enfrentamientos con los hijos, ya que estos no aceptan la disciplina de uno, porque saben que el otro los sobreprotege. Es decir, prefieren arruinarles la vida a los hijos, que permitir que su ex pareja sea nuevamente feliz. Un error lamentable y muy grave.

A veces el darle dinero en demasía a los hijos, solo sirve para dañarlos, por ello, esto es algo por lo que ambos padres deben de tomar las cosas con inteligencia. Para beneficio de los hijos, deberán de ponerse de acuerdo en las reglas y formas de educación; si ello no es posible, entonces, dejemos de intervenir contra nuestra ex pareja, aprovechándonos de nuestra cercanía y visitas con los hijos. De no trabajar en conjunto, no debe de extrañarnos que los hijos, sea cual sea su sexualidad, terminen en un accidente, entre drogas, embarazos, cárceles, reformatorios y funerarias.

Puede atribuirse que la rebeldía de los hijos proviene más que nada de la mala comunicación, pero otras tantas es a causa de que las amistades confunden su manera de ser o de pensar. Incluso la universidad o las escuelas de bachillerato son medios de contaminación para la mente, lo que cambia o altera el comportamiento de los hijos sin importar su sexo. Por ello los padres debemos de permanecer cerca de ellos y al pendiente de lo que están viviendo, para entenderlos, apoyarlos, guiarlos y que sepan que siempre estamos para ellos.

Si ya de todos es sabido que las malas amistades siempre causarán problemas a la familia, cuanto no más desajustes nos causará el que en gran parte de su vida se les esté brindando una educación totalmente distinta a los principios morales, éticos y familiares que se les ha inculcado.

Por ello debemos de recordar que desde pequeños, los hijos deben de ser educados, sus bases deben de ser sólidas, idóneas y eficaces; esto nos ayudará a que sus cimientos sean fuertes y puedan resistir los tiempos difíciles y las amistades complicadas.

Aquí como padres debemos de ser cuidadosos, ya que a veces estamos exigiéndoles sus deberes al pie de la letra a nuestros hijos y nos enfadamos, molestamos o disgustamos, debido a que no cumplen con ello, tal y como era de esperarse.

A veces, estos tienen problemas, que tal vez para nosotros sea cosa pasajera o poco importante, pero que para ellos les pesa y ven difícil de resolver, les entran las dudas, los temores y el arrepentimiento sobre lo que hicieron y que ahora creen que estuvo mal su actuar o su decisión; sin embargo, al estar los padres molestos con ello, no les damos la oportunidad de que se acerquen a nosotros y de que los ayudemos.

Hay que saber hacer la vista gorda de vez en cuando. Con ello podremos ayudar a nuestros hijos de mejor y más útil manera, ya habrá tiempo para seguir educándolos y exigiéndoles. Dice el refrán que Dios aprieta, pero no mata; lo que nos debe de dar un poco de luz a nuestro comportamiento y no llevar las exigencias más allá de las posibilidades o entendimiento de los demás.

No todos los hijos son o serán como deseamos

Los padres quisiéramos tener a los mejores hijos del universo y aunque no lo sean, así tratamos de considerarlos. Pero no por ello en verdad pensemos que son la perfección andando, como tampoco seremos los mejores padres que existan.

A los hijos hay que tratarlos con inteligencia e igualdad, apoyándolos, nunca denigrándolos, pero siempre haciéndoles ver la verdad de lo que son y de quiénes son, sin menospreciar a los demás y sin engañarlos, para que tengan un juicio justo y de acuerdo a la realidad que les toque vivir.

Igualmente si nuestros descendientes tienen una deficiencia física o mental o a veces difieren en cuanto a gusto o cambio de género, tampoco hay que recalcárselas; porque así sienten que son no deseados por la propia familia y piensan que están solos y sin ninguna clase de apoyo, por lo que se alejan y es cuando caen como presa fácil de quienes los explotan y engañan.

Hay que estar cerca, hablar con ellos y tratar de entender sus puntos de vista y preferencias, las cuales a veces solo se derivan de circunstancias temporales o de malas interpretaciones sobre sucesos en la vida y no de una necesidad natural en ellos.

Un hijo, sin importar su género o preferencias, es una responsabilidad para toda la vida; si no se quiere cumplir con esta obligación, luego entonces no se tenga familia.

Si no quieren tener responsabilidades, destrúyanse solos como pareja y no dejen detrás de ustedes un mar de hijos destrozados. Situación que sucede muy a menudo, cuando las parejas provienen de diferentes culturas o condiciones sociales, con costumbres y educación muy distintas, que resultan poco convergentes, para servir como marco de enseñanza en la familia.

Si no se pueden comprender y complementar como pareja a causa de todo ello, más difícil será el educar a los hijos, ya que no habrá un punto de referencia para ubicarlos entre lo que es bueno y correcto.

Es mejor el vivir y convivir con personas que piensan y razonan similar a nosotros, con hábitos, religión o costumbres similares, así como con metas y aspiraciones que ambos compartimos, entendemos o aceptamos; ello evitará enfrentamientos, rupturas y choques entre la pareja, sobre todo durante la educación familiar.

Se puede cohabitar con personas de distinta educación, siempre y cuando haya un deseo de superación en ambos y no exista el desdeño para el otro; simplemente hay que saber acoplarse y definir las metas y el modo de vida que se desarrollará como familia, por ello el respeto es tan importante entre todos los que integran el clan.

En cuanto a la religión, no es tan fácil como se piensa el tratar de unir a dos personas con religiones distintas, ya que es muy complicado para uno de ellos, el renunciar a lo que ha creído y seguido durante su evolución y vida. Es tanto como reconocer que se vivió equivocado y que en lo que uno creía, ya no se cree, que no es cierto. Es decir, es tanto como admitir «dejo de ser quien soy, de creer en lo que siempre he creído y no tengo las bases para construir una familia».

Punto grave, rudo hasta cierto punto; pero muy veraz y auténtico. Una decisión de este tipo, cambia muchas cosas en nuestra vida; así que antes de decidirlo, hay que meditarlo y pensarlo con tranquilidad y sin presiones.

Respetando a nuestra pareja, hablándole con tranquilidad y de buen modo, pondremos siempre un buen ejemplo, el cual contagiará a quienes nos rodean y de alguna manera les planteará otra opción de vida a nuestros hijos. ¿Cómo queremos que la pareja de nuestros hijos o hijas les dé cariño y afecto, si ven que en nuestra casa y en nuestra forma de vida, eso no existe?

Cuando en una familia los hermanos menores ven que el padre o el hermano mayor maltrata a la novia o a la esposa, porque así lo presenta como parte de su éxito, los otros buscarán exactamente ser como ellos y a veces sin darse cuenta, resultan peores y con ello sus vidas son un caos y ocasionan relaciones bastante tensas.

Hay hombres y mujeres que no resisten que otra persona vea, observe o hable con su pareja, y más aún, viven investigando el qué hiciste, con quién estabas y de qué hablaron; como si la pareja estuviese sometida a una relación de prisionero de guerra que a diario es interrogada. Si eso sucede aún sin casarse, ya como matrimonio la situación se pone peor y los celos crecen y corrompen la relación, ello es asunto delicado que va a ir creciendo por el resto de nuestras vidas y si se tienen hijos y se quiere la separación, la cosa es aún más grave aún; ya que buscarán cualquier pretexto para incomodarnos y hacerse presentes en todo aquello que pueda echar abajo nuestra nueva relación, por el simple hecho de que no aceptarán nunca que podamos ser felices sin su compañía.

Aquí cabe recordar la sabiduría del Dalay Lama, quien en su visita a Brasil, en donde se le preguntó cuál era la mejor religión. Basados en la presencia de tan ilustre personaje en una mesa redonda que trataba sobre la religión y la paz entre los pueblos, trataban de «arrinconarlo» en busca que su contestación fuera contraria a lo creemos o esperamos de Dios.

Sin embargo nada resultó como lo pensó el entrevistador, ya que Dalay Lama, le respondió serenamente «La mejor religión es la que te aproxima más a Dios, al infinito. Es aquella que te hace mejor.»

Después le preguntó, «¿Qué es lo que me hace mejor?»

Él respondió con calma y sobrada seguridad, sin molestarse o incomodarse: «Aquello que te hace más compasivo, más sensible, más desapegado, más amoroso, más humanitario, más responsable, más ético… La religión que consiga hacer eso de ti, es la mejor religión.»

Por lo que debemos entender que es fácil llegar a una conclusión muy cierta y aplicable a todos nosotros en nuestras vidas.

Recordemos que no interesa, en realidad, cuál es la religión, si tienes o si no tienes una, ello es tu decisión; lo importante es que estés convencido y que decidas por ti mismo en conciencia de lo que haces, dices y demuestras; ya que lo que en verdad importa es tu conducta diaria, real y verdadera, delante de ti mismo, de tus semejantes, de tu familia, de tu trabajo, de tu comunidad, del mundo y con la conciencia cierta de que ello será la guía y la herencia para tus hijos. Recuerda de no traicionar tus principios religiosos, éticos y morales, ya que ello es fundamental en tu vida.

Es nuestra elección, si queremos ser felices, simplemente vivamos felices. Cuando deseamos ser saludables, vivamos una vida de hábitos, costumbres y realidades saludables. Si queremos ser malos, viviremos en la maldad. Si nos esforzamos por ser buenos, viviremos recibiendo el bien. Lo mismo aplica para nuestras familias y para quienes nos rodean, ellos serán el reflejo de lo que hacemos y les expresamos. Aquí es en donde debemos de pensar antes de hablar o de actuar, «Que es lo que deseamos y queremos para ellos». Todos aprendemos de lo que vemos. Por ello hoy en día es muy común el escuchar, que la gente responda «te deseo el doble de lo que tú me deseas», esto con el fin de que sin poder saber en lo que estés pensando o deseando verdaderamente cuando me lo dices, no te deseo un daño, simplemente deseo que la vida te dé el doble de todo ello que tú deseas para mí.

Nuestro futuro, tanto como el presente, no lo marca nuestro paso por la vida, ni tampoco está en manos del destino; sino que es la suma de las elecciones que hemos tomado y vivido. Nuestras decisiones son finalmente las que forjan nuestro destino.

Así es con los hijos y la familia, hay que ser, sembrar y tener conciencia de lo que somos y de lo que hacemos; porque de ello se desprenderá en gran parte lo que ellos quieren, desean o reniegan de ser.

Construyamos, una familia con valores

Hay que tratar de construir familias con valores, en la medida del respeto, del amor y la confianza, para que de ahí broten muchas otras cosas buenas y entonces los beneficios de todo ello será un factor de apoyo familiar y sin distingos.

La mejor manera de pedirlo, es mostrando lo que se vive y de qué forma se hace; ello puede influir positivamente en la pareja, desde que se inicia con la amistad y puede ser la mejor semilla para construir una maravillosa familia.

Recuerden que los noviazgos o las relaciones de pareja que inician con el no camines así, no te pongas ese saco o ese vestido, no hables con tus amigos, no salgas con ellos o con ellas y tampoco dejes de comunicarte conmigo diez o quince veces al día; son un mal presagio para el futuro y es mejor evitar algo así, ya que solo nos traerá grandes e interminables problemas, seamos mujeres u hombres seguros de nosotros mismos.

Busquemos mejor en beneficio de todos, una relación más sana, normal y estable, por ello se dice que la educación no solo se aprende; sino que se adquiere, desde el lecho materno. Aunque en realidad se adquiere de ambos padres y esa misma distinción en los caracteres de ambos padres; es lo que hace que los hijos tengan una nueva y renovada forma de ver la vida, ya que la van adquiriendo a través de ambos y de distintas maneras, lo que les estimula el deseo de pensar, cambiar, mejorar y de seguir adelante.

Es decir, la educación se inicia desde la casa, en la familia, ya que los hermanos, compañeros, amigos, tíos y parientes también influyen; por ello hay que esforzarnos por mejorar.

Simplemente el recorrido a través de nuestra vida nos va conformando y dejando un carácter, una forma de ver, sentir y hacer todas las cosas.

Gran parte de esa información se lleva con uno al conformar una pareja o un hogar y se mantiene así por siempre a lo largo de nuestras vidas y no sólo en los tiempos de conveniencia, sino en toda circunstancia o situación. Es hacerla nuestra para toda la vida, perfeccionándola y mejorándola a lo largo de esta.

Si bien se dice que la gente no cambia del todo, pero sí se ha visto y está comprobado que se puede ver un cambio para bien o para mal en las personas. La influencia, la educación, la cultura, así como la voluntad, el respeto y una mente abierta, son parte del cambio.

Debemos de tener cuidado en ello, ya que hay influencias buenas y malas. A veces los padres dejan a los hijos en resguardo de los familiares o empleados de muchos años y por desgracia son estos los que les dan los peores consejos y enseñanzas; muchas veces por coraje, rencor o simplemente por ignorancia o porque así es su forma de ver la vida.

Hoy en día son muchos los jóvenes que desean vivir con sus parejas en la familia y casa paterna o materna; lo que hace que la relación se ponga en juego debido a la influencia de tantas personas ajenas a la pareja, peor aún, cuando no hay valores y sus integrantes no saben de respeto, lealtad y armonía.

Por un lado, al ver que se les permite vivir sin compromisos y sin ataduras para ellos y ellas; ya no existe la necesidad de tener una relación formal y duradera que puede llegar a convertirse en algo serio. Esto pasa a ser tan solo la oportunidad de tener con quien convivir, dormir y charlar, sin tener mayores obligaciones que la convivencia. Quedando a un lado el respeto hacia la pareja, el apoyo y el deseo de perdurar con una relación y aun el de poder formar responsablemente una familia.

Por otro lado, para los padres se tienen dos hijos en vez de uno y a veces se nos olvida que son personas unidas que tratan de convivir y salir adelante, enfrentando errores y fallas; que casi siempre la pareja pasa por alto y que sin embargo las familias no perdonan y ello ocasiona una presión superior a la necesaria, lo que lleva al fracaso en este tipo de relación.

Hay que darles apoyo, ayuda y comprensión; sin que con ello se llegue a romper el hilo del respeto o de la obligación; ya que los estaríamos haciendo irresponsables y lejos de ayudarlos, sólo los estaremos perjudicando.

Recordemos que por ello se les llama casados; es decir casa de dos. Es así como debe de iniciarse la familia y de ahí adquirir la experiencia que sea necesaria para poder conformar una verdadera y gran familia.

Cuando los jóvenes tienen que enfrentar los compromisos de una renta, de la alimentación y los gastos de una familia, es cuando experimentan verdaderamente lo que es una pareja y de ahí se puede saber si la relación podrá ser duradera, o si se cometió una mala decisión. Claro que cada caso es distinto, pero de cualesquier manera se pone en juego lo más valioso, la intimidad como pareja.

Solteros o casados, en unión libre o en un acuerdo de convivencia y ayuda entre los dos, lo más importante es el respeto que se tiene hacia nuestra pareja y a la relación compartida.

La madurez que se adquiere al vivir solos, así como las responsabilidades y la experiencia de poder resolver los pequeños y grandes problemas, son lo que dan a la pareja la fortaleza para resistir los embates y sorpresas que nos depara la vida.

Ello es parte de la educación que nos da la experiencia adquirida para poder tener una familia y sacarla adelante de la mejor manera.

Esto todos lo podemos lograr muy fácilmente, actuando a diario con armonía, moral, ética, civismo, en todos y en cada uno de nuestros actos; así estaremos educando a quienes nos observan, con ello sentaremos bases sólidas en sus vidas y aspiraciones en sus sueños y metas. Es como mostrarles un poco de lo que tienen que saber buscar en sus vidas. Así como señalarles que sí es posible, que sí existe algo maravillosos al constituirse como familia y que con ello se vive mejor y más agradablemente la vida.

Cuando los hijos y familiares en todo momento nos ven pidiendo las cosas de buen modo, agradeciendo las mismas y con un comportamiento correcto, adecuado, así como dentro de las normas de convivencia y respeto, ellos lo registran en su yo interno, lo asimilan fácilmente y para bien, porque ello es una siembra que jamás se marchitará en la mente de los hijos.

Al paso del tiempo deberá de florecer con más fuerza y mejores frutos. Es así como las generaciones se hacen más útiles, constantes, fuertes y con ello logran superar sus propias metas, así es como logran alcanzar una mayor superación y calidad de vida.

Para enseñarle a una hija o a un hijo a que hable con los padres, hay que hacerlo con calma e inteligencia, poniendo en ello dedicación, profesionalismo y siempre haciéndolo con respeto y disciplina. Es algo que hay que fomentar, acostumbrar y hacer desde que ellos son pequeños. Sabiendo escucharlos en lo que nos gusta o nos desagrada, no importando cuántas veces escuchemos las mismas quejas, alegrías y sus acontecimientos más importantes. Ya que ello los hace sentir seguros, confiados y que cuentan con alguien que los entiende y los apoya, esto es parte de lo que los ilusiona, los alegra y nos hace compartir con ellos la vida y prever muchas situaciones difíciles o complicadas.

Para que esto suceda, hay que dar y ganar confianza, hay que educar y enseñar las bases de una buena y correcta forma de vida; pero lo más importante es que vivamos como predicamos, para que no piensen los hijos que la madre o el padre tienen dos caras, ya que ello los haría desconfiar aún más.

A veces no hace falta una respuesta directa, sino tan solo el saber que alguien nos escucha con afecto y cariño para recuperar las fuerzas y poder seguir adelante; ya que mediante esos sentimientos logramos comprender mejor la realidad de lo que nos pasa.

Muchas ocasiones con sólo escuchar y sin mostrar ninguna actitud negativa o agresiva, darles un tiempo para escucharlos es suficiente para que ellos analicen desde otro punto de vista la situación; lo que les ayuda a decidir con nuestro apoyo lo que es correcto, aún sin expresar una sola palabra.

Cuando un hijo tiene la confianza para decirnos lo que siente y por lo que pasa, es cuando más podemos apoyarlos, con solo el saber escuchar y sin atacarlos o regañarlos, sin el clásico «te lo dije» o sin la amenaza de que «no lo vuelvas a hacer»; eso no es bueno ni ayuda a tener una buena relación. Siempre es mejor iniciar con un aspecto de tranquilidad, para que ello los calme y lo vean como algo normal, y quizá con tranquilidad « Solo hay que pensar en que es lo que podemos hacer para que las cosas se compongan» o con un «trabajemos juntos en algo para solucionarlo» o quizás en el solo hecho de mencionar, «recuerda que estoy aquí y siempre lo estaré para ti y me da gusto compartirlo todo contigo, no te preocupes lo resolveremos», esto es más constructivo y alivia el peso y la angustia que nos agobia.

Aunque en ocasiones todo esto se puede decir con un abrazo, una caricia, un guiño de ojo o una dulce mirada; el reforzar dichos sentimientos con palabras hace más fuerte la relación y da mayor seguridad y apoyo a quien lo necesita y resulta positivo y beneficioso para todos.

Es un hecho que en la pareja, los hijos nacen con diferentes legados hereditarios que bien pueden ser por el color en su piel, talla, el color de su cabello o en el color de ojos.

Aquí y desde pequeños, no hay que permitir las burlas, los chistes y las diferencias, ya que ello puede llevar a alguno de los involucrados en una situación en la que ellos se sientan diferentes y fuera de la cordialidad y el afecto familiar. Menos aun cuando hay un defecto físico o mental en algún integrante ya sea familiar, conocido, vecino e incluso desconocido, ya que nunca se les debe afectar, dañar, ridiculizar o acusar por su forma de ser, hablar o actuar.

Otras veces, las burlas y los chistes son para la esposa o el esposo, a quienes se les dice que el recién nacido es hijo del lechero, del lanchero o del vecino; si esto se los permitimos a solas, llegara el día en que lo digan ante los hijos y sobre todo cuando estos son pequeños o muy jóvenes, nace la duda en ellos, de que si su madre no habrá engañado a su padre y por ello son diferentes.

Así también suelen ocupar estas diferencias para abandonar el matrimonio y aducir que fueron engañados, lo cual no siempre es cierto, pero que ocupan como disculpa o falsa excusa ante la sociedad.

No hagamos de nuestros hijos o hijas unos bufones del ambiente en que crecen y se desarrollan, que en lugar de que aprendan a prepararse, o a enfrentar los retos de la vida y a cultivarse con una educación bien dirigida y abierta, los hagamos enemigos de la sociedad, ya que, de actuar así, los llevamos al ridículo. Cosa que sucede cuando les enseñamos a burlarse del prójimo, del desvalido, del indefenso, del menos preparado o quizá del menos afortunado. Hay que respetar, para ser respetados.

Tampoco debemos de poner en duda la honorabilidad de las personas, ya que ello puede llegar a destruir un hogar; por ello no hay que hacer burlas o bromas pesadas sobre la familia o de otra persona frente a los hijos, ya que los lastimamos o los enseñamos a no tener respeto por el tipo o la forma de vida de los demás. Recordemos que si no tenemos nada bueno que decir sobre los demás, es mejor que nos quedemos callados.

Una desgracia o la mayor de las suertes pueden llegar en forma inesperada y cuando menos uno se lo espera, por ello el refrán que dice: Cuando te toca, aunque te escondas y cuando Dios da, hasta los costales presta.

La educación como la preparación y un estilo de vida sana, con ética y moral, son de gran valor, pero que hay que aprenderlas, ya que no se pueden comprar en ningún lado. Hay grandes valores que se nos inculcan desde pequeños, pero que nuestra inseguridad nos lleva a creer que a veces no los tenemos y lejos de darnos un tiempo para disfrutarlos, nos molestamos y amargamos.

Hay que recapacitar y comprender todo lo que sucede a nuestro alrededor, antes de no sentirnos conformes con lo que tenemos y vivimos, pues podemos poseer más cualidades y sentimientos positivos que aquello que codiciamos o anhelamos, sólo que no lo sabemos. Aunque de ello sólo nos damos cuenta, ya que todo lo hemos perdido, cuando ya nada queda por hacer y lo que se tenía, se terminó por perder.

A veces en nuestra familia, está la mayor de las felicidades y sin embargo pensamos que nos gustaría ser como zutana o como mengano, pensando que ellos viven mejor que nosotros; cuando es falso, ya que nadie puede saber la realidad que ellos viven en su intimidad. Dando a la gente una cara muy distinta de la realidad que viven a diario en sus hogares, en donde no hay armonía, amor y respeto, aunque luzcan muy unidos ante la gente.

Por ello, aquí aplica el refrán que dice «sólo la cuchara sabe lo que hay en el fondo de la cazuela.»

Hay que ser padre, hermano, amigo y maestro de nuestros hijos, pero hay que hacerlo en forma natural, disfrutándolo y compartiéndolo con ellos y, al mismo tiempo, absorbiendo también sus enseñanzas, gustos y sueños, al mismo tiempo en que los respetamos y valoramos.

«Un hogar sano, una escuela con ética y principios, siempre dará excelentes ciudadanos.»

Los padres son los primeros maestros de los hijos. Aunque para ellos y los que vendrán la siguiente frase siempre quedará.

«El Buen Maestro es humilde, respeta, enseña, se entrega; vive esforzándose día con día con ética, valores, valor y tenacidad inquebrantable.»

«En una buena educación, hay que entender que uno debe ser respetado, mas no temido.»

Esto es tan simple o sencillo, como el querer siempre encontrarle lo más positivo a cada uno de los hechos que nos toca enfrentar y vivir durante nuestra existencia.

Si engordamos un poco, si la ropa nos ajusta, simplemente significa que tenemos más de lo suficiente para comer y subsistir; por ello en vez de enojarnos debemos de agradecer a la vida, aunque no por ello vamos a conservarnos pasados de peso, ya que ello redundará en enfermedades como en diferentes anomalías y complicaciones para nuestro organismo. Pero en el fondo, reconozcamos que tenemos para comer más de lo necesario, es decir, estamos bien tratados por la vida. Así que al subir un kilo o dos, no maldigamos la vida, son kilos por accidente. Démosle su tiempo, y con esmero y paciencia también desaparecerán.

Muchas personas caen en depresión simplemente porque tienen demasiado tiempo sin actividades o eventos en sus vidas que los hacen dudar de si mismos; lo que los lleva a sentirse vacíos, incomprendidos, solos o ignorados. Lo cual no es cierto, simplemente que su punto de observación sobre la vida se encuentra bloqueado por la gran cantidad de medicamentos y falsas preocupaciones, que bien pueden dejarse y abandonarse si nos proponemos hacer un poco de ejercicio a diario e iniciamos por mantenernos en actividad constante.

También es positivo hablar con la gente sin que nos estén solapando en nuestra condición de necesidad y abandono, pero sin que lleguen a lastimarnos u ofendernos. Simplemente, la reflexión, el análisis de las circunstancias y de las acciones, hacen de sí mismas una gran ayuda, lo que nos ayudará a levantarnos y a volver a apreciar lo valiosa que es la vida y el saber vivir en armonía con ella.

Por la mañana al salir de casa, despidámonos con cariño de la familia, saludemos a todos en el camino, sin distingos ni rencores y el día será verdaderamente maravilloso y lleno de estímulos y bendiciones.

Algo que también ayuda es el compartir los momentos del pasado, la felicidad vivida y los logros obtenidos, pero sobre todo el que nos hagan saber que somos útiles y que podemos de alguna manera salir adelante y que lo tenemos todo para triunfar en la vida.

Hay que alimentarnos de esperanzas, no de recuerdos del pasado, ese ya se fue, no volverá y no debemos de arrástralo con nosotros, ya que hará lento y difícil nuestro andar.

El comer cerezas frescas, también es una manera de romperle el ritmo a la depresión, pero la sana convivencia y el ser positivos, es la mejor medicina.

La mejor recomendación es que no tratemos de vivir en soledad, que vivamos felices, alegres, sin miedo a experimentar nuevas cosas y con la fortaleza para hacer y ver hechos realidad nuestros viejos y nuevos sueños.

Hay que apoyar, hay que ponerle muchas ganas, entusiasmo y decisión, para que las cosas salgan bien y sin contratiempos, pero sobre todo hay que tener fe en uno mismo y nunca se debe perder la esperanza.

Algo muy importante es que todo depende de nosotros mismos, de nuestra manera de querer las cosas y del esfuerzo y decisión que en ello pongamos, seamos responsables, no debemos de perder el tiempo y la vida en un encierro y menos aún tirados en la cama. Manos a la obra, y si un día nos detenemos, el día siguiente es una nueva oportunidad para seguir adelante, por ello no hay excusas ni pretextos.

Cuando la excusa es que nos agotamos, que hacemos mucho y que sentimos la presión, la verdad es que somos flojos, quizá hasta necios y nos gusta la holgazanería, por ello también se cae en la llamada depresión, que no es otra cosa que la excusa que se busca para no hacer nada y querer llamar la atención de los demás.

A quienes se quedan en la cama o corren a ella con cualquier pretexto, debemos de presionarlos, obligarlos a que hagan cosas activas, que su sangre circule y que su mente se ocupe, es decir, hay que hacerlos sentir útiles y necesarios.

Esto sucede sobre todo cuando se pierde un ser querido o ante una ruptura amorosa, un desastre emocional en el trabajo o en la familia; las personas, si bien no en forma inmediata, se encierran en la depresión. Aunque cada caso es distinto, ya que a veces caemos en depresión inmediatamente y en otras ocasiones esto sucede solo después de semanas, meses o años después.

La depresión es una negación a continuar viviendo como lo hacíamos, es un encierro mental que obstruye la razón, el criterio y nos hace olvidar las metas que nos trazamos en la vida y la finalidad principal de nuestra existencia.

Por ello, los psicólogos que tratan estos casos, se apegan a que se recobren los valores, la seguridad y la confianza en uno mismo y se establezca una nueva forma de vida en un criterio nuevo y diferente; hasta que la seguridad se restablece y el deseo de vida nuevamente nos impulsa y nos lleva otra vez a la ruta de la lucha y del éxito.

Lo que significa que a veces tenemos más de lo que necesitamos; pero en realidad no nos damos cuenta de ello hasta que ya es demasiado tarde, por lo que terminamos perdiéndolo sin saber después cómo recuperarlo.

Tampoco queramos que los demás alcancen la perfección, aunque nosotros mismos vivamos buscándola. Recordemos siempre que tanto nosotros como todos los demás somos humanos somos muy distintos; por lo que no puede existir una regla que se aplique a todos en general, ya que cada persona tiene una personalidad, sus propios sueños y distintas metas en la vida.

Además, recordemos que no somos ni seremos perfectos; la perfección está muy lejana de los alcances humanos. El ambicionarla no es malo, pero el presumirla es un grave error.

Aprendamos a vivir siempre felices, alegres, orgullosos y satisfechos; de lo que somos y tenemos

El carácter afecta y cambia el físico, los modos y hasta las costumbres; por ello hay que dominarnos, ser auténticos, reales, cautos, inteligentes, transparentes, leales, humildes y seguros de lo que somos.

El andar malhumorado todo el tiempo no solo daña a quien lo hace, sino a quienes les rodean. Hay personas que no les importa de qué genero son, simplemente viven quejándose de todo, queriendo llamar la atención, haciéndose los sentidos, ofendidos, explotados y un sinfín de cosas más.

Ellos o ellas pagarán con el tiempo un tributo a la vida y se verán perdidas muchas oportunidades y se encontrarán alejados de las personas que los amaron, quisieron o protegieron. Ya que al paso del tiempo pocos resisten a este tipo de personas, a veces ni sus propias familias pueden con ellos.

Así que quien es mala o malo, verá poco a poco cómo su carácter cambia hasta hacerse agrio, agresivo y malhumorado, a la par que su piel se arrugará antes de tiempo, encorvándose de nariz a espalda, además de que se irá haciendo de una mente negativa, llena de maldad y ambición.

No es casual ni imaginación las imágenes encorvadas de las brujas y hechiceros en las diversas culturas, así como de la gente que obra mal; podemos observar que todos son encorvados, arrugados y con pesada voz, ese es el sello de la maldad, entre aquellos que lo llevan marcado en su ser.

Estos elementos no deben tener cabida en la familia, pues las personas malvadas siempre terminan solas y abandonadas, es el precio que tienen que pagar por vivir en un mundo de negatividad.

Tratemos siempre de vivir nuestras vidas en forma alegre, positiva y con determinación, sin duda que todo ello generará en nuestro interior cosas buenas como lo es la fuerza, una salud más estable y tendremos un carácter más sereno, pero sobre todo, una gran seguridad que nos permitirá disfrutar al máximo la vida, así como contagiarla y compartirla con quienes nos rodean.

Hay casas en las cuales desde la llegada se goza de estar en ellas, porque sentimos un ambiente gentil, de armonía, amable y abierto, sin que los temores o las dudas nos pesen. Podemos pasar horas y horas y el tiempo se nos irá sin sentirlo, en forma agradable y placentera.

Por el contrario, existen lugares, ya sean casas u oficinas, donde se siente la pesadez y una mala vibra. Cada minuto que uno está ahí, sentimos que cargamos el ambiente y al salir estamos agotados e incómodos, indiscutiblemente no son sitios para frecuentarlos pues el hecho de hacerlo sólo nos debilita y nos separa de nuestro proyecto de vida.

Son estos algunos de los sellos de nuestra identidad, entre muchas otras cosas, los que hacen de cada persona un ser distinto al que debemos aceptar y respetar como es, para no alterar su personalidad ni su esencia.

Aprendamos a aceptar a los demás tal y como son, iniciando por nuestras familias y seres queridos, con sus virtudes y defectos, con sus sueños y fracasos, así como con sus grandes logros y triunfos, pues al fin de cuentas, todos somos iguales, sólo que nuestras metas y proyectos son los diferentes.

No seamos extremistas en nuestro comportamiento ni tratemos de ser lo que no somos. Muchos cometemos errores en nuestras diarias actitudes pero como la sociedad no sabe de ellos, intentamos lucirnos como seres superiores principalmente con nuestros seres queridos, con aquellos que nos rodean.

Un comportamiento así, sólo hará que la gente nos ignore y deje de tomarnos en serio. Con ello nos convertiremos en unos presuntuosos sin metas definidas y sin amigos.

Aquellos que a todos desean impresionar generalmente son individuos con complejos internos, mismos que ni ellos pueden controlar. Piensan que haciendo menos a los demás, ellos tienen una oportunidad de sobresalir.

Por ello viven atacando a sus adversarios y oponentes, denigrándolos con falsedades, mentiras y criterios sin fundamento, ya que erróneamente creen, que si desprestigian al adversario; ellos se verán mejores, pero en realidad no es así. Ya que la gente les pierde la confianza, le teme a sus represalias y prefieren alejarse que sufrir el mismo camino que estos están marcando para otros.

Aun cuando se dediquen a marcar los defectos y fallas de los demás en forma pública, a pesar de que lo que digan sea cierto; son considerados personas de cuidado, que tratan de desprestigiar a los demás para encumbrase, a falta de tener los atributos y la capacidad necesaria para hacerlo sin necesidad de ello.

Nadie tolera a la gente envidiosa, a los que siempre calumnian, a los que viven queriendo destacar a base de desacreditar a los más capaces con la intención de ocupar o de apropiarse de sus trabajos, lugares o logros.

Este es un comportamiento equívoco que les llevará a cometer más errores que los alejarán aún más de la realidad, así como del éxito en sus propias vidas.

Lo más seguro es que haya un vacío en sus almas como en sus corazones, quizás hasta falta de afecto y cariño por parte de su propia familia y seres queridos, por lo que se convierten en seres siempre quejumbrosos e inconformes.

«Uno debe de saber ganarse el respeto y el afecto para que no se nos vea o se nos trate con temor u odio».

Los que tratan de hacer menos a quienes le sirven o con los que conviven, son personas sin valía alguna. Podemos aseverar que es gente con deterioro en su mente y alma, los cuales nunca contarán con el verdadero afecto de las personas.

Es erróneo tratar a quienes nos sirven con desprecio y en mala forma, pues además de que no se lo merecen tampoco es lo correcto. Tratemos a los demás, de la misma forma en que deseamos que ellos nos traten a nosotros y a nuestros hijos.

La educación y el buen trato son el mejor camino para vivir en armonía con todas las personas que nos rodean.

Quienes recurren a las agresiones, sólo estarán dando muestra de su nula preparación y de la inexistencia de valores éticos y morales, por lo tanto, esta clase de personas nunca serán una opción para convertirse en una buena amistad de nadie.

Existen también quienes al hablar por teléfono se explayan infiriendo groserías y humillaciones. Haciéndolo con el fin de intimidar a quienes los escuchan, principalmente si son sus empleados, la servidumbre o los más débiles. Piensan erróneamente que si insultan a todos los que se cruzan en su camino, la gente les temerá, lo cual es también algo equivocado.

Este tipo de individuos carecen de principios, viven en una nube falsa de prepotencia y obstinación que a la larga sólo les sumará enemistades, así como el repudio de quienes los conocen.

En pocas palabras estas personas no tienen amigos y siempre están solos, aunque busquen verse rodeados de gente que los adulen o soporten por necesidad o por algún tipo interés, el cual, al quedar satisfecho, les darán la espalda y se olvidarán de ellos.

El chofer, la secretaria, el maestro, el amigo, el acompañante, el ama de llaves, la servidumbre, el empleado, el vecino, el familiar y todo aquel que en forma directa o indirecta nos sirve o se encuentra cerca de nosotros, deberá ser tratado con dignidad y respeto.

Claro que también existe la gente mal agradecida, aquella que entre mejor se les trata peor nos corresponden, pero recordemos que no todo el mundo es igual, por lo tanto no recurramos al trato despectivo hacia los demás. Dejemos que cada quien se cierre las puertas por sí mismo, no seamos nosotros quienes las cerremos, pues de esta manera sabremos que estamos cumpliendo y que nada ni nadie nos estará dañando.

Si nuestro trabajador, secretaria, empleado o algún profesional se entregan a su trabajo, nos sirven y protegen con lealtad, al tiempo que se ocupan de nosotros y de nuestros seres queridos, es justo que les correspondamos con un buen comportamiento y tratándolos con afecto y respeto.

Existen quienes se la pasan insultando a sus colaboradores. Personas que piensan que por tener a los demás de empleados, los puede ofender, denigrar y humillar; nada de esto hay que aceptarlo.

Antes de pedir una explicación ante un retraso, denigran a los demás por el simple hecho de buscar con quien desquitarse o a quien culpar de sus fracasos. La ignorancia en las personas es un veneno mortal que terminará por acabar con ellos mismos.

Las personas que tenemos necesidad de trabajar para sostener a nuestras familias, estamos siempre dispuestos a dar nuestro mejor esfuerzo y trabajo, con el fin de continuar y de que se nos reconozca nuestra aportación, pero no por ello aceptaremos ser denigrados o humillados.

Hay un refrán muy viejo que dice, «si tengo que pedir y rogar, lo haré con dignidad; pero nunca me humillaré o arrodillaré para ello.»

Debemos ser respetados por nuestras acciones, mas nunca temidos por nuestras reacciones

Es importante que nos ganemos el respeto y admiración de quienes nos rodean, incluso de nuestros empleados, pues ello hará más agradable su labor y la desempeñarán con mayor agrado.

Muy cierto es que a nadie le gusta trabajar para un patán o un petulante, si lo hacen, seguramente será por la necesidad de llevar el gasto al hogar, pero siempre harán lo mínimo y jamás podrán sentir las tareas que realizan como una responsabilidad sincera y verdadera, sino tan sólo como un trabajo que les hace más complicada y difícil la vida.

Otros, por su desesperación y frustración acumulada, viven peleándose con todo el mundo, son presas de sus complejos, los mismos que los llevan a ser rebeldes e inconformes, tornándose en individuos groseros, presumidos y hasta agresivos. Este tipo de personas, sin importar su sexo ni edad, siempre serán repudiados y nunca contarán con la admiración y cariño sincero de la gente.

Ello sólo demuestra que los petulantes y fanfarrones son gente falsa, carente de toda ética, moral, educación y civismo; realmente nos demuestran con hechos que no se merecen el respeto ni el afecto de nadie.

Por obvias razones son personas en las que no se puede confiar, ni tampoco se debe de convivir con ellas, ya que sus conceptos de vida son muy pobres y sólo significarán algo negativo en nuestra forma de ser y de vivir. Recordemos que siempre debemos de vivir positivamente, todo lo negativo nos daña, nos retrasa y nos lleva a cometer errores.

A quienes catalogamos como fanfarrones, usualmente tienden a presumir hasta de lo que no tienen con tal de llamar la atención de los demás, aunque cuando se les conoce a fondo, suelen ser la burla en silencio de los demás por sus exageraciones.

De ser lo que pretenden, terminan por ser el entretenimiento de quienes los rodean, mientras los escuchan alardear y presumir de una sabiduría, acciones y estilo de vida inexistentes. Caen en la torpeza de creer que lo que dicen es cierto y sólo ellos lo llegan a creer.

Algo similar es lo que sucede con las personas que viven alcoholizadas o que al ingerir bebidas embriagantes se transforman y son todo lo contrario a su personalidad en condiciones normales. Ello también sucede con quienes se drogan. Recordemos que quienes están en algún estado de estos, ya sea bajo la influencia de químicos o del alcohol pueden caer en depresión y ponerse muy sentimentales, otros muy léperos y abusivos, unos más agresivos, amenazantes y ofensivos, no faltan los que dejan salir sus complejos y miedos o el coraje por sus fracasos y frustraciones. No falta el golpeador, el presuntuoso, el fantoche o el mentiroso y a otros mas tan solo les da por dormir o reír.

Quien no sepa tratar y convivir con sus semejantes, estará perdido. Nunca encontrará la verdadera amistad, ni tampoco el afecto y cariño de quienes lo rodean, aun cuando sean de su propia familia.

Debemos ser gente con todos y darles los espacios necesarios a cada persona; así al respetar su identidad y costumbres, así como los alcances e ideologías de cada persona, respetando su pensamiento y espacio, les haremos más fácil su desarrollo.

No humillemos a las personas señalándole que es analfabeta o que carece de una preparación; por el contrario, permitámosle que estudie y se prepare, brindémosle el tiempo y la oportunidad para que se capacite y aprenda. Podemos obsequiarle un libro, pedirle que se prepare y explicarle que ello le traerá mejores posibilidades de vida, tanto para él en lo personal, como para los que dependen de uno.

Somos seres humanos con dignidad y todos merecemos ser respetados. El que alguien tenga más dinero o un mejor trabajo que otra persona, no los hace ser mejores que los demás. Recordemos que más vale tener un amigo siempre dispuesto a apoyarnos, que una moneda en el bolsillo.

«El silencio del necesitado no le da la razón a quien lo ofende, simplemente demuestra que hay más prudencia en el que menos tiene, que en aquel que parece tenerlo todo.»

A aquellos que nos sirven, tratémoslos como a nosotros nos gustaría ser tratados si estuviéramos en su lugar, exactamente de la misma manera que nos agradaría que ellos tratasen a nuestros seres queridos en nuestra ausencia.

Mejor aún, tratémoslos como queremos que nuestros hijos sean tratados y respetados cuando estudien, laboren o se casen.

En esta vida nadie tiene asegurada la existencia y menos el futuro, la salud no se compra, como tampoco el afecto y el cariño. Hay circunstancias que de forma inesperada logran romper el delgado hilo de la vida, así que mejor aprovechemos cada momento para vivir positivamente, para que esa energía trascienda a pesar de nuestra ausencia.

Si sumamos todo lo anterior, nos daremos cuenta de que no es bueno dar ejemplos equívocos a los hijos, ya que estos todo lo aprenden porque aunque ahora te puedan ver como un héroe, mañana serán tus más estrictos jueces.

Tampoco queramos vivir como santos porque no lo somos, simplemente tratemos de llevar una vida normal con virtudes y defectos sin dañar al prójimo, responsables con nosotros mismos, conscientes de nuestros actos y decisiones, pero sobre todo, con ética y moral basándose en un respeto cierto y transparente.

La mayoría tenemos sueños, a todos nos tocará vivir cosas grandiosas pero también tremendos fracasos, es parte de la vida; tengamos paciencia e inteligencia para hacer bien las cosas, más aún si se trata de nuestra familia.

Esto nos lleva a realizar cosas fuera de lo habitual, acciones que se guardan para uno y que son sueños realizados para satisfacer muchos aspectos que tal vez quedaron pendientes o que deseábamos conocer, sin que esto nos convierta en personas distintas.

No tiene nada de malo, por el contrario es parte del aprendizaje natural de la vida. Sin embargo, no queramos imponer como obligación a los demás, todo lo que nosotros no pudimos lograr o superar.

Es como el niño que no le teme al fuego hasta que se quema, no por dicha razón serán torpes o faltos de juicio, sino simplemente querrán experimentar la emoción y el deseo para satisfacer la curiosidad o la duda.

Lo mismo sucede con los adultos aunque de manera distinta, pero con iguales resultados. Hay cosas que nos intrigan y en el deseo de descubrir y conocer, llegamos a romper esa delgada línea de la privacidad perdiendo toda precaución que nos hará cometer errores que pueden convertirse en fatales.

Ya lo dijimos antes… «Todos tenemos derecho a equivocarnos por el hecho de ser humanos», cualidad que nos permite que podamos experimentar cosas nuevas a cualquier edad.

Si tomamos un limón en nuestras manos y lo exprimimos, saldrá jugo de limón y no otra cosa; así sucede con nosotros, si exprimimos nuestra pensamiento, de él saldrá lo que en verdad somos, lo que sentimos y deseamos. Luego entonces llenemos nuestra sur de cosas positivas, de valores, humildad y otras maravillosas cualidades, para que así, cuando la desesperación nos sorprenda, de nosotros salgo eso, pensamientos buenos y sano y una conducta correcta y moral.

Hay padres que llegan a decir que jamás hicieron tal o cual acción en su vida y lo ven como sacrilegio en los hijos. Aunque así fuera, hay que ser comprensivos, pacientes y no castigar y lastimar al que ya se encuentra sufriendo su actual realidad.

Tratemos de ser más comprensivos, platiquemos y acerquémonos a los hijos, orientémoslos, no seamos tan sólo sus verdugos; esto no debe de ser así pues las situaciones cambian y los problemas crecen de acuerdo a los tiempos, por lo que los padres deben actualizarse, además de comprender la época que ahora se vive. Ya que la informática, lleva y trae la tecnología más rápido que lo que podemos entender o comprender.

Hoy la ciencia avanza vertiginosamente en todos los sentidos y una gran parte de la población no llega a conocer algunos adelantos, debido a que cuando ellos están en la posibilidad de adquirir una innovación, está ya está fuera de actualidad y la modernidad ya lo ha dejado atrás. Esto lo vemos en las computadoras, en algunos aparatos de alta fidelidad o definición, ello sin contar los grandes avances en la tecnológica de la iluminación y el transporte.

Quizás los abuelos y nuestros padres en parte tengan razón, pero no olvidemos que los tiempos cambian y que el ayer es muy distinto al presente. Así que no juzguemos por adelantado, ni mucho menos tratemos de vivir en el presente con las reglas del pasado.

El deber de todo padre es enseñar y capacitar a los hijos para que éstos puedan enfrentar con seguridad y éxito los momentos difíciles que existen a lo largo de la vida de todos los seres humanos.

Por este motivo debemos construir una familia con bases sólidas, con principios morales colmados de respeto mutuo; hagamos hogares bien cimentados, los cuales resistan de mejor manera los embates de la vida.

No olvidemos que los malos tiempos suelen tener la fuerza suficiente para tirar un hogar mal edificado, ya que estos casi siempre llegan de forma imprevista.

Lo que significa que hoy pueden afectar a la madre y mañana al padre o a los hijos, siendo ahí donde la fortaleza y la unión familiar deberán ser suficientes para crecerse al castigo y juntos salir adelante.

No olvidemos sembrar respeto, moral, educación, comprensión, entendimiento, amor, fe, confianza, lealtad, valor y humildad; entre otras cosas, en los corazones de cada uno de los integrantes de la familia.

Existen personas que defienden a sus hijos con la vida misma y no reconocen el valor de las demás personas, lo que produce suegros de escaso nivel espiritual y con grandes fallas en el ambiente familiar.

Recuerdo un reportaje sobre una señora que veía jugar a su hijo en el traspatio de la casa en el estado de Florida en los Estados Unidos, en donde al entrevistar al niño este narra la historia de que fue atacado por un caimán y que mientras este trataba de jalarlo al agua, su mamá lo sujetaba de los brazos en una lucha sin ceder un solo centímetro, hasta que un vecino llegó con un arma y le disparó dos tiros al caimán, matándolo.

El periodista le preguntó al infante si le podría mostrar las marcas que había dejado en sus piernas el caimán y él le dijo que sí, pero que las más impactantes eran las que las uñas de su madre le habían marcado los brazos, ya que nunca pensó en soltarlo, hecho que demuestra el profundo amor que suelen sentir las madres para sus vástagos.

En efecto, así es como los padres queremos a nuestros hijos y esa es la forma en que los defendemos y luchamos por ello, sin importarnos si tienen o no la razón. «Solo que a veces los padres accedemos a perder una batalla para que no se pierda la guerra.

Cuando nuestros hijos se casan, y con ello me refiero a ambos sexos, así como a los bisexuales, homosexuales o como quieran o deseen expresarse unos y otros, los padres debemos de buscar la manera de proteger su relación matrimonial, hay que ser neutrales y comprender a ambas partes con sus demandas y reclamos, pero no para favorecer a uno u otro, sino para que las cosas se entiendan, se comprendan y vuelvan a la normalidad sin recelos, corajes, resentimientos o envidias. Eso es intervenir por los hijos.

Cuando los padres queremos defender a nuestra familia sin escuchar razones y sin permitir que la otra parte se exprese y aclare lo sucedido, simplemente estaremos dañando un hogar y destruyendo a una familia. Este tipo de comportamiento es agravante para la familia, ya que se aplaude a unos mientras se lastima a otros.

Querer ver los errores de los demás sin admitir los de los hijos, no es lo más conveniente, pues dicha situación bien podría conducir a la ruina de las jóvenes uniones. También desestabiliza a las familias, ya que los muchachos estarán recibiendo ataques y presiones, cuando lo que esperaban era ayuda y apoyo.

Los padres injustos con las nueras y los yernos seguramente terminarán solos y sin el verdadero afecto, ya que los nietos crecerán con ese temor hacia ellos, el de no ser bien vistos, nunca confiarán en plenitud en estas personas. Hay que pensar antes de hablar, es importante saber callar cuando se debe para no lastimar a quien se ama. Ofender y despreciar a la descendencia, nos lleva a vivir en soledad y tristeza, bajo un manto de arrepentimiento tardío.

Entendamos que los hijos no podrán querer ni respetar a quienes odian y repudian a sus padres. De ahí la importancia de saber comportarse con educación, sin intentar bloquear ni destruir la libertad o individualidad de ninguno de los integrantes de la familia. Aunque el matrimonio se encuentre disuelto o la pareja tenga una separación; nunca es recomendable poner a un padre en mal ante los hijos, de alguna manera son el cincuenta por ciento de la paternidad de cada uno de los hijos. Los problemas de la pareja deben de manejarse solo entre ellos dos.

Si mi abuelo o abuela detestan a mi madre o a mi padre, ¿cómo podría quererlos? ¿Si los dañan, cómo voy a buscarlos y amarlos? Esto no es buen ejemplo y tampoco es una norma a seguir, por el contrario, hay que tratar de no cometer los mismos errores que nos lastimaron, para no herir a quienes queremos.

Si sus palabras dicen lo contrario a sus acciones, ¿cómo confiar en ellos? ¿Cómo confiar en sus consejos y promesas? Este tipo de comportamiento escaso de buenos sentimientos, puede dar cabida a heridas difíciles de sanar, mismas que sólo lastimarán a la familia.

No cerremos las puertas a la familia, tampoco queramos imponer nuestras ideas y criterios, permitamos que cada quien viva feliz y tranquilo sin necesidad de dañar a los demás, menos por nuestro orgullo. Actuemos de la mejor manera para que todo resulte bien. Démosles libertad y apoyo.

Algunos afirman equivocadamente que los hijos son como la piel de sus brazos, mientras que los nietos tan sólo la camisa que usa y se tira, esas personas están totalmente equivocadas al demostrar en todo momento y basándose en su escasa preparación, el rencor que tienen con la vida, por consiguiente, nunca encontrarán el verdadero afecto. Siempre serán sujetos temidos, odiados y hasta repudiados, mas nunca queridos.

Los nietos son una bella extensión de los hijos y merecen tanto amor y cariño como los primeros, además de dedicación, lo cual bien podría darse cuando los abuelos llegan a tener el tiempo y la estabilidad que quizás como padres no tuvieron; aunque también están aquellos que nunca supieron criar a sus hijos y mucho menos a sus nietos.

Quien toda su vida ha sido mal hijo, peor padre, y pésimo abuelo; siempre será repudiado y difícilmente encontrara cariño y amor verdadero; no porque no exista, sino porque su negación a la vida no le permite recibirlo.

Expresarnos negativamente de los nuestros será demostrar desamor, al mismo tiempo que estaremos evidenciando coraje hacia la vida; quienes así se comporten, seguramente son gente con malas entrañas y un pasado oscuro lleno de insatisfacciones.

No todos tenemos padres maravillosos, a muchos nos toca lidiar con una paternidad grosera, abusiva, golpeadora, que vive del chantaje continuo y de la amenaza diaria. Esos padres, sin importar su sexo, terminarán solos y sin amor o afecto.

Existen personas que optan por decir que sienten más cariño y preferencia por zutano que por mengano, pero también son de los que expresan falsamente a uno, lo mismo cuando no está el otro. Eso los hace gente falsa y poco confiable, carentes de toda ética y moral, que sólo tratan de sacar provecho de unos y otros en su beneficio. Chantajistas de amor y afecto.

Los que se conducen así por la vida sólo logran enrarecer el ambiente familiar, buscan ganarse el afecto de todos pero lo único que encuentran es la soledad en su corazón, ya que con mentiras siembran confusión entre los integrantes de la familia, a quienes hacen experimentar el odio y los defectos sobre los demás.

Cuando se dice que se quiere más a un nieto que a los otros, sólo se propicia la envidia entre los demás, quienes jamás recordarán con cariño a una persona, así se trate del abuelo, de la tía o de alguien más cercano.

En ocasiones, nuestros propios hijos son los que quieren demostrar al mundo que a sus vástagos se les quiere más o menos que a los de sus otros hermanos, sin duda un grave error que se comete. Ya que a todos se les debe querer y aceptar por igual, pensar distinto es algo equívoco y que daña a los pequeños de ambas partes.

Son los detalles, la forma de ser, el comportamiento y convivencia con sus abuelos, lo que llevará a que los nietos se sientan más identificados o alejados de ellos; nunca deberán de enfrentarlos, menospreciarlos o adularlos por encima de los demás. También hay que respetar sus sentimientos, como la forma de sentir y de ver las cosas.

Es decir, cuando todos los nietos quieren por igual a sus abuelos, no habrá diferencias, lo que permitirá el crecimiento armónico de la familia. Cuando los padres no dejan que los abuelos estén cerca de los hijos, el contacto será menor y el cariño no podrá ser el mismo por parte de los nietos ni de los abuelos, lo que dejará ver diferencias.

Bajo ciertas circunstancias esto resulta hasta conveniente, pues cuando los abuelos están mal ubicados en la vida y no tienen un equilibrio emocional, lo único que lograrán es denigrar a la familia y aprovecharse de ella en muchos sentidos. La distancia y verlos lo menos posible, será la mejor receta para este tipo de males. No hablemos mal de ellos, simplemente retiremos a la familia para ponerla a salvo. Dejemos que cada quien viva como mejor le plazca, pero sin lastimarnos.

También es cierto que hay de abuelos a abuelos, pues mientras existen personas que son incapaces de sentir amor por nadie, también están aquellos que son un ejemplo a seguir al incentivar a todos y cada uno de los miembros de la familia a amarse y respetarse, para así lograr la felicidad en la vida.

Hay que tratar de ser buenos, ayudemos al semejante, más aún si es de la familia; no arrojemos la ayuda como limosna, pues todos merecemos ser tratados con dignidad y respeto.

Tampoco restreguemos a la cara lo que hacemos por los demás, no lo gritemos a los cuatros vientos, pues esto lejos de que nos lleve a que digan que somos buenos y generosos, dirán que somos malos y prepotentes.

Los que nos conozcan por este tipo de conductas seguramente se cuidarán de recibir algo de nosotros, puesto que saben que recibirán la misma moneda con que pagamos a familiares y amigos.

Por lo mismo, sólo nos sobrellevarán, adularán, complacerán, pero nunca obtendremos verdadero afecto, respeto y cariño, es decir, corremos el riesgo de vivir y morir solos.

Lo peor que podemos hacer como personas es presumir de ayudar a nuestros semejantes (familiares o amigos), además de promulgarlo por doquier, ya que lejos de que se nos reconozca la acción, criticarán nuestra conducta y proceder. En consecuencia, las acciones perderán todo su valor.

No importa que sexo o edad tenemos, ni las preferencias que se buscan, la realidad es que todos debemos de tratar y ser tratados por igual.

Lo más recomendable es ayudar y dar de corazón todo lo que uno pueda y quiera, sin que ello sirva para ostentarse como un dador de ayudas o limosnas, ya que en ello no vive la caridad, ni el sentido común.

Recordemos que todo lo que hacemos es visto y captado por nuestros familiares y por el medio que nos rodea. Así que cada paso que demos quedará grabado en las mentes de todos, por todo ello hagamos las cosas acertadamente y de buena fe, para que al paso del tiempo estemos satisfechos y no viviendo bajo presiones.

Hacer las cosas de forma incorrecta solo logrará debilitar nuestro ser interno, al tiempo que nos hará sentir falsos y sin valor, esto a la larga se convertirá en un lastre para nuestras vidas, dificultándonos seguir adelante y tener éxito en todo lo que deseamos.

Mujeres y hombres dentro y fuera de la familia tienen el mismo valor, por lo que no hay razón para que a algunos se les dé mayores facilidades y apoyos que a los otros, menos al interior de su núcleo. Lo que suele pasar, es que unos son más responsables y administrados que otros y es duro heredar a un jugador o a un irresponsable que nada puede administrar.

En ocasiones se piensa que por el hecho de que los varones preservarán el apellido paterno, es a estos a quienes se les debe dar un mayor apoyo, así como la herencia, lo que es incorrecto e injusto, pues no tenemos por qué hacer diferencias.

Acaso las mujeres y hombres que son hermanos entre sí, ¿no tienen la misma sangre? ¿No fueron paridos y amamantados por la misma madre? Y aunque no lo fueran, si son hermanos, medios hermanos o adoptados, ello será razón suficiente para que exista igualdad entre ellos. Quien quiera ver las cosas de otra manera estará equivocando el camino, para ellos les recomiendo que se pongan en el lugar del padre o del hermano que atacan o juzgan y se darán cuenta de que la injusticia la vemos por pequeña que esta sea.

Es más seguro que los hijos de las hijas sean de su sangre porque nacen de ellas, mientras que los hijos del padre pueden ser hijos de alguien; pero tanto unas como otros pueden ser infieles. Aunque ahora gracias a las pruebas de ADN, ya los engaños suelen ser menos, aunque no por ello deja de haberlos. Mas sin embargo, los hijos nacidos, deben de ser tratados con igualdad y sin distingo, ya que provienen de una misma madre.

Por eso el refrán oriental de los abuelos dice: «Hijos de mis hijas, mis nietos; hijos de mis hijos, quién sabe». Recordemos que en la antigüedad, los varones tenían que pasar largos meses o hasta años en sus viajes.

Claro que esta ley no se debe de aplicar a todas las familias, ya que hay un noventa y nueve por ciento de probabilidades de que los hijos de un matrimonio provengan de este y no de personas ajenas a la pareja.

La existencia de los exámenes de ADN permiten hoy constatar la veracidad de la procedencia sanguínea de las criaturas. Con los avances de la medicina y los requisitos de las aseguradoras, el lazo sanguíneo es corroborado a veces sin quererlo o esperarlo. Además de que hay tantos medios para evitar la concepción que ya las personas buscan cuidar su paternidad en los hijos.

Entonces no hay porqué menospreciar a las hijas, es más, intentemos consentirlas pues al casarse ignoramos qué tipo de vida les espera. No estamos seguros de cuál será su destino sin importar que se casen con el mejor de los hombres, mismo que podría fallecer inesperadamente y dejar a su esposa sola y con hijos sin protección alguna, sin el apoyo que ellas hubieran deseado y con una responsabilidad aún mayor. Aquí es en donde se ve la calidad de suegros y padres que se tienen.

El destino puede hacernos pasar malas jugadas en la vida

Se dan casos en que los hombres, aun amando a su esposa e hijos, al fallecer, la familia de éstos –al no querer a sus viudas– hará todo lo posible por dejarlas sin nada, al extremo de despojarlas hasta de los hijos. Comprándolos con regalos y alejándolos de su propio hogar, pero ello al final siempre traerá consecuencias difíciles de borrar.

Los hijos pueden nacer enfermos, no por ello dejan de ser responsabilidad de ambos padres y familias; pero casi siempre serán las madres quienes dediquen su vida al cuidado y trato especial que requieran. Incluso sin dejar tiempo para ellas mismas, menos para poder salir adelante en un trabajo que les requiera de su presencia diaria y puntual. La calidad humana de los padres y las madres aquí es donde se ve y resalta

El cónyuge, refiriéndonos a ambos sexos por igual, deberán tener la misma responsabilidad, ya que el hijo es de ambos; algunos lo enfrentan y juntos hacen que todo sea más fácil, otros son cobardes y huyen dejando tirado ese gran compromiso.

Son hombres y en ocasiones también mujeres, los que no tienen el valor para enfrentar la realidad y al verse con un hijo enfermo, lo detestan, lo ocultan y lo abandonan junto con la madre. Aunque también hay casos en que uno de los dos sale huyendo, con lo que seguramente pasará su vida arrepentido por ello.

Los hay quienes prefieren arrastrar en su corazón la vergüenza y el desamor a encarar a la sociedad y a la vida, con algo que puede pasarle a cualquiera.

Un hijo enfermo es un gran compromiso para el resto de nuestras vidas, ya que habrá que procurarle mayores atenciones. Aunque el amor y cariño deben ser iguales para todos los hijos sin importar su sexo, edad, situación civil o distancia, estos requieren de un mayor cuidado y atención; solo cuidemos de no desatender a los demás y de que el trato sea justo, respetuoso y parejo.

Aquí bien vale recordar un cuento de los indios de Norteamérica, de la tribu de los Cherokees.

Una soleada mañana de verano mientras el abuelo caminaba por el campo, le contó a su pequeño y único nieto –al tiempo que lo tomaba de la mano– acerca de una batalla muy especial, la cual ocurre en el interior de todas las personas en algún momento de sus vidas. El viejo Cherokee dijo: «Hijo mío, la batalla diaria que vivimos los hombres y mujeres del mundo, es muy fácil y simple de entender, ya que esta se libra en nuestro interior y digamos que es entre dos lobos, ambos viven dentro de todos nosotros.

Uno es malvado, el cual está lleno de ira, envidia, malicia, celos, tristeza, engaño, pesar, avaricia, arrogancia, falsedad, culpa, resentimiento, inferioridad, falso orgullo, superioridad y ego..

El otro es bueno, es alegría, lealtad, serenidad, humildad, bondad, paz, amor, esperanza, benevolencia, generosidad, verdad, compasión y fe, entre otras cosas positivas. El nieto lo veía extrañado, ingenuo y tratando de comprender lo que escuchaba, mientras trataba de sentir su cuerpo para ver si lograba sentir la guerra de los lobos dentro de sí.

Luego el pequeño lo meditó por un minuto y luego preguntó: «Y si se pelean, ¿qué lobo gana?». El abuelo lo miró con alegría, sonrió y le contestó: Siempre triunfará aquel al que tú alimentes.

Por ello, ¡siempre hay que alimentar al bueno! ¿Verdad, abuelo? y ¿qué le doy de comer? Justamente lo que le gusta –le dijo el abuelo–, sentimientos positivos; es decir, al hacer cosas buenas, al actuar con benevolencia, al tener fe en los demás y en ti mismo, estarás alimentándolo y haciéndolo más fuerte y así siempre vencerá al malo. Sin importar cuantas veces se enfrenten, porque las acciones con sentido cobran más fuerza cuando se sabe su origen.

Por ello debemos se atrevernos a mirarnos a nosotros mismos, tal y como en verdad somos, con nuestro defectos y virtudes; porque ello nos hará mejores personas y nos ayuda a comprender a todos los demás.

El rol de la mujer actual

De acuerdo a las costumbres actuales de nuestra sociedad, son las mujeres las que llevan la mayor parte de la carga en el hogar, sobre todo de la familia; se encargan de atender al marido, a los hijos, de ver la escuela, de adquirir los víveres y comestibles, de tener en orden la casa y la ropa, de organizar la ayuda, así como de estar pendientes de todos y cada uno de los integrantes de la familia. Muchas, aparte de ello, trabajan para apoyar la economía del hogar o incluso son el mayor sostén familiar.

Ellas saben qué les gusta a cada uno de los miembros de la familia y cuáles son sus deseos, están pendientes de los sueños de cada uno y a veces hasta se olvidan de los propios, con tal de ayudar a conseguir las metas de los demás.

Los esposos cooperan pero su labor muchas de las veces es menor si la comparamos a la de ellas, aunque cabe mencionar que no todas las personas son iguales. Hay mujeres con otros temperamentos y conductas, como sucede en los hombres, por ello no se puede hablar de una regla en general. Ya que también reconozco que hay hombres muy responsables, comprometidos y que se enfrentan a todas las adversidades hasta vencerlas y superarlas.

Algunos padres, refiriéndome a ambos sexos, aparte de todo lo anterior, trabajan y sacrifican su tiempo por atender y servir en todo lo posible a sus seres queridos. Además cuentan con un don especial que les permite hacer varias cosas al mismo tiempo, siempre realizándolas a la perfección.

Lo hacen en una forma callada y constante, tan sabiamente que se llega a pensar por los demás que todo funciona bien porque así se dispuso; esto sin que nunca se den cuenta de las maravillas que hacen para todos, mientras que para los que son responsables, no sea otra cosa más que cumplir con sus tareas.

Recordemos que el matrimonio es una casa de dos, donde ambos cónyuges cuentan, se apoyan y se unen en la búsqueda de una vida mejor. Me decía una buena amiga que precisamente por eso antes de casarse las personas buscan una pareja con quien compartir y disfrutar la vida en una forma igualitaria, es decir, sin privilegios para uno o sobre el otro.

Convivir o simplemente conocer a una pareja nos sirve precisamente para saber si en verdad podemos estar juntos, con apoyo mutuo, con la confianza plena, la satisfacción y el orgullo de poder disfrutar a nuestra pareja en igualdad.

Si no podemos brindar respeto, cariño y tiempo necesarios a nuestra pareja, entonces no le hagamos perder su tiempo.

Lo mismo sucede cuando la pareja es celosa, prepotente, envidiosa y está llena de complejos de inferioridad o superioridad, lo mejor será cortar por lo sano para buscar un mejor camino y otras oportunidades para encontrar la felicidad.

Las mujeres pueden enviudar o descubrir que su amado novio y ahora esposo son dos personas distintas, que tan pronto como se casaron no encontraron al mismo ser que las cortejaba, a quien las llenaba de detalles. Ahora sólo saben de exigencias, caprichos y de un ser que les demanda todas las atenciones y cuidados. Dicha situación es triste pero cierta.

Los complejos machistas suelen brotar en algunos hombres que incluso asumen posiciones violentas física y emocionalmente, como si les hubiesen «borrado» la memoria o puesto un nuevo programa.

Estos olvidan los detalles pero, peor aún, es que viven con personas valiosas e importantes, a las cuales dañan y perjudican.

Lo mismo a veces sucede con las damas, quienes después de casarse ya no saben arreglarse, atender un hogar, dirigir una familia y se transforman en otro personaje demasiado diferente a lo que se conoció en el noviazgo.

Mujeres y hombres al casarse y salir del hogar paterno, muchas de las veces tratan de terminar con su relación matrimonial lo antes posible, para sentirse libres y no tener a nadie sobre ellos, porque piensan que así podrán ser independientes, para no tener responsabilidades y no regresar al sitio en el que crecieron.

También existen varones que al casarse prefieren a sus amigos que a su esposa, así como féminas que prefieren a sus amigas que a su marido, situación difícil y complicada, pero muy frecuente en los tiempos actuales.

Como padres hay que entender que los hijos están expuestos a correr todo tipo de riesgos. Las mujeres pueden llegar a ser las más vulnerables, por lo que habrá que apoyarlas durante toda su vida, estar al pendiente de ellas en todo momento y lugar.

No debe importar que digan que son felices, habrá que vigilar con medida y constancia su vida, apoyándolas cuando así lo requieran, además de brindarles mucho amor y cariño.

Hay esposos que se encelan porque los padres quieran o estén muy al pendiente de sus hijas, lo cual no tiene razón de ser, ya que la madre y el padre siempre estarán con el pendiente; pero ya lo entenderán cuando tengan a sus propias hijas y teman por su suerte y destino.

Cuando los hijos se casan, lejos de pensar que la labor de los padres termina ahí, es todo lo contrario, ya que la obligación crece. Se debe estar pendiente ya no sólo de los hijos, sino también de sus parejas e hijos. Todos son parte de nuestra familia, por consiguiente merecen nuestra atención y cariño.

Un buen consejo, apoyo o la simple cercanía de alguien que los quiere, puede reconfortar a todos en la familia y con ello cambiar el panorama.

Si alguno de nuestros hijos se divorciara, hay que otorgarles nuestro respaldo y cariño a plenitud, sin olvidar que tienen todo el derecho de rehacer sus vidas al buscar una segunda oportunidad como cualquiera, sin importar si hablamos de mujeres o de hombres.

El divorcio no es una gracia, pero nadie en sus cabales se casa para buscar divorciarse. No obstante cuando los jóvenes se unen, se dan cuenta de que la responsabilidad de estar al frente de una familia es más de lo que pueden manejar y es cuando optan por separarse, sin tener otra razón que no sea la de su inexperiencia, al no contar con alguien que los aconseje con sabiduría y certeza.

Cuidado, divorciarse no significa volver a ser el de antes y menos aún si existen hijos, ya que estos son los jueces que a futuro pondrán en una balanza nuestros aciertos y errores. No podemos ser la amante o el comparsa de una persona ajena a nuestra a educación, costumbres y religión, ya que no se trata de cambiar solo nosotros, sino de afectar el futuro de nuestros hijos.

Los padres que no son justos en sus decisiones, sólo lograrán sembrar rencor, coraje e injusticia, cosechando más tarde el resentimiento de unos y afecto de otros, es decir, terminará por dividir a los suyos aparte de limitar los horizontes y las oportunidades de los demás.

Es como el padre que tiene hijos dentro y fuera del matrimonio y trata de juntarlos a todos en la misma casa, ello no resultará y sólo estaremos frente a un duelo de titanes, donde la esposa no podrá aceptar a los hijos de la amante de su esposo y en donde la amante tampoco está de acuerdo que sus hijos sean menos que los otros.

Los padres (mujeres y hombres) son seres humanos, así que no intentemos encontrar la perfección en estos, porque no existe; sin embargo hay muchas otras cosas de gran valía y de inmenso potencial dentro de ellos.

Es muy cierto que a algunos hijos se les puede llegar a querer de manera distinta, mas no por eso al resto se les dejará de amar o se les querrá menos. El amor de los padres es algo único y especial, tanto que no se dan el lujo de querer más a unos que a otros, todos son parte de ellos.

Como padres o familia, no debemos de cometer los típicos errores de retar a un hermano a que venza al otro, tampoco hay que contrapuntearlos, pues ese tipo de competencias suelen quedar grabadas en la mente y son casi imposibles de olvidar.

Otra gran falla es mencionar todo el tiempo que un hijo es mejor o peor que el otro, que es más inteligente o menos brillante. Esto lastimará a unos y hará ver mal a otros, provocando la separación entre los hijos, así como el alejamiento de estos hacia sus padres, consiguiendo inminentemente la ruptura familiar.

No podemos negar el hecho de que hay hijos que se desbordan en amor, cariño y respeto hacia sus padres, tan sólo por el deseo de agradecerles que estos sean sus padres.

A estos se les llega a querer de manera muy distinta de aquellos hijos que son fríos, presuntuosos, vanidosos y poco afectivos.

También hay hijos demasiado demandantes, envidiosos, celosos y radicales en cuanto al afecto, pero aun así son nuestros hijos y hay que aprender a quererlos con sus virtudes y defectos, puesto que los padres tenemos más defectos aún.

Nadie quiere a un hijo o hermano presuntuoso, menos a una hermana engreída o vanidosa; todos queremos vivir en un mundo de armonía, por ello hay que luchar por obtenerla y brindarla, lo que en ocasiones pareciera que olvidamos.

Hay casos donde los hermanos se mantienen alejados por cuestiones del trabajo o el matrimonio, lo que provoca que unos y otros pierdan de vista su hermandad. Lo recomendable es mantener una comunicación franca y sincera, un respeto absoluto, donde no cabe complicar la vida de los demás.

A los hijos como a los nietos se les debe querer por igual, pensar lo contrario será un error, recordemos que simplemente se les ama de manera distinta. Seguramente con unos habrá más cercanía que con otros, pues cuanto más crecen, más se alejan del seno familiar. Pero mucho tienen que ver los padres, en el acercamiento entre nietos y abuelos.

El agradecimiento es cosa distinta. Si bien es cierto que existen hijos que están pendientes de sus padres o abuelos, así como de su salud y necesidades, también los hay quienes sólo saben pedir y vivir alejados con la finalidad de no apoyar ni preocuparse por el bienestar de su familia; sin embargo, a todos habrá que quererlos y respaldarlos por igual, simplemente son familia.

Ello no los hace ser malos, es más, pueden ser los mejores, pero nunca debemos calificar a los hijos o nietos por su comportamiento, porque buenos o malos no dejan de ser parte importante en nuestra familia.

Las acciones que los hijos tienen a veces son tan solo una contra reacción a los actos de los padres o a las enseñanzas que reciben, quienes de una forma natural e involuntaria pueden lastimar sin así desearlo.

Los errores de los padres no deben de ser la causa para justificar o hacer creer a los hijos que unos son más o menos queridos.

Aquí es donde debemos de aplicar una frase muy cierta: «Como trates serás tratado, porque niño de mi sangre es niño perdonado; sin importar por lo que has pasado».

Aunque cabe reconocer que hay hijos que en verdad se ganan el amor y afecto de sus padres anteponiéndose a los demás, pues no podemos negar que el peso de las acciones de unos y otros es lo que hace que la balanza del afecto se incline de forma definitiva. Quizás esto no debería ser así, pero sin duda sucede.

Es aquí cuando los hijos, en vez de criticar al hermano u odiarlo por sus acciones, debe buscar en el camino cómo conquistar sus propias metas sin hacer de esto una competencia, forjando un futuro con humildad, sencillez y afecto en todos sus actos.

Nunca será sano vivir comparando lo que hace un hermano con lo que hace otro, ya que en la mente de ellos o de alguno de ellos pueda nacer la confusión y hasta el enojo. Lo que solo les amarga la existencia y los lleva a sufrir en silencio, por algo que no existe y que debe de dejarse pasar en forma natural.

Entendamos que cada quien es diferente y venimos a vivir para ser felices, no para hacer una competencia infantil y absurda. Cuando tratamos de desprestigiar al hermano, para así ocupar un lugar más importante o reconocido en la sociedad; solo pasa lo contrario, la gente nos hará creer que está bien lo que decimos y sin embargo solo servirá para que nos coloquen en una situación confusa y de desprestigio; ya que nadie está de acuerdo en que entre la propia sangre o familia, se denigren los unos a los otros.

Mientras a algunos de los hijos les agrada que se les dé nombres cariñosos por parte de los padres, palabras que los hagan sentir bien, mimados y consentidos, para otros puede que no lo sea. Por ello habrá que pensar antes de actuar, esto con el objetivo de no equivocarnos y no lastimar a los seres queridos, lo que a veces sucede aún sin desearlo.

Entre los padres se suscita un error recurrente cuando algunos de estos ponen sobrenombres a los hijos, mismos que resultan despectivos e insultantes, lo cual es negativo pues causan lesiones emocionales difíciles de reparar, sobre todo cuando los afectados no alcanzan a comprender el significado o el porqué de esa conducta que los avergüenza y humilla.

Cuando se es pequeño, uno se pregunta si el sobrenombre impuesto es porque en realidad se parecen a tal o cual «personaje» u «objeto». Por lo que decirles «Llaverito», «Tuerquita», «Periquito», «Tortolita» o «Chacharita», entre muchas otras maneras, sólo nos lleva a lastimarlos. Peor aún si le dicen la bruja, la loca, la despeinada, la mugrosa o la corcho lata. Es importante el reconocer que no se puede denigrar así a las personas y menos aún a nuestros familiares.

En alguna ocasión una amiga me compartió que de pequeña, su padre le decía «Pipiola», siendo para ella el significado totalmente desconocido e imaginando que este sobrenombre provenía de la palabra «Pipa», hasta el punto de preguntarle a su madre si tenía cara de «Pipa» o de qué para que le dijeran así. Como explicación le comentaron que no, que si le llamaban de esa forma simplemente por el significado de la palabra.

Fue hasta años más tarde, cuando al consultar el diccionario mi amiga se dio cuenta de que «Pipiola», no significaba otra cosa más que niña, chiquilla o novata. Sin embargo tuvo años difíciles, momentos de angustia y de profunda preocupación, que uno no debe de buscar para los hijos y familiares.

En este caso fue un sobrenombre cariñoso y sano, pero no siempre sucede así, por lo que hay que evitar crear complejos que se conviertan en una difícil carga de sobrellevar, porque la sola confusión provoca inseguridad, angustia y preocupación.

No pongamos apodos y sobrenombres a los hijos, tampoco a los nietos, parientes y amigos, esto es insultante para la gente, respetemos su identidad como personas. Bien dicen que los mejores apodos nacen en casa, y ello se debe a que se conocen las virtudes y defectos de los familiares, pero ello no es correcto, respetemos el nombre de cada quien.

Aquí es donde el padre y la madre deben velar por el respeto familiar, el cual debe extenderse hacia las amistades a fin de que se respete a los hijos.

Aquel que pretenda ser chistoso otorgando apodos a otros, sólo estará denotando su poca cultura, así como falta de respeto para los demás, al tiempo que se hará acreedor de un repudio total. Estas personas no son de fiar y suelen carecer de verdaderas amistades. Ellos se creen ingeniosos, pero la gente les toma odio y rencor.

No permitamos a nadie que ofenda, humille o lastime a nuestros seres queridos, evitemos a esa clase de personas que tratan de demostrar que son superiores a los demás y mantengámoslos lejos de nuestra familia.

Es en ese momento cuando los padres tienen el deber de proteger la integridad de sus hijos, solicitando a los demás que se limiten a llamar a sus hijos por su propio nombre, evitando en todo momento los apodos y sobre nombres.

Si la persona que nos lastima es importante para la economía del hogar y no se puede poner a esta un alto de tajo, habrá entonces que buscar la manera de hablar con los hijos para hacerles saber que se hará todo lo posible por solucionar dicha situación, pues lo más importante siempre será su bienestar.

A veces es preferible perder esa sobrada economía que seguir permitiendo que se denigre a cualquiera de los miembros de la familia. Debe sembrarse en los demás el respeto hacia nuestros seres queridos.

La responsabilidad con los hijos adoptados o familiares incorporados

Si en algún momento de nuestras vidas tomamos la decisión de adoptar a un hijo, simplemente hay que ser los mismos y sin engaños.

Admitirlos en nuestras vidas es una responsabilidad para siempre. No olvidemos que tanto los hijos propios como los adoptados deberán valer para nosotros lo mismo, no permitamos diferencias.
Si recogemos al hijo del hermano, del cuñado o del amigo fallecido o desaparecido, debemos de tratar a su hijo como si este fuera nuestro.

Tratémoslos con amor, respeto y bondad, es decir, simple y sencillamente igual que a los propios, sin diferencias, sin lastimarlos o humillarlos.

Al ser nuestros hijos, estos son parte fundamental de la familia, además de que deberán tener los mismos derechos y obligaciones que los demás miembros. La forma en que llegaron unos y otros, no debe hacer ninguna diferencia. Si no podemos hacerlo, simplemente no los llevemos a nuestras vidas, ya habrá quien sí les pueda dar el amor, cariño, afecto y respeto que se merecen.

No dejemos que nadie los distinga y para ello no hay mejor regla que la de poner el buen ejemplo, el cual proviene de la conducta y comportamiento de los padres.

Cuando las personas adoptan un hijo, lo hacen la mayoría de las veces porque no han podido tener hijos propios que preserven el nombre de la familia, para tener a quien darle amor y con quien compartir lo que ahora tienen. Pero muchas veces provienen de un anterior matrimonio de la pareja o como resultado de la defunción de una pareja cercana a la familia.

Siempre hemos dicho que lo bueno y lo malo rinde frutos. Cuando desafortunadamente una pareja tiene problemas para concebir a su descendencia, al adoptar, logran experimentar una vida agradable y tranquila, ya que tienen a alguien que los motiva a seguir adelante.

Esto no queda sólo ahí, ya que en ocasiones las parejas que adoptan pareciera que son «premiadas» por sus acciones al lograr embarazarse de forma espontánea, lo que resulta difícil de creer pero es una realidad que se da muy a menudo. Solamente falta tener la integridad para no olvidarnos de apoyarlos por siempre con la misma igualdad que a nuestros otros hijos.

Los divorciados, al volver a contraer nupcias, se encuentran ante un gran problema cuando el tiempo que se dedica a la familia ahora habrá que compartirlo entre los hijos y la nueva pareja. Esta situación puede convertirse en un gran problema, más si no se está preparado para afrontarlo.

Cuando los hijos de un matrimonio se dan cuenta de que otras personas vendrán a su hogar para tener los mismos derechos y obligaciones que ellos, se sienten desplazados y lastimados, por lo que es importante que los padres les expliquen que bajo ninguna circunstancia el amor y lazos existentes entre ellos, cambiarán. Hay que hablarles antes y no ya tomadas las decisiones, para que las cosas no se mal entiendan o para que tampoco se crea que ya no son tomados en cuenta.

Quizás los hijos pensarán que con la llegada de un «extraño», éste podría quitarles no sólo el tiempo, sino el amor y atención de sus padres, lo cual es comprensible y una justa razón para aclarar cualquier duda.

Por su parte, los adultos piensan que su nueva pareja les debe dedicar más tiempo a ellos que a los hijos, pues consideran que abandonaron muchas otras cosas de su vida para integrarse a la de esta.

Esta problemática de riesgo difícilmente se podrá resolver de la noche a la mañana, por lo que será necesario hablar de situaciones y posibilidades, razonando los pros y los contras de cada decisión que se tome. Pero hablarlo antes con nuestra familia, comentarlo y buscar acciones y soluciones, siempre será lo más recomendable.

Si se compra algo para los hijos y para la pareja no, se piensa que a esta se le ignora; pero si se compra algo para la pareja y para los hijos no, estos piensan que la pareja de alguno de sus padres les está quitando lo que es suyo.

Peor aún resulta si se les compra algo a los hijos de la pareja y a los nuestros no, sin duda esta es una situación delicada que requiere establecer reglas y lograr acuerdos en la nueva familia, antes de que inicie una guerra entre sus miembros.

Siempre será importante valorar si es necesario poner en riesgo lo que se tiene a cambio de lo que se quiere ya que, de ser así, tendrá que existir un diálogo entre ambas partes para tratar de que estas no se vean como enemigos, tampoco como en una competencia o como alguien extraño en sus vidas.

Debemos pensar que una mala decisión puede llegar a destruir lo que nos queda del hogar o si con esta elección las cosas van a mejorar. Para ello hay que hablar y escuchar, ya que todos tienen el mismo derecho a opinar, como a ser parte de una decisión tan importante, ya que de alguna manera las resoluciones que se tomen los afectará a todos, sin importar su sexo o edad.

Querer que las cosas se resuelvan por sí solas, será un riesgo y nunca la mejor opción.

Casarse con una persona divorciada no tiene por qué ser malo, todo lo contrario, podría ser bueno, ya que sin duda la experiencia ayuda a que las cosas vayan mejor. Además, no para todos es fácil llevar una vida solos, mucho menos después de haber tenido un magnífico matrimonio o una agradable experiencia.

El secreto está en que las cosas se hagan poco a poco, y que antes de formalizar una relación se hable con la familia, se presente a los integrantes y a quienes van a serlo; salir juntos para así crear una convivencia, será vital para lograr el entendimiento y, fríamente, tomar la decisión que más convenga a todos.

Se debe escuchar a todos en casa para no pasarnos la vida enfrentando los problemas que bien pudieron resolverse desde un inicio.

Aquí no vale decir que merecemos tal o cual relación, pues se trata de tomar decisiones que no dañen a la familia, si es que en verdad nos preocupamos por ella. Además hay que recordar que ya de por sí es difícil repartirse en los eventos familiares, más cuando en ambas casas se celebran las mismas fiestas y reuniones.

Aunque tampoco se valdría que al paso del tiempo queramos echarles en cara que somos infelices por su culpa, aduciendo que no buscamos nuestra felicidad por estar cerca de ellos.

Una persona capaz tiene que saber resolver sus problemas personales, debiendo aclarar su mente y sentimientos sin necesidad de herir a los demás integrantes de la familia.

Alguien sin una pareja puede tener una vida personal sin que la misma interfiera con su hogar, sin lesionar a sus hijos y sin causar un desequilibrio familiar.

Tenemos que ser prudentes, cautelosos, humildes y respetuosos, tratando siempre de hacer bien las cosas y con la mejor de las intenciones, nunca buscando dañar a nadie ni queriendo sacar alguna ventaja de los demás. La regla vale para todos.

En ocasiones, es mejor conservar una buena amistad, que echar todo a perder al exponer con una mala relación a nuestra pareja. Ya que ni la haremos feliz, ni le daremos la oportunidad de hacer su vida. Y si la retenemos con engaños, por coraje o capricho, solo haremos que se le vayan mejores oportunidades para rehacer su vida, ello sin importar su sexo o edad.

Por lo que si nuestra ex pareja tiene la posibilidad de llegar a un nuevo matrimonio con alguien más, lo mejor será dejarlos hacer su vida y retirarnos sin lastimar a nadie. Si lo logra, qué bueno, si le sale mal, esa fue su voluntad y deseo; pero que ello no sea por culpa nuestra.

Si no llegaran a concretar y si las cosas no se dieran por alguna razón, no tienen por qué convertirse en nuestros enemigos; optemos por continuar con la amistad, la cual podría ser aún mejor que antes.

Cuando se ama a una persona, debemos valorar que tan prudente es acercarnos a la misma, si será para hacerla feliz o infeliz, o si es preferible guardar silencio para no dañar a su familia y así permitirle seguir manteniendo un equilibrio de amor y respeto en su hogar o simplemente en su vida, ello sin importar de qué sexo sea.

Por más que nos guste una persona, si esta ya tiene un matrimonio o una familia estable, funcional y bien cimentada, no debemos de acosarla o forzarla ya que, sin importar de que sea hombre o mujer, la podríamos confundir y la haremos perder todo lo que ya tiene y tal vez con la nueva pareja ni siquiera logre una estabilidad y menos aún el construir una familia.

El amor hacia los demás se demuestra con nuestras acciones y sacrificios, los cuales si se realizan en silencio y en forma secreta, pueden ser la mejor ruta para alcanzar la felicidad y la satisfacción personal.

Al estar bien con uno mismo, se obtendrá la mayor de las satisfacciones, sin importar que alguien lo sepa. De ahí la relevancia de no hacerle mal a nadie, por el contrario, hagamos el bien sin mirar a quien.

Cada quien debe buscar el ser feliz a su manera y sin lastimar a los demás, ya que lo que comúnmente sucede es que al no realizar determinadas acciones, llegamos a dañar a las demás personas, incluidos los familiares más cercanos.

En caso de que existan hijos por ambas partes, habrá que cuidar que haya armonía entre ellos, mucho antes de que se desate una guerra sin razón de ser, todo por querer sobresalir más que los demás. Esto no es porque los hijos sean malos, sino simplemente por el hecho de que será mejor prevenir que lamentar.

En este último caso lo más recomendable será tener una casa nueva, para que ninguno de los grupos de hijos se sientan desplazados o como arrimados. Simplemente iniciemos con casa nueva, una vida nueva, con igualdad y sin ventajas para nadie.

Una actitud injusta sería que los padres cambiaran su comportamiento si después de haber adoptado tuvieran a sus hijos propios, por lo que aquí no caben la diferencias entre unos y otros, pues de lo contrario caeríamos en un comportamiento ruin.

Tomemos en cuenta que de no haber llegado al hogar el hijo adoptado de una familia o de una institución, lo más probable es que no se contara con la familia que ahora se tiene; no olvidemos que el hecho de no procrear en el matrimonio, puede ser un factor determinante en la separación definitiva de las parejas. Las adopciones son un remedio saludable que apoya a la pareja y que da mejor vida a los huérfanos.

No podemos ser falsos en cuanto a nuestro comportamiento, se quiere o no a los hijos, esa es una verdad tan clara como el agua.

Se conocen ejemplos en los cuales los hijos se comportan como si no lo fueran, lo que determina que su ruta y destino será muy diferente al de los demás integrantes. Estos casos que se originan frecuentemente, no deberán llevar a la familia a sentirse fracturada en su fin, sino por el contrario como un motivo más para luchar y seguir adelante.

Uno de los efectos más importantes a los que se enfrenta la familia es al de su desintegración, a veces voluntaria y otras veces involuntaria.

Llamémosle voluntaria a aquellos casos en los que los padres envían temporalmente a los hijos a otras localidades para continuar sus estudios, o en el que por deseo propio alguien se separa de la familia pensando que así encontrará lo que quiere y busca en la vida.

La involuntaria es aquella en la que por razones de trabajo, o porque así lo decide alguno de los cónyuges o bien entre ambos o también porque se mudan de ciudad o quizás hasta de país.

Esta última puede convertirse en una separación aparente, pues hoy en día las vías de comunicación como el internet o los teléfonos celulares, producen grandes acercamientos y momentos apropiados entre la gente, a pesar de las distancias, por lo que ya dependerá de cada persona lo cerca o alejados que se quieran mantener de sus seres queridos.

En ciertos casos, la comunicación con los hijos es más fuerte y continua a partir del momento en que estos se casan o se van a vivir a otra ciudad.

En ejemplos como este se da el hecho de que si uno de los principales sostenes del hogar fallece, como el padre o la madre, habrá que actuar con inteligencia para no estar inmersos en un caos dentro del hogar.

Cuando no es un asalto u homicidio, pero sí un terremoto, secuestro o una enfermedad fatal, así como una adicción a las drogas o al alcohol, entre otras, inesperadamente se pueden ocasionar una situación similar con las mismas consecuencias o peores aun.

Hasta la infidelidad puede traer consecuencias difíciles de imaginar y superar, ya que a veces alguno de los conyugues no lo entiende, ni lo acepta y menos aún lo asimila. Recordemos que la infidelidad de uno, puede despertarla en el otro conyugue. Aunque en ocasiones la infidelidad ocasional o por vez única suele hacer reaccionar a quien la comete y fortalecerá mayormente los lazos de relación Aunque parezca increíble a veces ello es y resulta necesario, aunque no por ello es lo correcto. A veces quien la comete se ve presionado por la persona con quien lo realizo y lo o (la) extorsionan. Parecerá increíble pero hasta para ello hay que saber con quién hacerlo. Y lo más importante, no contárselo a nadie, es un secreto que debe de ser asimilado y nunca contado. Pero recuérdalo, ello es un acto erróneo y equivocado, por ello se llama infidelidad.

Los hijos de hermanos, parientes o amistades

La vida siempre nos sorprende, por lo que cuando menos lo esperamos algo nuevo llega para cambiar el rumbo de nuestras vidas.

La situación en la que de la noche a la mañana nos tenemos que hacer cargo de los hijos de nuestros hermanos o algún otro pariente parecería rara, pero suele darse inesperadamente sin importar si se tiene o no familia, ya que esto les pasa tanto a los casados como a los solteros o en unión libre.

Se puede propiciar ya teniendo hijos o no teniéndolos, y en otras ocasiones siendo ellos los primeros en arribar al hogar, aunque sea para ser los únicos.

Cuando nuevos integrantes han de llegar a casa en forma repentina, lo primero que deberán de hacer los padres que los recibirán, será charlar entre sí para ponerse de acuerdo en esta nueva etapa de su vida y en la forma en que habrán de enfrentarla, a fin de que haya un ambiente con sobrado entendimiento y por ende propicio, que será de gran utilidad ante los cambios que seguramente se presentarán ante la integración de nuevos miembros al núcleo familiar.

Luego del arreglo entre los padres, estos comunicarán a sus hijos las decisiones tomadas, pero sobre todo planteando la situación que a partir de ahora vivirán como familia.

Recordemos que no se trata de recibir a extraños, tampoco de hacer caridad y menos aún de que los hijos propios pierdan lo que tienen.

Todo tiene que ver con convivir, comprender y trabajar en equipo, así como de brindar calor de hogar con sincera amistad y cariño a los nuevos integrantes de la familia, sobre todo a quienes habrá de ubicar para que no piensen que alguien vendrá a violentar sus derechos. Sino más bien hacerles entender que ahora forman parte de ese grupo a quien el destino hizo una jugada inesperada y que crecerá en número, pero que de igual manera puede aumentar en fuerza y alcanzar en conjunto un mejor estilo de vida.

Todos tendrán que comprender su nuevo rol de vida, el cual les llevará a compartir muchas cosas, entre esto el tiempo de los miembros de la familia; será bueno que sepan que quienes llegan no vienen a quitarles un lugar, sino por el contrario estarán ahí para aprender de ellos y así reforzar el importante vínculo familiar, adoptando los mismos derechos y obligaciones que les haga y ayude a salir adelante.

Los recién llegados deberán ser recibidos en familia y alojados con cordialidad, para que poco después se les haga ver quién es quién dentro del núcleo familiar, además de preguntarles la forma en la que desean ser tratados y de igual manera de la forma en que ellos deben de tratar a los demás. Dejando claro cuáles son sus derechos y cuáles son las obligaciones que les corresponden.

Evitemos en todo momento los apodos y dejemos de mencionar las debilidades de cada uno para no ser blanco de burlas, pues esto deteriorará las relaciones.

Las travesuras entre unos y otros seguramente llevarán al enojo, coraje y posible venganza de algunos, lo que puede desatar una complicación mayor si estas no se prohíben a tiempo.

Asimismo, cada quien podrá dar la bienvenida y agradecimiento respectivo, pero lo mejor será que la familia se turne en sus actividades para que las primeras semanas los recién llegados no estén solos y se les haga sentir verdaderamente que son parte de una nueva familia, lo que ayudará que se integren mucho más fácil a su nuevo hogar.

Cuando las familias crecen de golpe porque dos personas han decidido unirse (llevando cada quien a sus hijos), se recomienda que todos traten de iniciar en un nuevo hogar, donde no se impongan condiciones y se empiece de cero. La igualdad, la cordura y el buen manejo de las relaciones entre todos los integrantes, pueden dar mayor fortaleza, unidad y comprensión entre todos.

De esta manera podrán ajustar de nueva cuenta el desarrollo de la familia, el reparto de horarios y de habitaciones, todo de común acuerdo y con derecho a réplica de cada uno de los integrantes, lo que les hará sentir que son tomados en cuenta, tanto o más que antes.

Sea cual sea la decisión que se tome, lo más importante será que en el nuevo hogar reine el amor, la confianza, sinceridad, cordialidad y tranquilidad. Es sustancial recordar a todos que esto se puede lograr cumpliendo cabalmente con las obligaciones designadas para cada quien, además de tener la capacidad de ayudar a los demás sin que estos lo pidan.

Es fundamental hacer ver a los demás su valía dentro del hogar y nuestras vidas, lo que tiene que ser de forma constante, simple y amigable, para que las cosas funcionen. La paciencia en muchos casos es llevada al extremo, aun así no hay que perderla. Seamos siempre positivos y no debemos de rendirnos jamás.

Debemos intentar permanentemente rescatar en cada uno de los miembros de la familia, aquellos sentimientos que los confundan para disiparlos con realidades y verdad, sin engaños o mentiras. Escuchar, poner atención a todos y cada uno, será la mejor medicina; los padres debemos de estar alerta sobre las diferentes conductas familiares.

Desgraciadamente muchos seres humanos, principalmente niños y jóvenes, suelen refugiarse en la servidumbre, los vecinos o amigos cercanos a quienes cuentan lo que los aqueja, sus confusiones y todo aquello que experimentan a diario en su vida con quienes si bien no resuelven sus problemas, al menos les hace sentir que son escuchados por alguien que les brinda su tiempo y atención.

Esta podría representar una situación de riesgo y peligro para quienes confían sus cosas a los demás, los cuales muchas veces son abusados y utilizados por los falsos «amigos», quienes, conocedores de sus debilidades, los atacan y dominan sin que estos se den cuenta de ello.

En otros casos, y no necesariamente por ser malos, los que se hacen pasar por amigos, terminan por aconsejar equivocadamente y de forma distinta a la que lo haría un padre o una madre; por lo que las consecuencias podrían recrudecerse, en forma severa y hasta fatídica, bajo la ignorancia disfrazada de que se trata de lo correcto. Con esto lo único que se provoca es la destrucción de las personas, amén de arrebatar la armonía en un hogar.

En ocasiones los mismos empleados de casa, se encargan de distanciar a los unos de los otros, alimentándoles un odio a unos contra los otros, se manejan en forma sumisa, dócil, bonachona y cordial con todos, pero hacen su trabajo de engaño y distanciamiento a escondidas. Atrayéndose derechos que no tienen y personalidades que no les corresponden. Ahí es cuando al descubrirlos hay que separarlos de la familia, ya que de dejarlos, arruinaran todo lo logrado.

Es necesario tener claro que entre familiares no se debe dar cabida a los distanciamientos, al odio y rencor, ni a nada que ponga en riesgo la estabilidad emocional de los integrantes de un hogar.

Nunca hay que agredir, menos sacar ventaja o aprovecharnos, porque de ser así, lo más conveniente será alejarnos de nuestra familia para no dañarles.

No podemos enarbolar la bandera de la paz, el respeto y la justicia, sin que esos valores sean ciertos y los estemos aplicando de forma correcta con todos los integrantes de la familia.

A veces es el líder familiar quien falla, el que engaña al tener una doble vida, sin embargo, frente a los suyos se da baños de pureza y no permite los errores. Este tipo de personas son las menos recomendables para liderar una familia, ya que seguramente terminarán por quedarse solos y en el olvido.

Si la madre o el padre pertenecen a esta clase de individuos y son quienes recogen o adoptan a las criaturas, luego entonces la familia propia y aquellos recién llegados, estarán en problemas todo el tiempo y lejos de ayudar a unos, se perjudicará a todos.

Recordemos que tanto niños como jóvenes y adultos requieren ser tratados con respeto, afecto e igualdad; si se trata de abusar de ellos en cualquier sentido, la vida será complicada para sus actores.

Sabemos que las cosas con voluntad y complacencia de cada uno de los integrantes de la familia, siempre será para bien de ellos mismos, ya que todo se puede lograr y llevar a buen término en base al buen entendimiento.

No nos permitamos abusar de las circunstancias ni de ninguna persona, seamos parejos con nuestros seres queridos y semejantes, hagamos lo necesario para estar seguros de que las cosas las estamos haciendo bien.

Es recomendable que regularmente nos demos el tiempo necesario para hablar con cada uno de los integrantes de la familia, para escuchar sus sentimientos y puntos de vista, aclarando las dudas o percepciones que estos tienen. Sin importar si se es joven o maduro, este es un buen método para que la armonía reine en el hogar, además de que se les estará enseñando cómo deben de actuar al integrarse a otra familia y al conformar la propia.

¿Cómo educar a los hijos y entenderlos?

Como líderes e integrantes de una familia, nunca dejemos para mañana las palabras de aliento, confianza y amor que hoy les hace falta a cada uno de los integrantes de nuestra familia.

Cada día es de gran importancia, no los dejemos pasar en vano; no perdamos la oportunidad de sembrar algo nuevo, diferente y práctico en la vida de todos; ello hará de nuestro ambiente familiar un núcleo fuerte, seguro y de proyección positiva.

Querer llevar a los hijos por el camino más idóneo, positivo, transparente, honesto, legal, honorable, entre muchas otras virtudes, es lo que ayudara a que alcancen una mayor seguridad en sí mismos y con ello se les facilite su camino en la vida. Si obramos de manera contraria, si mentimos, engañamos, robamos, ofendemos y cometemos cualquier otro tipo de actitud no adecuada o recomendable; todo ello solo evitará que estos puedan disfrutar de su niñez de forma sana y adecuada a su edad y crecimiento.

Todos como humanos tenemos derecho a equivocarnos y aprender de ello, claro que como padres no deseamos que nuestros hijos fracasen o tengan decepciones, pero a veces son estas las que les permitirán alcanzar la estabilidad emocional y la madurez que necesitan y requieren.

Por lo tanto es necesario que se les otorgue el tiempo para que crezcan con una amplitud de criterios, sin presiones y absoluta libertad. No podemos criar a los niños como adultos, ni a los jóvenes como niños. Pero los padres conocen a sus hijos mejor que nadie, solo hay que ser honestos con lo que son y la forma en que son, es solo así como en verdad podremos ayudarlos y apoyarlos.

Hay que saber respetar su espacio, ideas y sueños, pero sobre todo compartir con ellos lo que los motiva en la vida, ya que ello nos acercará más como familia, además de que podremos entenderlos mucho mejor de acuerdo a su carácter y temperamento.

A los hijos debemos tratarlos por igual, todos merecemos ser mejores cada día, entonces brindémosles la oportunidad de que tengan una identidad propia. No hagamos diferencias por su sexo, tampoco por su capacidad o carácter, hay que darle a cada uno sólo la responsabilidad que pueda manejar en cada etapa de su vida, hasta llevarlos a ser personas activas, capaces, pensantes y libres.

Hay que moldearlos responsablemente y con criterio, darles amor, pero sobre todo orientarlos sin afectar sus sueños y metas.

Al entenderlos, al conocer lo que piensan, anhelan y sienten, podremos acercarnos y dejarles ver quiénes somos. En pocas palabras, dejarnos ver tal y cómo en verdad somos, ello hará de la unión entre padres e hijos una relación estable y duradera.

Así como los padres buscan para sus hijos actividades extraescolares, también habrá que buscarlas para los hijos que vengan a unirse a la familia; recordemos que la regla es ser parejos con unos y otros, que debemos integrarnos con todos con respeto y cariño, sin diferencias, sin recelo, coraje o envidia. De no poder hacer las cosas con transparencia, tranquilidad y justa equidad, por esta razón no enfrentemos retos que no podremos resolver.

Si actuamos con unos e ignoramos a los otros, estaremos creando una desigualdad que seguramente culminará en un grave desastre. Es importante cumplir con todos para que no sientan un vacío interno y que no piensen que se les dejó en el olvido por ser menos importantes que los demás.

No hay que hacer diferencias entre nosotros ya que Dios no las ha hecho; reitero seamos abiertos de mente y corazón, tratemos a los demás tal y como nos gustaría que nos trataran, sin importar color, raza, credo o condición. Simplemente todos somos iguales, son nuestras capacidades, sentimientos, conductas, forma de vida y trabajo, lo que va marcando en la vida las aparentes diferencias, que dañan más que lo que ayudan.

Todos somos iguales, valemos lo mismo y tenemos los mismos derechos y obligaciones.

Recordemos que son más padres los que crían a los hijos, que aquellos que los tienen y los abandonan, por lo que cuando estos últimos quieren recuperarlos siendo ya unos adultos, la situación para lograrlo se torna complicada.

Si en verdad se quiere uno hacer cargo de una criatura, debemos de hacerlo sin excusas ni mentiras, con sinceridad, amor legítimo y verdadero, sin menospreciarlo o encumbrarlo, simplemente démosle el trato de un hijo, buscando para estos un bienestar, una integración real a la familia y con un trato sin distingos, simplemente tratémoslos como un miembro más en nuestra casa y vida, sin importar si es el único o si ya tenemos más o si los tendremos más adelante o si será el único.

No importa su edad, su sexo, sus costumbres o ideología religiosa, si se les quiere en la familia, primero analicemos nuestro criterio, forma de ser y de pensar, para comprender y entender con claridad la responsabilidad que uno está adquiriendo y que a esta no se puede renunciar en ningún caso.

Los padres que ven nacer a sus hijos, a quienes debieran amar pero en lugar de ello se dedican a menospreciarlos, alejándose de su familia por irresponsabilidad, son seres que acabarán perdidos en un mundo extraño, pues difícilmente encontrarán un amor tan incondicional y verdadero como el de los hijos. El no saber apreciar este tesoro que la vida les otorga, habla muy mal de quienes no saben apreciarlos.

Aunque los padres se divorcien, será importante que ambos estén pendientes de los hijos, que se conviertan en sus amigos, en gente que esté a su lado para darles alegrías y no problemas. Los asuntos de la pareja nunca deberán pesar sobre los hijos, no hay por qué afectarlos, menos aún debemos de involucrarlos u obligarlos a que tomen partido por uno u otro.

Tampoco hay que utilizar esta situación como un pretexto para molestar a la ex pareja, mucho menos cuando él o ella, estén intentando rehacer su vida con otra persona y esforzándose por darle a los hijos una nueva familia. Recordemos que no somos dueños de nuestra pareja, sino compañeros, solo mientras sepamos serlo; al separarnos, ambos debemos de ser respetuosos y no abusar o propasarnos con quien alguna vez fue nuestra compañera (o).

No queramos confundir una cosa con otra. Cuando la ex pareja fue alcohólica, adicta o enferma mental, la cercanía de esta con los hijos no será lo más adecuado. No hablemos mal de esta, no la denigremos, tampoco hablemos de ella con lástima o resentimiento, simplemente separémonos y dejemos que cada quien escriba su propia historia. Pero en ningún caso se les debe hablar mal a los hijos de su madre o padre ausente.

Es por esto que hemos venido hablando de las excepciones naturales y necesarias, mismas que no debemos confundir con pretextos que como seres humanos deseamos imponer por orgullo o conveniencia.

Es inválido argumentar que la separación es la responsable de nuestra indiferencia hacia nuestra familia, menos tratándose de los hijos, y es que cuando esto sucede es claro que no existe amor por ellos.

Aun cuando los padres se separen y exista responsabilidad y respeto por parte de ambos, lo más relevante será apoyar a los hijos en todas las actividades de su vida, sin dañar a la ex pareja.

¿Qué pasa con los que enviudan o se van del hogar?

Las cosas cambian cuando la mujer o el hombre enviudan en forma inesperada, ya que los sentimientos se debilitan y las influencias exteriores son abrumadoras. Si no se tiene cuidado y atención sobre los hijos, estos pueden terminar por rebelarse contra la vida misma, acabar con su futuro al destruir sus sueños, esperanzas y metas.

Un padre o una madre que se muestran débiles, afectarán a los hijos; por ello ante lo inesperado y los fuertes golpes de vida, cualesquiera de ambos padres debe de saber mantenerse firme, con metas concretas inmediatas, canalizando la fuerza, los sentimientos y los vacíos hacia puntos positivos, que no permitan que los hijos se pierdan ante la inseguridad del mañana o que se vuelvan temerosos de un porvenir oscuro. Hay que ponerle ganas, sacrificar nuestro tiempo libre y estirar el tiempo del trabajo, para asistirlos y compensarles esos momentos que ellos tendrán en soledad, al verse sin uno de sus padres. Es duro, difícil, complicado, pero posible. Nunca debemos de darnos por vencidos.

Por lo que debemos estar mucho más al pendiente de ellos, ya que los malos consejos por parte de la gente, los amigos y hasta de los familiares, pueden hacer difícil el ambiente imperante. Hay quienes tratarán de ganárselos arteramente a nuestras espaldas, con falso cariño y malos consejos.

Otros buscarán enemistar a los propios hermanos, con la tarea de dividir para vencer y salirse con la suya. A todo ello, buena cara, paso firme. Hablar siempre con la verdad, sabiendo ser amigos de ellos, sin engaños y sin mentiras. No prometamos lo que no podamos cumplir y cumplamos con lo que prometemos. Cuando los tiempos cambien inesperadamente y no podamos dar lo que esperábamos o prometimos, hablémoslo, compartámoslo y expliquemos la situación, para que no sientan engañados o utilizados, la verdad duele y daña, pero una sola ocasión y la mayoría de las veces nos unen más aún. Las mentiras duelen, difícilmente se olvidan y nos lesionan, pero sobre todo estas nos dividen y separan.

El padre o la madre que prefiere olvidarlos, ignorarlos o buscarlos cuando ya no se les necesita, es, además de un mal padre, un ser sin amor ni afecto hacia sus hijos.

Intentar recobrarlos en la época de decadencia de los padres o en la etapa de éxitos y fortuna de los hijos, sólo nos permite apreciar lastimosamente la forma irresponsable en que muchos hombres y mujeres actúan por la conveniencia de querer vivir a costa de aquellos, a quienes debieron proteger en su momento y que se dedicaron a explotar o a ignorar cuando más los necesitaban.

Como lo hemos venido diciendo, es bueno perdonar a nuestros semejantes para no vivir en un mundo de rencor, pero no significa que debamos olvidar el pasado, sino más bien tomar las precauciones para que de acuerdo a nuestras experiencias de vida, elijamos por aquello que nos permitan un mejor futuro.

Hombres y mujeres tienen los mismos derechos y obligaciones, por ende sus posibilidades también son iguales; todos merecen respeto, lo mismo hay que saber dar y exigir para que todo funcione a la perfección.

A los hijos propios o ajenos hay que tratarlos con afecto y respeto. Ya pasaron las épocas de intentar educar a golpes, con ofensas o malos tratos, recordemos que son individuos que entienden y comprenden; es más, parte de nuestra obligación como padres es esa, la de enseñarles a entender y comprender las cosas de la mejor manera posible.

Habrá que buscar la manera de educarlos correctamente, sin ofenderlos ni lastimarlos; cuidando de no malcriarlos o de convertirlos en personas con un concepto equivocado de la vida, porque solo los haremos infelices en sus vidas futuras. Hay que saber ser feliz con poco aun cuando se tenga mucho, enseñándoles a cuidar y administrar todo lo que se tiene y se logra, pero siempre sin perder la humildad, la sencillez, la cordialidad y el respeto por todo y por todos.

La madurez, preparación, respeto y responsabilidad, se ven de muchas formas, pero siempre coinciden para bien y nos ayudan a lograr una mejor armonía.

Los hijos de la pareja y aquellos nacidos fuera del matrimonio

La vida guarda muchas sorpresas, a veces descubrimos los obstáculos que nos pone el destino y las evitamos; otras veces, caemos tan bien en la trampa, que pasan los años y nunca nos damos cuenta.

¿Cuántas veces nos ha tocado ver que tan pronto nace una criatura, la suegra dice que es igualita a la madre, pero con los ojos del padre, o si es varón que sus ojos y manitas son las del papá?

¡Claro! Después de ello al padre lo podemos ver tan orgulloso que el mundo le queda chico para presumir al bebé recién llegado.

Sólo que al paso de los años los niños crecen y se van pareciendo cada vez más al vecino, al primo o al jefe de la esposa, que al padre mismo.

Al verlos desarrollarse nos damos cuenta que su andar, calvicie, así como la forma de reírse y hablar, las cuales corresponden totalmente a otra persona; ni hablar, son los genes y ellos obedecen a su propia naturaleza.

La verdad, aunque tarde, siempre sale a flote y casi siempre para cobrar su cuota al engaño.

Tal pareciera que «clonaron» a ese niño, pero no precisamente de aquel que se considera el padre, situación que casi siempre lleva a la disolución de los matrimonios, ya que una traición tan grave como esta difícilmente se perdona y ahora con las pruebas de ADN, las madres se ven más fácilmente descubiertas y eso de que se llevó el secreto a la tumba, ya no es tan común.

Es en este punto cuando explota la bomba y el hogar se vuelve un caos, lo que es lógico en una acción que no podemos celebrar, pero que si es urgente de remediar.

Algunas veces en familia se llegan a perdonar ciertas acciones y errores, pero es la sociedad la que usualmente no deja pasar por alto las equivocaciones de sus semejantes, entre ellas la infidelidad de alguno de los esposos, con lo cual se devalúa socialmente la pareja y se daña a los hijos.

Los hijos suelen ser los más afectados ya que sin tener culpa alguna, jamás se les advirtió de los retos adversos que tendrían que enfrentar.

Si a la criatura se le ha querido como hijo propio desde que nació, luego entonces lo es, continuemos tratándolo como tal; los hijos son los menos culpables de lo que hacen sus padres, tampoco son culpables de sus errores, aunque estos los dañarán por el resto de sus vidas.

Es a la esposa o al esposo a quien habrá que pedirle cuentas, no a una criatura que nunca pidió ser concebido de tal manera.

Hay hombres que se sienten marineros al querer tener un amor en cada puerto, en cada ciudad y en cada colonia; pueden y algunos lo hacen, pero ello daña a muchos y tampoco es un orgullo que a este le valga de algo.

De forma comprometida buscan tener varios hogares al mismo tiempo, porque su soberbia y falta de respeto propio, así como hacia los demás, les convierten en individuos sin valores morales. Así que ¿cómo podrán exigir a sus hijos que los tengan? Menos aun cuando no han sabido dar un buen ejemplo y no han tenido un comportamiento responsable.

Ha habido casos en los que después de haber tenido varios hogares y vidas distintas en cada uno, cuando fallecen, los hijos de una y otra relación coinciden en el sepelio de aquel padre al que creían ejemplar, con resultados totalmente desastrosos para todos.

Aquí contará la madurez que empleen las diferentes partes para apreciar la situación, aunque claro, un engaño es una acción dolorosa que sin duda traerá consecuencias.

A veces es la mujer quien ve en un hombre la oportunidad de arreglar su futuro y con tretas, engaños y buscando la oportunidad, está al acecho de la oportunidad para quedar embarazada, no dice nada y al nacer la criatura busca al padre y le informa; lo que lógicamente suele ocasionar una serie de conflictos y enfrentamientos. Esta no puede ser considerada una acción sana o adecuada.

Hay padres que se hacen cargo del menor, aunque ello les destroce el hogar que ya tenían o la relación que estaban por culminar en matrimonio; pero hay otros tantos que se desentienden y no se prestan a este tipo de chantajes.

Otros se apersonan al nacimiento y, sin casarse con la dama, se hacen cargo de ella y de su hijo no por amor a ella, sino al recién nacido; pero aun así estas mujeres buscan entorpecer la vida de ellos y de crearles problemas y disgustos entre sus familiares y ellas, lo que ocasiona que las cosas lleguen a un límite en donde seguramente estas personas terminarán perdiendo todo.

Habrá que conocer las razones de lo acontecido, la excusa o el cinismo que encierre cada caso; sobre ello se tendrán que revalorar las cosas y después darles una solución.

Nunca debemos descargar en los hijos nuestro enojo, fracasos y equivocaciones, pues estos son ajenos a todas las acciones realizadas por quienes les engendraron.

Si bien sabemos que lo mismo vale un hijo propio que uno adoptado, así como aquellos adheridos a la familia, un hijo nacido del engaño deberá merecer todo el amor y cuidados como los demás.

Sin embargo, hay padres que con pedantería se enorgullecen de sus múltiples amores y familias, aunque no den a estas lo más importante como lo es el amor y el respeto a cada uno de sus integrantes.

Si alguien desea tener aventuras, experimentar lo que de jóvenes no hicieron, aunque peligroso y comprometedor, las cosas se pueden hacer siempre con cuidado y discreción, aunque esto no sea lo más correcto.

Las parejas separadas o divorciadas pueden tener libertades, así como gustos que no podían darse cuando estaban casados, ya que ahora no tendrán que ser fieles a nadie, pero sí deberán cuidar que no se les pierda el respeto para continuar siendo lo que son y disfrutar la vida de forma diferente.

Debemos entender y comprender que cualquiera que no tenga un compromiso marital o sentimental, estará en absoluta libertad de gozar la vida como lo deseé, pudiendo experimentar hasta encontrar lo que busca.

También existen individuos que al separarse o enviudar, deciden no volver a casarse, todo por no querer perder la libertad que tienen, aunque al paso de los años la soledad les pesará.

Aquí cabría mencionar que si se pretende andar con una persona divorciada o viuda, con la que más que desear formar un hogar sólo se quiere disfrutar de su compañía y afecto, será importante decirlo desde un principio para no crear falsas expectativas que más tarde pudiesen provocar una desilusión y la pérdida de tiempo entre aquellos que podrían dejar pasar sus mejores años de su vida al estar en una relación sin futuro.

Y es que pudieran existir otros pretendientes que sí estén interesados en formar nuevamente con ellos un hogar, oportunidades que si no se aprovechan en su momento difícilmente volverán a producirse, lo que les hará seguir buscando hasta encontrar lo que aquí no encontraron.

Sobre todo en el caso de las mujeres, para quienes dejar pasar tres o cinco años resulta demasiado tiempo, pudiendo ser esta la causa para que ya no tengan una siguiente oportunidad, pues erróneamente pensaron que habían encontrado con quien compartir su vida o quien les cubriera sus gastos de por vida por tener un hijo. Lo sorprendente como lo explicaba antes, es que esto se ve y se da frecuentemente entre personas de distinto sexo, a veces es el hombre quien solo busca una unión para beneficiarse y vivir sin trabajar.

También están quienes sólo desean casarse para tener una vida más cómoda, quien los cuide, los atienda o ayude con los gastos del hogar. Aquí hay que tener cuidado y no dejarse engañar con falsas promesas, lo que se da en ambos sexos, así que antes de hacer un compromiso hay que analizar la situación con la mente en frío y sin apresuramientos.

Muchas de las veces, cuando la pareja se está dando cuenta de la realidad, la pareja se le adelanta y le cambia la jugada pidiéndole matrimonio, lo que confunde y nos lleva a cometer malas decisiones.

Otras personas coinciden en que difícilmente volverían a casarse, pues no desean ser sometidas nuevamente a la voluntad de una pareja, prefiriendo su libertad para poder hacer lo que quieran con su tiempo y su vida, pero sobre todo porque a veces es para poder disfrutar a sus hijos.

Los padres pueden ser estrictos y con defectos, pero siempre tratarán de ser equilibrados a la hora de tomar decisiones, y es que no podemos cegarnos a la realidad o a la verdad por el solo hecho de tratarse de nuestros hijos. Hay que saber entender en ocasiones que estos no fueron hechos para el matrimonio o que quizás les faltó madurez para enfrentarlo y sacarlo a flote, que si no estaban listos para ello, mucho menos lo estaban para iniciar una familia.

Habrá quienes puedan vivir con la pareja sin que exista amor, pero de ahí a ofenderla, golpearla y menospreciarla, hay una enorme diferencia. Y es que tal vez se llegue a acuerdos como el de vivir en pareja o frecuentarse como tal, sin mayor compromiso, pero a pesar de esto la relación nos obliga a ser respetuosos para que la misma se prolongue por mucho más tiempo.

Si una relación se termina «habiendo estado casados o no», ello no será pretexto para hablar mal de la otra persona. La pareja la conforman dos seres que deben ir por el mismo rumbo, pero si no se logra, la culpa será de ambos, no por ello hay que intentar acabar con la reputación del otro.

Nunca será aceptable ofender ni humillar a la pareja, menos delante de los hijos, ya que en estos, por lo regular, surge una actitud interna y natural de rechazo hacia el agresor, así como también hacia el cónyuge pasivo. Por lo que a final de cuentas ambos padres salen perdiendo y la familia se desarticula.

Esto sólo provoca que los hijos se vuelvan agresivos o pasivos, al punto de llegar a rechazar al sexo que les corresponde o al sexo del agresor, esto con el fin de golpear moralmente a quienes sienten que les hicieron daño, sin que les importe echar por la borda su propia vida. Por ello, muchas de las veces y sin desearlo el daño psicológico los lleva a no estar a gusto o satisfechos con lo que por naturaleza son.

Simplemente al no querer ser como la madre o el padre «pues ello los ha lastimado durante su niñez», pueden mostrar su inconformidad al desear y sentirse de otro sexo distinto al de la imagen que rechazan por su agresividad o por su excesiva pasividad.

Un ser que tiende a ofender a su cónyuge e hijos, denigrándolos y humillándolos, ante los que se presenta alcoholizado, drogado y queriendo imponer su machismo o feminismo, es una causa suficiente para destrozar a la familia. Lógicamente que ello ahuyenta a la pareja y aleja a los hijos, quienes aprovecharán la mínima oportunidad posible para salir del hogar y tratar de no regresar a este, o si lo hacen, que sea lo menos posible.

Quien pretende manipular a los hijos en contra de su cónyuge, solo logrará terminar repudiado y solo, ello sin importar si se trata de la madre o del padre. Hay que respetar a los hijos y no tomarlos como una herramienta que nos dé ventaja sobre nuestra pareja, ello es denigrante y daña a todos.

Cualquiera de los padres que tenga un comportamiento como este, sólo logrará que sus hijos lo rechacen y lo odien, repugnando además de su actitud su «autoridad» y su posición dentro de la familia.

La agresión familiar puede llegar a provocar daños psicológicos difíciles de superar, por lo que es importante hacer un alto para revisar si nuestro proceder para con nuestros seres queridos es el correcto, tratemos de darles un ambiente mejor, el más óptimo, aquel que realmente construya las bases sólidas para su buen desarrollo.

A veces nuestro actuar es confuso, equivocado, y está plagado de errores en nuestro comportamiento, por lo que no debemos de continuar lastimando a la familia y a nuestros seres queridos.

Los padres deben saber llamar la atención a sus hijos cuando el comportamiento de estos sea incorrecto, siendo la mejor manera de hacerlo, dándoles el ejemplo con sus propios actos en su vida cotidiana. Nunca a golpes. Aunque en realidad, cada caso, cada familia y situación, son diferentes, distintos y en nada se pueden comparar los unos con los otros.

Conociendo a los hijos es como se podrá saber cómo educarlos, protegerlos y sobre todo mostrarles lo que deseamos que logren y alcancen, para ello nada mejor que los buenos ejemplos.

La educación acompañada de la moral, ética y respeto, siempre serán de gran ayuda para poder consolidar a nuestra familia. Así como a lo largo de este ejemplar reiteramos nuestra observancia sobre puntos importantes, así también los padres deben de ser cuidadosos de verter su información en distintas formas, tiempos y formas, a fin de que los hijos capten, entienda, comprendan y recuerden sus enseñanzas y las bases de estas.

En ocasiones como padres se tienen que sacrificar muchas cosas, pero esto es preferible a tener que enfrentar una secuela de errores que sólo conseguirán desequilibrar el ambiente familiar. Ya de sí es difícil educar sin el apoyo de la pareja, más aún si uno se distrae en una nueva aventura y poco tiempo le damos a la familia o a lo que de ella queda.

Tal vez nadie o pocos se den cuenta de las oportunidades que los padres desaprovecharon a cambio de poder consolidar su familia y hogar, que es la mejor manera de ayudar a los hijos a consolidar su futuro, esto con el cuidado y la atención requerida. Ya que de no haber estado al pendiente, pudieron haber perdido a uno o más hijos por haber tomado estos los caminos equivocados o sencillamente no avanzar en sus conocimientos académicos.

Mientras que así les dieron la oportunidad de ser alguien en la vida, logrando su superación en un ambiente de amor, cariño y respeto. Comúnmente millones de madres solteras en todo el mundo también lo consiguen, con lo que se demuestra que con el apoyo real y sincero de uno de los padres, se puede lograr la mejor de las metas.

Claro que cada caso es distinto y especial, ya que a veces ante una defunción, secuestro, asesinato o abandono, quien se queda con los hijos no sabe ni entiende qué es lo que debe y tiene que hacer para sacarlos adelante, y más aún si la familia de la pareja no coopera ni ayuda. Por ello resulta muy fácil opinar y juzgar, pero nadie sabe y conoce la verdad de lo que sucede mejor que los propios padres e hijos.

En un divorcio los hijos no deben tomar partido

En un divorcio casi siempre salen a relucir versiones distintas acerca de su posible causa, aunque la única verdad sólo la pareja la sabrá, así como los motivos que la orillaron a tomar dicha decisión. Es decir, no tratemos de adivinar o de acreditar virtudes y errores a unos u otros, toda suposición siempre será equivocada.

Por tal motivo los hijos no deben comprar los pleitos y los problemas de los padres, debiéndose mantener al margen de las decisiones que sólo competen a ellos dos. Cuando se tenga la edad suficiente, entonces podrán actuar con inteligencia, respeto y cordura, pero sobre todo, en un ámbito de esfuerzo por ser imparciales y justos.

Hablamos de ser justos cuando esto es algo vago e inexacto, ya que cada cabeza es un mundo y lo que para unos pudiera serlo para otros quizás no; intentemos actuar con imparcialidad e inteligencia, siempre con un previo análisis de las cosas, nunca con precipitación ni tampoco con el ánimo de venganza.

Los errores que pudiéramos sentir que nuestros padres cometieron, no deberán ser la causa que nos lleve a cometer las mismas injusticias, ni consigo mismos, ni con los padres, cónyuges, hermanos e hijos, tampoco con la sociedad ni con aquellos que nos quieren.

Esto es posible hasta cierto punto, ya que suele darse que llegado el momento los hijos salen al auxilio del padre que consideran más vulnerable, haciendo hasta lo imposible por que las cosas mejoren.

Los hijos no son un ancla para los padres, sino la oportunidad de estos para trascender de muchas otras formas con sus ideas y conceptos; por ello hay que saber sembrar en estos, las cualidades necesarias para un mejor vivir.

Tampoco se debe abusar de ellos al tratar de enfrentarlos con el cónyuge, cada vez que nace un reclamo o problema, no tienen por qué ser tomados como el pretexto de todos los males que se viven, ni ser utilizados sentimentalmente mediante el suplicio y la sumisión aparente del padre o la madre con el fin de tener un aliado.

Los padres no deben recurrir a ser mártires cada instante de su vida, pues sólo lograrán arruinar la vida de sus hijos, brindándoles una existencia muy distinta a la que ellos esperan, sin alegría y sin ánimo de seguir adelante.

Nadie tiene el derecho de envenenar a los hijos contra el padre o la madre, ya que esto destruirá la convivencia en la familia hasta lograr separarla. El camino del odio y de la venganza nunca será la mejor manera de ganarnos el cariño de los niños o jóvenes, por el contrario, sólo demostrará nuestra nula calidad humana, lo que a la larga solo logrará separarnos de ellos.

No podemos ampararnos en el amor de los hijos para cometer injusticias con la familia, menos para explotar a los mismos en nuestro beneficio.

Es importante que los hijos mantengan la mente abierta con equidad y justicia, que analicen el proceder de sus padres sin juzgarlos, sólo comprendiéndolos para lograr una mejor convivencia.

Cuando un nuevo personaje está por entrar a la familia, los integrantes de esta deben tomar dicha situación con tranquilidad y sin reproches. Recordemos que cada quien se ganará su puesto y sabrá cómo conservarlo, así como si vale la pena estar en donde se quiere o si es mejor alejarse de este círculo.

Se debe aprender a dar una oportunidad a la gente para mostrarse tal y como es, en uno está el que nos engañen o no, la preparación basándose en una buena educación, nos ayudará a enfrentar mejor la vida.

A una persona se le conoce por sus hábitos más insignificantes, como por ejemplo la forma de comer, hasta en cómo camina, duerme, viste, se expresa y se relaciona con los demás.

Si una persona se acerca a la familia con la finalidad de unirse a algún miembro de la misma, seguramente lo hará con mucha precaución, quizás pretendiendo ser lo que en verdad no es, sólo para tratar de ser bien visto y de que no se le agoten las oportunidades para ser parte de ella. Algunos con un pasado deslumbrante, otros con uno que entristece, y muchos más con un pasado desconocido o a veces hasta peligroso. Investigar no es malo, ya que ello ayuda y da tranquilidad.

Durante el noviazgo, los hombres como las mujeres son muy distintos a las personas que dejan ver al consumarse el matrimonio, en ocasiones mostrando a verdaderos extraños; en otras ocasiones su actitud cambia totalmente y nos deja fuera de lo que en realidad conocíamos de ellos.

A esa clase de gente podríamos catalogarlas como falsas y abusivas, quizás sólo buscan romper una barrera de compromisos impuestos por la familia, para sorprenderlos y lograr su deseo de vivir con alguien, a quien seguramente acabarán por perjudicar mientras vivan unidos.

A las amistades de los hijos hay que tratarlas sin hacer conjeturas apresuradas, pero con sangre fría y tranquila. Una relación de uno o dos años es mejor que una de tres o seis meses, ya que a veces el tiempo nos deja ver pequeños detalles que son avisos de lo que podemos esperar y, sobre todo, entre ellos hay más entendimiento y conocimiento de lo que quiere y busca la pareja.

Recordemos no perder la paciencia, tampoco hagamos juicios previos sobre las personas, pues podríamos estar cometiendo un error que después nos lleve al arrepentimiento, esto al no poder resolver la situación y con ello causar mucho daño, incluso a la propia familia.

La misma recomendación será también para los hijos. Cuando alguno de sus padres esté en busca de un nuevo compromiso matrimonial, deberán estar atentos, respetar y asumir la situación sin arrebatos, hablar abiertamente con ellos en los momentos propicios y en los lugares adecuados.

No hay por qué tratarlos mal, por el contrario, hagámoslos sentir que tienen un nuevo hogar, una nueva familia a la que se unirán y pertenecerán en caso de que contraigan nupcias, en donde se les verá como un miembro más de esta con sus derechos y obligaciones como todos los demás.

Pero lo más importante será observar que el futuro cónyuge sea una persona que habrá de conducirse siempre con respeto hacia el ser amado, ya que aquel que insulta, ofende, engaña, miente y vive presionando desde el noviazgo, durante el matrimonio será incontrolable y no solo hará lo que viene haciendo, sino que sus límites serán muy por encima de lo que conocemos.

Este tipo de comportamientos equivocados, de conductas que no se aceptan entre amigos, novios y esposos, a la larga y aunque la pareja se separe o no lleguen a nada ayuda a que ambas personas cambien y mejoren en su forma de ser y de pensar.

Se dan casos en que los padres no vuelven a contraer un nuevo compromiso por no encontrar a la persona adecuada para compartir sus vidas, la cual sea amorosa y sincera, aquella que quiera darse completamente, entre muchos otros atributos. Aunque esto es algo difícil de encontrar, sí se puede lograr. Pero falta ver que entre los hijos y esta persona exista también el entendimiento, ya que a veces ello es la chispa que hace explotar al hogar.

Veamos en silencio su trato, cortesías y ademanes, fijémonos en su educación y moral; valoremos si hay futuro en este tipo de relación, sin apasionamientos y sin imposiciones. Veamos si el trato entre esta nueva persona y nuestros hijos es cómodo, sincero, aceptable, y razonar si nos puede llevar a una mejor estabilidad en el hogar; de no ser así, no tiene caso poner en riesgo lo que ya se tiene. A veces la persona que llega al hogar, lleva una doble vida una para agradarnos y otra con la que presiona, molesta o rompe la armonía en el hogar. Hay que escuchar a todos antes de tomar una decisión tan crucial.

Hay padres que no creen en lo que los hijos les dicen, por ello es importante que siempre exista la verdad y nunca el chantaje sentimental. A causa de ello, piensan los padres que los hijos inventan y no los toman en cuenta en cuanto a su opinión sobre la otra persona. A veces los hijos aceptan la situación por tratar de que su padre o su madre tengan una compañía y una ayuda en su vida, pero no porque estén contentos, o a gusto, menos aún satisfechos con esta decisión. Todo cuesta trabajo, ya que no se trata de cambiar una ficha por otra, sino de remplazar a una figura paternal por otra que difícilmente podrá serlo y que tiene muchas cosas en contra, iniciando por el simple hecho de que es un desconocido o una desconocida.

Por más que duela a los hijos, estos deben comprender que sus padres tienen el mismo derecho que cualquier otra persona en el mundo a encontrar un nuevo compañero para rehacer su vida. Ni el padre o la madre tienen por qué pasar el resto de sus vidas en soledad, sin alguien que los quiera y les haga sentir con un futuro por disfrutar.

Es fundamental recordar que no vale la pena darle un hijo a quien sólo tiene dinero, mas no así moral ni ninguna otra cualidad para educarlo, quererlo y dedicarle el tiempo necesario para hacer de él una persona de bien; si lo hiciéramos, estaríamos destinando a un ser a una existencia plagada de sinsabores.

Tampoco podemos entregar a un hijo en matrimonio a alguien por su solvencia económica, cuyo respeto hacia los demás simplemente es nulo al igual que sus valores, pues esta sólo será una cuestión de conveniencia destinada al fracaso. Será como querer casarlos simplemente para hacerlos infelices.

Aquellas personas inmaduras que sienten que el mundo se les acaba si no logran hacerse novios de alguien en la primera o segunda cita, están equivocados.

Primero debemos entender a la persona, conocer sus intenciones, proyectos y sentimientos, si ello va de acuerdo a lo que deseamos y buscamos, entonces podremos entrar a un noviazgo para ver si se da la adaptación del uno con el otro, y más adelante intentar llegar a un compromiso más serio y estable.

La tecnología y la información xterna en abundancia

La tecnología y particularmente internet, cuando se usan sin control, en ocasiones no saben ser percibidas o no se reciben en la forma y tiempo adecuados, confunden, engañan y a veces hasta dañan la mente de quienes carecen de bases sólidas, principios éticos y morales, así como de una experiencia y una madurez.

Desafortunadamente cuando las personas se sienten solas, abandonadas, que no se les quiere o que no son parte importante de la familia, suelen confiar en quien menos debieran de hacerlo y entre esas influencias está la de la tecnología, la cual nos da una información abundante, que proviene de distintas personas, creada en distintos momentos y de diversas formas y por muy distintas formas de pensar o percibir y por quienes suelen pensar distinto a lo que somos o hacemos y por ende puede confundirnos y hasta convencernos del hacer o el no hacer determinadas acciones o actividades.

Este medio engaña y acorrala a las personas que se pierden en él, ya que ven y escuchan demasiada información en poco tiempo y sin embargo la confusión llega, sin darnos cuenta; ya que las experiencias que narran o comentan son totalmente inciertas, falsas o a causa de otras situaciones muy distintas a las nuestras.

Por ello luego se quiere averiguar a qué sabe tal droga, si es verdad que a la medianoche están en las calles las mejores oportunidades, si los justicieros son de ayuda para la sociedad, si el hablar con extraños ayuda y mil cosas más que probablemente nos lleven a tener problemas y que nada tiene que ver con lo que en verdad nos sucede.

Uno suele escuchar que los padres se quejan de que sus familiares están perdiendo la vida en internet y que sus ideas locas y raras son causa de esa información abierta, no comprobada y que carece de valores o principios.

Es muy difícil que hoy en día las personas no estén conectadas a la tecnología, por ello cerrar la conexión no es la solución. Hay que dedicarle tiempo a los hijos y en sí a la familia; hay que hablar con ellos, dejarles ver lo que en realidad sucede y a lo que se expone uno con los errores en redes de tal naturaleza.

Los hijos, y a veces hasta la pareja, son rebeldes, se enojarán, se molestarán, nos sacarán de quicio y nos enfrentaremos a diario a una discusión. Pero ello no importa, es mejor tener ese desencuentro, porque así se continúa en contacto con las personas que queremos y que están bajo nuestro cuidado y resguardo, esas mismas personas que desde su punto de vista y forma de convivir en familia, también están cuidando de nosotros, recordemos que lo mismo que vemos que les sucede, nos puede estar sucediendo a nosotros.

Así, hablando, participando y en comunicación constante, es como se logra conformar un gran equipo, el cual en nuestro caso se llama familia.

A lo que quiero llegar, es que la tecnología es un gran riesgo, pero no en sí la culpable de los errores en nuestra familia y seres queridos. Los culpables somos los padres, los jefes de familia, los que tenemos que ver por el bienestar común de las personas que viven y dependen de nosotros, si no les ponemos el cuidado y el interés, por ello no nos asombremos de los resultados.

Sádicos y malandrines disfrazados de ovejas

Claro que las parejas que aun sin casarse deciden vivir juntos para conocerse más y de otras maneras, hoy en día esto es muy común, pero no por esto se piense que es lo correcto o conveniente.

Aunque debemos ser respetuosos y recordar que cada cabeza es un mundo, que cada quien debe vivir como lo deseé y le convenga; aunque siempre sea muy arriesgado el convivir con un hombre o una mujer que es inseguro y celosa todo el tiempo. Ello hará de nuestras vidas un infierno que tarde o temprano terminará por explotar en busca de la separación y la libertad.

A fin de cuentas, se requiere del acuerdo y entendimiento entre dos personas para formar voluntariamente una pareja.

Cuando se quiere a alguien, cuando en verdad se ama, nunca se le lastimará; tampoco se le pedirán actos que puedan denigrarle ni ridiculizarle. Torpe será la persona que lo permita.

Luego entonces no lastimemos a nuestra pareja recordándole a diario su pasado, aventuras o errores, si se le quiere deberá ser tal y como es, aceptándole con defectos y virtudes. De no ser así, será mejor terminar esa relación, porque si no sólo iremos a un desastre mayor.

Es más, no tenemos derecho a preguntarle con quién estuvo, qué hizo, dónde anduvo, así como qué es lo que más le gustaba de su anterior pareja. Quien hurga en el pasado, se quedará en el pasado por siempre.

Hablemos siempre con la verdad, informemos a la pareja de todo lo que deba saber, como si hay hijos o compromisos pendientes. Con respecto a la vida íntima es eso, íntima, y no tenemos por qué divulgarla a menos que uno lo deseé, aunque no es conveniente ni prudente dar detalles ni secretos, pues esto es algo personal.

La persona que condicione a la pareja antes o durante el matrimonio para que realice todo lo va en contra de su educación y moral, seguramente es un ser hombre o mujer que está frustrado y con el espíritu malévolo, el cual podría tornarse violento.

Hay quienes dicen que la época de la caballerosidad y la galantería está pasada de moda, pero es falso, dichas atenciones siempre serán bien vistas por una dama y un caballero y por la gente de buenas costumbres.

Sin importar su edad, una dama o un caballero serán recibidos en todo momento en sociedad.

Un malandrín, por más rico y poderoso que sea, podrá ser temido pero nunca respetado. No valdrá nada, por más adulaciones que reciba.

Lo mismo sucede con las mujeres y hombres, los cuales serán tratados de acuerdo a su conducta. De ahí la importancia de saber cómo, cuándo y dónde vestir cada prenda. No es lo mismo ser una mujer joven soltera y sin compromisos, que una señora casada y con familia.

Si bien llaman la atención por vestir provocativamente, será porque algunas féminas encuentran pasado de moda comportarse como damas, prefiriendo ser vulgares, comunes y corrientes, sin importarles perder sus principios más elementales.

Sin embargo, una auténtica dama, una persona que se da a respetar, puede ser maravillosa, encantadora, femenina, amorosa, respetuosa y sensual, sin ninguna necesidad de llegar al ridículo o a la vulgaridad, para conseguir tan sólo un poco de atención. De esas damas es de quienes todos se enamoran, a quienes todos desearían tenerla como pareja.

Cabe mencionar que para un hombre nunca pasará de moda el apreciar a una mujer que se sabe comportar, que se da a respetar y que sabe ser una dama en todo sitio y lugar; estas son las mujeres que todos quieren para madres de sus hijos, las que son un digno ejemplo de su género.

Una dama que se la pasa en los bares y cantinas hasta altas horas de la noche, aunque esté con sus amigas o amigos, su comportamiento solo les brindará una mala imagen; por ello reza el refrán «No hagas cosas buenas que parezcan malas, ni malas que parezcan buenas». Porque casi todas las personas se rigen por el criterio de piensa mal y acertarás.

Las mujeres también se fijan en el tipo de comportamiento de los varones, ya que analizan lo que dicen, lo que hacen y la forma en que se compartan dentro y fuera de su familia; ya que con esa persona tendrán que formar un nuevo hogar, vivir el resto de su vida y convivir diariamente y en todos los sentidos.

Por qué se divorcian las personas

Una de las preguntas que más se escucha entre los jóvenes es, ¿por qué se divorcia la gente?

Muchas parejas concluyen su matrimonio por diversas causas, entre las que destacan: la falta de madurez, la violencia intrafamiliar, el poco entendimiento para enfrentar las responsabilidades del matrimonio, los celos incontrolables, el incumplimiento de responsabilidades, la mala administración de la economía, los vicios, las enfermedades mentales y psicológicas, así como la infidelidad, son entre los más comunes los principales puntos a enumerar.

No poder sobrellevar un hogar en donde reina el alcohol y las apuestas, además de ver como algo detestable el tener que ser cumplidos y leales a una persona que no lo es y que tampoco lo merece, son algunos de los múltiples factores que conducen a la disolución de las relaciones de pareja.

La influencia de familiares y amigos, los cuales lejos de querer vernos felices nos invitan a la soltería y a la libertad, propiciando la ruptura entre la pareja, aun cuando puede haber un mejor consejo para que todo se resuelva.

No desear o no poder tener familia también es razón suficiente para que alguno de los cónyuges pida el divorcio, para posteriormente tratar de encontrar a la persona con la que habrá de conformar una nueva relación. Aunque en muchas ocasiones esa segunda oportunidad difícilmente llega y si lo hace, no siempre resulta la mejor opción.

Tener una familia fuera del matrimonio, sentirnos jóvenes toda la vida y tratar de vivir sin responsabilidades, provocará la separación irremediable entre los cónyuges.

A esta lista se suman el aburrimiento ante una relación sin amor ni coincidencias, tener hijos o parejas con enfermedades mortales, simplemente los cónyuges desaparecen olvidando todo lo que prometieron, entre ello, estar unidos en la salud y la enfermedad.

Todo esto nos lleva a recordar algo sumamente importante, que no debemos unir nuestra vida a la de personas que no tengan valores morales, gente irresponsable, agresivos, aquellos que viven con una doble personalidad, ya que de hacerlo sólo nos estaremos enfrentando a un grave error que nos marcará de por vida.

Sin embargo es muy triste el ver que ya divorciados, los incitadores se arrepienten y tarde se dan cuenta de que lo perdieron todo y que difícilmente se encontraran con alguien más para rehacer su vida; ahí les cae el arrepentimiento, pero ya es tarde para remediarlo o volver atrás.

Muchos se divorcian solo porque está de moda y porque piensan que su vida seguirá como antes o mejor aún; lo cual es falso y complicado de sacar adelante.
Aunque muchas de las veces es mejor estar solos, que mal acompañados.

Cuando hay diferencias entre la familia.

Partamos del hecho de que ni siquiera dos gotas de agua son iguales, quizás muy parecidas, pero siempre distintas. Sin embargo, y aunque parezca extraño, no significa que no procedan del mismo sitio o que no puedan servir y valer exactamente igual.

Bien dice el refrán que: «La educación inicia en el hogar», y de ahí surgirán los pasos siguientes. Pero con cada tipo de educación, de circunstancias y ejemplos de vida, tendremos distintos resultados.

Es importante que los padres mantengan siempre la equidad gobernativa y afectiva en el hogar, si así se le quiere llamar a la acción de guardar el equilibrio democrático y apegado a los actos y decisiones justas dentro de nuestra familia. No se trata de imponer condiciones, sino de enseñar, mostrar, educar, vivir y convivir con la misma transparencia y equidad que deseamos que ellos vivan y encuentren su continuidad en la vida.

Es fácil dejarse llevar por los sentimientos, ya que los padres somos seres humanos que también cometemos errores, muchas veces hasta sin darnos cuenta, a pesar de que son muy graves y significativos.

Cabe decir que la verdad es única e indivisible, ya que de su esencia dependemos para que tengamos una conciencia tranquila y una vida bien cimentada.

No es válido que haya esposos que quieran vengarse de la pareja a través de un daño irreparable hacia los hijos, llenándoles la cabeza con ideas falsas e infundadas que lo único que provocarán será dolor y sufrimiento. Este tipo de acciones habla muy mal de esos padres que así lo acostumbran.

Otros van más allá al hacer hasta lo imposible porque los hijos fracasen, para que no logren la superación personal ni cumplan sus sueños en la vida.

Existen casos en los que la madre pretende sustituir el cariño que no recibe de su esposo por el de los hijos, con lo que estará cometiendo un grave error, ya que no debemos pretender situaciones que deben darse naturalmente.

Si alguno de los cónyuges lo hace, sólo provocará confusión en la pareja y en los hijos, estos últimos, quienes podrían seguir los mismos pasos convirtiendo a la familia en un desastre.

El amor de esposos es único, distinto al que podemos experimentar con el resto de quienes nos rodean, es un sentimiento básico que debemos cuidar, fomentar y mantener a salvo de las envidias y malos consejos de la gente.

De igual manera el amor a los hijos también es especial, tanto que se torna noble e ilimitado, incondicional y con derechos, a menos que se haga lo necesario para que su familia se olvide de ellos.

Los hijos no tienen por qué ser utilizados para agredir al cónyuge, pues esto, además de lastimar a la pareja, destruye el hogar y acaba por sembrar la confusión entre sus integrantes.

Estos deben ser llevados por la propia corriente de la vida, no se les puede ocupar como frenos para la pareja, mucho menos para escudarnos en ellos. Respetemos su individualidad, su libertad de acción y pensamiento.

También es cierto que en ocasiones el amor de los hijos por el padre o la madre rebasa todo lo pensado, en esto no hay nada de malo, pues lo mismo suele suceder a la inversa. Esos afectos pueden surgir de las circunstancias que a ellos les tocó vivir.

Sin embargo, como padres debemos darles su espacio, impulsarlos a tener su propio hogar y familia, a quienes deberán verter todo ese cariño, ya que como padres es muy probable que desaparezcamos antes que ellos y no podemos dejarlos viviendo en soledad. Como padres, debemos respetar la libertad de los hijos, tanto para que experimenten como para que aprendan, ello es lo que les dará experiencia y les ayudará a lograr la madurez.

La razón existe y el resultado se da, sólo que se debe mantener clara la mente.

Un hijo ocupa un lugar muy especial para los padres, pero no se les puede colocar por encima de los demás. No hagamos distinción de géneros y menos de edades. A cada quien se le dará lo que le corresponde de acuerdo a su desarrollo, madurez y capacidad.

Todos los hijos tienen el mismo valor por ser iguales, por lo que debemos tratarlos de la misma manera y modo que a los demás. Aunque también es real la destacada participación de algunos en las actividades del hogar, del estudio o del trabajo, lo que los hace sobresalir a temprana edad, pensando que por esto se les tiene preferencias sin que sea así.

Nuestros descendientes no deben comprar para sí lo problemas, celos, caprichos, venganzas o enemistades de los padres; los hijos deberán aprender a tomar las precauciones debidas, pero alejados y alertas.

Los problemas familiares no deben heredarse de padres a hijos.

Hay que saber tomar decisiones a tiempo para no cerrarse las puertas en este mundo a causa o por la conveniencia de los padres, ello será fundamental para los hijos.

No siempre los progenitores tienen la razón, sin embargo hay que guardarles respeto, afecto y agradecimiento, a pesar de que en ciertos casos no se pueda vivir cerca de ellos.

Los hijos no siempre entienden la realidad y verdad de las cosas, sin embargo hay que actuar con prudencia, paciencia y afecto.

Hay padres que viven lastimando a los hijos de distintas maneras, estas personas por lo regular tienen un fin lleno de soledad y tristeza.

Un hijo puede querer mucho a su padre o a su madre, pero llega el tiempo en que no puede ser lastimado, humillado, denigrado u ofendido solo porque así les parece a ellos que está bien tratarlo; por ello se separan y se alejan y con muy justa razón y sentido común.

Algunas veces los hijos llegan a culpar al padre o a la madre por la separación de la pareja, cuando ni siquiera saben las razones de dicha ruptura, juzgando erróneamente por su corta edad o inmadurez a cualquiera de ellos o en otros casos a ambos.

Se dan casos en los cuales los padres guardan muy en el fondo de su corazón el gran daño que se les hizo, esto para no deteriorar la imagen materna o paterna ante los hijos, lo que se mal entiende pues se les culpa e insulta equivocadamente por el fracaso del matrimonio a quien más entregó y sufrió en su intento de salvarlo.

Los hijos no siempre tienen la razón, pero no por ello dejarán de ser nuestros hijos. En la desesperación y angustia tenemos que saber guardarles respeto.

Existen hijos que se enfurecen por alguna circunstancia olvidándose de razonar, no permiten explicación alguna, y si la hay, no la escuchan o no le dan ningún valor o significado a esta.

Cuando ellos se convierten en agresores de la propia familia, es mejor alejarse, ya que por más que se les quiera; permanecer a su lado es fomentar su comportamiento y llevarlos a una vida más cruel y más ruin de la que se esperaba.

Son muchos los factores que ayudan a formar una buena familia, pero son más los que influyen para su desequilibrio y destrucción.

La unión hace la fuerza, así como la experiencia vale más que el ímpetu de la juventud; pero si de algo sirve la experiencia y la madurez, es para que podamos sobrellevar con calma y tranquilidad los momentos difíciles de la vida.

A todos en la familia hay que aprender a escucharlos, dicha enseñanza la deben poner en práctica no solo los padres sino también los hijos, ya que en ocasiones no prestan la atención que se requiere, de acuerdo a la realidad que se está viviendo.

Todos queremos un mundo y una familia a nuestro gusto, pero no siempre se puede y hay que vencer muchos obstáculos y luchar incansablemente para salir adelante y lograr nuestras metas.

Recordemos que todos en la familia son importantes, sin importar su edad o sexo. Todos tienen derecho a ser escuchados, así como la obligación de participar en las enseñanzas de los padres, familiares y hermanos.

Los hijos no deben perder su identidad, pero deben saber ser buenos y comprensivos, ya que ellos serán los padres del mañana. Ellos tendrán que generar una nueva familia, cuidarla y protegerla. Luego entonces hay que darles las herramientas adecuadas.

No deben ser jueces de sus padres, pero sí tener la personalidad y capacidad que los impulse a ser mejores, sin presunción pero con decisión, respeto, moral, inteligencia y rectitud; ello es un motivador para que los padres cambien su forma de ser o de pensar y reajusten la relación dentro y fuera de la familia. Recordemos que en la forma de pedir, está el dar.

Deben saber superar las metas que conocen y valorar las que desconocen, porque ambas son valiosas y de gran significado.

Hay que destacar el sacrificio y la entrega de los demás, para nuestra participación sea reconocida y no recriminada.

Si algo se nos hace poco, démoslo en mayor cantidad pero sin pedir nada a cambio, ya que las conductas, como los sentimientos, deben ser francos y transparentes. Recordemos el hecho de saber dar sin esperar recibir nada.

Siempre será más fácil juzgar a los demás que aceptar nuestros propios errores y equivocaciones.

Algunas veces valdrá la pena equivocarse o hacer lo incorrecto, si se trata de lograr éxitos y fortalecer a la familia.

Y es que como siempre digo: «Con la caída, seguramente alguien se erguirá ganador», lo que podría ser suficiente para darle a la gente la confianza y seguridad necesarias para emprender un nuevo estilo de vida.

Recordemos que todos tenemos derecho a equivocarnos, a romper algunas reglas para descubrir caminos inimaginables en la vida, pues a ello le podemos deber nuestra felicidad. Finalmente a todo lo que nos enfrentemos será un nuevo reto a superar.

Nada pasará si improvisamos, si corremos riesgos y descubrimos las dudas que tenemos, eso aliviará nuestra carga emocional, además de que nos ayudará a recapacitar en lo que deseamos y verdaderamente necesitamos.

«Nadie es profeta en su tierra», reza el refrán, pero no por esto hay que salir huyendo de ella.

La verdad es única, por lo que más vale andar despacio y llegar a tiempo que correr y nunca llegar.

Los padres como los hijos deben vivir sobrados de prudencia, responsabilidad, comprensión y de un amplio juicio.

Hay que tener la inteligencia, capacidad y el deseo suficientes para salir adelante en todo momento, para que nada ni nadie nos puedan afectar.

Es uno quien tiene que ser entendido y comprensivo, para tratar de resolver cada una de las alternativas que la vida nos da.

Personas agresivas con complejos en la familia.

Parece mentira que aún en nuestros días, este tipo de circunstancias sigan existiendo, pero lamentablemente es una realidad. Por lo mismo, debemos aprender a hacer frente a las personas agresivas, sin importar que el origen provenga de los celos o la ignorancia.

Existe gente preparada y muy capaz en su vida profesional, pero por desgracia no saben contener sus celos, lo que les despierta dudas y desconcierto que expresan de forma agresiva.

Individuos de diversas edades llegan a transformarse en un verdadero peligro para sus seres queridos, ya que a estos son a los que más afectan con su proceder.

Se vuelven violentos en el hogar hasta transformarse en fieras, al pensar que los engañan, lo que les hará perder la razón de sus actos, sin importar su condición de edad o sexo, esto es muy común entre las mujeres u hombres que viven celosos de todo y por todo.

Su pasividad se convierte en locura y sus actos en algo fuera de toda lógica, perdiendo el respeto por los demás y por ellos mismos.

Los celos no sólo pueden llegar a acabar con la relación de pareja, sino hasta con la de la familia, y en situaciones más críticas, provocar la muerte del ser amado.

Si alguien no confía más en su pareja, tendrá que dejarla desde el momento en que perciba que sus problemas no tienen solución alguna, ya que la desconfianza que crece día a día no permitirá que renazca el amor en el cónyuge.

¿Qué caso tiene que una persona decida no divorciarse simplemente para amargarle la existencia a su cónyuge? A final de cuentas, este será quien acabe por lastimarse al hacer a diario más grande su herida.

Y es que algunos se niegan a dar el divorcio a la pareja pues piensan que al hacerlo, estos encontrarán la oportunidad de ser felices, oponiéndose rotundamente a ello. Es decir la envidia, los celos y la ignorancia, los hacen presa fácil.

Rehúsan divorciarse ya que no aceptan que sus conductas inapropiadas los condujeron a eso y siguen intentando culpar al cónyuge, hasta que este termine por inculparse de algo que no le corresponde, con la única finalidad de lograr liberarse de alguien lleno de complejos y actuaciones contrarias a las que se deben seguir en el matrimonio.

Tiene el mismo valor una mujer joven que aquella madura, al igual que la soltera, divorciada o viuda. Esto es aplicable también para los hombres.

Cada persona debe ganarse la distinción y el respeto con sus acciones, con su conducta, de no ser así todo lo verá perdido.

Ya lo decíamos anteriormente: «Lo que no fue en tu año, no fue de tu daño», así que tratemos de vivir ubicados y en paz con nosotros mismos. No hay que hacer un resumen detallado de nuestras relaciones pasadas con nuestra nueva pareja, ello no es necesario cuando se nos tiene confianza.

No otorgar el divorcio significa para muchos la forma de continuar sometiendo al cónyuge a sus arbitrarias decisiones y caprichos, la manera de no permitirle una mejor oportunidad de vida, pues no quieren perder el dominio sobre la pareja aunque con esto, ellos también sean infelices.

Algunos más, no quieren divorciarse porque buscan sobrados beneficios económicos, por lo que no cederán hasta obtenerlos y tratarán de tener más hijos a fin de amarrarse a la persona que sienten que se les va, lo que sólo será un mayor problema a futuro para ambos y peor aún para los hijos.

Tampoco podemos descartar a quienes intentan seguir arruinando la vida de su pareja, ya que saben que difícilmente encontrarán a otra persona que los soporte.

Los más inhumanos y menos preparados (aquellos vacíos de principios y sin ninguna calidad humana) impedirán llegar al divorcio porque le temen al qué dirán y a que la gente vea que han fracasado en algo tan primordial como es la relación de familia.

Con caprichos y malas decisiones nada ganaremos, por el contrario, mucho será lo que podemos perder, ya que nadie es propietario de la vida de los demás.

La injusticia que se comete en los demás con intención de lastimar, tarde o temprano se revierte.

La unión terminará por romperse al paso de los años y luego será más difícil para ambos el poder salir adelante.

El transcurso de los días y la edad son factores importantes que no podemos dejar pasar por alto. Siempre será mejor darle buena cara al mal tiempo.

¿Qué caso tiene arruinar nuestra propia vida y la de nuestros hijos, con tal de hacerle daño a la pareja? Esto no es nada sano para nadie.

Quizás el divorcio no sea el mejor de los remedios, pero sí una opción sana que nos aleje de vivir una existencia plagada de dudas y agresividad absurda, en un mundo de desconfianza, sin amor y sólo con problemas y constantes enfrentamientos.

Personas agresivas
con complejos en el trabajo

Desgraciadamente, las personas inseguras son un problema en todo lugar, son difíciles y problemáticas. Viven con la constante de que quieren ser mejores, de que hacen mejor las cosas que todos los demás y por ello todo mundo les estorba, todos los engañan, los roban, les mienten y les quieren sacar ventaja.

Hacen de cada orden un mandato, tratan de imponer sus condiciones, las cuales la mayoría de las veces son absurdas y contrarias a la integración en el trabajo. Por ello recurren al mal trato, a los gritos, a los desplantes de poder y mandato ante sus colaboradores.

Pero el subordinado, más consciente, trabaja con constancia, cumple sus obligaciones, oye, ve y calla, además de ello debe de saber aguardar, ya que estas personas no duran mucho y su salud pronto se deteriorará. Este tipo de jefes carecen de amistades sinceras, son sobrellevados, pero en el fondo de la realidad, son simplemente ignorados, ya que están vacíos como seres humanos y nada hay que reconocerles o admirarles.

Estos casos se ven en mujeres y en hombres, pero se identifican fácilmente porque son fantoches, ostentosos, gritones, llorones, mentirosos, hipócritas, falsos, envidiosos, ignorantes y muy superfluos. Algunos con alguna de estas malas cualidades, otros con la mayoría de estas.

Están los directivos que quieren humillar a los demás, en un sentido infantil y absurdo de venganza, sólo para demostrar que son mejores. Normalmente ponen obstáculos frecuentes, recriminan toda acción o trabajo aunque esté bien hecho, no reconocen la valía de las personas, tratan de someterla a base de gritos y amenazas, buscan causar pavor, les gusta verse temidas y hasta ser molestas para los demás, puesto que piensan que así correrán a sus enemigos y podrán manejar mejor su trabajo o responsabilidad y lo único que logran es desarticular un equipo de trabajo que tal vez llevó años construir y que para ellos nada vale, pero que para la empresa es la diferencia entre el éxito y la quiebra.

Estas mujeres y hombres tratan de arruinarle la vida a la gente en sus trabajos, presionándolos e imponiendo a su gente de confianza, aunque esta carezca de los elementos, capacidades y experiencia necesarios y adecuados para la empresa.

Pero como a ellas o a ellos no les preocupa la empresa, sino su vanidad, el decir yo hago, yo hice y yo pude con fulana o con zutano, sin ver más allá y darse cuenta que esa actitud lesiona los intereses de todos y lastima a la empresa que los patrocina.

Pero hacen tal daño, que si no se detienen a tiempo, la mejor de las empresas vendrá en picada cuando menos se crea o se espere, porque simplemente nadie confía en ellos y nadie espera poder trabajar con gente así.

La gente que tiene capacidad, estudios, educación, que sabe hacer su trabajo, entiende y comprende tanto a la empresa como a su personal y proveedores y clientes; pero está siempre en busca de nuevas maneras de hacer lo adecuado, lo más indicado y obtener el mejor rendimiento y aprovechamiento de todos; ello sin llegar a los insultos, a los gritos, a las actuaciones de brutalidad y salvajismo o a las amenazas.

Esas son las diferencias entre un fracasado y un triunfador, no es el dinero, no es el poder, sino el saber vivir, convivir y compartir con propios y extraños. Todo ello dentro de los márgenes adecuados, pero con humildad, sencillez, rectitud, honorabilidad y sin favoritismos. Son de los que saben reconocer sus errores y disculparse por ellos, son capaces de enfrentar sus propios errores para corregirlos y remediarlos, pero en la forma adecuada y no de manera arbitraria.

Suele suceder que las personas llegan a atacar a las mujeres o a los hombres, porque en su interior están peleados con la vida y tratan de desquitarse en las mujeres por las que los ignoraron y en los hombres por los que las engañaron; ello nunca los llevará a buen fin.

Recordemos que cada cosa debe estar en su lugar adecuado y correcto; de nada sirve vengarse en unos por lo que nos pasó o sucedió con otros, ello es arbitrario, torpe y siempre nos llevará a un mal final.

También se da el caso de que ellas o ellos buscan acabar con tal o cual persona, simplemente porque es la de mayor confianza para la empresa y sienten que ese lugar debe de pertenecerles. A veces los atacan porque quieren demostrar que pueden con el más fuerte o con el más reconocido por la empresa, sin darse cuenta de que ello los llevará a un terrible problema y a una soledad absoluta. Desconfían de todo y se sienten atacados por lo que hay y por lo que no existe, en pocas palabras, están a un paso de caer en la locura y de tener un peligroso infarto.

Lo peor de todo ello es que aunque al final terminan partiendo, solo logran dejar enemigos, y aunque permanezcan en su sitio por largo tiempo, sus subordinados se ríen y se burlan constantemente de ellos, se vuelven el ingrediente de todos los chistes y bromas y, aunque ellas o ellos se sienten reyes, para todos son bufones en el trono del rey. Sin valor, sin estima y sin nada que los haga perdurar, ya que son personas vacías e inseguras que a ningún buen puerto llegarán.

De la misma manera, caen los poderosos, los gobiernos y los dirigentes en todo el mundo. Simplemente porque se olvidan de algo muy simple. Todos dependemos y necesitamos de todos, ya sea en forma directa o indirecta.

Cuando las cosas no se dan

Da risa ver la vida de los demás, pero a ellos les da más risa ver la nuestra, porque todos somos buenos para opinar e intentar resolver los problemas de otros, mientras nosotros nos ahogamos con problemas insignificantes que para los demás son sólo causa de risa.

No podemos ser agresivos con el entorno que nos rodea, ya que este se vendrá sobre nosotros.

Lo mismo pasa con nuestras familias, si las agredimos, si las descuidamos, si olvidamos darles amor y afecto; entonces estaremos cosechando al paso de los años la misma actitud que en ellos sembramos.

Por tanto, existen hombres y mujeres que terminan quedándose solos, porque siempre antepusieron su persona, así como su beneficio, caprichos y una conducta absurda, sobre el respeto por los demás integrantes del clan.

El humillarlos, ofenderlos y agredirlos, no será cosa fácil de olvidar por los afectados, ni siquiera por los propios agresores.

Tal vez al padre o a la madre dicha conducta se les olvide con el paso de los años, puesto que la realizaron en forma natural y hasta inconsciente, pensando a la fecha que nunca tuvieron errores, pero los afectados no lo olvidarán jamás, además de que siempre lo tendrán presente.

Tarde o temprano la verdad saldrá a relucir, lamentablemente cuando no se pueda remediar nada, cuando el arrepentimiento haya llegado demasiado tarde; de poco sirve pedir disculpas, ya que lo que tenía algún valor se habrá perdido.

Hay que saber ser padres las 24 horas del día de toda nuestra vida, esta regla aplica para los que viven felices, enojados, divorciados, viudos o desahuciados.

Hasta el último minuto de nuestra vida tenemos la responsabilidad de ser buenos padres, no caben los pretextos para no hacerlo; un padre no puede vivir en la ventaja y menos aún en la venganza.

Es de suma importancia que todos seamos gente prudente, humana, respetuosa, leal y humilde, que razonemos y pensemos antes de actuar, para que los actos que realicemos no sean la propia ruta de nuestro fracaso, ni el camino para lastimar los derechos de los demás.

Nunca faltan los que viven llenos de inseguridades y complejos

Cualquier tipo de complejo por el solo hecho de serlo, es ya un problema, pero más cuando las personas no aceptan que los tienen.

Aquellos que viven acomplejados generalmente son personas difíciles de sobrellevar y comprender, lo que los hace individuos inestables, dueños de una doble personalidad e inseguros en su actuar.

También hay gente que no sólo tiene complejos sino además resentimientos, que los hará poseedores de falsos conceptos, y a la vez les conducirá a tomar decisiones equivocadas, las cuales suelen afectar a quienes les rodean, sin importar si tienen culpa o han realizado algo en su contra o que los dañe, simplemente es desquitarse con alguien.

Esta gente sufre mucho, pero es más lo que hacen sufrir a sus seres cercanos. Y es que su forma de razonar en muchas ocasiones, ni siquiera es comprensible y menos admisible.

Hay quienes piensan que viven perseguidos, y este sentimiento lo contagian a sus seres y amistades cercanas.

Estos complejos los hacen sentir inseguros de cada paso que dan, dificultando las acciones que desean emprender, retardando su forma de vida o simplemente haciéndola confusa.

Por ese sentido falso de persecución, otros lograrán hacer pasar malos ratos a aquellos con los que conviven o se cruzan en su camino.

Algunos más recurrirán al encierro para protegerse de esa persecución infundada y mental que, lejos de beneficiarlos, sólo provocará confusión en su carácter y comportamiento.

Cuando desean romper con ese esquema que han experimentado desde su niñez, sobreviene la incomprensión y ruptura familiar.

Lo mismo pasa con quienes piensan que al salir de su casa los van a robar, manteniendo la idea fija de que alguien está en ese instante entrando a su hogar.

Esto los llevará a que disminuyan sus salidas, harán que nadie en la familia las disfrute, llegando al punto de no visitar o sacar a tal o cual persona del hogar para que todos vivan tranquilos.

Estos síntomas como el del cónyuge celoso que piensa que la pareja sale a trabajar tan sólo para ver al ser amado, que si se tardó veinte minutos en su camino diario seguramente será porque está con el compadre, el amigo o quizás porque se llevó a la secretaria o a la compañera de labores a algún otro lugar, sólo provocarán malestar e inseguridad en los integrantes de la familia.

El cuento de que: «Te observé cómo veías a la mesera o al mesero», así como el reclamo de: ¿Por qué viste en la calle a ese joven o señorita?, son excusas para buscar satisfacer complejos de inseguridad, muestra de mínima de estabilidad mental y emocional.

No le podemos negar a nadie el ver a otra persona, porque tendríamos que negárnoslo a nosotros mismos y aun así sería absurdo e incorrecto. Hay personas que se celan hasta por el artista que sale en televiso o en el cine; mientras que otros más lúcidos les dan la opción de que los abrace o saluden sin problema alguno.

De por sí llevar un matrimonio es algo pesado para cualquiera sin excepción alguna, pero se complica mucho más cuando uno mismo quiere poner piedras en la relación, pues lo único que lograremos será propiciar la fractura de la misma.

Y es que ello será como desear que se den cosas irregulares para justificar una separación y no continuar casados, para que los hijos vean que el padre o la madre son personas infieles y sin moral, porque piensan que así los hijos se quedarán con ellas o con ellos.

Si esta representa una actitud negativa, será porque en realidad causan malestar e inconformidad; entonces, imaginemos lo que provoca la prepotencia sumada a la desconfianza y a la inseguridad en ellos mismos.

Esas personas que pretenden hacer menos al cónyuge, recordándole tres veces al día que en su casa no pasaría tal o cual situación, son más que insoportables.

Existen hombres y mujeres iguales o peores que, además de lo anterior, intentan prejuzgar a la pareja de acuerdo a sus actos pasados, esto para humillarlos a cada momento.

También están aquellos a quienes les encanta embarrar la personalidad del padre, madre o hermano en la cara del cónyuge, haciéndolos menos y resaltando su superioridad, así como aquellas cosas importantes que tenían y que perdieron al tomar la decisión de vivir con la pareja, como si ahora tuvieran una existencia llena de carencias.

No olvidemos que en su momento cada quien aceptó este tipo de relación, pero que su inmadurez los llevó a buscar e inventar pretextos tan sólo para dañar a la pareja que tiempo atrás eligieron para compartir su vida. Lo que demuestra inmadurez y poca sensatez en sus actos.

Debemos recordar que la oportunidad de tener una familia es un gran regalo que nos da la vida, por lo tanto, ¡cuidémoslo y apreciemos su inmenso valor!

Por más independientes que seamos, la soledad de estar sin una pareja por el resto de la vida es sumamente difícil, más aún si se está lejos de los hijos. Por ello, hay que esforzarnos por cuidar a quien está a nuestro lado y mantenernos siempre cerca de los hijos, listos para brindarles nuestro apoyo, pues esto nos ayudará a tener una familia fuerte y unida, con lo que habremos de librar con facilidad los tropiezos de la vida. Hagámoslo todo con amor y respeto, no sólo por conveniencia.

Siempre habrá alguien que se sienta superior o inferior a los demás

Lo primero que hay que decir es que los seres superiores no viven en este mundo, por lo que quienes así se sientan, seguramente será porque están desubicados o se equivocaron de planeta. No permitamos que nadie esté por encima de nosotros, pues todos somos iguales y merecemos el mismo respeto.

La inteligencia de algunas personas podrá ser sobrada, pero ello los hace diferentes, no superiores a los demás.

A los desubicados les cuesta entender la igualdad entre las personas, quienes por cierto, tratan de alterar el sistema de vida de su comunidad, sin que se responsabilicen por nada.

La fortuna económica e intelectual no hace superior a nadie, sólo nos permite adentrarnos en un mundo de posibilidades en cuanto a adquisiciones, gustos, entretenimientos, conocimientos y comodidades, pero aún con todo ello, todos seguimos siendo iguales. Algunos con ventajas o desventajas, pero al fin y al cabo iguales, algo que no debemos perder de vista jamás.

Cuando nos vamos nos llevamos lo mismo que trajimos, «nada»; lo terrenal aquí nace y aquí se queda, sin importar de cuanto se hable.

La preparación no tiene nada que ver con los sentimientos, como tampoco la edad y la posición social. El respeto debe ser igual para todos, en todo momento y lugar, a menos de que nosotros mismos no nos demos a respetar.

Cierto es que el conocimiento nos ayuda a comprender y a entender a los demás, pero nunca para juzgarlos, sino para convivir con ellos.

Lógico es que uno debe buscar un balance entre las cosas que uno vive y quiere, lo cual se logra teniendo conciencia, entendimiento, respeto, inteligencia y comprensión de las cosas.

Quien no encuentra a su pareja como la adecuada para convivir, no es por error del cónyuge sino por error propio, ya que uno no supo elegir a la persona conveniente, entonces, ¿dónde está esa superioridad que tanto se presume si nos equivocamos en algo tan importante como lo es la organización de nuestra vida y familia?

Si vamos a criticar a nuestra pareja por su forma de vestir, caminar o hablar, lo mejor será dejarla en paz y en libertad para buscar en otro sitio lo que anhelamos.

Ninguno tenemos el derecho a menospreciar a nuestros semejantes, mucho menos a nuestra pareja, amistades o familiares.

Tampoco tenemos por qué hacerles perder los mejores años de su vida o momento de nuevas oportunidades.

Cabe mencionar que la mujer ve pasar más rápido los años por su período determinado de fertilidad, lo que no sucede en el hombre que por su naturaleza, cuenta con mayores oportunidades para procrear.

Por esta razón debemos aprender a ser honestos con nosotros mismos, así como también con quienes convivimos y con quienes nos rodean.

No podemos pedir a quienes nos acercamos que cambien todo lo que son, por aquello que a nosotros nos gusta o nos complace, eso es egoísmo puro.

Querer ver menos a los demás, para que uno pueda estar por encima de ellos, es un error encaminado al fracaso.

Hay quienes gustan de hacer perder el tiempo a sus parejas, al no tener la más mínima intención de llegar con estas a algo formal; pero nunca lo dicen, sólo buscan algún pretexto para separarse de ellas y así no entablar una responsabilidad mayor.

Hay patanes entre ambos sexos, de esa clase de personas que sienten que el suelo no los merece y que su personalidad le pone sombra al sol.

También están aquellos que al llegar al hogar o a la reunión familiar, ¡la casa les queda chica!, esto porque nadie los merece y su palabra es la única con validez por encima de la de los demás. Para esta gente nuestro repudio total, lo más conveniente será poner distancia.

Nadie acepta a una persona así, quedarse callado será lo más apropiado, pero ninguno dará valor a este tipo de gente en lo más mínimo; tratar de no convivir con ellos es lo más indicado.

Quienes tienen estos complejos harán pesado el ambiente donde quiera que estén, pero sobre todo complicada la convivencia con los demás.

Simplemente son como plomos en el agua que terminarán por sumergirse en la indiferencia de los presentes, conscientes todos de que estas personas, mujeres u hombres, nunca serán considerados como una óptima y genuina amistad.

Estos individuos tienden a hacer el ridículo al demostrar sus complejos, un comportamiento de supuesta superioridad, lo que basta para que no tengan cabida en ningún lugar ni sean aceptados gustosamente por nadie.

Donde sean recibidos por compromiso u obligación, no serán queridos, por el contrario, causarán molestias al ser encontradas sus palabras y su presencia sin un contenido que valga la pena.

Desgraciadamente estas personas se convertirán en padres de jóvenes a los que harán seres inseguros, quienes muy probablemente perderán el camino al tener problemas de drogas o alejándose del hogar.

Siempre se ha dicho que el sabio es aquel que reconoce que no sabe nada, junto a todo lo que hay por conocer.

Los que se piensen eruditos en todo serán aborrecidos y repudiados, aunque los demás prefieran darles por su lado y eviten enfrentarlos, lo que a fin de cuentas será lo más recomendable.

El sabio es aquel que sabe escuchar a los demás, el que reserva sus comentarios para no lastimar reconociendo la capacidad de cada persona, así como los alcances y acciones que pueden provenir de una buena o mala información.

El presuntuoso es aquel que no quiere escuchar ni dar explicaciones, puesto que piensa que él lo sabe y lo controla todo; aunque en realidad ni sabe y mucho menos controla, sólo que los demás se divierten haciéndole creer que es así.

El sabio no es aquel que vive en soledad, sino aquel que sabe convivir en armonía con los demás, haciéndose parte de ellos.

Si los complejos de superioridad son malos, los de inferioridad no lo son menos. Ambos perjudican y dañan.

Vivir con quien se siente inferior, perdedor y fracasado, será un martirio permanente, lo mejor es separarse para vivir tranquilos, ello sin importar si se trata de una mujer o de un hombre, ya que su fin probablemente será el mismo.

Lisiados o lesionados

Lo mismo pasa cuando se vive con una persona lisiada, quien por este hecho –que puede ser de nacimiento o por algún accidente y que a cualquiera podría pasar– experimenta un sentir de pérdida e infelicidad, pero no olvidemos que aun cuando nos sintamos lesionados, somos personas con un mundo de oportunidades por delante. Y nuestras limitaciones son las que nosotros mismos nos ponemos y no deseamos superar. El que quiere, seguro que puede,

Cada quien puede vivir su existencia con la alegría y el entusiasmo que se proponga, una lesión o un accidente no son necesariamente un camino al sufrimiento o al sometimiento.

Ello no nos da el derecho a amargarle los buenos momentos a los que nos aman y quieren, siendo nuestro deber luchar y salir adelante, poniendo todas las ganas en cada intento por conseguir lo que deseamos.

Tenemos las oportunidades que nosotros mismos deseemos para alcanzar las metas y vencer los obstáculos que se nos presenten a lo largo de nuestro andar, de nosotros depende el tipo de vida que queramos tener.

No vale escudarse en este tipo de situaciones para despreciar, explotar y humillar a la pareja, cónyuge e hijos. Simplemente hay que decidir si queremos ser triunfadores y ejemplo para todos, o fracasados y una carga para los que nos rodean.

Hay discapacitados que se valen de su situación para conseguir cualquier tipo de favores de las demás personas, todo en una explotación ruin de la bondad y generosidad.

Otros, a pesar de su discapacidad, son un ejemplo a seguir y dignos de admiración por su esfuerzo diario. Es ahí donde se ve la calidad humana de las personas, sus sentimientos, educación y deseo de salir adelante con respeto.

Cualquier enfermedad o lesión grave nos produce un sufrimiento que nadie quiere ni merece, debemos intentar seguir adelante, por ser gente sana, activa y productiva. Aun cuando se tenga una lesión hay que dar lo mejor de nosotros mismos en todo momento, para que con ello podamos alcanzar todas nuestras metas y sueños.

No permitamos que nadie en la familia caiga en este tipo de complejos, pues sólo lograrán sentirse derrotados. Adelante, siempre adelante, es la mejor fórmula de conseguir el éxito.

Los ex, a veces son resentidos carentes de valores

Cabe mencionar a los esposos y esposas que aunque ya están divorciados, tratan a toda costa de darle problemas a su ex pareja, a pesar de tener ya una nueva relación, proceder que resulta denigrante.

Y es que no aceptan que su ex pareja pueda salir adelante sin ellos, por lo que se vuelven posesivos y agresivos, denotando en todo momento sus resentimientos y/o complejos.

Mucho les pesa que quien fuera su cónyuge, sea autosuficiente y que triunfe, ya sea con otra pareja o por sí misma.

A esta clase de resentidos de ambos sexos, debemos poner un alto, denunciarlos a las autoridades cuando sea necesario y mostrar su compromiso a los hijos, pues ello puede ser el único freno a sus pretensiones.

Existen aquellos que por dar una pensión económica a su ex pareja, piensan que tienen el dominio y control de esta, aprueban y desaprueban su actuar a su conveniencia y antojo, lo que es injusto e infame.

Por lo general no pueden ser felices debido a su comportamiento, nunca logran sus metas y sí alargan su agonía al deteriorar su ser.

A más ignorancia, mayores complejos.

La educación hace la diferencia entre las personas, pero teniéndola o no, los seres humanos sin excepción somos iguales.

Lo mismo que exigimos, debemos saberlo dar sin esperar recibir nada a cambio, esto es lo que hace grande a las personas y nos muestra de ellas su calidad humana.

El matrimonio, familiares y amigos cercanos

La pareja viene en par, es decir, significa la unión de dos personas distintas en una misma relación.

Es importante que se entienda lo que representa estar o vivir en pareja, compromiso que nos indica la forma en que se debe llevar adelante un matrimonio desde su inicio.

No es fácil vivir las veinticuatro horas del día con la misma persona por el resto de nuestras vidas, para poder hacerlo hay que quererla, amarla y respetarla entre muchas otras cosas importantes.

Cuando hay amor y respeto, todo se soporta y se adapta a las necesidades de ambos, cuando ello se pierde, todo se desmorona y ya notamos que a la pareja le huelen los pies, los sobacos, la boca, su sudor nos molesta, sus actitudes al hablarnos o moverse nos lesionan u ofenden, su vocabulario lastima, sus peticiones nos presionan y extorsionan moralmente y mil cosas más.

Para llevar a cabo nuestro cometido con éxito, se deben de seguir varias reglas fundamentales, las cuales todos conocemos y pocos aplicamos. No las daremos aquí, pero sí mencionaremos algunos puntos importantes, ya que para muchos las reglas en el amor y la convivencia no existen. Aunque sí las hay, solo que no escritas.

Lo principal es que nunca se pierda el respeto entre la pareja, ya que esto es la causa mayor de los problemas en el hogar, dado que un reclamo siempre terminará en ofensa e irá construyendo –sin darnos cuenta–, un abismo hondo y oscuro con cada una de las acciones equivocadas que realicemos.

Sembrar a diario una palabra y acción dulce, afectiva y llena de sinceridad en la pareja, hará más fácil la vida en el nuevo hogar; unirá más a las personas y creara un buen ambiente de vida familiar.

Los problemas hay que hablarlos al momento, sin agigantarlos pero sí con la firme idea de resolverlos, para no construir una montaña que posteriormente nos impida seguir adelante con nuestra vida de pareja y familiar.

Si bien las privaciones son factor para el desastre familiar (pues nadie ignora que cuando el hambre entra por la puerta, el amor se va por la ventana), también es cierto que cuando hay amor y respeto, todo será más fácil para que se dé la comprensión, el apoyo y que con ello crezca la resistencia a los momentos complicados entre la pareja.

Tampoco es un buen partido la mujer que nos dice que ella no quiere estar al pendiente de su casa y familia, que ella se casa para salir de su casa y no para seguir una vida como la que llevo su madre.

De igual manera, el hombre o la mujer que no aspiran a vivir mejor, a tener un mejor nivel de vida, a tener un mejor hogar y el poder darle a sus hijos la mejor escuela y las mayores posibilidades para tener éxito en la vida.

El viejo Scrooge es el síndrome más complicado que existe en una relación amorosa y afectiva, ya sea que se trate de ella o de él, pero peor aún si son los dos, cosa poco común, pero demasiada complicada. Nada peor que vivir con una persona tacaña, miserable y sin aspiraciones de mejor vida. Sufre la pareja y sufrirán los hijos.

Qué agradable es tener una relación –aunque sea de amistad– con aquellas personas que cuidan su apariencia, su arreglo personal diario, que siempre están presentables, que en su comportamiento se ve la limpieza de su pensamiento y de su forma de ser.

Ello cuenta, ¡y muchísimo! Pues deja una huella imborrable en la mente de quienes las conocemos y tratamos.

Hay muchos casos donde tan pronto la pareja se casa o conviven en el mismo hogar, alguno de los dos pierde la noción de lo que siempre fue como persona al cambiar radicalmente en todo, lo que hace que se desconozca a la pareja, ya que no es la misma de quien se enamoraron.

Quien de esta manera lo hace, terminará por engañar al cónyuge, ya que es deprimente vivir con alguien así por el resto de la vida. Lo más probable es que esta relación termine, ya que nadie se casa para vivir en un lugar donde no se le quiere ni se le respeta, donde tampoco se le cuida y protege.

¿Cómo puede uno dormir todos los días con una pareja que llega a la cama alcoholizada o drogada? ¿Qué atractivo nos puede despertar? ¿Qué sentimiento de respeto le podemos otorgar si ésta no muestra ningún respeto por nosotros? Ello sin importar si hablamos de una mujer o de un hombre. El resultado es exactamente el mismo.

Cuando alguien ha vivido y conocido lo suficientemente de la vida como para madurar, será el momento para buscar una pareja para formar un hogar, siempre y cuando no tenga complejos «machistas» como para querer tener esposa, al mismo tiempo que novia, amantes y amigas. En este tipo de relaciones no hay respeto, no hay afecto y menos aún cariño, por no hablar de la fidelidad y muchas otras cosas que también son muy importantes.

Esto igualmente aplica para las mujeres, ya que hay quienes piensan que a pesar de estar casadas, pueden mantener relaciones con otros hombres que no sean sus esposos, sin que ello les signifique algún tipo de afectación.

Todo ser humano merece respeto, un buen trato y amor; su entrega y dedicación, así como su cariño, deberán ser sumamente valiosos para la fortaleza de la unión familiar.

Por tal motivo, nunca estará de más tener cuidados, detalles, atenciones, amor y afecto hacia nuestra pareja, todo ello en un entorno de lealtad y respeto, lo cual debe iniciar desde la amistad y el noviazgo, conservándose para toda la vida.

Por más que se hable de los nuevos tiempos y de cómo ahora nadie es anticuado, lo cierto es que cuando un hombre desea formar un hogar, no sólo se centra en la búsqueda de una mujer hermosa, sino sobre todo que sea una digna madre para sus hijos y la esposa con la que compartirá el resto de la vida.

Es así como en ocasiones encontramos a mujeres que aseveran que: «Es mejor esperar más, que terminar como las demás. Todas por el sólo hecho de ser mujeres son bellas, admirables y merecen nuestro respeto, pero la conducta de cada una es lo que determina el tipo de futuro que tendrán.

Algunas veces las mujeres bellas y hermosas son víctimas de un asedio continuo y engañador; en donde todos buscan conquistarlas y para ello no miden lo que para ello se requiera, aunque a la postre, al concretarse la unión, se dan cuenta que ni era cierto todo lo que se decía, ni tampoco existe todo lo que se presumía. Por ello hay que ser cautas, inteligentes y el preguntar e interrogar no las afecta ni las hace ver mal, simplemente estarán viendo por su futuro y el de sus hijos. «Mujer precavida, vale por dos».

Esto aplica para los hombres, quienes a veces con tal de conseguir a la mujer de sus sueños, se comprometen a lo que no quieren, a lo que no les gusta y menos les agrada y luego entonces al casarse y tener a la dama a su lado, ven que es una relación vacía, en donde no hubo amor, sino el simple deseo.

Si un hombre y una mujer no se respetan desde el noviazgo, difícilmente conseguirán que su relación sea exitosa, no podrán tener algo perdurable además de que estarán afectando con ello a los hijos y a sus familias.

Los valores morales son algo primordial, por lo tanto no debemos alterar la vida de los demás ni la nuestra con conductas inapropiadas, pues ello dejará una huella imborrable.

Hombres y mujeres son igualmente responsables de su vida y futuro. Un matrimonio se construye en pareja, es decir, en par, por lo que debemos tratar de hacer las cosas en la forma correcta desde el principio con la anuencia, comprensión y entendimiento de la otra persona, ya no se deben de tomar acciones o decisiones que pongan en riesgo a la familia sin haberlas consultado previamente, recordemos que dos cabezas piensan más que una.

Si se ama a alguien, se debe ser sincero con dicha persona, no escondamos lo que somos o sentimos, porque no sólo nos dañaremos a nosotros mismos, sino también a aquellos que nos quieren y confían en uno.

Si se nos quiere con defectos y virtudes, entonces se pueden intentar muchas cosas, recibir el apoyo necesario; pero cuando engañamos y de la noche a la mañana nos transformamos, sólo lograremos causar dolor, decepción y angustia hasta llegar a la ruptura.

Y es que cuando se pierde la confianza en las personas que uno quiere y ama, ésta es muy difícil de recuperar.

Todos tenemos los mismos derechos y obligaciones, aunque los efectos del tiempo sobre nuestra vida a veces nos hacen ver las cosas de distinta manera, a razonarlas de acuerdo a nuestros sentimientos, sueños o metas.

Los resultados entre las personas siempre son tan diferentes, es parte de nuestra característica como humanos pensantes, lo que es bueno, aceptable y respetable.

Nadie desea ser un cuida borrachos o adictos, mucho menos un cuida pervertidos, seres sin respeto y sin moral. ¿Qué puede ofrecer una persona así a nuestros hijos? La respuesta es nada, simplemente nada. Esta es una sabia advertencia para mujeres y hombres, ya que hoy en día ambos sexos cometen graves errores.

La pobreza no significa suciedad, flojera o descuido, pues existen casas muy humildes pero llenos de amor y respeto, que además, son limpios y ordenados. Las personas también deben de ser ordenadas, limpias, organizadas, respetuosas, accesibles, humildes, sencillas, afectuosas, leales, sinceras, fieles, valientes y consientes entre muchos otros atributos que convergen en la formación de una buena pareja y un maravilloso hogar.

Nuestro reconocimiento a esas personas valientes que prefieren sufrir separados o divorciados, antes de verse sometidos a las bajezas y perversas actitudes de sus parejas, optando por luchar y salir adelante solos, que caer en absurdas condiciones. Para ello se requiere valor y una gran voluntad.

Son héroes anónimos que dan sustento y estabilidad, tanto a la familia como a la sociedad. Nuestro reconocimiento y afecto para todas ellas y ellos que conforman el sustento de la ética y la moral familiar y social.

Lo difícil del trato con los padres y suegros

Nuestros padres y suegros son parte de nuestra familia, por lo tanto, debemos tener la inteligencia para sobrellevarlos y no para enfrentarlos.

Al igual que a nuestros hermanos y cuñadas o cuñados y familiares políticos de ambas partes.

A veces los celos de unos hacia otros ocasionan distanciamientos en la pareja, al grado de fracturar relaciones.

Intentemos actuar siempre con sobrado tacto y prudencia, manejando las cosas con tranquilidad, responsabilidad y respeto.

Difícilmente los hijos olvidarán las imágenes de los padres, donde la madre o el padre de manera irresponsable se levantaba de la cama a media tarde, sin asearse, peinarse o por el hecho de mantenerse en ropa de dormir o de ejercicio para no cambiarse, bañarse y arreglarse.

Lo mismo sucede cuando el padre o la madre estaban tomando tragos con los amigos en la cantina, llegan borrachos, se pelean y ofenden entre ellos, insultan y hasta golpean a los hijos y peor aún si los explotan.

Tampoco podrán borrar de sus mentes y recuerdos que siempre estaban desaliñados por el descuido de sus progenitores, con hambre, sin cuidados ni atenciones, sabiendo que sus padres fueron quienes nunca hicieron nada para mejorar su condición de vida y la de su familia. Estas cosas se quedan permanentemente en la memoria de quienes lo padecen.

Cuando los padres se divorcian los hijos siguen ligados a ambos, convirtiéndose en observadores y jueces del actuar, así como de la forma de vivir de cada uno de ellos.

El comportamiento de los padres es de gran impacto en los hijos, más cuando a raíz de estos análisis, sus vidas toman otros giros.

Es cierto que no debemos mezclar a una persona con otras, mucho menos en el caso de los hijos, pero un mal comportamiento definitivamente afectará, pudiendo ocasionar juicios en los demás, los cuales en algunos casos denigran a personas inocentes.

Si alguno de los padres se queda al lado de sus hijos tras divorciarse, pero se dedica a salir con los amigos para beber sin medida en los bares y fiestas, mostrando un comportamiento irresponsable y sin ninguna moral, por desgracia esta será una conducta que dañará a los hijos, para quienes las oportunidades podrían negarse y quienes serán los más afectados.

Las hijas quizás sean expuestas a que alguien les falte al respeto y se aprovechen de ellas, como otros lo hacen con la madre, lo que resulta un pésimo ejemplo.

Los hijos no serán fácilmente aceptados en una relación formal y sincera, si se piensa que estos tienen los mismos principios, educación y conducta del padre o de la madre, la cual siempre dejo mucho que desear.

Como dice el refrán: «La educación se mama y se hereda» y es que ésta, más que aprenderse, se trae consigo como los genes heredados de padres a hijos, la misma que es vital y de peso en la vida de todo ser humano, pero mucho influye en nosotros lo que vemos, escuchamos y vivimos. Por ello desde pequeños, hay que educar a los hijos y la mejor manera de hacerlo, es con el ejemplo, con paciencia, dedicación, respeto, amor, cariño, humildad, sencillez y verdad.

Aunque debemos reconocer que hay personas que se esfuerzan para no ser como esos padres que no supieron darles un buen ejemplo, a fin de tener una vida mejor, por lo que toman su vida como la plataforma desde la cual deben de mejorar realmente y a la que no pueden negarse de ninguna manera. Pero es como iniciar desde cero.

Las impresiones que se reciben desde el hogar pesarán para toda la vida y aunque se lucha por superar este tipo de situaciones y no permitirlas en nuestro existir, en ocasiones se realizan de forma inconsciente, por lo que la historia tiende a repetirse.

Aquí es donde la pareja nos debe apoyar, nosotros debemos de saber hablar, escuchar y corregir para poder salir adelante y tener éxito en todo lo que deseamos para bienestar propio y de nuestra familia. Si bien es cierto que las personas no cambian, también es cierto que sí mejoran y se esfuerzan por ser mejores y diferentes.

¿Quién podría estar orgulloso de su padre o madre, si estos se la pasan alcoholizados, drogados, oliendo mal, sucios, viviendo y actuando de forma irresponsable? Seguramente que nadie.

Esa actitud de vida encaminada a la degradación constante, sin duda logrará alejar a cualquier persona, incluso a los propios hijos, ya que estos desearán una vida distinta y menos complicada, aunque en realidad hay que aceptar que a veces a alguien en la pareja le falta el valor para decir no y romper con los esquemas que denigran y lastiman a todos en la familia.

Orgullosos aquellos que tienen una madre limpia y ordenada que ejerce disciplina empezando por ella misma, que es trabajadora en el hogar e inagotable en el cuidado de su familia, que incluso labora dentro o fuera del hogar para apoyar a su clan, sin importar si es una persona humilde o de buena posición, los valores y su presencia son atributos que las hacen inigualables.

¿Quién quiere presumir de una madre a la que se le recuerda paseando con las amigas, borracha, jugadora, sin tiempo para su familia ni para cuidar su hogar? Cómo hablar bien de la madre irresponsable, la que nunca nos enseñó y mostró el camino adecuado, a la que nunca le intereso nuestra educación y preparación. Quien puede guardar buenos recuerdos de las personas que los dañan y someten a injusticias y malos tratos.

Una madre que nunca ve al hijo al partir a la escuela y que nunca está presente a su llegada, porque ésta permanece a diario en la cama con un nuevo dolor y molestia –para pretender justificar su holgazanería–, es una actitud reprochable sin pretexto alguno admisible.

¿Quién podría vociferar las virtudes de unos padres ausentes que prefieren vivir en la calle que cumplir con sus obligaciones familiares?

¿Cómo hablar bien de quien todo lo hace mal y nunca quiere razonar sobre lo que está sucediendo?

¿Cómo dar un lugar en la cúspide de nuestra vida a quienes nunca han logrado ser buenos padres, hermanos y amigos? ¿Cómo dar preferencia a quienes no han sabido tratarnos con respeto y afecto?

Ofrecerle y darle de comer a una persona, no es causa para ofenderla ni menospreciarla, aun siendo un extraño merece nuestro respeto, siempre debe de ser tratado con dignidad, mucho más si ésta persona es nuestro familiar o conocido o amistad; pero el respeto debe ser igual para los extraños, porque todos somos iguales y no existe diferencia entre nosotros como seres humanos.

Nuestras acciones y las circunstancias de las que nos rodeamos y las que creamos, son las que marcan esos cambios que al correr de la vida marcan una diferencia entre unos y otros. Más aun así en cuanto a lo material, «A este mundo sin nada llegamos y sin nada nos vamos».

Si nos pesa la presencia de alguien, así como el brindarle nuestro apoyo, simplemente porque pensamos que no se lo merece, entonces será mejor alejarnos de ellos para que no compliquemos nuestra vida. No tendamos nuestra mano para después echarlo en cara buscando con ello humillarlos o lastimarlos.

No hagamos creer a las personas las cosas que no son. Tampoco engañemos a los demás para aprovecharnos de ellos. Utilizarlos en nuestro beneficio, sabiendo que no hemos de cumplir lo acordado, es una farsa que lastima a los demás y nos denigra en espíritu y debilita nuestra esencia.

Claro que no podemos ni debemos menospreciar a nuestra familia, tampoco a la de nuestro cónyuge; tanto respeto merece una, como la otra. Al actuar en una manera vil y oportunista, también nos daña a nosotros, puesto que lo llevaremos por siempre como una huella de nuestra poca ética y moral, lo que trastorna nuestro espíritu y terminara por minar la salud.

Aunque cabe destacar, que desafortunadamente existen personas que no cuentan con la educación ni el entendimiento necesarios que les permita saber cómo comportarse y darse a respetar. Es muy simple, no saben ganarse el respeto que por ende les corresponde. Tener dinero y poder no es significado de ser una buena persona y llevar en el interior un espíritu sano y noble; eso cada quien lo labra dentro de sí mismo.

Muchas veces siendo buenos, la avaricia nos transforma, nos ciega y solo podemos creer en quien nos adula, motiva y alienta a menospreciar a los demás y a su labor; no en quienes nos aprecian de verdad y nos marcan la realidad, aun cuando esta sea dura o difícil de entender o de asimilar.

No importa qué o cuántos defectos tengan los demás, debemos guardar respeto para todos, ello le dará a nuestra pareja un punto más para admirarnos, así como gran fortaleza a nuestra familia y también dará fuerza y seguridad a nuestra personalidad familiar.

El más «Veraz» nos lo ha mencionado, por ello no hay que olvidar que al prójimo no lo debemos de juzgar solo por las apariencias, si hemos de juzgar, cuidemos de hacerlo con honestidad, igualdad y rectitud. ¿Quién es el prójimo?, simplemente todo aquel que nos rodea o interactúa con nosotros.

Conviviendo con familiares y el personal del trabajo

Las sorpresas nunca faltan, así como la angustia, un mal momento o una circunstancia inesperada, las cuales siempre pueden surgir cuando menos se esperan y afectar con ello nuestra supervivencia y modo actual de vida; por ello no hay que confiarnos de nada y de nadie, y sin embargo sí tratar de participar con inteligencia, prudencia, integridad y sensatez. Pero siempre con precaución.

Hoy en día, los esposos deben de trabajar ambos para ayudarse y lograr con efectividad y mayor rapidez sus metas y sueños, ello hace que la pareja tenga que laborar fuera de casa principalmente y permanecer lejos del hogar la mayor parte del día.

La fórmula del matrimonio se traduce en una relación constante de respeto, comprensión, confianza y afecto, que si se sabe llevar de la mejor manera, el tiempo parecerá menos; pero si fallamos se hará una eternidad, de tal manera que lo que debería ser hermoso se convertirá en un martirio.

Aquí no caben los celos, la desconfianza y la inseguridad entre la pareja, ya que ello destroza la relación y hace de la vida en pareja, un verdadero calvario.

Debemos ser participativos en todo cuanto hagamos, además de cumplir con nuestras obligaciones familiares sin buscar excusas para esquivarlas. Hay que ser siempre positivos, pero a la vez responsables y conscientes de lo que se hace o se deja de hacer.

La persona que busca, crea o encuentra pretextos para no cumplir con lo que le corresponde, estará perdiendo su tiempo y su vida, por lo que solamente estará cavando su propio fin y ruina, ya que nunca tendrá la capacidad innata de terminar lo que inicia o de llevar a buen término lo que le corresponde. Simplemente serán inmaduros por más tiempo del esperado.

A los amigos o parientes no hay que dejarlos solos en la intimidad con nuestro cónyuge –sean hombres o mujeres–, pues de ahí podrían desprenderse una serie de problemas que no pensamos ni deseamos, pero que por naturaleza propia se pueden suscitar. Más vale prever que lamentar.

Ya de por sí, los momentos de soledad, de incomprensión, de inseguridad o de debilidad, nos acarrean situaciones problemáticas que después de enfrentarlas, simplemente hay que dejarlas para que no se nos complique la existencia. Como seres humanos todos cometemos errores, pero el hacerlo a diario y en forma constante ya no es un error, sino un mal hábito.

Estas situaciones deben evitarse para no entrar en un conflicto mayor con la pareja, además de que suelen perjudicar a terceros, la desconfianza e inseguridad aparecen cuando menos se les espera y más daño nos causa.

Hay que ser precavidos y no permitir la entrada a ningún amigo o amiga al hogar mientras nos encontramos ausentes, menos si en este se encuentra sola nuestra pareja, ya que esto sería tanto como ofrecer lo más íntimo y sagrado de nuestra relación. Y es que son tantas cosas las que se ponen en juego, que muy bien pueden surgir circunstancias difíciles de manejar.

No debemos recurrir a los amigos para utilizarlos de «Doctores corazón», porque pueden terminar enamorándose de nuestro cónyuge, ya que sabrán tanto de él como nosotros y fríamente verán nuestros defectos, los mismos que corregirán en su persona y actuar para arrebatarnos al amor de nuestra vida y crear para sí un ambiente más correcto, tranquilo y sin errores.

En estos casos los mejores «amigos» se olvidan de nosotros y suelen aplicar un viejo dicho que reza así: «De que sufra solo en mi casa, a que ustedes sufran en la suya, mejor que ustedes lo sufran y yo lo disfrute».

Será como poner la mesa para otro, sin nosotros sentarnos y sólo quedarnos mirando. Por ello vemos que los novios o novias terminan casándose con nuestra mejor amiga o amigo. Ya les hicimos el trabajo duro, los presentamos y los enlazamos sin darnos cuenta. Y de pilón, les enseñamos lo que les gusta y disgusta, con ello nos superaran de inmediato en nuestra relación.

Tampoco es correcto hablar de los defectos y virtudes de nuestra pareja, mucho menos de nuestra vida íntima, puesto que con ello nos convertiremos en seres vulnerables a cualquier tipo de traición de quien menos nos imaginamos. El mejor amigo de hoy puede ser el peor enemigo del mañana.

No debemos de invitar a casa a dormir a los «amigos» o «amigas», ya que esto podría ser la oportunidad para que entre ellos y la esposa (o) se suscite un acercamiento anormal y quizás otro tipo de relación. Sin proponérnoslo, estaremos ayudando a la disolución del vínculo familiar, tras perderse el respeto para el hogar y la propia pareja. Recordemos, casados es igual a casa de dos.

Confiemos en la pareja, mas no tenemos por qué exponerla a circunstancias ni situaciones inapropiadas; ya sabemos todos que: «Tanto va el cántaro al pozo, hasta que se queda dentro». «Donde menos lo esperamos, ahí salta la liebre».

Los amigos de toda la vida suelen sufrir de celos, ya sea por la pareja, nuestra familia o posición, en ocasiones hasta sin darse cuenta, por lo que hay que ser inteligentes y no contar nuestra vida personal a nadie.

Es básico poner límites entre las amistades, más aún si ya estamos casados. De igual forma, tenemos que cambiar muchas costumbres, las cuales lejos de dañarnos acabarán por fortalecernos y brindarnos seguridad como tranquilidad.

Los amigos tienen que estar a nuestro lado sin olvidarlos, pero sí ocupando un plano secundario con respecto a nuestra pareja. Lo primordial siempre será el buen funcionamiento de nuestro hogar y familia.

Por buena que sea la amiga y por más que se le quiera, no debemos mandarla a su casa junto con nuestro marido; ni al amigo enviarlo a su casa con nuestra esposa. Esto sería como poner una charola de pan frente a los hambrientos, siempre habrá alguno que no se contenga y estire la mano para atrapar lo que no es suyo.

Tampoco podemos enviar al amigo o compadre a su casa por enfermo o borracho que se encuentre en compañía de nuestra pareja, ni viceversa, recordemos que hasta al más tonto le vendrán las ideas y saldrán las mañas.

Hay cosas que no deben de darse ni facilitarse para que no sean motivo de reclamo, mucho menos una ofensa; hay que pensar antes de actuar.

La buena amiga que va y viene a todas partes con nuestro marido o el amigo que viaja a diario con nuestra esposa, serán la causa de grandes problemas. La vida no sólo nos pone a prueba, sino hasta juega con nosotros. Recordemos el refrán que dice que no hay que tentar al diablo.

Y es que terminarán por engañarnos, por ser seducidos, acontecimientos que harán difícil volver a empezar, cuando ha sucedido dentro del matrimonio. Las cosas pueden darse sin haberlo pensado o planeado, lo que será suficiente para acabar con todo lo que se ha logrado.

A la pareja no debemos exponerla bajo ninguna circunstancia, pues de por sí ya existe mucho riesgo en el medio que nos rodea y cada vez son más y múltiples las tentaciones que enfrentamos en el día con día, como para que además nosotros todavía coadyuvemos a poner más tentaciones frente a nuestro compañero (a), sea hombre o mujer.

Cierto es que hay mujeres y hombres que gustan de ver a su pareja con un tercero, pero ello ni es correcto, ni mucho menos sano, ya que de ello se desprende que no hay ningún respeto por la pareja y menos por uno mismo.

No mandemos a la esposa a su trabajo en compañía del vecino, porque lejos de resolver un problema (al intentar ahorrar combustible), estaremos creando uno mayor, esto al perder su afecto y cariño. Con lo cual vendrá el distanciamiento y después el rompimiento.

No le pidamos a nuestra pareja que acuda a ver a nuestro jefe para que este nos disculpe por nuestras faltas, ya que además de exhibir nuestro escaso valor moral, también estaremos reflejando una tendencia a utilizar a las personas, inclusive a aquellas que nos dan su amor y confianza.

Salirnos de la fiesta porque nos «sentimos mal» y pedirle a nuestro jefe que más tarde lleve a casa a nuestra esposa, es una sucia treta para conseguir algún tipo de beneficio a cambio de ofrecer a la pareja. Estos casos no son justificables, pues la humillación que se ejerce sobre el otro es algo difícil de perdonar y que casi siempre conduce a la desintegración del hogar.

Malo es también si la pareja se presta, porque si lo hace, nada podrá reclamársele; será a partir de ese momento en el que seguramente la convivencia familiar se verá alterada.

Aunque existen otros ejemplos, donde ninguno de los cónyuges tiene moral y hasta les parece gracioso el que uno y otro se involucre de forma poco apropiada con las amistades, jefes, compañeros de trabajo o vecinos. Pero recordemos que ese ambiente no es el más recomendable para establecer una familia, quizá sí para un negocio, pero no funcionará para tener y educar a los hijos.

Al no tener respeto por los demás ni por sí mismos, seremos un pésimo ejemplo para nuestra familia y sociedad; se reflejará nuestra inmadurez y poca responsabilidad.

No busquemos la comodidad personal al abusar de la esposa enviando a ésta a pedirle al vecino para que resuelva problemas a cada rato, ni al esposo con la vecina; ya que de estas relaciones tan insignificantes pueden brotar relaciones, compromisos y problemas que pudieran llevarnos a perder al ser amado.

Otros optan por asistir con su pareja a reuniones y fiestas, con la única intención de presumir a ésta y tratar de que el jefe o político entren en franco acercamiento con ella. Es decir, la ofrecen con el objetivo de un mejor puesto o trabajo.

Dicha conducta casi siempre sale mal, pues al poco tiempo la esposa terminará con otro hombre o el esposo con otra mujer, con alguien que sí los sepa respetar, mientras quienes así se conducen, acabarán solos y sin hogar alguno.

Situaciones repugnantes, pero frecuentes

Existen madres o padres que llevan a las hijas muy bien presentadas a su centro de trabajo, con la intención de acomodarlas con el jefe, sin importarles que pasen a ser amantes de este.

Según ellos, la finalidad será sacar el mayor provecho económico, lujos y consideraciones a costa de sus hijas que de otro modo les sería imposible; pero al final, terminarán por arruinar la existencia de quienes deberían ser lo más importante de sus vidas.

Por otro lado, están aquellas mujeres que sin importar su posición económica andan a la caza de jóvenes con quienes tener una aventura, aunque la mayoría de las veces, estos terminan siendo para ellas un dolor de cabeza.

Las cosas se deben enfrentar en pareja para resolverlas lo mejor posible. Si ya no se siente nada por el cónyuge o si se considera que ya no se puede ni se quiere vivir con él, simplemente hay que hablarlo y llegar a acuerdos para que cada quien siga con su vida, tratando de lastimar lo menos posible a la familia, sobre todo si hay hijos.

Si en una relación ya no hay amor ni respeto, lo mejor será poner fin a la misma, esto para no continuar engañándonos. «La verdad aclara las cosas y lastima menos que la falsedad; duele, pero resuelve».

Los tiempos cambian, hoy en día, «La libertad es grande, pero el libertinaje lo es aún más».

Actualmente vemos que muchas mujeres son pareja de otras, pero desafortunadamente para ellas, la lealtad no es siempre su mejor aliada y las traiciones acaban con sus relaciones antes de lo previsto. Lo más difícil viene cuando la pareja las deja para casarse con el hermano, tío o hasta con su padre o mejor amigo; ya que no solo hay una traición a lo que pensaban y creían, sino hasta a las promesas, así como a la forma de actuar y de pensar.

Lo mismo sucede con los hombres que viven en pareja con otros hombres, quienes llegan a ser víctimas del engaño, esto por el deseo de los demás de querer tener aventuras y experiencias fuera de lo común o simplemente porque les aburrió lo que pensaban les gustaría.

Así como también hay heterosexuales que ya no pueden vivir con una pareja, porque les gusta convivir a diario con gente nueva; y aunque quieran al ser amado, les cuesta estar atados a una relación monógama.

En los casos anteriores, llega a darse que alguien en la pareja desea buscar una experiencia con otra persona del mismo o distinto sexo que ella, esto para saber qué se siente y si lo que pudieran llegar a vivir, es lo que realmente querían o si en verdad se están perdiendo la riqueza de la vida.

Es decir, las dudas y la curiosidad es lo que lleva a las personas a intentar cosas nuevas en su vida, siendo esa una búsqueda sin sentido ni razón justificada, cuando se pierde más de lo que se consigue.

Algunas veces para bien, pero casi siempre para mal. Y es que al romperse los patrones morales de conducta, se alteran en nuestras mentes y sentimientos muchas de las bases en las que cimentamos lo que somos y lo que deseamos.

En esas aventuras algunos se quedan atorados, pues les place más lo nuevo que lo que tenían o simplemente lo prefieren por ser distinto y por ser una relación sin responsabilidades.

Hay cosas que no cambian, aunque la gente trate de mostrarse abierta y liberal aprobándolo en los demás. Lo cierto es que no lo aceptan en el caso propio y de ahí se desprende una confusión completa en su vida.

Por lo general, los jóvenes que tienen relaciones íntimas con la amiga (o) o la novia (o), sin un compromiso real donde no existe el amor entre ellos, ni la voluntad de llegar a más, difícilmente podrán construir un hogar duradero. Lo que sí es casi seguro que esa relación solo les llevará a perder valioso tiempo y oportunidades en su vida y terminarán separados y solos.

Esto pudiera ser más apropiado para quienes ya no desean tener una familia o que sí la tienen; esta vive en un distinto hogar o alejados de ellos o de ellas.

Al paso del tiempo las relaciones tienden a fortalecerse, las personas se unen y logran entenderse hasta construir un nuevo hogar, sólido y perdurable, porque lo que se busca es un afecto, respeto y la cercanía para seguir luchando en la vida, ya no necesariamente para construir una familia.

Como en todo existen excepciones, personas que lo hacen y se casan, sólo que el respeto entre ellos suele deteriorarse al paso de los años a causa de no haberse conocido lo necesario para saber si podían unir sus vidas, compaginar sus gustos y costumbres, conservar y respetar su identidad propia.

A mayor edad hay que tomar las cosas con más calma, pensar estas con detenimiento y evaluar las consecuencias de nuestros actos para no dañar a otros, principalmente a los hijos.

Alguien me dijo una vez: «Los hijos no se van, se los lleva la vida», sin embargo, hay un refrán que reza así: «Los hijos son para siempre, estén cerca o lejos, seguirán siendo por siempre nuestros hijos».

Mientras ellos sepan que viven en nuestro corazón, nadie se los podrá llevar jamás, pues sin importar la distancia o las circunstancias, siempre nuestros hijos serán.

Esa responsabilidad no la podemos eludir o cambiar, además de que la vida es tan generosa como para recompensarnos con los nietos, que son sin duda la extensión de nuestros hijos, mismos que nos llenarán de alegría y fortaleza para seguir en este mundo.

Cuando las parejas se separan, divorcian o enviudan, pasan años luchando solos hasta lograr salir adelante en todo lo que se establecen como una meta; es por esta razón como hasta cierto punto les cuesta perder esa libertad de la que gozan, negándose muchas veces a buscar retornar a la vida en pareja, ya que no es fácil volver a encontrar a un ser que compagine con ellos o ellas de nueva cuenta. Aunque muchos recurren a ello, simplemente porque les da miedo la soledad o porque no saben vivir solos.

Es así como a esas personas adultas que desean alcanzar una relación estable con alguien más de forma inmediata, llegan a cometer errores, como si la experiencia de la vida no les hubiese mostrado nada.

Hay quienes viven en pareja sin casarse, pero no siempre es una buena opción, ya que alguno de los dos podría no querer cumplir con sus obligaciones tomando cualquier pretexto para intentar terminar la relación, lo que lleva a la separación, dejando una experiencia que, a fin de cuentas, no enriquecerá nuestras vidas.

Además, como ya dormí con él o con ella y no fue tan de mi agrado, mejor busco por otro lado y hasta aquí nos vimos, dirían algunos.

Cada cabeza es un mundo. Cada quien tiene el derecho a ser y a vivir como más le plazca; aunque no por ello se estén haciendo bien o de la mejor manera las cosas.

Sólo habrá que tener presente que no vale la pena arriesgar lo que se tiene, mucho menos por una aventura; la cual nunca nos podrá llevar a nada mejor de lo que ya tenemos, pero sí al fracaso de lo que ya logramos.

No hay que abrir una puerta a la infidelidad, tampoco pongamos trampas que nos conduzcan a ellas, cuando hemos alcanzado ya la felicidad y todo aquello que necesitábamos para consolidar nuestro hogar y familia.

He ahí la importancia de saber llevar un hogar en pareja.

No es nada fácil, pero tampoco es imposible; el que lo quiere lo logra, sin importar la edad o sexo.

Recomendaciones sobre las amistades de la infancia, escuela y trabajo.

Al paso de los años todo parece cambiar, pero hay cosas que perduran y que jamás se borran de nuestras mentes. No por ello dejamos que ellas nos arrastren en forma incierta o equivocada.

¡Cuidado! Nunca falta la amiga celosa o el amigo que siempre ha tenido envidia de aquel que tiene la mejor calificación, el mejor trofeo, la mejor novia, la esposa excelente o esposo ideal. Hay envidia por el trabajo, por las relaciones, por los logros y hazañas, así como por la casa, el auto o la vestimenta. Al fin y al cabo, hay personas que envidian todo y ni siquiera saben por qué.

En ocasiones sólo por desquite querrán hacer daño, por lo que intentarán engañarnos con palabras dulces para crear conflictos en nuestro hogar, todo para que suframos lo que ellos han padecido; otras veces para sembrar la desconfianza y hacer que perdamos lo que ellos nunca alcanzaron, al cabo que cuando se les reclama y enfrenta, cínicamente se escudarán en que todo es una buena intención de amigos.

O bien las bromas pesadas, los apodos molestos y las burlas de la infancia, las sacan en la plática en reuniones, para hacernos ver y sentir mal, pero sobre todo para incomodarnos con familiares y nuevos amigos. A este tipo de personas hay que evitarlas a toda costa, no las busquemos ni frecuentemos.

El ritmo de la vida es tan rápido que casi nunca nos damos cuenta de que se nos va la misma, entonces, ¿por qué malgastarla en gente, cosas y situaciones que no valen la pena? No volteemos la cara y veamos perdida nuestra infancia y juventud.

La época de madurez nos trae recuerdos, situación que experimentamos cuando somos jóvenes, ya que en cada etapa de nuestra existencia, normalmente nos llenamos de vivencias y alegrías que nos fortalecen para enfrentar el futuro.

Es por esto que al detenernos en la carrera de la vida a pensar y valorar lo que hemos hecho, estos recuerdos son los que nos dan un respiro en nuestra cotidianidad, digamos que son las vitaminas que nos reaniman, así como las que a su vez, nos dicen que vamos avanzando. Nos recuerdan de dónde venimos y nos permiten reflexionar hacia dónde vamos, brindándonos la fortaleza espiritual, física y mental, para seguir y salir adelante.

Algunos no tenemos ni fotografías de nuestra niñez, de nuestra época escolar, todo porque no le dimos la importancia debida o nuestros padres no tomaron esa precaución, es ahí quizás donde sentimos que nos falta una parte de nuestros recuerdos.

Esto no significa que los recuerdos que se encuentran plasmados en una fotografía sean más valiosos que los que nos acompañan a diario, pero es verdad que con el tiempo vamos olvidando con exactitud las caras amigas de otros años que quisiéramos tener presentes, detalles de esas amistades y épocas que poco a poco se han ido perdiendo.

Cuando tengamos la oportunidad de reencontrarnos con nuestros compañeros y amigos aprovechémosla, hay que disfrutar, revivir los alegres y buenos momentos. Pero que esta experiencia nos sirva para considerar formar un archivo de recuerdos a nuestra familia.

No ocupemos esos encuentros para lastimarnos, sino para apoyarnos y recordar esos tiempos de felicidad, amistad y afecto sin ningún tipo de interés o conveniencia.

Si algún daño se hizo, hoy será tiempo de disculparse y quitarse un peso de encima.

Si teníamos algún temor o duda, estamos en el momento de aclararlo y borrarlo.

Si se estuvo enamorado de alguien y nunca se le dijo, ahora es cuando hay que hacerlo, no importa si tenemos 20, 30, 40, 50, 60, 70 u 80 años, ¡digámoslo! pues con ello, nuestra alma tomará un nuevo respiro.

Seguramente los haremos sonrojar a él o a ella, quizás porque tenían unas piernas, cintura o espalda que nos gustaban, unos bellos ojos o una sonrisa que nos agradaba, un detalle que nos iluminaba el día o la fortaleza que nos hacía sentir que alguien nos protegía.

El hecho de que desde pequeños nos hayamos conocido y de que la edad nos permita ser auténticos entre nosotros, así como francos, honestos y concretos en nuestras ideas o sueños (algo que se pierde en la adolescencia donde dejamos de mostrarnos como realmente como somos), reencontrarse con los viejos amigos es algo muy reanimante y alentador. Aunque esas amistades y momentos sin duda no podrán compararse con el amor que se le tiene a la familia.

En algunos casos resurgen viejos romances o grandes diferencias, pero siempre será bueno intentarlo, al ver las cosas con mayor madurez y criterio.

Si con la edad y experiencia no logramos ser mejores que antes, entonces habremos perdido el tiempo a lo largo de nuestra vida.

Las amistades de la niñez guardan un «algo» especial que perdura para siempre, lo que se llaman dulces recuerdos, los mismos que no deben ser enfermizamente revividos al paso del tiempo, ya que para todo hay una edad y momento. Por ello deben de ser sanos recuerdos, agradables experiencias y seguir con la mente en el presente al momento de seguir nuestras vidas.

Claro que no serán los tiempos de antes, ni se podrán hacer las travesuras de antaño, pero en compensación hoy existe madurez, criterio y toda clase de compromisos laborales, sociales, pero sobre todo los familiares y sentimentales.

Nuestros antiguos cómplices también podrán serlo ahora, sólo que de manera distinta, de forma sana como alguna vez lo fueron, para generar momentos de armonía y alegría en nuestro entorno.

Seguramente dichas amistades sabrán guardar algún secreto, como ya antes los hicieron, lo que ligará aún más nuestra cercanía.

Al encontrarnos con amistades de la niñez o la juventud, se nos da la oportunidad de decirles cuánto se les quiso y amó en secreto, en ocasiones hasta de realizar algún sueño que siempre se tuvo, incluso de robarles ese beso o abrazo que siempre se soñó. Siempre tendremos gratas experiencias que compartir con ese grupo.

Y es que quizás de esa manera, podamos borrar cualquier fantasma del pasado, además de sentir la satisfacción de ver hecho realidad un sueño.

Un simple abrazo o poder charlar con tranquilidad algún asunto puede ser suficiente para encontrar la paz y el entendimiento.

La verdad y franqueza son de gran valía y siempre necesarias.

El deseo podría ser mutuo y llegar un poco más lejos, reencuentro que seguramente quitará de nuestras mentes los deseos reprimidos.

Si se da esa posibilidad podremos liberar los pensamientos hasta ese momento guardados, aun cuando cada quien siga por el sendero que les corresponde en la vida.

Lo más probable es que ambos estén reconfortados sin ese complejo de anhelo y temor que siempre los aquejó, lo que les permitirá tener una existencia más alegre y segura.

En otras ocasiones, el peso de la acción cometida los hunde al destrozar sus mentes, debilitar sus sentimientos, hasta terminar por romper con su equilibrio familiar.

Simplemente no actuemos mal, pretendiéndolo que se vea bien, ya que ello podrá convencer a otros pero nunca a nosotros mismos.

Hay que ser responsables para poder vivir tranquilos.

No hagamos cosas de las que nos podamos arrepentir, menos si no tenemos la capacidad y la fuerza para hacer frente a las consecuencias.

En ciertos casos gracias a este tipo de aventuras, los individuos recapacitan sobre su vida actual, replantean su existencia y valoran lo que tienen, especialmente a su familia.

Parece increíble, pero en efecto ese tipo de acciones pueden llevar a una pareja a que esta se una más en lugar de separarse, situación que no siempre será bien vista por la sociedad, esto tras obtener el resultado menos esperado.

Traicionar a la pareja puede ser un proceder difícil de perdonar, incluso es la causa para que un matrimonio se disuelva, pero lo peor será que se conduce a la familia a una devastación y daño inimaginables.

Por esto y muchas otras razones, hay que ponderar lo que se tiene en la balanza de la vida, tal vez no valga la pena arriesgar lo más por lo menos.

Como lo hemos venido diciendo, cada cabeza es un mundo y cada quien debe aprender a vivir con sus semejantes, tratar de conservar lo valioso que se tiene porque, de perderlo, se corre el riesgo de no volver a recuperarlo.

Las oportunidades son tantas como nosotros nos las queramos dar, no hay un límite en la búsqueda por la felicidad.

La vida se puede ver de muchas maneras, no nos cerremos los caminos ni las oportunidades para poder disfrutarla a plenitud. Aprendamos a ver la vida desde varios ángulos, no sólo desde el punto que a nosotros nos conviene más, ello nos hará seres más justos, aunque perfecto, solo Dios.

La vida es sólo una, no existe una segunda oportunidad de disfrutar cada momento que se nos brinda. Por tal motivo, no hay excusa para que arruinemos la vida propia y la de los demás. Aprendamos a aprovechar lo que esta nos ofrece y hagámoslo con inteligencia, respeto, mesura y con calidad de vida.

Aprendamos a tomar de ésta lo que se tenga, gocémosla de forma responsable, encontrémonos con los miedos, dudas, deseos y sueños que llevamos dentro, pues sólo así nos iremos superando y conociendo, lo que nos ayudará a ser mejores individuos.

Cabe recordar que con esta misma tranquilidad y apertura, debemos apoyar los mismos pasos cuando se trate de nuestros seres queridos, incluidos los hijos.

Las reglas no pueden ser sólo para uno, éstas deben ser universales, lo que marcará las limitaciones en nuestras acciones.

No hagamos a nuestra pareja lo que no queramos que nos hagan o lo que nunca aceptaríamos que hicieran a un hijo.

Con la vara que midas serás medido, esto sin importar la forma en que se tenga que pagar por lo que se hizo.

Lo que sembremos a lo largo de nuestra existencia, es lo que terminaremos por cosechar para nosotros, así como para nuestra familia.

Cómo es el trato para los hermanos y los cuñados.

La primera regla nos dice que hay que tratarlos por igual, la segunda nos indica que siempre deberá ser con cautela, inteligencia y respeto, para poder exigir de ellos lo mismo.

Respetando la distancia, los espacios, y costumbres, así como manteniendo una posición ética, moral y sin deseos ocultos, para que la familia no se vea afectada. Sin celos, ni rencores, menos aún con las malísimas comparaciones, pues estas son utilizadas sólo por los inmaduros y su finalidad es destruir lo que se tiene o lo que se quiere.

Existen varias excepciones en estas relaciones, que suelen traernos problemas; aunque algunas veces sea de gran ayuda y apoyo su cercanía, en otras sólo significan dificultades.

Las hermanas sobre todo tienden a apoyarse mucho más cuando una de éstas se casa, debido a que siempre podrán encontrar en las solteras la ayuda para el arranque de su familia. Aunque en ocasiones lejos de seguir el amor de hermanas, puede nacer el coraje o los celos por sentirse que no se les valora como ellas sienten que se les debería.

Aquí las hermanas o hermanos deben de tener inteligencia y madurez, como para no actuar en una forma errónea o equivocada que nos pueda llevar a cometer una tontería o equivocación, que solo nos aleje de nuestra familia, por ello hay que ser prudentes y siempre respetuosos.

Y viceversa, las solteras encontrarán en las casadas la experiencia y el conocimiento necesario para llevar y enfrentar un tanto más fácil sus responsabilidades de futuras esposas y madres. La unión familiar no debe de extinguirse, por el contrario, siempre hay que tratar de fortalecerla.

Tener hijos en el matrimonio trae para las mujeres beneficios, aunque también las enfrenta a situaciones desconocidas, por lo que regularmente son las madres y suegras quienes les auxilian en el cuidado de los pequeños; pero cuando no las hay, los hermanos resultan ser de gran ayuda.

Las mujeres suelen apoyar mucho más cuando las criaturas son pequeñas, pero al crecer –sobre todo en el caso de los varoncitos–, el tío vendrá a ser la opción más recomendable para que este nos respalde llevándolos a sus partidos de fútbol o a ciertas diversiones exclusivas de su género. Y si buscamos su apoyo y ayuda, es porque sabemos que ellos no les harán daño, no abusarán de ellos y tampoco sembrarán dudas o malas ideas aprovechándose del cariño de los pequeños.

Al joven esposo también le resulta reconfortante tener cerca a algún hermano o hermana, no sólo para apoyarse en ellos, sino para escuchar consejos positivos de alguien querido y sentir que no está solo; esto es bueno, pero no siempre aconsejable.
Porque a veces los hermanos o familiares no quieren a nuestra pareja, y sus orientaciones, comentarios o sugerencias son siempre parciales y causan daño y molestia a nuestra compañera.

Recordemos que un grano de arena en el ojo, por pequeño que sea, tarde o temprano lastima e incómoda.

Y es que no es lo mismo tener a la amiga o amigo viviendo en la casa de nuestros padres por uno o dos meses, lo que no causa ningún daño y hasta se puede decir que nos beneficia al crecer mucho más unidos que tener a un pariente o amigo en la casa del nuevo matrimonio, aunque esto sea tan sólo por un día o una semana.

Hay esposos sumamente independientes que enfrentan sus responsabilidades con sobrada madurez y gran determinación en solitario, lo que resulta magnífico, pero no es aplicable a la mayoría de los casos.

Cuando una mujer joven se casa, suele invitar con frecuencia a sus familiares, en primer lugar porque los extraña, en segundo para que la apoyen en su nueva etapa de la vida y en tercer término, para mostrarles su adaptación, logros y capacidades, que ahora domina como la reina de su hogar.

Esto no es malo siempre y cuando todo sea moderado, ya que en ocasiones tantas son las visitas, que el nuevo hogar se convierte en el lugar de opiniones y decisiones de todos menos de la pareja. Por ello, siempre es importante tener nuestro espacio, tiempo para ambos y que sea de calidad y cantidad, porque cuando esto abunda, no daña, por el contrario fortalece.

Cuando se inicia como tal, más se requiere de privacidad y tiempo con su pareja, así como de constantes y variadas pláticas, las mismas que deberán de ser francas, sinceras y respetuosas, para una mejor adaptación entre ambos.

Aunque ya exista el entendimiento como pareja, este debe reafirmarse e irse acrecentando cada día, preferentemente sin la intervención de terceros.

Y es que éstos casi siempre desequilibran los períodos tan necesarios de independencia, ocasionando el enfrentamiento de la pareja, todo a causa de que no existe esa valiosa y necesaria privacidad, que es la que fortalece la buena relación y entendimiento con el ser amado.

No es fácil convivir, dormir y despertar con la misma pareja durante años, esto se logra en un principio con amor y respeto, pero al no ser suficiente, siempre hará falta la voluntad para llegar al entendimiento mutuo.

Es importante aclarar los conceptos y puntos de vista de cada uno de los cónyuges, para saber buscar y encontrar un equilibrio natural y positivo entre dos personas y sus acciones.

Esto sólo se logra con el paso del tiempo, mediante el diálogo comprensivo, sincero y privado.

Invitar a los amigos a quedarse en casa es un golpe mortal para el matrimonio, pues arruina la intimidad de este, además de que se expone a la pareja y daña la relación de forma irreparable, cuando ya de por sí necesita fortalecerse aún más día tras día.

Ya no se vive en las épocas en que sólo el hombre o la mujer hacían valer su opinión o deseo; hoy en día, la igualdad es muy importante y la mejor conciliadora en la relación entre pareja.

Es bueno que la madre, el padre, la suegra o el suegro nos visiten –cuando sea por un lapso corto–, pero siempre en una atmósfera de respeto por la privacidad tanto en lo particular como por la de nuestro matrimonio.

Aquí es donde los padres tienen que ser como los tres sabios, actuar conforme al «No veo, no oigo y no hablo», pero con un poco más de inteligencia y también entender que no «no Sugiero», No opino», «No Juzgo» y «Nunca amenazo».

Todo comentario fuera de lugar puede romper los lazos que los ha unido por toda una vida, lastimando de forma grave a uno o a ambos cónyuges, pero sobre todo dañando el calor de hogar y debilitando el vínculo familiar.

Como seres humanos, todos cometemos errores; y el único juez de nuestra vida lo somos nosotros mismos, por ello es que nos cuesta trabajo aceptar que otros tengan la razón, aunque así sea en realidad.

No olvidemos que para todo hay una explicación, una forma de ver las cosas y de sentirlas; nuestros gustos y deseos pueden ser muy distintos a los de los demás.

Cada quien sabe el tipo de vida que quiere llevar. Mientras tanto hay que respetar, escuchar, ver y comprender, pero sobre todo aprendamos cuándo callar.

Los padres ya no pueden venir a consentir a sus hijos en cada ocasión en que estos ejecuten una acción, por el contrario deberán ser sujetos pasivos que observen, alienten lo positivo y propicien la reflexión acerca de lo negativo, sin tomar partido y permitiendo que los cónyuges sean quienes resuelvan sus problemas.

Hay que aprender a ser imparciales y si se nos solicita un consejo, darlo, pero conscientes de que podrá o no ser seguido, sin que por ello nos sintamos molestos o que se nos ignora.

Así como los padres, los hermanos también necesitan saber en qué momento deben de retirarse de una conversación o lugar, más si los reclamos se tornan fuertes entre una pareja, esto con la finalidad de que el matrimonio resuelva por sí solo sus diferencias. No se debe tomar partido, ni tampoco tomar represalias, ya que ello puede alterar el ambiente familiar.

Después de la tormenta llegará la calma y la pareja acabará por contentarse, mientras que aquellos que atizaron el fuego tomando partido, lo más probable es que queden relegados de futuras reuniones, lo que quebrantará la unión que existía entre los miembros de la familia. No caigamos en esta situación tan desagradable. Tampoco comprometamos el equilibrio y la convivencia dentro del ambiente familiar.

Respetemos a la pareja y no nos hagamos parte de sus discusiones, por el contrario, tratemos de que llegue la calma y que no se desborden las aguas de la tranquilidad y la paciencia.

El comportamiento de los cónyuges y parientes en el hogar

Los problemas de hermanos deben resolverse entre hermanos. Cuñados, amigos e hijos no deben tomar parte en los pleitos familiares, pues quien desea meter paz, muchas veces sólo obtiene un problema mayor.

El respeto entre unos y otros nos dará la tranquilidad de convivir en armonía con nuestros seres queridos.

No tiene caso enojarse con los cuñados, puesto que habremos de seguirlos viendo por el resto de nuestras vidas, mientras seamos parte de la familia. Y si en el matrimonio existen hijos, más aún es importante la buena relación. Recordemos que aunque nos divorciemos de la pareja, tenemos la obligación de llevar una relación cordial con los parientes políticos, a fin de no enrarecer el ambiente para nuestros hijos y nietos.

Aquellos que se ciegan en contra de la pareja, de su hermana o hermano, sólo agrandarán el problema si reclaman las cosas conforme a lo que ven y sienten, cometen un error al no saber lo que hay detrás de esta discusión y además de no tomar en cuenta el futuro de la familia.

En los problemas de la pareja, todos ignoramos lo que hay en lo profundo de las cosas, tomándose la mayoría de las veces un juicio de manera superficial y casi siempre inexacto, ya que sólo sabremos la verdad que ellos nos quieran compartir y no siempre la verdad de lo que existe o sucedió.

Muchas veces nos cuentan verdades a medias, o completas, pero no nos comunican el porqué de ello, lo esconden, porque sienten que ello les resta valor o seriedad a sus quejas y las fundan en su criterio y no en la verdad real. Por ello hay que escuchar a ambas partes y dialogar con ambos, por separado y en conjunto, ello nos dará una mejor visión de la verdad.

Si tu hermana o hermano te dicen que están molestos con su pareja, no inclines la balanza, da tiempo a que las cosas retomen su curso natural y si es para bien de ambos, ellos sabrán resolver su problema. Aun cuando se separen, no hay que ver como enemigo a la ex pareja, menos aún si hay hijos de por medio.

Si tu pareja se molestó con su madre, con su padre o su hermano o hermana, tampoco tomes en ello partido; permite que las cosas se calmen y tú dile a tu pareja que son familia y que no deben de enfrentarse, pelearse o molestarse, a la larga te lo agradecerán y el ambiente familiar no se hará pesado y oscuro.

A veces no se dan cuenta de que esas diferencias se olvidan cuando al paso de los días u horas se disculpan entre sí; mientras que las ofensas que aplican los familiares de la pareja permanecen imborrables abriendo heridas difíciles de sanar, las cuales acabarán por distanciar a los seres queridos.

Cuando una persona está interesada en formar un nuevo hogar, los hermanos se convierten en sus principales promotores al buscarles parejas con las que tengan posibilidades de lograr un matrimonio feliz. Esta situación es algo loable y que pocos saben agradecer, pero que de mucho sirve, ya que no hay nada mejor que tener un aliado confiable e incondicional.

Si entre la pareja prevalece el amor, la lealtad y el respeto, entre otras cualidades, la presencia de los hermanos nunca será un problema, siempre y cuando los visitantes no vengan con la intención de lastimar o de hacerlos sentir mal.

Sea quien sea, las visitas, como la pareja, deberán tener pudor y no andar casi desnudos por la casa, además de que tampoco tienen por qué provocar situaciones que lleven a la pareja al distanciamiento o malos entendidos. Hay amistades que quieren destruir nuestro hogar y hacen comentarios poco decentes y ello incomoda a la pareja; a ellos hay que evitarlos y dejar de invitarlos al hogar, así como a las reuniones.

Ya lo dice el refrán, «No cuentes el pan delante del hambriento», y otro más que nos advierte que «En la casa del jabonero, quien no cae, resbala». Así que mientras menos arriesguemos la tranquilidad del hogar, será mejor para todos. Siempre será mejor dejar las muestras de gran cariño y sobre todo de contacto entre la pareja cuando se está en presencia de amigos, familiares o extraños, ya que ello pueda traer graves consecuencias.

Esos comentarios de que: «Mi hermano o hermana no te saben apreciar, mientras que yo sí lo haría», son lesionadores de la estabilidad familiar al demostrar un nulo respeto. Hay que saber ser prudentes, no hagamos insinuaciones que se puedan malinterpretar, o que estén faltas de ética y moral.

No demos motivos para situaciones comprometedoras. Cuando hablemos con los cuñados, dirijámonos siempre con buenos modos y con respeto, sin provocaciones, ni comentarios en doble sentido. También hay que vestir con recato y decencia, ya que el vestir provocativamente o adoptar posturas provocativas frente a otras personas, bien pudiera entenderse como una invitación a participar con uno y aunque en el fondo no se quiera llegar a ello, la provocación puede ser mal interpretada y ello puede arruinar la vida de muchos.

Los deseos y enojos de un momento pueden afectarnos a nosotros y a nuestra familia para toda la vida, por lo que es importante ser conscientes y maduros, recapacitando y razonando con la mente fría antes de actuar o de hablar, ya que ello puede alterar nuestro equilibrio personal y familiar.

Dejemos de lado los atuendos capaces de desviar el pensamiento de cualquiera cuando estemos en la casa de nuestra hermana o hermano o de algún otro familiar, ya que esta conducta seguramente vendrá a alterar la estabilidad de la familia, además de que generará desconfianza e inseguridad entre sus integrantes. Nos pondrá en una posición complicada y estaremos destruyendo a una familia.

Al igual que entre hermanos, los amigos deberán seguir la misma regla, ya que más de uno suelen caer en esta clase de trampas, engaños o presunciones. El respeto ante todo será fundamental.

Que hay hombres y mujeres que siempre tienen el gusanito de tener una aventura, tampoco lo podemos negar, y al hacerlo hay dos formas de llevarlo a cabo. Con prudencia y sin dejar huella de ello, o en forma absurda, abierta y exhibicionista, lo que siempre dejará una huella muy pesada en nuestras vidas.

Tal vez no sea correcto tener una aventura fuera de la relación de pareja, pero a veces ello se hace de alguna manera necesario; porque se ven las cosas de otra manera y a veces ello nos lleva a reaccionar y valorar en forma más real y cierta. Cuando en la pareja alguien denigra y ofende a su pareja para hacerla sentir menos, esto a veces se torna inevitable, pero es de gran ayuda, puesto que se comprueba que ni somos como se nos agrede y tampoco menos aun como se nos señala.

Es aquí cuando la persona que trata de menospreciar a su conyugue, estará apoyando esta resolución, grave y peligrosa, pero que muchas de las veces se suele dar. Pero no con cualquiera se puede dar un paso así, ya que nos pueden chantajear para toda nuestra vida.

Bajarle el novio a alguien conocido es común, incluso llega a pasar con la pareja de los hermanos (as) o cuñados (as), lamentamos decir que es más común de lo que imaginamos entre amigos, quienes con tal de saciar su curiosidad o simplemente para demostrar que son mejores que los demás, no se dan cuenta del gran error que cometen, ni del gran daño que causan, con su proceder.

Mucho más dañino resultará para el matrimonio que estas acciones provengan del primo, la comadre, el vecino o la amiga, con quien se supone hemos entablado un vínculo de amistad, cariño y confianza. Todo esto genera oscuridad en el pensamiento y lesiones irreparables en las relaciones.

También es cierto que a veces una buena amistad, sin importar si es hombre o mujer, suele llegar a satisfacer la curiosidad que se tiene y sin riesgo de contagios o de dejar al descubierto lo sucedido, nos deja saciada la curiosidad y se retorna al hogar sin mayores complicaciones, aunque sí con otra forma de ver la vida y la relación. Lo que en muchos de los casos resuelve nuestras dudas y cambia nuestro modo de pensar o actuar.

Además de lo ya mencionado, existen situaciones casi increíbles pero ciertas, como pueden ser las siguientes.

Hay hermanos que no deben estar cerca de los matrimonios, ya que estos gustan de ocasionar problemas, porque han sido individuos conflictivos durante toda su vida y no maduran jamás. Más en el caso, si la mujer de uno estuvo enamorada del otro hermano, ello crea un ambiente complicado, lo que sin duda traerá grandes dificultades para todos.

Tampoco es bueno llevarse de forma pesada con los hermanos de la pareja o con los propios, ya que de no respetarnos, esto podría conducirnos al distanciamiento en la familia. Recordemos que «Juego de manos, es de villanos.»

Si la pareja siente que nos están ofendiendo, hay que pensar antes de actuar o hablar, para no hacer más grande un problema, o para ponerle un hasta aquí al mismo. Pero pensemos en lo que haremos, ya que ello puede alterar nuestra vida en forma drástica Y si bien entre hermanos se perdonan algunas cosas, con los cónyuges y familiares políticos no es igual.

Habrá cosas que la pareja no perdone, lo que será causa para que se rehusé a frecuentar a la familia, lo que llevará a enfrentamientos y al debilitamiento en las relaciones.

A los matrimonios jóvenes, los adultos los quieren manejar y hasta en ocasiones condicionar, lo cual es algo equivocado que no debe ser, ya que todos tenemos derecho a actuar con libertad. Una cosa es aconsejar y otra lo es el querer imponer.

Existen padres que se la pasan hostigando a la pareja de sus hijos, sea hombre o mujer. Con lo que al paso del tiempo logran aburrirla o hasta conseguir la separación entre ellos, esto sin darse cuenta que están arruinando la vida de los hijos. Puesto que ya separados, los hijos serán infelices y entonces lejos de acercarse a sus padres se alejarán de ellos.

Cuando esto sucede se debe tomar valor y enfrentarlos en el momento oportuno, no cuando las cosas ya no tengan remedio. Con el tiempo los padres lo entenderán y las cosas volverán a su nivel. Si nos separamos de la pareja, tal vez nunca se tenga una nueva oportunidad.

Cuando los padres ven que los hijos se van a divorciar, de inmediato piensan que sus hijos podrán rehacer su vida con toda facilidad y la verdad es que no es así, ya que los divorciados con hijos, no tan fácilmente se pueden adaptar a una nueva pareja y hogar. Menos fácil resulta para los hijos y luego de varios intentos fallidos, se llega a la conclusión de que era mejor lo que se tenía, que lo que se tiene. Pero si la pareja es comodina, incumplida, prepotente, ofensiva, golpeadora o incomprensible; ya lo decíamos, más vale solos que mal acompañados.

A quienes decidan conformar un matrimonio o hayan optado por vivir en pareja, hay que darles su espacio, tiempo y libertad correspondientes. No los dejemos que se sientan vigilados, pero sí apoyados en todo momento y situación.

Permitámosles definir y decidir sobre su futuro en pareja, orientémoslos pero nunca les ordenemos ni les amenacemos; recordemos que está en juego su vida, respetemos entonces sus decisiones. No propiciemos un enfrentamiento ni distanciamiento, siempre será mejor vivir en armonía y estar al pendiente para apoyarles, si así se requiere.

Hay hermanos o primos que no aceptan que alguien tenga una relación con su hermana, o prima, aun cuando sea su pareja o su esposo; de manera increíble experimentan celos y se transforman en verdaderos enemigos de su relación. Situación enfermiza que daña a toda la familia y en especial a quien se cela, ya que no se le deja vivir en libertad.

Lo mismo sucede con las hermanas, pero en ambos casos la recomendación será la misma, hablar con ellos para hacerles entender cuál es nuestro punto de vista, al tiempo de escuchar y comprender cuál es el de ellos.

Tal vez tengan razón y no veamos en esta nueva etapa de nuestra vida, nuestra realidad, ya que nos sentimos comprometidos por una relación íntima que simplemente nos satisface, aunque ello no signifique nuestra felicidad, por lo que podemos querer algo, por comodidad mas no por bienestar, ni por felicidad o porque en verdad sea ello lo que más nos convenga, aunque en todo lo demás estemos equivocados.

Algo igual pasa con los padres que no aceptan que sus hijos han crecido, así como que estos requieren de libertad para decidir sobre su futuro y el de su familia. Son seres humanos y cometen los mismos errores que los demás.

Mas sin embargo, los ofenden, los desprecian, ridiculizan, menosprecian y los ignoran en sus decisiones; ello hace que los hijos se desvaloren, que vivan en depresión y que estén siempre reprimidos y en espera de un mejor momento en sus vidas; aquí es donde la pareja los puede ayudar, comprender e impulsar. No es fácil, pero si hay amor y cariño, se puede y se logra con éxito.

No podemos arriesgar la solidez de nuestra relación como pareja, ni poner en riesgo el hogar y la familia, sólo por querer ser buenos hermanos o hijos.

Cuando se entra en una etapa de independencia y se busca por encima de todas las cosas la fórmula para salir adelante, lo primero que tenemos que hacer es ubicarnos como personas y ser responsables no sólo de nuestra vida, sino también de una familia.

La curiosidad atrapa al confiado y sorprende al descuidado.

Hombres y mujeres deberán apoyarse y respetarse entre sí. Tan buenas pueden ser las ideas y aportaciones de uno como del otro, por ello seamos conscientes de lo que hacemos y vivimos.

No debemos cerrarnos a las oportunidades y tampoco hay que negarnos al cambio, ya que esos caminos no sólo nos actualizan, sino que también nos ayudan a concretar y a hacer realidad nuestra vida futura.

Aquellos juegos y bromas pesadas de la niñez deben desaparecer, ya que ofenden a la pareja, además de dañar el concepto de respeto y admiración hacia los padres y familiares.

Respetemos a los demás como queremos que se respete a nuestros hijos, esto a fin de lograr una mejor cordialidad y afecto en la familia. No repitamos los patrones que nos lastimaron, seamos partícipes en la vida de nuestros hijos, juguemos con ello, hablemos, dialoguemos, entendámoslos, escuchémoslos y tratemos de ser mejores personas con ellos y con todos.

Existen algunos novios que, al pasar del tiempo, logran consolidar su relación de mejor manera en la casa de su familia política, más aún que en la propia familia, e incluso se llega a los extremos de ocasionar que aquellos extraños se apoyen y comprendan entre sí más que con las propias parejas.

Tan es así que en algunos casos el novio (a) de una (o) termina casándose con otra de las personas que ahí conoció, ya sea la cuñada, prima, invitada o novia de algún otro invitado. Lo que nos muestra que lo que a veces creemos está seguro, resulta que no lo es tanto, más aún cuando lo exponemos. Pero aun así, es mejor que suceda antes del matrimonio que después de este.

Y es que esto es el resultado de un mayor entendimiento entre dos personas que desde un principio se trataron y convivieron sin las presiones y condiciones que anteriormente les tenían impuestas con su antigua pareja. De ahí que el novio de la hija y la novia del hijo acaben relacionándose. Ello porque entre ellos se encuentra una esfera de verdad, entendimiento, comprensión y afecto, libre de conflictos, obligaciones y sin presiones. Igual pudo ser esta relación con otro hermano, primo, cuñada, vecina o amigos del novio o de la novia. Lo que la gente no suele comprender hasta que es demasiado tarde.

También podría deberse a que vieron en la familia algunas irregularidades morales, económicas, psicológicas o de carácter que los hace pensar en una mejor opción.

A pesar de que ambos hijos sean buenas personas, con educación y sentimientos nobles, aquellos ajenos a la familia suelen valorar el peso de esta y si encuentran que es falsa, conflictiva o problemática, preferirán separarse a tiempo antes de llevar un problema a sus vidas.

Este tipo de relaciones surgen porque se empieza comentando los sucesos que ambos pasaron, el comportamiento de los demás y los momentos de angustia o intranquilidad que vivieron. Uno se convierte en el apoyo del otro, al entender y comprender mejor sus sentimientos.

Por lo regular, mas no siempre, resultan ser exactamente iguales los valores de las parejas, puesto que se trata de la misma familia. Sucede que sin desearlo empiezan a ver entre sí nuestras amistades y nuestra pareja, diversas afinidades, y sin pensarlo, inician los acontecimientos que pueden cambiar nuestro futuro. Esta suele ser una forma poco madura de enfrentar la realidad.

Es por esta razón que se ve muy mal que la mejor amiga le baje el novio a su compañera, prima o vecina, que un hombre le quite la novia al pariente o al amigo. Esto sucede muy a menudo, más aun cuando nuestra boca comunica a todo mundo los prodigios y maravillas de nuestra pareja.

Lo cual es muy distinto a que una pareja rompa por incompatibilidad y que tiempo después se den otra oportunidad de vida con una nueva persona o un conocido que en ambos casos no tuvieron nada que ver con lo que se vivió en la unión y que los llevó a la separación.

Sí, se ve mal, pero esta será una decisión que cambie nuestras vidas, por lo que será preferible quedar mal con una persona o una familia, que dejar ir a quien nos llena y hará felices por siempre. Aunque he visto que a veces, lejos de hacer un daño al amigo o amiga, se les hizo un bien, ya que la pareja robada acaba con sus sueños e ilusiones y su vida se ve rápidamente deteriorada. Es decir no era tan bueno o tan maravillosa como uno lo esperaba.

Esto no significa que apoyemos el que alguien le quite la pareja a otro, sino simplemente que tenemos que aceptar la realidad y reconocer que muchas veces una persona tiene una excelente pareja a la que no sabe tratar, respetar ni cuidar, por lo que debemos aprender a valorar lo que tenemos. Así mismo, hay que entender que no porque nos guste o sea buena una persona, ello significa que es la pareja ideal de nuestra vida. Aunque a veces, cuando la pareja ve que puede perder a su pareja, modifica su actitud y aprende a valorar lo que tiene y lo mucho que esta vale.

He ahí la importancia de que exista entre familiares y amigos un respeto definido, con moral y ética, donde no se trate a las personas con conductas que los confundan. Siempre lo natural y verdadero será lo menos complicado.

Nunca será correcto que se insulten entre hermanos y parientes, menos delante de los hijos, parejas y visitas. El buen comportamiento familiar es básico, elemental y necesario.

Peor será si ello se hace delante de los novios o prometidos ya que esto los puede hacer dudar, puesto que imaginan que estarán sometidos a este ambiente de por vida, algo que naturalmente no desean experimentar ni con la pareja ni con los hijos.

Muchos insultan a su pareja con la creencia de que los engañan, pero si tanta es la certeza, lo adecuado será tomar las medidas pertinentes.

Si se desconfía de la pareja, pensemos que lo ideal es buscar a una nueva persona con la que podamos compartir nuestras vidas, evitemos la infelicidad. Pero cuidado, porque si todo son suposiciones, nos quedaremos solos y llenos de arrepentimiento por haber perdido lo que tanto vale.

No tiene caso desgastarnos sentimentalmente por algo que nunca cambiará. Tengamos el valor, la inteligencia y prudencia de saber retirarnos a tiempo, para no convertirnos en una persona desdichada y sin valores.

Lo anterior debe llevarnos a recapacitar sobre lo que deseamos, mientras gozamos la vida a nuestra manera y capricho, a pesar de que con ello se alteren las reglas de la convivencia social.

Por más guapo o bonita que sea nuestra pareja, no vale la pena sufrir, tampoco tenemos por qué llorar por alguien que no se lo merece, mucho menos por quien no nos ama. No dejemos que nos utilicen, que nos intimiden y ofendan.

Lo que hoy permitamos lo llevaremos por siempre con nosotros, pero debemos ser cautelosos con el ejemplo que damos a los hijos, pues estos podrían seguir nuestros pasos, lo que los puede conducir a una vida desastrosa y sin futuro.

El novio de la hija o la novia del hijo lo que menos desean es tener problemas en su nueva etapa de vida matrimonial, por lo que nunca les agradará tener a un suegro cornudo o una suegra poco confiable.

Y aunque es poco probable que ellos sean conscientes de sus errores, sus hijos, al conocer de estos, seguramente presentarán algún tipo de problema psicológico que altere tanto su conducta personal como la familiar.

Seguros estamos de que nadie quiere tener un suegro al que su esposa le engaña, despertando con ello la duda en su propia familia, de que si su futura pareja es producto del matrimonio o tan sólo resultado de un desliz de la infiel madre.

Esto no es porque se haga menos a las personas, pero sí porque nos encontramos que la familia de nuestra pareja no es lo que esperábamos porque, casi siempre, esos padres y madres que dejan mucho que desear con su proceder, pueden convertirse en nuestro mayor dolor de cabeza.

Nadie querrá tener a unos suegros de los que llegan al hogar y arremeten con la pareja e hijos, lo que igual se da entre pobres y ricos; como tampoco de aquellos que tienen conductas prepotentes y agresivas por considerarse hombres o mujeres con poder económico y profesional.

Los que tienen los medios, la educación e inteligencia, pero además son personas maduras, ocuparán sus recursos para tener una vida más saludable, cómoda y feliz, dedicándose tanto al cuidado de su familia como a sus negocios.

Hay que saber dejar un espacio muy distinto para la familia y otro para los negocios, sin descuidar ninguno y progresando en ambos.

En ocasiones los amigos son los peores enemigos de estas personas acaudaladas, ya que temen que estos al alcanzar su plenitud de vida en familia, los dejen de lado y se olviden de pagarles sus cuentas, de pasear con ellos y darles gusto en todo; por ello deciden atacar al marido o a la esposa del amigo, levantándoles falsos testimonios e inventándoles un negro pasado. Con esto arruinan una familia y solo obtienen la tristeza y la soledad de las amistades y hasta de ellos mismos.

La Soledad

Cuando quedamos viudos, estamos divorciados, separados, abandonados, dejados o simplemente cuando vivimos solos, las personas piensan que vivimos en una etapa de soledad.

Lo malo es que tanto nos lo dicen, que nosotros mismos llegamos a creerlo sin que lo sea en realidad. Ya que a veces y aun estando casados y en familia, sentimos ese vacío de soledad.

Contrario a lo que se piensa generalmente, la soledad no es mala, pero tampoco es algo que se le quiera desear a los demás y menos a nosotros mismos.

Partamos del hecho de que nadie está solo, siempre estará Dios con nosotros y para nosotros. ¿Cómo? Simplemente de las maneras más insignificante, pero a la vez más esplendorosa y brillante.

La soledad que se llega a sentir, se debe a que nosotros mismos nos abandonamos a la vida, nos dejamos de valorar y pensamos equivocadamente que ya a nadie le importamos. Ello es un grave error. Siempre habrá alguien interesado en nuestro bienestar, lo que sucede es que cuando estamos en la parte linda de nuestras vidas, no procuramos sembrar el afecto y el cariño que, años después, aun estando con nuestra pareja, nos salvará de sentir la soledad.

Una de las caras buenas de la soledad es que nos permite descubrirnos a nosotros mismos, nos motiva a querer salir de ella aparentemente, pero en realidad nos ayuda a cambiar en nuestras vidas lo que no estuvo a veces bien desde un inicio. No es porque seamos malas personas, al contrario, a veces por ser tan generosos y bondadosos, caemos en ella.

Tipos de soledad

La soledad se puede encarar de dos maneras distintas, una cuando estamos solos o nos sentimos solos y otra soledad es la que nos hace sentirnos solos aun entre un mar de personas.

El estar solos no debe de espantar a nadie, ya que es a veces hasta benéfico para nuestro fortalecimiento espiritual, es más, yo les recomendaría una meditación de cinco o de diez minutos diariamente. Es la maravillosa oportunidad de estar realmente solos y sin que nadie nos vea o interrumpa, ello resulta fortalecedor, nos llena de energía positiva y nos enseña a enfrentarnos a la vida con serenidad y paciencia.

Recordemos que en los pasos de la vida, en muchos momentos hemos estado solos, quizá hasta lejos de casa y en medio de desconocidos. Mas sin embargo nunca nos sentimos solos o en medio de una soledad; simplemente porque en nuestro espíritu había la seguridad de que no estábamos solos en la realidad, sabíamos que había alguien esperándonos en casa, que alguien estaba pendiente de nuestro regreso y éxito.

Simplemente estábamos solos, lejos y alejados de todos y sin embargo no nos dañó la soledad, ni se apoderó de nosotros. Es decir, la vencimos porque no la tomamos en cuenta en ningún momento. Nuestra meta era vivir la vida y disfrutarla y ello es lo que debemos de seguir haciendo.

Cuando hacemos lo que nos agrada o nos gusta, no hay lugar para la soledad, aun cuando estemos solos. Cierto es que cuando muere el amor, hay un vacío en nuestras vidas y equivocadamente lo llenamos con el elixir de la soledad en vez de utilizar el de la fortaleza, el del agradecimiento con la vida y el de la verdad. Lo hacemos así sin desearlo, sin darnos cuenta y sin pensar, simplemente al dejarnos llevar por las voces de quienes nos rodean, nos encasillamos en ese cuarto oscuro y camino sombrío.

La soledad es útil solo para aquellos que sienten que no son nada, que a nadie le importan, que nada valen, que nada pueden lograr o alcanzar, es decir, para los pesimistas, los flojos, los que carecen de carácter y de un espíritu fuerte; para la gente sin voluntad de seguir viviendo en plenitud.

Una persona que tiene compromisos con la vida, con sus familiares y amigos, más aún si se tienen hijos, nietos o padres a nuestro cuidado o resguardo; no puede ni caerá en la soledad. Se piensa que se vive en ella, pero ello es falso y engañoso, lo que sucede es que hay conflictos diarios entre lo que soy, lo que hago, lo que debería de hacer y lo que estaría haciendo si algo no hubiese ocurrido o si las cosas se hubiesen dado como uno deseaba o pensaba. Pero no es ello soledad, es una ficción de esta que nosotros mismos creamos para justificar nuestra falta de entrega al cien por ciento.

Todos somos y debemos de sentirnos amados, aun cuando estemos solos y sin nadie a nuestro rededor, entendamos que no podemos arrastrar como un ancla a todas las personas que nos quieren o que nos estiman, sería imposible movernos.

Siempre habrá alguien pensando en nosotros, para bien o para mal, pero existe. Entendamos que estamos aquí por algo y para algo, no sólo para ocupar un espacio. Hay una misión para nosotros en la vida, hay que descubrirla, entenderla, enfrentarla y cumplirla, porque ese es el ejemplo que da fuerza y seguridad a los que nos siguen y observan.

La observancia de los demás, la admiración que despertamos, aunque no la escuchemos, nos retroalimenta de paz, de amor, de energía y de gran vitalidad.

Por ello hay que ser siempre emprendedores y nunca darnos por vencidos. Recordemos que cada caída es una oportunidad más que nos da la vida para levantarnos con más fuerza, experiencia, prudencia y entendimiento. Solo los derrotados, los que no tienen carácter, se refugian en el rincón de la soledad y se quedan ahí sin intentar vencer los obstáculos.

Cómo enfrentar la soledad

Como en todo negocio, en la vida hay altas y bajas, tanto en lo sentimental como en lo espiritual y en lo material. ¿Por qué nos tocó vivir tal o cual cosa?, simplemente, ¡por qué no habría de tocarnos! Es y debe de ser un orgullo el que la vida nos premie con pruebas fuertes y pesadas, porque así es como se templan los grandes seres humanos, mejor digamos, «Qué afortunados los elegidos», los que nos templamos como el mejor acero al fragor de la lucha diaria.

Es común escuchar que la gente acabará con su soledad y encontrará la felicidad cuando encuentre a su otra mitad, a su pareja ideal. Sin embargo al pasar del tiempo muchos suelen decir que su felicidad la encontrarán cuando logren divorciarse o separarse de su pareja, porque con ella han vivido sólo tiempos de soledad, abandono y tristeza.

También muchos buscan acabar con su soledad teniendo hijos, pero al poco tiempo piensan que serán felices sólo cuando ellos partan, ya que necesitan un poco de tranquilidad, soledad y tiempo para ellos.

En soledad se encuentran los que viven por vivir, porque para ellos la felicidad siempre luce imposible de alcanzar, no tienen sueños ni metas, carecen de esa sabiduría humana para vivir con decisión y entendimiento. Esto muchas de las veces se siente a causa de que se viene presionado de una familia en donde uno o ambos padres son tan severos y poco afectivos, que hacen sentir a sus hijos menospreciado y carentes de inteligencia, capacidad o responsabilidad. Cuando que ello no es así. Es así como los ven ellos, pero no es porque en realidad lo sean, simplemente se rehúsan a reconocer que sus hijos tienen la capacidad necesaria o incluso más de lo necesario para salir adelante, pero parece agradarles el ponerles piedras en el camino.

En soledad sólo deberían de estar los que no han sabido realizarse como personas, así que no confundamos la soledad con otros momentos de nuestras vidas, a veces no es soledad lo que se siente, sino la ausencia de un ser amado, de alguien que nos reconforte, apoye y nos converse, ello no es soledad.

Claro que todos preferiríamos lo más fácil, pero no es así, para cada quien la vida tiene un gran reto, falta que sepamos lograrlo y encontrarlo para tener verdadero éxito y ser digno ejemplo.

Muchas veces, en medio de una gran fiesta familiar, podemos sentirnos solos; aun cuando nos rodean muchas personas que nos quieren, procuran y cuidan. Pero esa es una soledad natural, que nos fortalece y que, si la analizamos, nos da experiencia, conciencia y entendimiento por la vida, ahí es cuando se hacen y se trazan los grandes planes para vencerla y ser una persona de éxito en todo momento y en todo lugar. Tú puedes hacerlo, intentándolo una y otra vez, hasta lograrlo.

Solo cuidemos de no estar o permanecer aislados, vivamos con moderación, pero disfrutemos los placeres de la vida; hagamos de nuestro rededor un mundo activo, de provecho, abierto, positivo y de grandes proyectos.

No te olvides de levantarte con un agradecimiento por la vida, sonríe, alégrate sin importar los retos que te esperan en el día; ten seguridad en ti, recuerda en todo momento que si lo quieres, entonces puedes, lucha, enfréntalo todo y esfuérzate.

Toma nuevos retos, arriesga, no temas ser lastimada o agredido, entrégate a lo que sabes que requieres y necesitas y disfrútalo intensamente mientras dure y cuando ya no sea lo que buscas o no seas lo que otros buscan, déjalos partir y emprende un nuevo reto. La vida es maravillosa, disfrútala, aprovéchala y lograras tu felicidad plena.

Esa lucha del día a día te hará más fuerte, más experimentado, te dará sabiduría y entenderás que no estás solo y es ahí cuando la felicidad volverá a llenar tu vida. Y en donde acabaras por comprender que unos buenos padres, una buena educación y la unión familiar, son un núcleo necesario para padres e hijos, no lo rompas, hazlo crecer y ser más fuerte.

No caigamos en el error de querer ambicionar lo que no tenemos o de pretender ser invitados a un núcleo que no nos pertenece, ya que aunque lo logremos, al estar en él, no seremos nosotros mismos y perderemos identidad.

Hay que madurar en forma consciente, porque solo así nos liberaremos de la dependencia de los que nos rodean y podremos alcanzar una relación verdadera. Si nos dejamos arrastrar por la buena voluntad de la gente que nos quiere y que por ello trata de resolvernos todo en la vida, sólo lograremos tener grandes problemas y perderemos la identidad propia y nuestro espíritu de lucha desaparecerá poco a poco.

Cuando se está seguro de uno mismo y se comprende el significado de la lucha por la vida y el éxito, entonces se está madurando, es decir, se está obteniendo una fortaleza espiritual que nos moverá a donde queramos y lo deseemos, porque es entonces cuando en verdad estaremos listos para los grandes retos y seremos responsables de sus consecuencias, sin buscar un culpable ajeno para destinar nuestros errores, eso es en realidad el madurar.

O bien en cuanto uno deja de buscar el desarrollo personal, es el momento que las relaciones dejan de ser buenas y pierden su amalgama de afecto, cariño y hasta de respeto.

Hay que buscar consistentemente el desarrollo personal y si la pareja se ausenta, se muere o simplemente nos falta, ello no es ocasión para dejar que todo caiga y se destroce. Si se quería una familia, hay que luchar por ella, solos o en equipo, pero hay que poner toda la carne en el asador, no hagamos tonterías, no cometamos torpezas, la lucha nos espera y hay que hacerle frente y vencerla. Si nos esforzamos lo logramos.

Quedarse sin pareja no significa soledad, simplemente es seguir solos en una lucha que esperábamos lograr con alguien más, pero aun estando solos hay que continuar. No fuimos pareja de alguien sólo para apoyarnos en nuestros sueños, sino también para entrar en una nueva etapa de nuestras vidas y a ello no podemos renunciar aunque ahora falte esa pareja. Y si hay hijos, hay que luchar por ellos y su bienestar, que a su vez será el nuestro.

Cuando estamos casados o vivimos con la pareja, por lo regular no sentimos la soledad, porque el amor, el cariño y el afecto nos hace interesarnos en los demás aún más que en nosotros mismos, por ello, por ese interés en otros y que supera nuestro propio cuidado, es que no sentimos soledad. Además, la pareja da fortaleza a los hijos y seguridad en todo lo que hacen, luchemos siempre por no separarnos y si por ser mejores y más unidos.

Pues bien, hagamos ahora lo mismo, aprendamos a darnos a los demás con esa fuerza, con la intención y el fortalecimiento espiritual que teníamos con la pareja, y veremos que no falta nada en nuestras vidas y que en ella no hay sitio para la soledad y menos aún para la tristeza.

Hay que aprender a vivir sin miedo, sin temores o dudas, porque sólo así sentiremos sobre nuestro ser la libertad que tenemos y que ahora ya no estamos disfrutando.

El desarrollo personal es un arma muy efectiva contra la soledad, ya que no la deja entrar, simplemente porque en él no hay un lugar para la obscuridad.

Hay que vivir, hay que amar, desear, experimentar y probar. No digamos no a lo que ni siquiera sabemos a qué sabe o para qué sirva. Hagamos de nosotros mismos gente de retos, de lucha y de consistentes éxitos, conquistas y triunfos.

No podemos pedir a nuestros seres queridos que sean triunfadores, sino podemos dar el ejemplo de ello. No hay que vivir quejándose o lamentándose de lo que pudo ser nuestra vida con otra persona o de lo que hubiéramos logrado con esta o con aquella. Entremos en conciencia, la lucha por la vida continua y la nuestra mientras tengamos vida, no termina, así que hay que ponerle toda la carne al asador y veremos grandes resultados.

Ahora bien, si lo que tenemos es miedo a experimentar, a conocer y a darnos otra oportunidad, entonces lo que se tiene es miedo a la soledad por pretexto, para ocultar en ella nuestros miedos, dudas y la falta de deseos por salir adelante. Simplemente nos estamos dando por derrotados.

Cuando se vive en ese sentido de estar solos, aun cuando estamos en pareja, es cuando más débiles somos, ya que toda persona que se identifique con nosotros y entienda lo que vivimos, puede aprovecharse de nuestro estado de soledad en pareja, para desviar la finalidad de unión en nuestra familia. Sus consejos pueden ser buenos en un inicio, pero pueden ir desviándose imperceptiblemente en el paso del tiempo y llevarnos a un punto de desesperación, en donde se nos acaban las ganas de luchar y vencer. No los dejemos. Nuestra familia es primero y nada ni nadie puede dañarla o expresarse de ella en malos términos o con consejos que nos separen o lastimen. Nuestra familia es lo primero y por ella hay que luchar, en todo momento y en todas las formas.

En un divorcio, nunca habrá un vencedor y desgraciadamente los hijos siempre sufrirán de innumerables maneras para el resto de sus vidas.

Quien actúa con dolo terminará en problemas

Cuando actuamos a la ligera, generalmente se toman malas decisiones; la venganza es una mala consejera y entorpece la reparación de las relaciones. Evitemos proceder precipitadamente.

Dejemos que la mente se aclare, que nuestra impresión se controle, actuemos después de meditar las consecuencias de nuestros actos.

Por ello, los padres, hermanos e hijos, así como demás familiares, deben tener un ciclo de vida normal, basado en el respeto, la moral y comprensión hacia los demás.

Ningún humano es tan perfecto como para no cometer errores, pero intentemos conducirnos de la mejor manera posible por la vida.

Cuando alguien en la familia o conocido nos visiten, debemos tener cuidado de que las relaciones entre ellos y nosotros no se deterioren, menos que el afecto y respeto se divida o se friccione.

Muchas veces nos reímos de la televisión, porque se engañan entre parejas con las personas que nos frecuentan, ya sea el mecánico, el doctor, la secretaria, la vecina, el ex compañero, etc. Lo triste es que es verdad, hay gente tan cerca de nosotros, que nos analiza y aprende a manejar nuestros estados de angustia o depresión y se aprovecha de ello.

Peor aún será cuando es una amistad la que desea visitarnos para quedarse en casa, ya sea avisándonos con anticipación o tomándose el atrevimiento para sugerirlo cínicamente estando en el hogar.

En estos casos, lo ideal será ayudar a esa persona con la renta de un departamento y proveerle sus alimentos y gastos, que tener que exponer la privacidad de nuestro matrimonio, porque ello nos puede lesionar en forma total.

Claro que también existen amigos modelos y si no modelos, sí muy íntegros e incapaces de buscarnos un disgusto o problema familiar. Pero la confianza mata al gato. Y entre humanos, lo que muere, muerto esta.

Con la mayoría de las personas será mejor ser precavidos, además de estar al pendiente de nuestras familias y no descuidar la integridad del hogar, lo cual es obligación por igual en la pareja y en los hijos de esta.

Tampoco podemos excedernos en confianza para con los hermanos de la pareja, ya que puede terminar en una situación comprometedora que sólo nos llevará al deterioro de las relaciones familiares o a otros malentendidos que nos confundan y sólo aumenten nuestras dudas y temores. Ya sea porque lo que empezó como un juego termine por convertirse en un resquebrajamiento de afectos, un inoportuno romance o en algo fuera de control que nos haga caer en un punto en el que no haya cabida para el entendimiento ni la confianza, sin los cuales podríamos perder cosas primordiales.

En ocasiones aunque uno no quiera, las cosas se van haciendo inevitables, por lo que será mejor prevenir que lamentar y más vale un aviso a tiempo que un problema al poco tiempo.

Algo parecido sucede entre amigos que, sin que el marido o la esposa lo sepan, comparten al cónyuge. Esto simplemente nos refleja una falta de valores, pero sobre todo una carencia de respeto por los demás y por uno mismo.

Para muchos este tipo de conductas resultarán exageradas e irreales, pero lamentablemente hoy en día podemos ver cosas tales como que hay reuniones donde los invitados efectúan entre sí el intercambio de parejas, algunas veces con el cónyuge, la amante o la amiga misma.

Suena raro e increíble, pero sólo basta abrir el anuncio clasificado al navegar por la red para que aparezcan miles de parejas swings que diariamente comulgan con estas prácticas.

Lejos de que cosas como estas nos asusten, debemos de tomarlas como un ejemplo de lo que puede pasar en la vida de cada uno de nosotros.

Cierto es que los tiempos son otros, pero el cambio es demasiado fuerte como para ser comprendido fácilmente por cualquiera de nosotros que, sin importar la edad, nunca estaremos preparados para ello. No olvidemos que al faltarle el respeto a nuestra pareja, estaremos contribuyendo al fracaso de la relación.

Como padres difícilmente consentiremos que a nuestra hija pudieran llevarla cada semana a encuentros casuales donde la toquen, besen o tengan relaciones sexuales con ella uno o más extraños solo porque así se lo pide su marido.

Aunque debemos respetar los gustos y las costumbres de los demás, estas prácticas están alejadas de la decencia, evitemos caer en ellas. No por querer experimentar algo vayamos a quemarnos, y lo que es peor, demos un ejemplo equivocado a nuestros hijos así como a aquellos que nos aman.

Por demás está decir que estaremos en riesgo de contraer alguna enfermedad venérea o sanguínea que arruine nuestra felicidad y familia, todo por un espejismo que no nos conducirá a nada bueno.

Cuando no se está dentro de una relación convencional

Esto ya no espanta a nadie, lo mismo vemos a mujeres besándose que a hombres entre sí; lógicamente, también los observamos llegando a cosas mayores.

Aun así, somos y debemos de ser respetuosos de los deseos, costumbres y preferencias de las personas, ya que cada quien tiene derecho a hacer con su vida lo que más le agrade.

Todo va muy bien mientras la pareja se entienda y sea consciente de lo que uno y otro quiere. Lo malo está cuando se hace creer a la pareja que se es una cosa cuando en realidad se es algo distinto, pues ello se llama engaño.

¿Qué pasa cuando nos casamos y descubrimos que a nuestra pareja le aflora a cada momento su lesbianismo, homosexualismo o bisexualismo? Esto, sin duda, será un gran golpe en lo emocional tanto como para uno como para el otro, quienes verán cambiar sus vidas drásticamente.

Y es que cuando se descubre esta situación, como mujer u hombre no se sabe dónde se está parado, sólo nos sentimos engañados de una manera vil.

Descubrir que nuestro noviazgo no fue más que una simple farsa, no es algo que haga sentir bien a nadie. Aunque a veces dos personas sabedores de todo lo que existe, se atreven y se prestan a escenificar un falso matrimonio o vida de pareja.

Aunque duro y difícil, siempre será mejor decir la verdad, ya el tiempo nos permitirá asimilar los embates. No ocultemos nuestras preferencias y gustos, hablemos con honestidad desde el principio.

Pensar en la manera de cómo decirles a los padres que nuestra pareja tiene preferencias sexuales distintas a las que suponíamos, no es nada sencillo, como tampoco lo es explicar que alguien nos utilizó para tapar las apariencias en sociedad.

Si aceptamos esto, claro que nuestro mundo y sueños cambiarán radicalmente, nada tendrá lógica, además de que un mar de circunstancias inesperadas, una tremenda cantidad de ideas y temores empezará a correr por nuestra mente.

Sentir que el mundo se nos viene encima será natural, ya que nunca estaremos preparados para algo de esta índole.

No tener la confianza para hablar con la verdad es un grave error que muchos pagan con el divorcio, esto tras haber negado su condición a la pareja, aun cuando esta se los cuestionó en su momento, quizás por sospecha.

Pero si por el contrario fue una verdad que no quisimos entender ni aclarar, entonces la culpa habrá sido sólo nuestra. Aunque también en estos casos, la separación o el divorcio son una opción.

Al involucrarnos en cualquiera de estos escenarios, donde el engaño llevó el rol principal, seguros estamos que la relación iniciada por estas parejas desiguales se debilitará hasta acabar con la misma; cabe el reclamo, pero si se participó o se cooperó, no habrá excusa que valga.

No hay necesidad de herirnos por nada, dialoguemos siempre con la verdad iniciando por casa para no sentir presión ni la necesidad de ocultar las cosas a quienes confían en nosotros. Los padres tienen la obligación de comunicar a la nueva pareja, las circunstancias, sueños, aficiones y deseos de los hijos para que con ello se eviten las sorpresas.

A veces por temor de que la gente se entere o a quedarse solos, ciertas personas permiten que sus parejas convivan con gente de su mismo sexo en el propio hogar, convirtiéndose en alcahuetes. Esto por supuesto no es ni será el sitio adecuado para tener y ver crecer a una familia, la torpeza de su curiosidad, será un costo difícil de pagar.

Las mujeres, por ejemplo, callan en la familia y salen a buscar al hombre que no tienen en casa. Intentarán justificarse en el comportamiento de su pareja para convertirse en meretrices caseras que terminarán por devaluarse como personas, además de que arriesgarán su reputación y valía como féminas, todo por no saber llevar un orden en su vida.

Todo esto podría evitarse al tener el valor de aceptar que se equivocaron en su elección, lo cual en algunas ocasiones se niegan a reconocer. Y si se reconoce y se acepta, hay que cortar por lo sano y seguir una nueva vida, sin lastimar a nadie y con la frente en alto, solo así se lograra lo deseado.

Por lo mismo empiezan las venganzas. Al principio se les hace fácil y sólo buscan a una persona que les haga sentir plenos, que les brinden una serie de aventuras que deseaban experimentar al interior del matrimonio y que nunca podrán tener con su pareja. Al ver con claridad las cosas, caerán en la cuenta de que su vida está arruinada y que lamentablemente siguen atados a una relación que no desean.

En cualquier caso los problemas se recrudecerán, hasta terminar por explotarles en la cara una serie de errores cometidos.

No dejemos que sea tarde para volver a comenzar, la vida no regresa, el tiempo no espera y lo que sucedió ya no puede ser cambiado o borrado como quisiéramos; sobre todo cuando nosotros mismos hemos colaborado para que nos suceda todo lo que nos está pasando.

Seamos sinceros, hablemos con la verdad y digamos siempre lo que sentimos y queremos.

Si nuestra pareja no desea lo mismo que nosotros, será tiempo para buscar a otra persona que llene nuestras expectativas, y al encontrarla, pongamos atención también con lo que sueña en la vida. Sólo así se logrará una verdadera pareja de éxito, capaz de construir un hogar bien cimentado.

Nada tenemos en contra de las lesbianas, bisexuales o del grupo gay, sólo que la recomendación será hablar con verdad y ser honestos. Para todos hay posibilidades, espacios y parejas, el éxito es saber elegir el que a cada quien corresponde y actuar siempre con responsabilidad.

Hay que ser sinceros, mucho más por las facilidades e incluso el entendimiento por parte de la sociedad que hoy en día se tienen para exponer libremente nuestras preferencias.

No es válido engañar a otro ser humano, seamos respetuosos con los sentimientos y vida de los demás, esto si queremos ser respetados.

Busquemos parejas con los mismos criterios, gustos y metas, para que nadie resulte lastimado. Unos y otros merecemos respeto, derecho que habremos de ganarnos respetándonos a nosotros mismos.

Digamos toda la verdad, pues está a medias, no es suficiente, las mentiras siempre provocarán dolor.

Siempre habrá quien nos quiera tal y como somos, para cada quien, hay un cada cual. Nadie escapa a esta regla universal.

El conflicto de sexos ha existido toda la vida, por lo que no debemos asustarnos ni sorprendernos, es algo que pasa y seguirá sucediendo. Simplemente pongamos atención y definamos quien es uno y quien la otra persona, para identificarnos bien y tratar de acertar desde el inicio. Recuerda que al fragor de las copas y drogas, cualquier persona es un ángel y nuestro salvador; lo que es del todo falso. La vida futura no puede provenir de encuentros raros casuales, hay que tener mucho cuidado, ya que muy pocas, pero muy pocas esto sale bien.

A nadie le gusta ser presa de este tipo de situaciones, mucho menos mediante el engaño o la posesión obligada.

Seamos honestos con la pareja, ello hará más llevadera nuestra forma de vida.

Tampoco afectemos a terceros, tratemos de resolver nuestros problemas y necesidades en un marco distinto al de la familia, iniciemos por valorarnos a nosotros mismos sin exponernos a ser utilizados, busquemos lo que queremos. Si logramos tener la afinidad de pareja que deseamos, entonces cuidemos de que nuestras relaciones no perjudiquen a los demás.

Es bueno que la familia sepa de nuestras debilidades y preferencias, con lo que los padres podrán ayudarnos; pero querer esconder algo tan obvio, sólo causará conflictos y distanciamientos.

El conflicto sobre el sexo es una cuestión histórica

El mundo ha estado sometido a una guerra de sexos desde hace muchos siglos; la inconformidad sexual viene desde épocas verdaderamente históricas.

Siempre han existido mujeres y hombres que se ven seducidos por personas de su mismo sexo, otras que abiertamente rechazan al sexo opuesto; esta es una condición en contra de la naturaleza humana, sin embargo existe, tiene fondo y forma.

La misma se puede deber a causas psicológicas, a variaciones hormonales o genéticas, a veces son caprichos del ser humano y en otras es la forma de demostrar su inconformidad con la vida; todas ellas son causa y muchas más son efecto de las mismas decisiones o acciones y las cuales pueden ser guiadas por diversas conductas entre estas las internas o externas, por lo que no podemos juzgar a nadie de la misma manera. Y es que cada caso es distinto, por lo que todos merecen nuestro respeto, sin importar sus diferencias.

La humanidad ha tomado diversos caminos, así que de nada sirve oponerse a determinadas conductas, ya que éstas seguirán existiendo, aún con vigilancia.

El que en la sociedad las personas podamos convivir con libertad de acción y pensamiento, nos da la seguridad de que sólo así podremos alcanzar la armonía necesaria que nos permita ser felices.

Por otra parte, encontramos a gente que después de años de casados, sintieron la curiosidad o deseo oculto por su mismo sexo, situación que lamentablemente ha culminado en hogares destrozados, suicidios y llegan a hacer sentir culpables tanto a la pareja como a ellos mismos.

Buscan entonces convivir con personas de su mismo sexo, pues ya no encuentran en su pareja de toda la vida la satisfacción que anteriormente sentían; esto, sin duda, viene a significar un balde de agua fría para todos los miembros de la familia, acabando con el amor y cariño que se les tenía. Esto se debe a que en las personas, surge una inconformidad al ejercitar las relaciones con su pareja.

En ocasiones se ven inducidos a estas prácticas bajo la influencia de las drogas y el alcohol, lo que viene a romper con su voluntad y preceptos de vida, dando un giro a sus familias, a quienes sólo brindarán inestabilidad en el hogar.

La causa es poco conocida, ya que puede provenir de múltiples situaciones, como por ejemplo un trauma psicológico, una mala influencia o simplemente por dejar de reprimir un sentimiento oculto.

Niñas y jóvenes embarazadas, madres solteras.

Increíblemente la vida nos ha enseñado que las mujeres no sólo tienen un sexto sentido, sino que también poseen el coraje para lograr lo que desean, convencidas de su capacidad y fortaleza.

Cada vez son más las madres solteras que tienen que enfrentar los retos de la vida, pero cada vez lo hacen con menos temor, con mayor dignidad y entereza. No podemos ocupar una postura a favor de ellas o en su contra, pero sí debemos de comprender, razonar y admirar su trabajo y esfuerzo diario, sin lugar a dudas es el motor que mueve a la sociedad en su mayor número.

Hace cientos de años, a las hijas que se les descubría embarazadas fuera del matrimonio se les azotaba hasta que perdían a sus hijos, se les desterraba de la familia y se les escondía en las grandes casas y haciendas, además de que se las emparedaba en monasterios o se les mandaba de monjas a conventos (que la familia subsidiaba) porque significaban una vergüenza, una afrenta a la familia. No era algo permitido.

Incluso se les llevaba a la muerte, los padres las desconocían y por si fuera poco, la familia sufría y ésta se desintegraba, sin darles siquiera la más mínima oportunidad de explicar los motivos de su proceder.

Afortunadamente eso ha venido cambiando positivamente y en forma acelerada, pero aún con grandes saldos en contra de ellas. Tal pareciera que cientos de años no han sido suficientes para reconocer su libertad de decisión sobre sus vidas.

Han tenido que sufrir en demasía, llorar a mares y padecer todavía el abandono total de la pareja y seres queridos.

Luego la sociedad se dio cuenta de que las viudas también terminaban siendo madres solteras y que estas no se detenían ante nada para sacar adelante a su familia, casi siempre con éxito. Después de muchos sacrificios y trabajos, se convertían en grandes ejemplos dentro de nuestra sociedad.

De aquí las divorciadas, las abandonadas y las separadas al igual que las solteras, tomaron ejemplo y se dieron valor a sí mismas y se dispusieron a trazar y alcanzar sus metas. Bien por ellas.

Durante mucho tiempo no se les concedió ningún reconocimiento, pero al paso de los lustros, se constató el gran trabajo que han desempeñado en beneficio de la sociedad. Por fin se entendió que las viudas y las madres solteras son exactamente iguales, mujeres que desean luchar por sus familias y que aman a sus hijos, sin importar de quien sean. Excelente decisión.

En una época en la que la mujer ha logrado valerse por sí misma, en la que no se le puede intimidar ni amenazar por ser madre soltera, las cosas parecen estar cambiando afortunadamente para bien. Lo han logrado en forma destacada.

El costo ha sido alto, pero valió la pena. Y es que ahora a la mujer soltera se le respeta como a cualquier otra e incluso mucho más, dada su entrega y dedicación por el sacrificio realizado.

Actualmente la madre soltera ya no le teme a la vida, sabe que el camino que tendrá que recorrer sola ya no es tan difícil como en otras épocas, que debe mostrarse fuerte y optimista para no dejarse amedrentar fácilmente.

Para la mayoría de los más de siete mil millones de humanos en nuestro planeta, Dios es quien da la vida y no los padres, estos son solo un cauce para traerlos a la vida, luego entonces no nos corresponde negarle la vida a nadie. Pero cada cabeza es un mundo y cada quien lo lleva a cabo a su manera y entender.

Es más, muchas mujeres ni siquiera desean tener a un hombre a su lado, sólo desean ser madres para tener a sus hijos y proveer a estos de amor, educación y valores, para que sepan enfrentarse al mundo de forma digna y exitosa. Pero la falta de figura paterna, si provoca vacíos en ellos.

Han llegado al punto de decidir que a veces es mejor enfrentar solas la vida, que acompañadas de un patán o vividor que lejos de valorarlas y respetarlas, sólo busca explotarlas, maltratarlas y utilizarlas en su provecho.

En pocas palabras, quieren disfrutar la vida sin la necesidad de casarse, esto para conservar su libertad en plenitud, lo cual también es válido. Por ello es que algunas han optado por tener familia con algún desconocido, pues así no rendirán cuentas de paternidad a nadie, pero sobre todo no tendrán que soportar a alguien sobre sus espaldas por el resto de sus vidas, lo que es respetable, ya que cada quien es dueño de su propia vida y responsable por sus decisiones.

Tal parece que en nuestros días se ha perdido el sentido de la responsabilidad, entre otros valores. Y es que podemos ver como existen hombres que demandan a sus mujeres el divorcio, pero además una pensión económica para poder mantenerse, lo que nos demuestra que los cimientos de nuestra sociedad poco a poco se están desmoronando. Y que una buscada igualdad en derechos iniciada por la mujer, hoy se aprovecha de mala manera por los hombres, quienes ahora buscan también la manera de llevar una vida fácil.

Esos hombres están bien para ser otra cosa menos esposos o padres de familia; digamos que ser un jefe de familia, ese es un privilegio para el cual aún no están capacitados.

Alguien con dignidad nunca permitirá ser menospreciado. Una cosa es unir esfuerzos para lograr un objetivo en común, y otra muy distinta aprovecharse de la pareja, más aún cuando ya no se vive con ella.

La mujer no necesita a un hombre para que la golpeé a su antojo, ni para que la ofenda; lo mismo pasa con los hombres, que no tienen por qué aguantar a una pareja que los dañe ni los haga infelices; todos valemos lo mismo y merecemos ser tratados con igualdad, con respeto y amor.

Ellas requieren a un caballero en toda la extensión de la palabra, quien les apoye en su trayecto por la vida, que a la vez sea compañero, esposo, padre, hermano y amigo, algo difícilmente de encontrar. Ellos también tienen el mismo derecho y si no lo encuentran en una pareja, es válido separarse y continuar buscando.

Ellos merecen a una dama que sepa ser una verdadera mujer, alguien que les ayude a enfrentar los retos de la vida, pero también con quien edificar una familia; no una de esas mujeres que sólo buscan casarse o vivir con alguien para resolver sus problemas de índole personal, entre estos los emocionales y económicos.

La mujer que decide mantenerse independiente, es ahora toda una conquistadora de la vida, pues además de ser excelentes madres, también son ejemplares seres de ayuda, apoyo e impulso para la sociedad. De seguir así, quizás muy pronto podríamos estar regresando a la época del matriarcado, de distinta forma y manera, pero serían las mujeres las que manejarían los destinos de la humanidad.

La mujer actual sabe cómo hacer rendir su tiempo, vida y trabajo, cómo administrar su dinero, pero lo mejor de todo es que también sabe que lo que gana y tiene el tiempo que debe invertir en su familia, en su persona, y así lo hace. Difícilmente las veremos invitando parrandas y gastando en cosas vanas, aunque siempre habrá excepciones.

Están dedicadas a su familia, buenas administradoras en el hogar y en el trabajo, entre muchas otras cualidades, que a propios y extraños provocan admiración y respeto. Algo que también podemos hacer los hombres, pero que para muchos no es lo que desean. En los varones, también existe gran capacidad y responsabilidad, todo está en emplearla.

Aunque siempre habrá quien las critique o las ataque, pues es parte de la naturaleza humana, la cual en ocasiones no sabe ni puede distinguir entre la verdad, el coraje, el celo o hasta la envidia.

También hay quienes piensan que por el solo hecho de ser madres solteras, están etiquetadas como unas cualquiera, vulgares o de la vida galante, lo que no es correcto ni aceptable. Ellas sin distingo se merecen y se les debe de tratar con todo el respeto. Cada quien tiene una diferente ruta en la vida, no debemos despreciar o halagar a las personas solo por ello.

Quienes así piensan y las señalan, nos dejan ver su poca inteligencia. Casi siempre este tipo de comentarios frecuentemente provienen del coraje por verlas triunfar y salir adelante.

Nadie debe menospreciar a su prójimo, lo conozca o no, este merece respeto; debemos aprender a ser justos, a no criticar ni hablar sin antes conocer y entender las causas de cada acción. Esto aplica para hombres y mujeres.

Es triste pero a veces los jueces más severos de las mujeres lo son ellas mismas, al no aceptar que alguien supere lo que han logrado, exigiéndose más allá de sus límites, lo que les llevará a complicarse la vida.

Parecería que no todas las mujeres tienen la inteligencia y capacidad para asimilar los triunfos ajenos, por lo que son ellas mismas quienes no le dan la oportunidad a su mismo género de tener una segunda oportunidad.

Las madres solteras, viudas, divorciadas, abandonadas y abusadas, siempre están haciendo un doble esfuerzo al remar contra la mente oscura de quienes les rodean y desconfían de ellas, pero aun así son triunfadoras constantes.

Sin embargo y a pesar de toda dificultad, han sabido salir airosas venciendo las metas impuestas y superando las marcas trazadas por la misma sociedad que las señala injustamente.

En la viña del Señor hay de todo, así que no se trata de meter las manos al fuego a nombre de nadie, simplemente aquí presentamos una serie de posibilidades en cuanto a las acciones que pueden o no tomar, así como de sus resultados, esto con la única finalidad de que cada quien haga su propio juicio sobre las cosas y tome la mejor decisión en su vida.

La verdad es que se necesita dar una oportunidad o cuantas se requieran, a todas las personas que quieran salir adelante.

A las que duden hay que impulsarlas, a las que caigan debemos ayudarlas a ponerse de pie, siempre con la única encomienda de que puedan seguir avanzando. Cada caída las hará más fuertes, más sabias y más audaces.

Tratemos de ser gente normal, no hagamos trizas a nuestros semejantes por sus errores, seamos mejores seres humanos, amigos, padres y hermanos, aprendamos a ser parte de este mundo.

En vez de lastimar ayudemos, esto nos brindará satisfacción y bienestar personal, además de que estaremos contribuyendo a tener una mejor sociedad.

Estamos convencidos de que con positivismo, nuevas oportunidades y una gran confianza en uno mismo, podremos conquistar las metas que se ambicionan.

Así también, contagiemos de energía, alegría y fe a los que han caído, no los juzguemos, pongamos nuestro hombro para que este sea el peldaño que les ayude a levantarse.

Demos cuanta oportunidad esté a nuestro alcance para que los demás se superen, ello fortalecerá su estima y les hará sentir que no están solas en la lucha por el éxito.

Las mujeres de hoy saben combinar su tiempo, familia y trabajo, tengámosles confianza para que puedan seguir su camino hacia la superación en esta vida. El éxito de ellas es beneficioso para toda la sociedad.

Relaciones laborales

¿Cómo debe ser el trato hacia nuestros empleados y entre los compañeros de trabajo? Casi siempre la relación mujer–hombre, hombre–mujer dentro del trabajo resulta favorable para la estabilidad de las personas; hay entendimiento, no hay celos laborales y el apoyo es sincero y mutuo.

En casa es muy común que la esposa tenga una persona que le ayuda con los niños, otra en las labores del hogar y otra en el jardín, por lo que trata con personas de ambos sexos, lo que lleva a pensar a algunos que no hay gran sabiduría en ello.

Sin embargo, esto es una clara muestra de convivencia entre las personas, así como el saber ordenar, exigir y pagar, sin mayor compromiso que lo únicamente laboral, de acuerdo al trabajo y esfuerzo de cada individuo.

Cuando el jefe de familia se encuentra fuera de casa y está en su trabajo, encuentra en su enfermera, secretaria, asistente, auxiliar o compañero de labores, una excelente amistad y en otras a un estupendo confidente.

Los cuales si tienen intereses ocultos pueden aprovecharse de ello para captar la atención del varón o de la mujer, situación que también suele pasar en casa, sobre todo con las personas que gustan de las relaciones con personas de su mismo sexo.

Existen secretarias que se ganan el afecto y cariño de sus jefes –sin pretender otra situación– simplemente por su profesionalidad, dedicación al trabajo y a sus altos valores humanos, ya que le brindan a su jefe y a sus compañeros de trabajo, un afecto cotidiano de forma blanca y transparente, sin ningún interés que no sea más que el laboral. Para quienes actúan y viven así, nuestro respeto, reconocimiento y admiración.

Existen personas que planean entrar a laborar en una determinada oficina o casa sólo para atraer la atención de las personas. Llevan planes y artificios que van más allá de lo profesional, para obtener algún beneficio personal. Simplemente se trata de individuos oportunistas.

A la misma clase pertenecen quienes logran que alguien se enamore o comprometa con ellos tan sólo para vivir sin trabajar en medio de comodidades y lujos, a pesar de que su vida se encuentre vacía.

Hay jóvenes que buscan una familia acaudalada para intentar atrapar a la persona que les asegurará su bienestar y el de su familia sin merecerlo, sin amar ni respetar a las personas con las que tendrá que compartir su existencia por el resto de sus días.

Esto lo hacen muchos pero tampoco es nuevo pues siempre ha existido, sólo que ahora se ha vuelto una práctica más popular en la sociedad, ya que los mismos amigos son los que recomiendan a estos a la «víctima», poniéndoselas en bandeja de plata al contarles su forma de ser, pensar y lo que desean encontrar en otra persona para formar una familia.

La verdad es que uno mismo se labra su futuro, somos nosotros quienes facilitamos o complicamos nuestra propia existencia; cada paso que damos en la vida es una huella que jamás desaparecerá.

Somos quienes propiciamos los buenos y malos momentos, quienes abrimos o cerramos la puerta a la aventura, así como a las conductas y enseñanzas que predominan en nuestros hogares.

Sólo nosotros sabemos lo que queremos de la vida, aunque nos lleve tiempo conseguirlo y a veces hasta el averiguarlo.

De la misma manera únicamente en nuestra mente podemos definir con verdad, si la vida nos ha dado lo que deseamos o nos falta algo por obtener de ella.

Mientras estemos conscientes de que hay algo por vencer, conquistar y lograr, estaremos en el camino de la superación constante, lo que nos hará sentir mejor, podemos llegar a ser personas llenas de luz, armonía, inmensa seguridad y con gran satisfacción personal.

Nunca debemos perder el respeto ni la confianza en nosotros mismos, a pesar de nuestras múltiples y constantes fallas; somos humanos y podemos caer, pero será nuestra fuerza de voluntad la que, aunada a la fe y esperanza, nos permita ir por caminos mejores.

Cuando pensemos que la vida no nos está brindando lo que deseamos, quizás estemos perdiendo esa seguridad y confianza que nos acerca al fracaso, por lo que será urgente creer en uno mismo aun en contra de las adversidades y plantearse metas en el corto plazo. Hay que ser positivos en todo momento y situación, ello nos sacara siempre adelante.

Esa inseguridad e inconformidad con lo que hemos logrado, nos hará pensar en tener fuera de casa las aventuras y emociones que en ella no se tienen; buscaremos experimentar cosas nuevas, en una especie de juego que siempre será arriesgado y peligroso y que nos puede llevar a una peor situación.

Todo se inicia creyendo que las cosas serán pasajeras, en venganza o para conocer algo nuevo, sin embargo, al paso del tiempo ello puede cobrarnos una factura, la cual no podremos pagar sin perder lo más valioso de nuestras vidas.

Estaremos iniciando un juego tan complicado que al entrar en él, ya no podremos salir. Seremos nosotros solos quienes nos pongamos la trampa para el resto de nuestra existencia, poniendo en riesgo a nuestras familias.

Difícilmente la otra parte arriesgará su estabilidad familiar para justificar nuestra conducta y llevarnos a vivir con ellos.

Además, lo más seguro es que recibamos el repudio familiar y el olvido de estas personas a quienes tuvimos sin que esto debiera ser así, lo que nos orilló a jugarnos el todo por el todo, cuando en realidad no había nada que ganar y sí mucho que perder.

Si a esto le sumamos que los hijos renegarán y sentirán frustración por la traición y actuar de los padres fuera del hogar, veremos que la pérdida puede ser mayúscula. Entonces tenemos que reconsiderar nuestras acciones a fin de determinar cuáles son los mensajes que enviamos a los demás

Hay que aprender a pensar y razonar antes de actuar; ello evita problemas y contratiempos.

Jugando a perder

Quien así procede, simplemente estará como el perro de las dos tortas, ya que en su ambición por querer más de lo que ya tiene, se quedará sin lo primero y sin lo último, pero sobre todo vacío, solo y con hambre.

Cabe recordar que para todas las cosas hay un tiempo, una manera de forjarse, pero en esto, los principios de las personas son los que marcan con seguridad la diferencia y cuál puede llegar a ser el final.

Una cana al aire la tiran los hombres y las mujeres, pero saber cómo y cuándo hacerlo, es parte de este juego de riesgos y aventuras donde casi siempre se pierde. ¿Qué caso tiene arriesgar todo por nada? La respuesta es simple: ninguno. Ya que es difícil encontrar con quien jugar este juego con la seguridad de que no lo comentará o nos extorsionara.

Es este juego absurdo de que no me atrapan ni me descubren en el que todo cae por su propio peso; muchos, sean hombres o mujeres, no aceptan renunciar y llegan forzar a la pareja a que continúe con lo que desde el inicio está mal.

Esa aparente locura es la base para justificar un equilibrio emocional que viene a contrarrestar las presiones y carencias del hogar, el cual en realidad no existe ya que sólo estaremos trayendo más presiones, compromisos y problemas a los que ya se tienen.

Si ya no se quiere a la pareja, si ya no estamos a gusto con ella, entonces digámoslo e iniciemos un nuevo tipo de vida sin necesidad de arrastrar a esta a un mundo de problemas y discusiones, que seguro acabarán por destruir lo bueno que se haya vivido.

La fidelidad es lo más indicado pero toda regla tiene su excepción, por lo que si alguien opta por una aventura, debe estar preparado para enfrentar las consecuencias de su acción; porque seguramente no querrá que se le responda de la misma manera, ni que se le exponga al menosprecio de sus seres queridos.

La evaluación de lo que hay por ganar y perder es uno de los factores principales que nos deben llevar a reflexionar las cosas antes de actuar. Meditemos nuestros actos, valoremos las consecuencias.

Claro que también existen personas prepotentes que quieren humillar a quien los ama a escondidas, degradándolos con insultos y reproches, ocasionándoles un martirio en lugar de un momento de armonía y convivencia íntima. Es por esto que no debemos arriesgarnos a quedar expuestos ni debilitados, ni como un posible blanco, a causa de nuestros errores.

No falta quien dice a la persona con quien buscó una aventura que ahora tendrá que hacerlo con el «amigo», «jefe» o «primo», porque, de no hacerlo, él o ella serán delatados ante sus familias, lo que puede convertirlos en esclavos sexuales y a la medida de la persona que pensaban les daría una dulce aventura, ganarán una triste y siniestra realidad.

Por otro lado, ¿quién querría tener relaciones con una persona fuera de sus cabales, tambaleante y a punto de caer vencida por el alcohol o las drogas, sin importarle la manera en que lo expongan?

No faltará el día en que el enamorado (a) les hable a su casa, les vaya a visitar o a exigir que sigan con ellos; veamos de qué forma se explica al cónyuge o a los hijos, esos amoríos. Y es que lo más probable es que todo se venga abajo, destrozando un hogar y una familia.

El pasado es pasado y no importa que se haya vivido, al contraer un compromiso, la vida debe de ser otra y distinta, sin caer en lo mismo de lo que se busco salir.

¿Quién puede dormir tranquilo si a su lado tiene a un ser que en vez de dar satisfacciones, infiere desprecios, ofensas y temor? ¿Quién podría querer una pareja así?

Estas entre otras causas, son la razón por las que una persona suele buscar fuera de casa una relación en la que se pueda sentir querido, apreciado y valorado como los demás. Nuestra recomendación sería entonces que debemos terminar primero con la relación que no queremos, para después buscar aquella que anhelamos.

Otras veces sólo se busca con quien poder tener una plática amena sin ofensas, humillaciones, ni regaños. Pero la vida mete en su juego a hombres y mujeres que caen en momentos de debilidad o pasión, surgiendo ahí los más grandes problemas.

Todo comienza simplemente por tratar de encontrar la comprensión, el afecto y el cariño que en casa no se reciben, sin antes medir las consecuencias.

Para muchos la disculpa viene desde el momento de llegar a casa, lo que les significa escuchar reproches y malos tratos, impulsándolos a buscar en otro sitio un ambiente favorable.

Como casi siempre todo se hace a la ligera, es por ello que surgen otro tipo de relaciones, lo que no lleva más allá de tener excelentes amigos que a través de los años logran reafirmar los lazos entre las familias de ambas partes, así como de los compañeros de trabajo, escuela, conocidos o vecinos.

Al no tener en nuestra propia casa la tranquilidad, amor y comprensión que como seres humanos requerimos, ello puede conducirnos a tener una segunda familia, lo cual es sumamente grave pero que en la actualidad es algo que sigue existiendo, más en hombres que en mujeres, pero en ambos se da el caso, aunque a veces también se ve que esa segunda casa es con una persona de su mismo sexo.

En otras situaciones, aunque haya el entendimiento suficiente con la pareja, la familia de alguno de ellos puede ser la causa primordial para que no se concrete algo sólido, lo que acabará por que cualquiera de los dos deseé salir huyendo de esa relación que al paso de los años podría derivar en algo conflictivo y sin futuro.

No es porque la mujer o el hombre sean malos, vulgares o buscadores de aventuras fuera de casa, sino que la suma de las actuaciones de los cónyuges –entre ellas las costumbres y poca madurez– es la que suele arrojarlos a los brazos de otros.

Nadie debe hostigar a la pareja a cada momento, mucho menos recriminar sus actuaciones o fracasos.

Alguien celoso, lleno de dudas y complejos, puede empujar a la pareja a los brazos de otra persona; por ello siempre hablamos de la importancia de lograr el buen entendimiento y comprensión entre los cónyuges.

Recordemos que todo debe darse con criterio, medida y lógica; no podemos prejuzgar a los demás por rumores o por nuestras incertidumbres.

Las dudas y los celos pueden llegar a impulsar a alguien a tener una relación fuera de casa, ya que esta es una manera de desquitarse por las falsas acusaciones de que son víctimas, ¡gran error!, pues lejos de limpiar las ofensas las estaremos justificando, lo que acabará por devaluarnos.

¡Cuidado! Que una mujer podría querer tener sus aventuras con medida y cierto recato, a fin de conseguir la satisfacción que su marido no le brinda –a pesar de que a éste lo quiera–, pero debido a que el cónyuge es sordo a sus necesidades, gustos y deseos, porque quizás él ya las cubre con otra persona. Lo mismo puede suceder con los hombres que con las mujeres. Todo es posible y nada puede asombrarnos.

Así que recordemos que: «Con la vara que midamos, seremos medidos». No queramos para los demás lo que no deseamos para nosotros. A veces somos listos para juzgar la astilla en el ojo ajeno y no logramos ver la viga que tenemos en el nuestro.

No saber escuchar a la pareja puede convertirse en la catapulta que lleve a uno de los integrantes del matrimonio a querer vivir fuera de su relación marital lo que dentro de esta no puede tener.

Se dan casos en los que una persona no se casó con quien amaba, sino con quien se pudo o con quien los obligaron; por lo que querer experimentar lo que en su momento les faltó o simplemente por tener la aventura soñada con el que fue el amor de sus vidas, bien sería otra causa común para llegar a la infidelidad. No perderá su matrimonio, no se alejara de su familia y habrá cumplido el sueño de su vida. Es un riesgo, pero a veces vale correrlo, aunque ello no sea lo correcto y recomendable.

Cuando uno de los cónyuges trata de decirle a su pareja lo que les está faltando en sus vidas, sin ser escuchado ni comprendido, puede ser lo que detone drásticas decisiones.

Existen matrimonios donde los dos trabajan y por consiguiente poco se ven y conviven, donde, aun amándose, sus necesidades más íntimas no son satisfechas, razón que consideran suficiente para buscar esa aventura que piensan bien podría venir a poner el sabor a sus vidas y que hará más llevadera su existencia, aunque siempre en forma mucho más complicada y falsa.

Pero si ocupan ese tiempo que dedicaran a encontrar su aventura, a su pareja, seguramente que lograran lo mismo y sin riesgo alguno.

Si uno de los cónyuges se convierte en un vividor del éxito del otro, no participa en nada de provecho y sólo disfruta lo que le da la vida, dichas personas se irán haciendo cada vez más vacías en su interior, además de que perderán su fortaleza como pareja. Aunque la relación la hayan iniciado de manera correcta, con sustentos afectivos y de respeto, los pocos valores de uno suelen cambiar las cosas en sus resultados finales.

Hay cónyuges que muestran una falsa cara a su pareja, profesándoles un gran amor cuando esta pasa por momentos difíciles o comprometedores, haciéndole creer que están con ella en las buenas y en las malas, aunque sólo sea parte de un vil plan para vivir del dinero y lujos de estos por el resto de sus vidas.

Aquí es precisamente donde cada quien debe saber valorar, así como analizar fríamente los actos y acciones de los demás, sin dejarse llevar por los apasionamientos. Hay que emplear la razón antes de comprometernos con una persona de la cual nada sabemos.

Otros individuos buscan casarse con alguien adinerado esperando que les mantengan junto con su familia, logrando su propósito con engaños y dando un supuesto cariño, el mismo que terminará en el momento en que administren las grandes fortunas de sus parejas o encuentren nuevos amantes a quienes mantendrán con lo obtenido de su primer matrimonio.

Por otra parte, hay quienes están dispuestos a vivir sometidos toda una vida tan sólo para gozar de privilegios, relaciones sociales y fortuna, aunque en su interior no tengan respeto por su pareja y menos le tengan amor. Al fin que con la llegada de los hijos, estos verán asegurado su porvenir.

En estos casos lo más indicado es que nunca se otorgue a nadie las fortunas ni capitales familiares, sin importar cuán grandes o pequeñas sean, porque al momento en que esta clase de personas vean que no existe tal dinero o que ya manejan gran parte de él, lo más seguro es que se alejen abandonando a la pareja e hijos.

Existen excepciones, pues muchos aguardan a que los hijos crezcan para convertirse en los administradores de estos. Todo lo ven como un simple negocio.

Lo mejor será no dejar en sus manos ningún tipo de administración presente o futura, incluso cuando la pareja fallezca los bienes no deben pasar a estos, con lo que entenderán que mientras el cónyuge viva y estén bien con este lo tendrán todo, pero al faltar el mismo lo perderán de igual manera.

Pasa que hay individuos en los que ni sus propias familias confían, porque su comportamiento durante toda su vida no los ha hecho dignos de ninguna confianza. ¿Cómo es que cuando encuentran a una persona adinerada y de buena posición, resulta que son dóciles, amables y responsables?

Debemos tener cuidado, pues esa clase de individuos siempre dan sorpresas y nunca gratas precisamente.

Es increíble constatar cómo personas, al no encontrar en su relación de pareja lo que buscan, tratan de buscarlo fuera, pensando que lo merecen; pero es tanto como buscar una gota de agua en el mar, porque jamás lo encontrarán como tal, aunque parezca que está a la vista. Todo esto es tanto para mujeres como para hombres, recordemos que todos somos iguales en la actualidad y cada quien tiene la capacidad e inteligencia para forjar su plan, sin importar para ello su sexo.

Aparte estarán traicionando a la persona que confió en ellos, olvidando sus promesas y sueños en común, simplemente son seres que no valen nada y de los cuales es mejor alejarse.

Al amor hay que regarlo todos los días con nuestras principales virtudes, con detalles, con algo nuevo, con dulzura y gran cariño, con gran respeto.

Si en verdad amamos a alguien debemos demostrarlo constantemente, pero si dicha demostración se nos hace pesada y complicada, seguramente será porque no queremos a nuestra pareja lo suficiente.

La verdad hay que saber decirla, sin que lastime pero sí aclarando las cosas. Se debe expresar lo que se siente y se desea, siempre y cuando pretendamos continuar con la pareja.

Esto nos ayudará a fortalecer nuestra relación, a estar más seguros de nosotros mismos, de no ser así, será mejor concluir el vínculo que nos une a quienes nos quieren y dan su confianza, además de su amor, esto para no dañarles ni crearles falsas esperanzas.

Si las cosas logran darse favorablemente, será entonces porque aún hay amor, comprensión y cariño; pero si no es así, será porque no existen elementos suficientes para intentar rescatar lo que una vez existió y que de él ya no queda nada.

Si el cónyuge no entiende nuestras necesidades, si no percibe o no quiere ver nuestro sufrimiento, significará que todo terminó. No queramos que exista vida donde sólo cenizas quedan de un gran amor que se vivió en su momento.

Habrá que saber retirarse cuando esto suceda, siempre teniendo la cabeza fría, tomándonos el tiempo necesario –sin influencias externas– para tomar las decisiones y caminos correctos.
Pero siempre es bueno insistir en conservar el matrimonio y vivirlo con armonía y moral, así como con respeto y cariño.

Una mala pareja podrá engañarnos y prodigarnos al mismo tiempo un gran amor, teniendo como objetivo enfrentarnos con la familia y demás seres queridos, para separarnos de ellos tan sólo para sacar ventaja de esta situación en un futuro.

Hay que tratar de ser cautelosos y confiar en la opinión de nuestras familias, así como de aquellas precauciones que toman con respecto a nuestro bienestar. Y es que probablemente pensemos que estamos bien sin estarlo en realidad, lo que nos hará susceptibles a caer en el engaño.

Algunas veces nos indignamos por las opiniones en contra de nuestra pareja queriendo ignorar las percepciones de quienes nos aman, con lo que estaremos permitiendo que quien pretende hacernos daño, logre su cometido al desprendernos de la unión familiar y conducirnos a tener una existencia totalmente dependiente. Seremos víctimas de un juego sucio y premeditado, en pocas palabras, caeremos en la trampa.

Intentemos ver las cosas con calma si nos encontramos en una situación como esta, no pensemos que fallamos al no saber hacer las cosas, pues quizás simplemente no éramos el uno para el otro.

Cuántos casos no conocemos de personas que se recomiendan entre sí para enamorar a alguien y casarse con esta, sólo porque tienen dinero o una excelente posición social. Al entrar a este juego muchos optan por no tener hijos para no tener ataduras. Otros muchos (as) sólo lo hacen para salir de su hogar y vivir sin ataduras.

A esta gente no les importa la persona, se casan motivados por su ambición, y cuando logran sus planes, intentan quebrantar su unión para obtener una remuneración económica que les permita vivir plácidamente, solos y gozando de su libertad. Digamos que simplemente son embaucadores, que nada valen y a quienes no les importa el daño que hacen ni lo que dejan atrás.

La vida nunca dejará de sorprendernos y aunque tengamos a la pareja perfecta, los enemigos estarán siempre al acecho, ya que no soportan el éxito ajeno. Las artimañas surgirán para lograr separar a quienes gozan de una feliz relación, para intentar quedarse con alguno de los dos, sin detenerse a pensar en el gran daño que causan.

Digamos que alguien llega del exterior para robar el corazón a quien con todo afecto y cariño una vez nos abrazó; ya sea porque lo conquistó o sencillamente porque nuestra pareja cambió, no por culpa nuestra, sino porque deseaba vivir algo que pensó que no tenía.

También hay que entender que existen cosas que no podemos controlar y que están fuera de nuestro alcance para resolverlas, somos humanos con defectos y virtudes, al igual que nuestros semejantes.

Esas virtudes son, entre otras, el dar amor sin restricciones –de una manera clara y transparente– a cada instante en nuestra relación.

Es decir, como pareja hay que cumplir y esforzarnos por ser mejores cada día, pero si a pesar de todo las cosas no salen como las imaginamos, debemos tener el valor y la entereza para no dejarnos arrastrar por pensamientos equívocos que nos hagan sentir culpables, cuando en realidad esto no es así.

Lógico será que si la pareja no alimenta ese amor y todo lo que conlleva una sana relación, esta se irá perdiendo junto con cualquier sentimiento. Por ello cada día es una oportunidad que la vida nos da para mejorar y lograr lo que deseamos y necesitamos.

Dar afecto sincero y real haciéndolo sentir en toda su expresión al ser amado, es algo en lo que debemos trabajar día a día, por el bien y prosperidad de la relación.

La mayoría esperamos comprensión, cariño, apoyo y una convivencia amable con nuestra pareja, con quien deseamos estar unidos para siempre ante todo.

Nadie quiere casarse para estar en medio de la tormenta y menos para pelear el uno con el otro por el resto de la vida. Por el contrario, esta unión debiera hacernos más llevadera y fructífera nuestra lucha, en busca de la superación de ambos.

Cuando los hijos se van a vivir lejos del hogar

Casi siempre la lejanía provoca una independencia en los hijos que puede derivar en diversos comportamientos. Algunas veces positivos, otras tantas negativos; aquí es en donde los cimientos éticos y morales de la familia los protegen o los entregan a una persona que, ganándose su confianza, los lleva por caminos totalmente equivocados.

Hay quienes al retornar al hogar tras haber estado ausentes por un largo período, añoran las amistades y los tiempos vividos fuera de casa, pero no debemos dejarnos llevar por esto, pues cabe recordar que las cosas cambian. No queramos estancarnos en un tipo de vida.

Debemos enfrentar los nuevos retos que se nos presenten, tener el valor de afrontar la vida desde distintas posiciones, con actitud y siempre con la idea clara de que al final se conseguirá lo que se persigue.

No nos resistamos a continuar con nuestra vida, no intentemos retornar a la etapa escolar inicial media o universitaria, tampoco a la diversión y a las amistades de aquella época; lo bueno perdurará, pero al terminar los estudios correspondientes hay que saber encarar la vida con madurez.

Al estar de regreso en el lugar y hogar que nos vieron nacer, lo importante será iniciar con el pie derecho, así que al término de nuestra preparación profesional, lo más conveniente será retornar a casa para convivir con los nuestros, revalorar lo que en verdad se tiene y reflexionar acerca de lo que se quiere y hacia dónde queremos llegar.

En ocasiones ni siquiera imaginamos lo que tenemos porque no sabemos observar con detenimiento aquello que nos rodea, pero sobre todo no valoramos a las personas que están a nuestro lado, ni lo que se ha logrado en conjunto.

Siempre será bueno y recomendable hacer este tipo de reflexiones, pues será como detenernos en el rápido camino de la vida para meditar acerca de lo que hasta el momento hemos logrado y de la forma en que lo hemos hecho.

Cuando los hijos están fuera de casa por haber iniciado algún plan de estudios o trabajo en otro lugar, la mayoría gusta de no perder contacto con el hogar, además de que tratan de pasar el mayor tiempo que les queda libre en familia, aprovechando cada oportunidad para estar con ella.

Esto obedece a que se han dado cuenta del gran valor que representa tener y vivir en una familia que los quiere y acepta tal y como son, con aciertos y equivocaciones.

Otros prefieren convivir con sus amigos, desarrollarse en el trabajo que pretenden seguir después de su vida de estudios y preparación.

Si se sienten presionados optan por la libertad a su manera, es decir, con el apoyo de la familia pero lejos de ésta, para crecer y desenvolverse sin que alguien los dirija ni corrija.

En contraparte, habrá a quienes les afecte estar lejos del hogar y por ello al término de sus estudios, buscan la manera para regresar a su lugar de origen y ahí contratarse, sin importarles dejar pasar mejores oportunidades en el terreno de lo profesional.

Pero tampoco se les puede obligar a hacer lo que no quieren, ya que eso iría en contra de los sentimientos y forma de pensar de nuestros hijos; hay que saber respetar sus ideas y apoyarles en lo correcto, haciéndoles ver los problemas a los que quizás tendrán que enfrentarse con el paso de los años.

Habrá hijos que al terminar su preparación lejos de casa, decidirán retornar para laborar en las empresas familiares, llegándolo a hacer de manera impecable y con gran éxito. Esto se debe a que saben sumar esfuerzos con la experiencia de la empresa, resultándoles más fácil triunfar en la vida.

Algunos por miedo buscarán otro tipo de trabajo al sentir que no tienen la capacidad para continuar los negocios familiares, por lo que preferirán iniciar desde abajo o desde cero en otro ramo profesional, antes que exponerse al fracaso.

También están los que sólo buscan trabajar e iniciar algo por cuenta propia, esto para no estar bajo presión alguna y limitaciones de crecimiento familiar, lo cual será sano y recomendable, sobre todo en las familias numerosas que están en el mismo negocio.

Sin embargo, aun cuando estemos alejados del negocio familiar, no podemos perder los derechos que sobre este negocio uno tiene, ya que son una póliza de seguridad en la subsistencia y crecimiento de la familia, una protección para los hijos en situaciones inesperadas como podría ser un accidente, una larga enfermedad o la muerte misma.

La distancia siempre servirá a los hijos para que estos valoren su vida que, aunque joven, puede estar plagada de conflictos emocionales que poco a poco irán resolviendo. Así mismo, les permitirá templarse ante los errores.

También está la otra cara de la moneda, pues existen padres que sólo esperan que sus hijos crezcan para ahuyentarlos del hogar y echarlos al mundo para que aprendan a volar por sus propios medios en los caminos de la vida. No tanto porque aprendan a volar, sino para ya no tener responsabilidad sobre ellos. Aunque debo decirles que siempre se tendrá esa responsabilidad en mayor o menor medida, y quien en verdad la olvida, termina solo.

La justificante es simple y sencilla, pues se piensa que cuando se está en edad hay que permitir que los hijos empleen todas sus habilidades y capacidades, así como mostrar su madurez para abrirse paso.

Llega a pasar que algunos hijos temen desarrollarse al lado de la rutina familiar, prefiriendo caminar su propia ruta en la vida, que trabajar en el negocio paterno, lo que para ellos significaría seguir en lo mismo.

Este tipo de decisiones es lo que va formando el carácter de las personas y ganándoles madurez, así como experiencia en la vida.

No olvidemos que cada quien tiene total libertad para decidir su destino.

Lo gracioso de todo esto es que la mayoría de los profesionales buscan trabajar y lograr un buen desempeño, entregándose incansablemente hasta conseguir el éxito en lo laboral y lo económico, lo que les permitirá contar con un negocio que logre mantenerlos sin problemas; quizás con la idea de hacer prosperar el patrimonio que hará más fácil la vida de los hijos, los cuales en su momento rechazarán para emprender algo propio. La historia entonces se repetirá.

Tal parece que a los seres humanos nos agrada hacer las cosas más difíciles y complicadas de la vida.

Y es que si nos ponemos a reflexionar, veremos que esos requisitos los llena el negocio familiar, sólo que a nosotros nos cuesta empezar sobre el éxito de los demás, por lo que de forma inexplicable damos inicio a nuestra labor de levantar un patrimonio desde lo más arduo y difícil. Pero en fin, cada quien tiene su manera de ver y sentir las cosas.

Luego de aprender a valorar lo que se tenía en casa, algunos se vuelven más comprensivos y aceptan con mayor facilidad la reglamentación de la familia.

Aunque también habrá quienes terminen sintiéndose independientes y hasta rebeldes, al descubrir en esa lejanía la libertad que nunca tuvieron y siempre desearon. Buscarán por todos los medios hacerse independientes en los aspectos fundamentales de su vida, incluido el económico.

Otros más querrán esa libertad sin querer perder el apoyo económico que la familia les brinda, ya que sienten que algo los liga a los suyos, además de que se les simplifica la vida.

En su intento fallido por probar su capacidad y fuerza lejos del hogar, algunos retornarán a este con una manera muy distinta de pensar y actuar.

Muchos más regresarán al hogar después de haber experimentado varias caídas en la vida, reincorporándose a sus hábitos y aceptando el mandato familiar con docilidad y respeto, pero sobre todo con una gran riqueza en su interior.

Pero suceden cosas muy raras e inesperadas sobre todo en los tiempos en que se está lejos del hogar, lo que nos puede ayudar a reorientarnos en la vida, permitiéndonos esto una doble oportunidad para aprovechar lo que se tiene y así salir adelante con un mayor apoyo.

Están aquellos que reclaman a los padres por una sobreprotección en la infancia, ya que creen que ello les provocó una serie de problemas, especialmente en su adolescencia y juventud, aunque en realidad no siempre tiene que ser así, ya que la capacidad de cada individuo es lo que marca la diferencia entre ganadores y perdedores.

Los retos de la juventud

En la etapa de la adolescencia, cuando alguien llega a un internado o departamento lejos de su hogar, casi siempre es sin saber encender un calentador, arreglar un grifo o cambiar un fusible. Incluso la mayoría no sabe hacer una maleta o mantener limpia su habitación.

Será la necesidad y la presión de su comunidad lo que les enseñe a valerse por sí mismos, a organizar mejor su tiempo y su vida. Aunque claro está que hay quienes nunca aprenderán y siempre preferirán que los demás trabajen por ellos.

Su justificación será que nunca nadie les enseñó a hacer nada de provecho, como sería cambiar una llanta o cocinar, situación que los devaluará ante los ojos de los demás.

Una de las cosas que agrada a la pareja es tener a un compañero que participe en la casa, que se acomode y sepa hacer las cosas; que entienda un poco de todo, que cuente con la capacidad para poder mandar o dirigir acertadamente.

Es decir, que los padres, en su deseo de dar y procurar todo en su hogar, pueden llegar a convertir a sus integrantes en personas incapaces de realizar tareas fuera de sus rutinas cotidianas, de ahí la gran importancia de saber educar a la familia. Y es que los hijos requieren del tiempo, atención y cuidado de los padres para prepararse, para enfrentar su futuro.

Aunque también hemos visto que muchas personas lo logran, aun cuando no han tenido padres que los cuiden, dirijan y enseñen.

Los seres humanos somos parte sorprendente del universo, entonces respetémonos y aprendamos de los demás, ya que cada día podremos descubrir algo interesante sin importar la edad, raza, credo o condición social.

Tratemos a todos por igual en cuanto a otorgarles una preparación que desarrolle su intelecto, ingenio y creatividad.

El arte de la improvisación es una magnífica herencia, démosles las bases necesarias para que puedan lograrla; enseñémosles a desarrollar las actividades en busca de un objetivo.

Nada tiene de malo preparar a los hijos para que pongan un clavo, sepan apretar una tuerca o tornillo, incluso a cambiar un empaque de llave o a revisar el aceite, el agua y el anticongelante del auto. Para que aprendan a lavar sus trastes y su ropa, a tener arreglada su casa, sus bienes personales o de trabajo.

La mujer que busca saber vivir en forma independiente, lo agradecerá infinitamente; pero al hombre le sirve por igual y puede ser hasta un medio de vida y subsistencia.

Cualquiera puede viajar por el mundo entero manteniéndose con su trabajo, quizás con un simple cajón para dar boleadas, pero ello no le asegura que otros lo reconozcan como un intrépido aventurero, tal vez sólo lo vean como un conformista, pero aún con esto sobrevivirá dignamente a base de su esfuerzo.

Cuando los padres mandan a los hijos a una aventura de estudios, de trabajo o paseo fuera de casa, deben llenarlos de recomendaciones, pero también de enseñanzas previas, las que a lo largo de toda su vida debieron ya de haber adquirido, esto con la finalidad de enfrentar más fácilmente sus futuras responsabilidades y las consecuencias de las mismas.

¿Qué sucede si una mujer nada sabe hacer, pero peor cuando se casa y su cónyuge es igual de inepto que ella?

¿Qué pasa cuando la pareja es un cero a la izquierda y se tienen que resolver los problemas de ambos?

Para vivir de forma independiente se requiere de valor, así como también de algunos conocimientos básicos como el reconocer una fuga de gas, un cortocircuito eléctrico, un derrame en la tubería, alguna humedad, cómo acabar con una plaga y hasta la manera de cambiar un foco de luz.

En pocas palabras, los padres estamos obligados a dar un curso de supervivencia urbana a los hijos e hijas por igual, el cual debe de iniciar desde su niñez e ir incrementándose poco a poco a lo largo de su desarrollo, sin imponerlo como obligación, sino compartiendo con ellos nuestros conocimientos y aprovechando su ayuda y entusiasmo.

Cuidemos a nuestra familia, pero no hagamos de sus integrantes unos inútiles si es que deseamos que tengan un mejor futuro, de otra manera, alguien más les enseñará lo correspondiente y será con ellos con quien estén agradecidos.

Los hijos deben de saberse autosuficientes, seguros y capaces de salir adelante ante cualquier situación, por inesperada que esta sea, al igual que los padres de familia, pues esto dará tranquilidad y estabilidad a la familia.

Y es que si uno no lo hace, no nos extrañe entonces que cualquiera de nuestros hijos reclame por la forma en que se les educó en casa; y es que a pesar de que su preparación haya sido buena, los hará sentir unos verdaderos inútiles.

No se trata solamente de tener a grandes profesionales, sino también a personas con temple para afrontar cualquier reto que se presente a lo largo de su existencia. Las sorpresas como los accidentes, pueden suceder en cualquier momento. Recordemos siempre que la ética y la moral son piedras angulares en el desarrolló y vida de las personas.

Forjemos a seres útiles mostrándoles lo poco o mucho que sabemos, que de algo les ha de servir.

Es nuestra responsabilidad que los hijos se preparen y maduren, pero de ellos dependerá que aprendan a valorar por sí mismos lo que tienen a su alcance y lo que no lo está.

Esto influirá para que al casarse los hijos, sean más desprendidos, apegados de su familia o a la de sus parejas; ya que nunca se termina de aprender y siempre hará falta conocer algo más. Recordemos que viendo y preguntando, también se aprende.

Cuando los hijos aprenden a valorar los principios morales, la calidad humana de las personas y el ambiente familiar, estarán fortaleciendo su espíritu y se convertirán en mejores constructores de su propio hogar, al tiempo que serán mucho más responsables con su familia.

Seguramente anhelarán el calor del hogar, pero también querrán construir el suyo propio de una forma diferente con más apego a lo que ellos desean; así es como se hacen independientes de los suyos, porque se sabrán seres maduros, capaces y experimentados que habrán ganado seguridad en sí mismos.

Aquel hijo que siempre fue humillado o explotado por su familia, encontrará fuera de casa la libertad y tranquilidad que siempre anheló, por lo que difícilmente volverá al hogar. Y es que sin importar las aventuras o momentos complicados que tenga que pasar, todo será mejor que retornar a una vida de sometimiento.

Los padres deben saber poner límites a los juegos, burlas y anécdotas de los hijos, siempre cuidando de no denigrarlos o avergonzarlos ante nuestras amistades o las de ellos, esto al interior del núcleo familiar, donde todas las acciones cuentan.

Algunas veces los juegos y quejas de hermanos pequeños llegan a convertirse en ideas equívocas sobre el comportamiento de las personas que se quiere. Por ello, los padres deben ser enérgicos y no permitir que ni de broma se marquen los defectos o cualidades entre hermanos, ya que esta situación podría distanciarlos el día de mañana.

A pesar de que un padre o madre no estén lo suficientemente preparados para enfrentar los retos de la vida y se muestren irresponsables en muchos aspectos, esto nada tendrá que ver en su lucha por darles lo mejor a sus hijos.

Si a un joven nunca se le ha tomado en cuenta en la familia, ni nunca se le arropó con el afecto, la dedicación y el respeto, este terminará abandonando el hogar al no sentirse parte del mismo. Fuera de casa no será humillado, por el contrario, alguien más sabrá reconocer sus virtudes y capacidades.

Hay padres que por tener un hijo con algún defecto físico o discapacidad, querrán menospreciarlo devaluando su calidad de vida; esto hará sin duda que la juventud crezca con resentimientos contra la familia y hasta con la sociedad, lo que nos dará como resultado muy probablemente: un delincuente o una aventurera.

Tal parece que algunos padres disfrutan ridiculizar a sus hijos, lo cual además de ser malo, es de pésimo gusto, ya que lo único que conseguiremos, será distanciar a los hijos de la familia.

Cuando la juventud no es tomada en cuenta, no se le reconoce su valía, ni se le celebran sus éxitos y tampoco se le apoya en su actuar cotidiano, poco a poco se alejará de la familia para intentar cobijarse en el cariño de otras personas. Es así como los seres queridos, la gente que debiera ser la más importante en sus vidas, les arroja a los brazos de la irresponsabilidad e inexperiencia para ser explotados por terceros.

La juventud es buena y admirable, tiene fortaleza y dinamismo, pero carece de experiencia.

Muchos padres quieren obligar a vivir a los jóvenes de manera idéntica y metódica a lo que fue para ellos su desarrollo y crecimiento, lo que no siempre puede ser posible y sí demasiado complicado.

«Ello está fuera de época», «Ya no son los tiempos», «Hoy sólo la gente emprendedora y preparada triunfa», son algunas frases que comúnmente escuchamos a los padres cuando estos se quejan de los jóvenes; las mismas ideas que existían en Grecia hace miles de años y la verdad es que nada ha cambiado.

El mundo sigue su curso, la juventud tiene su propia época, así como sus cosas buenas y no tan favorables, pero es parte de la evolución, un proceso real que no podemos detener.

Para que el camino de los jóvenes sea mucho más fácil, debemos apoyarlos y guiarlos, pero siempre respetando su identidad y criterio, pero sobre todo sus sueños.

Sus fallas darán la razón a los más experimentados, pero no por esto hay que hacerlos sentir menos, por el contrario, que se note que de una caída en el camino levantan experiencia, ya que así sabrán poner atención a su vida sin que les sean impuestas conductas a seguir. Cuando caigan en sus errores, ellos mismos aceptarán los consejos y advertencias que finalmente enriquecerán sus vidas.

Si esto no fuera así, nadie se quemaría en la estufa, nadie se pegaría en el dedo con un martillo, nadie chocaría el auto y menos se accidentaría; sencillamente todo lo anterior es parte del aprendizaje durante nuestras vidas.

Gracias a esa rebeldía que se da todos los días, siglo tras siglo, es como la humanidad, ha logrado grandes descubrimientos; la conformidad ya no es parte de la vida actual. La búsqueda de nuevos conocimientos, el deseo por alcanzar y lograr nuevas metas, nos impulsan a una superación constante que indiscutiblemente enriquece a la humanidad.

En lugar de juzgar duramente el actuar de los jóvenes, aplaudamos su iniciativa por querer descubrir nuevas cosas, formas y rutas.

Si caemos en la complacencia y la conformidad, si nos dejamos llevar por nuestros miedos y dudas, seguramente ya nadie querría subir a un elevador, a nadie le haríamos manejar un vehículo y mucho menos la gente querría tener hijos, pensando que podría pasarles algo malo. Por lo que la vida perdería su belleza.

Los errores en sí tienen su provecho y una dosis de experiencia inolvidable, unos duelen mucho, otros cuestan demasiado, pero la experiencia en la vida no es algo que se pueda comprar por costales, hay que sembrarla con nuestros actos y emplearla en los momentos inesperados.

Algo recomendable para cualquier joven que piensa casarse lejos del hogar, antes de que lo hagan, será importante que permitan a su próximo cónyuge que conozca a su familia, hábitos y costumbres, así como su modo de pensar.

Llevarlo a casa para que conviva con la familia será una excelente oportunidad para constatar si en verdad somos el uno para el otro, si conformamos la pareja adecuada. Si pasados unos meses las cosas no se dan, es que la relación que creíamos perfecta tan sólo era un espejismo.

A veces hasta lo obvio no lo podemos ver, simplemente porque el amor que sentimos nubla nuestra mente, impidiéndonos observar de manera objetiva la realidad.

De la misma manera, conozcamos a la familia de nuestra pareja para que no se develen engaños que puedan derivar en discrepancias en el futuro. La familia es un pilar sumamente importante al que estaremos unidos de cierto modo a través del matrimonio.

Es fundamental que las parejas que se conozcan fuera del hogar, aprendan a tener la calma y la prudencia necesarias para iniciar una relación en el momento adecuado y no al vapor.

Recordemos que la lejanía del hogar nos puede llevar a ver las cosas en forma distinta a como en realidad son.

Suponemos lo que ignoramos, aceptamos lo que desconocemos y pensando que estamos listos y maduros, tomamos decisiones a la ligera, sin razonar previamente las cosas.

Lo reiteramos una vez más, la experiencia en la vida no se puede comprar por costales en ningún lado. Hay que vivirla y ganarla nosotros mismos y aunque bien ayudan los consejos, ejemplos y enseñanzas, nadie aprende en cabeza ajena.

Los noviazgos a la ligera o por compromiso

En ocasiones el hijo, el amigo, el hermano o uno mismo abandona a la novia o viceversa, pero seguramente esto sucede porque lo que había no era amor, sino quizás sólo un compromiso moral que nos les permitía ver el gran error que estaban cometiendo al llevar una relación formal, cuando lo único que la sustentaba era simplemente el deseo de estar con alguien, sin que en ello existiera afecto, respeto, amor o cariño. Debemos de tener cuidado y no confundir el deseo de vivir en soledad y el de vivir con alguien por amor.

Hay quienes no están hechos para vivir en pareja y si lo hacen, será bajo la condición de que en su relación nunca habrá un compromiso que los ate de por vida. Ambos quieren seguir libres y sin ataduras, por lo que no hay amor, sino una conveniencia mutua. En estos casos, lo mejor es que no se tenga familia.

Seguramente muchos de estos no nacieron para tener un matrimonio ni tener una pareja que los condicione. Sólo querrán tener un hijo o dos y criarlos unidos a ellos, en el hogar paterno, pero esos hijos sufrirán el problema de un hogar fuera de lo normal y su desarrollo no será el mismo, ya que el abuelo o la abuela funcionarán como padres y la madre y el padre ausente siempre será extrañado por los hijos.

Cuando el padre o la madre mueren, es distinto, ya que aunque hacen igualmente falta, los hijos saben que no están con ellos por ya no existir, pero no los afecta de igual manera que si saben que los dejaron, abandonaron o se olvidaron de ellos. El divorcio en verdad que le cambia la vida a todos.

Esto será recomendable siempre y cuando hablen con la pareja acerca de sus deseos e intenciones desde un inicio, para que nadie salga lastimado.

Ya que de no hacerlo, quien esté con ellos al poco tiempo se dará cuenta que más que ser amados, solamente fueron utilizados para cumplir con un capricho, como el andar con la hija o el hijo de alguien importante, o por ser la más hermosa o el más guapo del salón o amistades, pero nunca por amor sincero. Aquí es donde la vida nos vuelve a decir que hay que pensar las cosas dos veces antes de realizarlas, y que al hacerlo lo hagamos con la cabeza fría, sin que nos dejemos arrastrar por las emociones del momento.

La vida hay que llevarla con calma, pues las decisiones arrebatadas siempre serán malas; la precipitación es sinónimo de equivocación. Hacer las cosas con prudencia, con la inteligencia necesaria para salir adelante y con la facilidad de poder lograr lo que deseamos, es ya una gran ayuda.

Si alguien está por traer una nueva vida a este mundo, pensemos que si el padre de dicha criatura no ha de ser la pareja de nuestra vida, hagamos lo correcto para no lastimar a un inocente con nuestros actos. Ello no significa que no podamos ser padres o madres solteros, porque ello también vale, sólo hay que tener el tiempo, el cuidado y la calidad de vida que le ayude a nuestros hijos a salir adelante.

Lo adecuado será tomar decisiones de forma conjunta entre los padres, quienes a pesar de que estos no continúen en una relación, tienen el deber de actuar pensando en todo momento que lo que está en juego es la vida de un ser que el día de mañana nos agradecerá o recriminará, los aciertos o errores que hayamos tomado. Recordemos que las mentiras y equivocaciones, tarde o temprano, salen a relucir.

«Con calma que voy de prisa», reza el refrán.

El distanciamiento que podamos tener con nuestros hermanos u otros seres queridos, posiblemente no lo sea tanto, si es que lo estamos sosteniendo por vagos recuerdos de una época en la que éramos inmaduros y poco perceptibles de la realidad. Siempre hay tiempo para otra oportunidad.

No es nada fácil, pero tampoco es imposible; el que lo quiere lo logra, sin importar su edad o su sexo.

Que buscan los hombres y las mujeres

Es muy normal escuchar a hombres y mujeres quejándose del sexo opuesto; más aún, así se atraen, se necesitan, se complementan y continuamente se buscan.

Por ello lo mejor es tener algunas ideas para conquistar, tratar, conservar y perdurar en este tipo de relaciones. Si va a ser informal, así debe de considerarse desde un inicio, y si se quieren cambiar las reglas, ambas partes deberán de estar de acuerdo, de no ser así, hasta ahí se rompe el acuerdo y cada quien tranquilo para su casa y a realizar su vida.

Es falso que los hombres sean aún seres de la edad de piedra; más falso el que las mujeres sólo piensan en ellas mismas. Cada quien habla de acuerdo a como le va en la fiesta.

Ambos sexos, de alguna manera o de otra, siempre tienen en mente el buscar a una persona, con la cual puedan conformar una pareja, ya sea sólo para estar juntos o, más aún, para llevar una relación sincera, estable y especial, que los pueda ayudar a construir una familia y con ello, su hogar.

La sinceridad es una parte muy importante en toda relación y lo cual es válido y muy necesario para ambos sexos.

La lealtad, así como la confianza, son elementos que además de importantes, son muy necesarios y que nos pueden dar grandes y maravillosas satisfacciones y alegrías.

La amistad es un punto también muy importante, necesario, y que mediante su trato y cultivo se puede llegar a conocer a personas invaluables y que significan algo más que el llevarse o entenderse con un conocido o una extraña.

Tampoco debemos de confundir lo que es la amistad, con lo que significa el amor; se llegan a parecer, pero son totalmente distintas.

Tampoco hay que confundir el amor, el deseo y el sexo. Son tres cosas muy distintas, con un significado muy diferente y con una esencia muy compleja y distinta, sin embargo las personas, ya seamos mujeres u hombres, solemos confundirlas y con ello alteramos nuestras realidades y sentimientos. Lo peor es que basándose en ocultar la realidad, nos queremos justificar con nosotros mismos y con los demás.

El amor se puede explicar de muchas maneras, pero siempre nos sorprende cuando sentimos mariposas en nuestro interior, cuando la ausencia de alguien nos hace anhelar su cercanía y cuando su cercanía a veces ni siquiera nos resulta suficiente. Porque es el entendimiento natural que brota de la relación de dos personas, incrementándose siempre con el afecto, cariño sinceridad, lealtad, entrega y confianza de ambas. Esto y mucho más es el amor, hablar de ello no nos permitiría terminar jamás.

Cuando en verdad existe el amor, lo que menos se quiere tener es la libertad de la soltería, se desea estar atados, unidos y siempre juntos, ya sea casados, o tan solo como pareja; ello no importa muchas de las veces, lo importante es que se encontró la otra parte de nosotros, esa media naranja que nos hacía falta, ese otro yo que le pone vida, motivación y razón de ser a nuestra existencia.

Obvio es que las mujeres y los hombres desean tener relaciones, llevar su amistad o relación a una unión perfecta y por ello el sexo; también juega un papel muy importante. Sólo que a veces la falta de un entendimiento en el sexo también es causa de una separación, ya que no hay entendimiento, no se disfruta a la pareja y no se tiene la seguridad de estar siendo o haciéndola feliz; por lo que las dudas juegan una parte importante, que si no se atienden a tiempo y en forma, nos pueden llevar a una separación.

Para que el sexo, ya como una pareja, resulte satisfactorio para ambas partes, en ellos debe de existir entendimiento, confianza, atracción mutua, cariño, afecto, entrega, atracción y sobre todo sinceridad, sin complejos ni condiciones.

Aquí no caben los complejos, ni las excusas y mucho menos la infidelidad, el odio, la conveniencia o la venganza, porque ya con alguno de esos elementos se pierde su esencia y se convierte en una orgía o en un engaño sin sentido y sin futuro.

Hay que tener el valor para buscar la felicidad, nuestras metas y en ello no perder el entendimiento y la razón.

Si se transforma en un placer vano, vago, pasajero y sin sentido o dirección; habrá quien se venda o quien desee sólo placer y aventura, ello está bien, sólo que nunca podrá ser parte del selecto grupo de los que en verdad conocen y viven el amor.

Hay hombres y mujeres que más bien presumen y venden su cuerpo, sólo para alcanzar beneficios y satisfacciones pasajeras; por mucha belleza que tengan, por mucho mundo que conozcan, por más gente con la que se relacionen; su valor moral y ético está muy por debajo de los demás y de ahí, difícilmente pasarán.

Cuando se encuentra el amor, se lucha por mejorar, por ser mejores cada día, no sólo para nuestra satisfacción sino para tener algo más que ofrecer, sobre todo a quien nos entrega todo lo que es. Todo se puede si nos esforzamos, todo se logra si lo deseamos y nunca perdamos nuestros valores y la verdad de lo que en realidad somos.

Hombre y mujeres deben de tener valores reales, conceptos de vida válidos, íntegros y auténticos; sin ellos, la búsqueda resultará infructuosa y difícilmente se logrará lo que se desea.

Si bien a las mujeres como a los hombres, les gusta encontrar a una persona con valores y principios, ya que esta persona podría ser la parte fundamental en la cimentación de su futura familia y hogar; también les agrada que esta sea una persona con carácter, entendimiento, sentimientos y de principios.

Difícilmente se busca a un vago, ratero o asesino para padre de nuestros hijos o a una mujer de la vida galante, alcohólica y drogadicta para concebir familia con ella. Digo difícilmente, porque ya no sabe uno qué sorpresas nos dará la vida y a veces en ellos encuentra uno lo que se buscaba o se lleva mejor con lo que uno es.

El carácter de ambos es también un algo extra, pero muy importante en las relaciones; siempre una sonrisa alcanza mayores recompensas que una mala cara. Saludar y agradecer a todos y por todos, nos llena de buena vibra y ponemos algo para mejorar la vida de los demás.

La bondad abre puertas y corazones, las que la maldad no puede siquiera concebir.

Por ello un buen carácter, un humor agradable y la madurez en los actos de las personas, son siempre un punto más a favor de un buen entendimiento.

Los desafíos que nos presenta la vida no deben entenderse como impedimentos, sino como las oportunidades más grandes de lograr ser mejores y unos nuevos caminos hacia la superación.

La depresión personal daña a la familia

Cuando una persona cae en depresión, todos en la familia tratan de apoyar para que se pueda salir adelante lo antes posible, pero no siempre las cosas resultan de esa manera. Hay quienes gustan de declararse en estado de depresión para atraer la atención de los padres y familiares, otros porque sienten que no son tomados en cuenta por todos, otros porque quieren distraer la atención familiar de algún acto o suceso que les agravia y que esperan que con lo uno se olvide lo otro. Lo que significa que no siempre la depresión es real.

¿Es peligrosa una persona con depresión?, sí, claro que sí, tanto para ella misma como para la familia, puesto que puede tomar decisiones equivocadas, mortales y hasta implicatorias para la familia, como seguir la ruta fácil de auto destrucción en sus diversos caminos.

La depresión llega por tomar drogas, alcohol, medicamentos o por crisis nerviosas, así como por eventos emocionales importantes que nos cambian la vida o que nos dejan solos o desprotegidos, pero también les llega a los inconformes con la vida, a quienes envidian todo y a todos y a quienes no saben valorar lo que tienen y les rodea.

Es difícil anticipar el momento de su llegada como enfermedad, pero hay pequeños detalles y señales que nos pueden ir marcando esta posibilidad.

También existe la depresión psicológica, que es aquella que sin razón aparente invade a la persona y la lleva a finales oscuros y lamentables; mas no significa que no pueda ser tratada y vencida.

Forzosamente debe de ser un médico quien nos marque la medicación y esté al pendiente de este tipo de situaciones.

A la depresión se le conoce como la enfermedad del nuevo siglo, ya que muchos recurren a ella como pretexto, buscando justificar lo que les sucede o sienten. Mas no por ello debemos de entregarnos a la tristeza en el momento que nos dicen que estamos en depresión. A veces se piensa que la tenemos y no es así; son confusiones sentimentales, desajustes emocionales o abandonos personales.

La depresión suele aflorar con más facilidad en los momentos en que enfrentamos nuestras responsabilidades, los problemas diarios en nuestra vida escolar, laboral o familiar. Por ello la depresión ha sido catalogada como una de las cinco causas de más absentismo en la vida laboral de los países en desarrollo.

Mucho tiene que ver la forma en que la sociedad está enfrentando la tristeza y el sufrimiento, sobre todo si se les ve en forma negativa. Por supuesto que son situaciones que a nadie nos gusta vivir, pero que sin embargo debemos de tener el valor, la inteligencia, la preparación y la fe para enfrentarlas y así, sintiéndonos seguros de que saldremos adelante y de que nada nos ha de vencer, es el primer paso para que la depresión no venga a destruir nuestras vidas.

La decadencia moral y ética dentro de la familia, sumada muchas veces a las presiones externas, debilitan la unión familiar y ello hace más endeble a los integrantes de esta y los sorprende la impotencia, la inseguridad, el miedo, los temores, la incertidumbre hacia el mañana o al qué dirán y muchas otras cosas que de alguna manera nos arrastran a perder el equilibrio emocional que es necesario para poder salir adelante en todo esto.

La depresión nos lleva a una ceguera emocional y así al estar viviendo nuestra vida, no observamos lo que sucede, lo que para a nuestro alrededor y hasta en nosotros mismos, digamos que se pierde el interés por saber y conocer el interior de las personas y sólo vemos bultos humanos y no a las personas que en realidad son. En pocas palabras, se vuelven superficiales y pierden el valor para reconocer el valor interior de los demás.

¿Cómo salir adelante? ¿Ayudarlos?, ello es muy simple, iniciemos por verlos como personas normales, no con mirada, trato o voz que denote que se les tiene pena o lástima, ya que esto los lastimará más aún. Hay que hablar con ellos con calidez, con verdad y sinceridad, con calor humano y sentido de afecto, que sea una ayuda sincera y franca. Que no se sientan solos y que sepan que valen y son necesarios y valiosos.

Hay que apoyarlos, distraerlos con actividades y ponerlos a pensar en cosas concretas, la terapia ocupacional es muy productiva y de muy buenos resultados, por ello ayudémosles a que levanten la mirada, a que contemplen las bellezas del mundo, a que se revaloren, que entiendan que un problema no es ni será superior a ellos, simplemente son obstáculos en la vida que hay que vencer, porque con cada conquista se gana seguridad y autoestima.

Hablemos con ellos con aproximación sincera, con la calidez en nuestros corazones para que ese calor pase también al suyo y se reactiven sus vidas. Es un trabajo de equipo, en donde todos en la familia debemos y podemos participar, ya que un ambiente normal es atracción y fortaleza para ellos y una ayuda fabulosa para una más rápida recuperación.

Hay que dirigirles una mirada segura, franca y de luz al futuro y al mismo presente, para que con ella iluminemos sus oscuros pensamientos de soledad, inseguridad, autocompasión, pena, tristeza, remordimiento, humillación, fracaso, impotencia, incertidumbre, incomprensión, arrebato, furia, enojo o cualesquier otra causa que los haya lastimado y llevado a tal estado depresivo.

Démosles un trato justo, cálido, sincero acogedor, con sinceridad, franqueza, con ternura y sin condenas o amenazas.

Cuando el depresivo entiende la importancia de la luz, de la verdad, el amor, la vida en sociedad y familia ganara confianza en sí mismo.

Cuando el depresivo enfrenta sus miedos y temores venciendo la oscuridad de sus temores y el caos que esto le ha ocasionado, podrá entender que dentro de sí hay amor de sobra, inmensa paz y tranquilidad; recobrará su esperanza y nuevamente será libre y difícilmente querrá volver a perder esa libertad que ahora ha alcanzado y conquistado.

Los celos, un peligro latente

En ocasiones no nos damos cuenta de las propias reacciones ante diversas situaciones. Muchas de las cuales son un reflejo natural de los celos que no se controlan y que muchos afirmamos no tener.

A veces el celo entre amigos es natural, algo que no debería ir más allá de una competencia rutinaria, con sus altas y bajas; pero a fin de cuentas humanos somos y si nos equivocamos; pero la amistad lo salva todo aunque seguramente habrá consecuencias.

Existen muchas clases de celos, como los que vemos en los niños que tratan de estar más cerca del papá o de la mamá que sus demás hermanos, o cuando el niño no acepta que otros niños se sienten al lado de sus padres y reciban palabras de afecto o de cariño, ya que piensan que les están quitando algo que es de ellos únicamente.

El celo que se tiene por el amor que los padres tienen para hijos de estos con otras parejas, con los adoptados, con los primos, sobrinos o para con hijos de familiares o amistades cercanas.

Existen los medios hermanos que alimentados por amigos, enemigo, familiares y extraños, no quieren aceptar que son iguales que sus medios hermanos. Los envenenan, los confunden y al paso del tiempo solo lograran tristeza, enojo, distanciamiento y pérdida de amor y cariño. Entendámoslo, para los padres todos los hijos son iguales y no hay diferencia, desde que uno llama hijo a alguien, es porque hay una igualdad, no aceptarla, es estar equivocados.

Existen los celos cuando nuestro compañero de escuela que nos supera en las materias, en los deportes, en la moda o en las conquistas. Por ello hasta para festejar nuestros triunfos debemos de ser inteligentes y cuidar de no herir a los que nos rodean.

Los hallamos en el trabajo cuando a alguien le dan mejor trato, sueldo u oportunidades que a nosotros, o porque se le da un trato que nosotros quisiéramos aunque a veces no nos corresponda recibirlo.

Desgraciadamente cuando algunas personas ven que uno de sus compañeros tiene mejores oportunidades en la vida que ellos, fácilmente sienten celos de la suerte que creen no tener. Lejos de apoyarse en esa amistad, la traicionan al sentirse agredidos. Se sienten ignorados, desvalorados y desprotegidos y ello los lleva a cometer actos y acciones que lastimarán y dañarán a los demás, aunque en muchos de los casos ni siquiera los beneficie.

Dice el refrán: «Nadie sabe lo que tiene, hasta que lo ve perdido».

Cierto es que «Nadie logra con celos, lo que en la vida no le toca». Cada quien recibirá lo que se merece. Simplemente porque «Cuando Dios Da, Hasta los costales presta»

Así que la primera regla será no provocar celos entre nuestros conocidos y menos entre familiares, siendo la mejor manera para conseguirlo no gritar al mundo cada uno de nuestros logros, éxitos o fracasos.

Con tacto e inteligencia todo se puede lograr, seamos entonces prudentes y razonables. Que aun siéndolo, muchas cosas habremos de enfrentar.

Cuántas veces por contarle a alguno de nuestros amigos que zutana o mengano nos gusta, interfieren para que no logremos lo que nos hemos propuesto alcanzar, sin que obtengan algún beneficio relevante, sólo impedir que alguien les robe la amistad que mantienen con nosotros; lo que puede llegar a significar un alto precio por pagar aunque nunca lo vean así. Otros simplemente nos dicen, fulanita o menganito me gustan para ti, pero mejor no. Y nunca dicen por qué no, simplemente porque lo quisieran para ellos o para ellas.

Pero si este tipo de situación la multiplicamos por todas nuestras amistades, entonces se convertirá en un número significativo de fracasos que bien podemos evitar; es precisamente por esta razón que llegamos a pensar que nada nos resulta como esperábamos.

Los celos nacen y brotan aun sin darnos cuenta y a veces lo más insignificante se convierte en lo más trascendente, por ello hay que ser precavidos y pensar antes de actuar y aun antes de hablar o de expresar nuestro pensamiento.

Mantengamos entonces la boca cerrada hasta ver concretadas las metas, es el método más efectivo, sobre todo si se trata de proteger lo más valioso de nuestras vidas como es el aspecto sentimental, el mismo que no puede ser quebrantado a cada rato con sorpresas o reveses inesperados.

Muchas veces, la gente que nos quiere o estima se encela de cosas absurdas que para nosotros no tienen sentido para levantar celos, pero recordemos que cada cabeza es un mundo y así es la realidad de la humanidad. A veces nuestra compañera de trabajo, escuela o sociedad, se siente atraída por su amiga y el ver que ella tenga un romance, esto la lastima y desencadena una serie de circunstancias absurdas y peligrosas. Situación que también sucede entre los hombres y entre personas de diferente sexo.

Por ello lo más recomendable es que desde que se tiene un sentimiento por alguien hay que expresarlo y esta otra persona nos dirá si estamos correspondidos o no, con ello ya sabremos si seguimos a la espera o mejor nos retiramos y enfocamos nuestro afecto y nuestro interés en otra persona. No creamos que el tiempo cambiara a las personas, estas no cambian. Pueden modificar su tipo de vida y sobre ello fincar nuevas expectativas y su futuro; pero nuestra esencia no cambia. A la mejor, al distanciarnos es como atraemos su atención y recienten nuestra ausencia y ello provoca lo que deseábamos. Pero recuerda siempre, a la fuerza ni los zapatos entran.

Seamos inteligentes y prudentes y lo recomendable será aprender a quedarnos callados, a sobrellevar nuestras relaciones y éxitos con discreción, sin molestar ni afectar a nadie, pero sí con la idea de guardar celosamente nuestras metas hasta verlas conquistadas.

Recordemos el refrán que dice: «No cuentes el pan, delante de los que tienen hambre».

Tampoco muestres lo que gastas en tus gustos personales, ya que a veces lo que tú utilizas para una actividad, diversión o paseo, es la cantidad que bien puede ser la necesaria para los gastos más elementales y necesarios de otros, lo que además de celos puede despertar coraje y a veces hasta pensamientos encontrados de envidia y odio.

Y es que solemos encontrar amistades muy pobres en sus conceptos de vida y sin metas definidas, quienes se perturban al ver los alcances de sus semejantes, lo cual los vuelve contra la vida y los hace desear –indebidamente– lo que por sí solos ni siquiera soñarían. La envidia y coraje los impulsará en sus celos, con la posibilidad de que ni unos ni otros consigan lo que se han propuesto.

La vida es corta, aprendamos a disfrutarla al máximo sin necesidad de cometer arbitrariedades o conductas que nos lleven al fracaso. Cuidemos de no lastimar a nuestros seres queridos con nuestras acciones y palabras. Aunque siempre habrá gente que este inconforme por el solo hecho de que vamos avanzando.

Es bueno y positivo contar con amigos, pues estos aligeran nuestra carga emocional, además de que es importante tener a alguien que nos reconforte en los momentos difíciles y que celebre con nosotros los triunfos que podamos cosechar. Hay que tener amigos, pero debemos de saber elegirlos.

De la misma manera y con el mayor de los cuidados, hay que saber qué y cómo decir nuestras confidencias sin que esto resulte un problema.

Cuando la ocasión lo amerite, debemos contar con el temple necesario para poner punto final a una amistad que sólo nos trae conflictos más que beneficios, cuando ésta ya no sea compatible con nuestra forma de pensar, anhelos y modo de vida.

Al contar con una pareja o casarnos, ciertas amistades, conocidos y hasta familiares, no deben tener acceso a nuestra vida íntima, pues no faltará quien quiera opinar y hasta entrometerse en la relación, por lo que será importante poner límites a tiempo para que no acaben con lo que hemos construido. Esto evitará que nos dañemos entre nosotros mismos y nos distanciemos por pensar diferente.

A veces nos quejamos de nuestro matrimonio o relación con las personas menos indicadas y estas aprovecharán nuestras debilidades, defectos y virtudes, para aprovecharse de la situación; incluso podrán acechar a nuestra pareja y cautivarla con las propias armas que nosotros les damos.

El mundo del casado como el de los solteros es muy distinto, por lo que no se debe ni se puede estar en ambos, ya que ello nos hará perder de vista los valores que tenemos que guardar y cuidar.

Un amigo podrá serlo para toda la vida, pero no es necesario convivir con él a diario para que nuestra amistad perdure. La distancia también es buena y sana. Aclara las ideas y nos permite valorar de mejor forma a las personas.

La distancia no termina amistades, por el contrario, las madura. Nos ayuda a comprenderlas tal y como son y de ahí podremos definir con exactitud qué es lo que deseamos o necesitamos y si es esta la amistad que buscamos o tal vez es la oportunidad para alejarnos.

Los celos pueden aparecer en forma casi invisible, se sienten pero no se ven, lo que ocasiona fricciones y odios.

Hay que aprender a no ambicionar lo que no está a nuestro alcance, pero convencidos de ello, entender que no se puede vivir en dos mundos, que para cierta etapa de la vida es necesaria la madurez, lo que nos hará conservar la cordura en nuestras acciones.

Si una persona es pobre o rica, pero trabaja y se desarrolla con éxito, será digno y admirable que trate de superarse para salir adelante; seguramente con esfuerzo y tenacidad, terminará por lograrlo. Ello siempre será mejor que, con envidia y coraje, buscar quitarles a otros lo que estos han logrado por su propio esfuerzo.

Ambicionar lo inalcanzable así como repudiar al que más tiene, solamente porque nosotros no tenemos lo que ellos, es un error grandísimo que nos arrojará a la frustración, la misma que acabará por destrozarnos internamente.

Entendamos que en la vida tenemos una misión y ésta es la que nosotros mismos nos asignemos, si no logramos el éxito ambicionado será nuestra responsabilidad, no odiemos entonces a quienes sí lo hayan alcanzado.

También están aquellas personas que no tienen ningún interés por construirse un mejor futuro, siendo a estos a quienes las calamidades les perseguirán a cada momento.

Cuántas veces nos hemos enterado de jóvenes que han cambiado una vida de riquezas y comodidades, por aquella en medio de la pobreza y de ayuda, donde sin duda se sienten útiles, necesarios y con una misión por cumplir. Esto es muy loable, pero cada quien es libre y piensa a su manera.

Debemos saber respetar sus sueños e ideales, ayudándoles cuanto nos sea posible y nos requieran, nunca obligándolos a vivir una existencia que resulte todo lo contrario a lo que desean.

Quizás a los padres no logren convencernos del todo sus decisiones, pero si estas le dan felicidad y le significan una forma de vivir con armonía en este mundo, no dudemos en brindarles nuestro respaldo.

Los refranes nos dicen que: «Cada persona es un mundo» y «Cada quien tendrá la cosecha de lo que ha sembrado».

Esto es cierto, ya que mientras unos luchan por entrar a la fogata de la vida complicada, otros buscan salir de ella; sin dejar de mencionar a los que sólo quieren contemplar esta interminable lucha por la supervivencia.

El miedo natural a casarse o a tener un compromiso

La mayoría de los niños sueñan que algún día serán buenos padres, piensan que darán a sus hijos todo lo que no tuvieron, que sus hogares futuros serán mejores a los que ahora tienen y que superarán todas las metas.

Existe una clase muy especial de hombres y mujeres quienes aseguran se casarán con la más bonita o con el más apuesto, aun cuando ni siquiera los conocen. Tampoco valoran las virtudes ni la educación de las personas, por ello a veces no se busca al más apuesto, sino al más destacado, importante o adinerado, sin importar si es hombre o mujer y si es casado, comprometido o soltero.

Se burlan de los adultos y jóvenes que, a su parecer, escogieron a ojos cerrados a su pareja; menosprecian los logros de los demás, a pesar de no tener en su haber ninguno logro propio. Son personas que con facilidad ven los errores de los demás y no se dan cuenta de que hacen lo mismo.

Critican hasta a sus padres y familiares, así como a ese mundo que les queda chico para cumplir sus sueños y metas, sin embargo, no logran nada en la vida por sí mismos. Para los pocos que salen adelante y alcanzan el éxito, lo común es que al voltear la cara se encuentren solos, sin familia y sin amigos.

De ahí la importancia de saber mediar las cosas y no hablar ni actuar a la ligera. Respetemos a todos para que así también seamos respetados, seamos prudentes, considerados y justos, para que las mismas cuotas se nos apliquen. Recordemos que a este mundo sin nada llegamos y sin nada nos vamos.

Todo es fácil mientras que papá y mamá arreglan las cosas para nosotros, disponen lo necesario para que nada nos falte; pero todo cambia, se trastorna y se convierte en una locura cuando llega la hora de casarse, formar un hogar y sostenerlo por méritos y medios propios.

Cuando se vislumbra la posibilidad de casamiento o de una unión formal, esto aterra a la gran mayoría la primera vez, que si fracasan en su intento por conformar un matrimonio, buscarán de nueva cuenta una pareja hasta conseguir su cometido, la mayoría de las veces sin haber superado los puntos que los llevaron al anterior desastre.

Para algunos esta condición de casarse y divorciarse se convierte en un juego cotidiano, mientras que para otros, el casamiento pasa a segundo término al considerarlo una responsabilidad poco atractiva y se dedican a vivir con una y otra pareja, sin que en ello medie el amor, afecto, cariño y respeto; razones suficientes para que todo ello termine mal.

Formar una familia no es tarea fácil, pues esta resulta sumamente complicada cuando se tiene miedo a enfrentar una realidad desconocida. Es precisamente ahí que nos hará falta la experiencia o la voz que la tenga, pues ello ayudará a resolver las sorpresas que la vida nos depara con mayor facilidad.

Los padres deben fortalecer el espíritu de independencia en los hijos, haciéndoles comprender que al casarse podrán seguir contando con su apoyo, cariño y ayuda; porque el casarse los hijos e hijas, ello no los aleja, sino que hace que la familia sea más grande y que unida también tenga mucha más fuerza. La puerta para ellos siempre estará abierta.

Esto los hará sentir seguros al contraer un compromiso tan importante, ya que el respaldo de alguien que nos quiere y cuida, es fundamental y de gran valía. Situación que mucho influye en el trato que nos dará la pareja y el comportamiento que tendrá dentro del matrimonio, ya que se sabe que uno no está solo, ello sin importar si somos mujeres u hombres.

La mayoría llegamos a sentir mariposas en el estómago cuando alguien llama nuestra atención por su belleza, por su físico, pero más por sus detalles y forma de ser. No es precisamente que perdamos la cabeza, sino simplemente que estamos frente a una persona que ha causado una impresión especial en nosotros. Por ello bajamos la guardia y permitimos el acercamiento, el mismo que no siempre termina bien, ya que no siempre se trata de las personas más indicadas o acorde a nuestro estilo y forma de vida. En ese momento nos confunden, pero la verdad no es lo que se requiere y necesita.

Aunque esas mariposas parecen transformarse en vampiros, cuando se ve cercana la posibilidad de casarse de forma inesperada, ya sea porque no se contemplaba un compromiso o porque se presupone que la maravillosa relación que se tiene cambiará para mal.

Esto es raro pero muy cierto, pues a pesar de que los jóvenes anhelan casarse toda su vida, parece que esto cambia en el momento en el que están a un paso de cristalizar su meta, surgiendo las dudas al por mayor en cuanto a la historia imaginada de su vida futura.

Si los padres apoyan a sus hijos, los guían y reconfortan, las decisiones serán más simples y positivas, aunque no por esto se tomen con menos responsabilidad.

Cuando se sabe perfectamente lo que se quiere, si decidimos casarnos, lo haremos convencidos, sin temor y en contra de quien se oponga, pues estamos seguros de que intentaremos hasta lo imposible porque nuestra relación de casados prospere en todos los sentidos.

Las situaciones pueden ser distintas, todo depende del tipo de relación o noviazgo que se lleva en la pareja, donde también influirán las familias de ambos.

Los noviazgos pueden ser de corta o larga duración, relaciones conflictivas de constantes altas y bajas o de cordialidad y entendimiento placentero.

El hecho de que un noviazgo se prolongue por muchos años, puede llevar a la pareja a una relación pasiva y sin ningún interés para ambas partes; esto por algo tan simple como haber perdido el amor y los detalles, para encerrarnos en la costumbre. Lo que difícilmente hace feliz a la pareja y menos aún a su futura familia.

Esas relaciones donde cualquiera dentro de una pareja se la pasa celando u ofendiendo a la otra parte, nunca tendrán un buen fin, ya que al paso del tiempo nadie puede resistir tanta presión, agresiones, pero sobre todo el desamor. Por ello no hay que confundir el sentirnos bien con alguna persona y el estar enamorada de ella, ya que son dos tipos de conductas, cariño y respeto mucho muy distintas. Más aun, tengamos cuidado cuando se tienen hijos, ya que ello puede destapar u volcán de problemas para todos.

Los matrimonios convencionales entre un hombre y una mujer tienen como finalidad conformar un hogar, una familia, y que a su vez esta se convierta en la célula reproductora de la sociedad donde diariamente miles de individuos convergen. Pero cierto es que no se puede construir una sociedad unida, sino logramos que en esta coincidan todos los que la integran.

Pero querer unirnos a alguien por el solo deseo de no estar solos o de no llegar a la vejez solitarios, es un punto que debilitara nuestras vidas en vez de darles solidez; con ello solo dañaremos a nuestra pareja y a nosotros mismos.

Hoy en día se reconoce ya a los matrimonios entre personas del mismo sexo, pero habrá que ver cómo se dan los cambios en otras partes del mundo, ya que cabe recordar, no en todas las naciones ni culturas, les ha sido reconocido este derecho a las personas de dicho sector de la población. Ahora bien, el casarse o juntarse con personas de distinto sexo o del mismo, no es una garantía de estabilidad o de armonía, no hay que confundir las cosas.

Por ley de la naturaleza, dos seres a semejanza pero de distinto sexo se unen para la preservación de la especie; aunque hoy en día los seres humanos están de alguna manera cambiando o alterando estas reglas a su entender, por gusto o necesidad y en realidad no tenemos por qué juzgarlos, señalarlos o culparlos, ya que la sociedad misma ha propiciado con sus comportamientos muchos cambios drásticos como estos, los resultados y consecuencias también nos llegaran pronto.

Nadie de nosotros puede juzgar si se está o no en lo correcto, si son acertadas o equivocadas estas uniones, pues como lo hemos venido diciendo, en este mundo de apertura y libertad cada quien tiene derecho a hacer con su vida lo que deseé, siempre que no se lastime, moleste o agreda a los demás.

En toda relación sentimental debe existir el respeto, amor, lealtad, fidelidad, comprensión, apoyo, madurez, responsabilidad y dedicación, siempre con deseos de superación conjunta y procreación en la mayoría de las veces, entre otros aspectos básicos y necesarios para poder tener éxito como pareja.

Desgraciadamente son muchos los que se casan tan sólo por tener con quien dormir, con quien hacer el amor o simplemente para tener quien los atienda, los mantenga o acompañe; estos errores siempre nos arrastrarán a situaciones más graves y confusas.

Existen mujeres y hombres que se aterran al tener que cumplir con la obligación de mantener a una persona y más con la idea de trabajar para sacar adelante a una familia, lo que los hace reaccionar de manera agresiva y con rechazo, actitud que derivará en el deterioro de la relación, abandono del hogar o divorcio de la pareja.

Por otra parte, están los que no quieren dejar de ser independientes, a quienes les gusta trabajar y no tienen intención de abandonar su vida cotidiana; son las mujeres y hombres que no dan oportunidad para que nazcan los hijos, optando por solicitar el divorcio o la separación antes que sacrificar su tiempo.

Están también a quienes les molesta ver el éxito profesional o en las labores que desempeñan diariamente sus esposas o esposos, los que intentarán obligar a su pareja a que los mantengan y de alguna manera utilizarlas y manipularlos para hacerlos sentir mal, convirtiéndose en seres flojos y celosos, mientras que sus parejas viven bajo una tensión y presión preocupante.

Las personas que celan a la pareja las veinticuatro horas del día y que sólo viven para vigilarla, es gente con la que nadie quiere estar, evitemos entonces ser así, ya que ese tipo de conducta enfermiza produce daño y serios problemas a los matrimonios, los mismos que pueden acabar en actos violentos. Si tu pareja te marca cada media hora para saber qué haces, donde estas o con quien, piénsalo bien, porque seguramente así será el resto de tu vida.

Hemos visto casos en donde la pareja prefiere matar a su compañero, antes que verlo en brazos de otra persona, esto es absurdo y ridículo, además de que deja al descubierto a un ser fuera de equilibrio y falto de inteligencia, sin importar cuál sea su sexo o preferencia sexual. Lo malo es que esto sucede más frecuentemente entre parejas del mismo sexo, ya sean hombres o mujeres, por lo que sí es preocupante.

Hay hombres que adoran tener hijos, los cuales se muestran fascinados al ver a sus esposas embarazadas; así también hay quienes no aceptan que sus esposas se embaracen puesto que no quieren que se comparta el afecto, cariño y cuidados que le tiene su pareja.

Otros, mientras sus parejas están embarazadas, las detestan y repudian, aprovechando la situación para ser infieles y agresivos. Aunque un pretexto, es lo único que buscan. Ya que también desean tener familia. Muchos tienen dos hogares y su actitud enojona y agresiva, es para encubrir sus tiempos fuera del hogar, así piensan que su pareja no los presionara para que lleguen más temprano. Por el contrario, hay paz en el hogar mientras la pareja no llega.

Hay mujeres que desean vivir libres y sacrifican la maravillosa experiencia de la maternidad, un regalo divino y natural que con nada se puede comparar.

También hay mujeres que se vuelven insoportables durante el embarazo, de todo se enojan, molestan y detestan a su pareja por haberlas llevado a esa experiencia de la maternidad, en donde los mareos, los ascos y los dolores les cambian el carácter drásticamente. Pero en contra de todo ello, están aquellas que son adorables por la fortuna de convertirse en madres.

Muchas otras son quienes sólo quieren una vida marital porque el matrimonio los sacó del cuidado familiar, dándoles la libertad que así como una independencia que quizás como hijos de familia no tuvieron; estas personas difícilmente querrán tener descendencia, muchas de las veces sólo para no sentirse con responsabilidades en la vida. Aunque ya sabemos que no hay nada escrito que nos explique el comportamiento humano y a veces son los que más familia quieren llegar a tener, para poder darles lo que ellos nunca tuvieron.

En algunos casos, tanto las mujeres como los hombres se someten a tratamientos diversos, además de recurrir a métodos anticonceptivos para no engendrar, esto sin decirlo abiertamente a su pareja y actuando siempre en secreto, verdad que al ser descubierta termina con la relación entre la pareja.

Por otra parte, están las personas que se involucran y hasta pretenden tener un matrimonio con un hombre o mujer tan sólo para tener una pantalla social que les permita llevar a escondidas una vida como gay, lesbiana o bisexual, con la finalidad de que sus preferencias sexuales no afecten su entorno social, político, profesional y familiar. A estas uniones arregladas comúnmente se les conoce como «pantallas sociales».

Aquí destacan aquellos que sabiendo que no pueden tener hijos no lo confiesan a su pareja, se casan con esta para después poner dicha incapacidad como la causa de la separación o divorcio. Mientras tanto, ya habrán salido del hogar paterno bien casados, con ganas de gozar su independencia y sin haberles importado destruir la vida de otra persona.

Lo mismo pasa con quienes conocen que tienen una enfermedad transmisible y que nunca lo hacen del conocimiento de su cónyuge, en una actitud inmadura e irresponsable de decir: «Si me muero, mi pareja lo hará conmigo». Nunca estará de más el tomar providencias, aunque la mayoría de las veces ya es tarde para ello, ya que en el noviazgo se llegó a ello sin ningún cuidado.

Aceptar casarse con fulano o zutano sin amor, es la forma más cómoda para tener quien nos mantenga, quien nos coloque en sociedad y quien pueda ayudar a nuestra familia. Sin afecto de por medio, esta será una relación de conveniencia. Pero no siempre las cosas resultan como uno quisiera y a veces ambos mienten y es más dura la realidad.

Quienes actúan de esta forma, tarde o temprano se les caerá el teatro, terminarán con comodidades quizás, pero divorciados y solos. Con el transcurrir del tiempo y al verse sin un afecto real, probablemente experimentarán el arrepentimiento, de no hacerlo bien desde un inicio y por ende su proceder acabará por autodestruirlos.

Siempre será mejor hablar con la verdad, al igual que conducirnos por la vida con respeto hacia todos los demás.

No hagamos el daño que no queramos para nosotros o para nuestras familias, ya que en esta vida todos estamos en una rueda de la fortuna, hoy arriba y mañana abajo, es el ciclo de convivencia y de la naturaleza humana.

No tiene caso mentir a quienes confían en nosotros, pues sólo los dañaremos y lastimaremos en donde seguramente más les afectará. Seamos firmes, enfrentemos las cosas con fuerza y honestidad, dejémonos ver tal y como somos, así como lo que queremos, sin engaños y todo será mejor para ambos.

En la actualidad han sido reconocidas las relaciones y los matrimonios entre personas del mismo sexo, y aunque esto no es lo que nos enseñaron en el pasado como lo correcto, es a causa del crecimiento en las prácticas lésbicas y homosexuales. Como éstas han sido permitidas por los gobiernos, a fin de proteger a estos ciudadanos, pero no del todo aceptadas por las sociedades o las religiones. Hablemos con la verdad y no engañemos a nuestra futura pareja.

La ciudadanía en general continúa viéndolo como algo raro, contrario a sus costumbres y enseñanzas, un tanto peligrosas para sus familias y seres queridos. Simplemente no lo aceptan como una relación natural. Menos aún se acepta la adopción de niños por estas parejas, en donde habrá dos hombre o dos mujeres como imagen de paternidad, algo a veces poco comprensible por los niños y que puede alterar su manera de ver la vida o hacerlos sentir distintos y diferentes.

Situación que puede influir drásticamente en el mundo y afectar el poder de decisión de niños y jóvenes, incluso de adultos, que podrían no tener una visión clara sobre cómo se debe de vivir o lo que es correcto hacer.

Somos conscientes de que quizás no sea lo más adecuado, pero en estas personas que viven acorraladas en sus propios deseos y hasta escondidos del mundo, la presión los lastima hasta llevarlos a cosas inesperadas que resultan inaceptables por la actual sociedad.

En un intento porque alivien su carga psicológica, se les está permitiendo vivir en pareja, con lo que seguramente serán un grupo mucho más grande después. Pero en realidad a donde se les quiere o se les permitirá llegar, es algo difícil de adivinar o disponer, ya que a través de las civilizaciones siempre han existido.

Los que así han querido vivir logrando una buena convivencia y comprensión, se acercarán a la felicidad, aunque no puedan procrear familia como personas de un mismo sexo, pero a su manera y entender son personas felices.

Podrán adoptar en algunos países, pero no será suficiente para que estos pequeños lleven en su sangre el mismo ADN, por esta situación, muchos de ellos intentan reintegrarse a la sociedad como heterosexuales.

Claro que también los hay bisexuales que, si bien logran tener familia con una pareja y satisfacer sus deseos con otra de su mismo sexo, seguro se dan por bien servidos al desarrollarse en la sociedad con dos personalidades, a pesar de que en su interior vivan con angustia de ser descubiertos en cualquier momento.

Por tal motivo, enfermedades como el sida se han propagado rápidamente entre la humanidad, cobrando millones de vidas día con día. Aunque hoy en día el Biomagnetismo les está ayudando en la cura de este mal.

Después de ver rápidamente los anteriores casos volvemos al matrimonio, ya que innumerables personas utilizan la vida en pareja para lograr otros fines que no son exactamente los del vínculo familiar.

Y es que existen parejas que pueden estar juntas como novios, amigos o amantes, pero nunca como esposos; la sola palabra los atemoriza, los acorrala y los hace pensar que los dejará sin poder disfrutar de su libertad.

Sentirse casados a muchos altera en su personalidad, cambiando su forma de ser y comportamiento, se transforman en personas distintas a lo que eran, ven venir abajo su calidad de vida, pero es su mentalidad la que no les permite estar atados a otra persona.

El matrimonio atrae a algunos pero espanta a otros, de ahí la importancia de hablar y conocer a la pareja antes de tomar una decisión que pueda significar algo distinto a lo que uno imagina.

Cuando alguien empieza a recalcar a su pareja los defectos de sus familiares, a reclamarle sus actitudes y a desdeñarlo por causa de terceros, será, sin lugar a dudas, símbolo inequívoco de que habrá un triste desenlace.

Habrá quien se case tan sólo para que la sociedad vea que hicieron el intento de formar un hogar, pero se divorciarán para regresar al regazo paterno y tengan así quien les provea todo a partir de ese momento, sin necesidad de tener obligación alguna con alguien y poder seguir haciendo con su vida lo que quieran.

Les gusta aparentar que son una cosa muy distinta a lo que en verdad son, pero no cuentan con el valor suficiente para decirlo a las personas que confiaron en ellos.

También están quienes viven una lucha constante contra la naturaleza, los cuales a pesar de tener la oportunidad y dicha de formar un hogar, no saben disfrutarlo, menos están satisfechos con la relación que tienen. A diario dicen a su pareja lo mucho que se sacrifican, lo duro que trabajan y lo difícil que les resulta soportarlos junto con su familia.

Dichas argucias y mentiras nunca nos llevarán a nada bueno y solo debilitan el vínculo familiar.

Por lo general esta gente se encuentra enferma de egolatría, falsos conceptos y obscuras ambiciones que seguramente les conducirán al desastre en sus vidas, además de que lastimarán inevitablemente a su familia.

Una madre soltera
con deseos de ser una familia

Ser una madre soltera es un gran reto, pero querer un hijo, aunque para ello se tenga que ser madre soltera, nos habla de una mujer valiente, dispuesta a arriesgarlo todo por el todo, con el solo fin de poder llegar a tener un hijo o hija que le den la oportunidad de dar todo ese amor que llevan dentro.

Hay que reconocerles su valentía y coraje, su deseo de ser madres, pero más aún, el reto de enfrentar a su propia familia y amistades, quienes muchas de las veces en vez de apoyarla y auxiliarlas, las atacan y agravian.

Estas mujeres valientes, las que están dispuestas a jugarse el todo por el todo, sólo quieren ser madres y no buscan enganchar, amarrar o presionar a su hombre, mas sin embargo sí los mantienen al tanto de su próximo hijo, no para presionarlos, sino para enterarlos y no privarlos de poder verlos o conocerlos, sin que ello signifique obligarlos o explotarlos. Digamos que tienen la inteligencia de mantenerlos al día.

A veces estas parejas son más unidas y felices que aquellas que tanto lo pensaron y planearon. En ocasiones hasta permiten que los padres les pongan el nombre a los hijos, para que con ello, estos también sientan un poco de esa inmensa alegría que ellas ahora tienen.

Incluso estos hombres ya tienen familia, razón por la que no pueden asistir a dos casas al mismo tiempo, pero al no estar presionados por estas mujeres, conscientes y pensantes, muchas de las veces terminan con ellas al paso de los años, ya que no han sido presionados y sus hijos siempre han estado a su lado.

Recuerden que casarse no es una obligación, sino una reglamentación impuesta por la sociedad, la cual no hace más perdurable la relación entre las personas. Muchas parejas tienen sus hijos, son pareja y jamás se casan y sin embargo todos en casa son felices y tienen lo que deseaban, ello se debe a que hay un buen hombre y una buena mujer en esa relación.

Así también hay mujeres que solo tratarán de resultar embarazadas y de no decirlo al progenitor; así regresan a casa y esa criatura jamás conocerá a su padre, por haber sido este tan sólo parte de una aventura. Pero con ello tienen la seguridad de que nunca nadie reclamará la parte de esa paternidad, lo que deja a la criatura por nacer con un solo padre, llenándole el vacío con un accidente o con una historia de abandono, aunque en pocas ocasiones se les dice la verdad al paso del tiempo, en otros casos los abuelos llenan ese vacío y el recién nacido crece apoyado y sin carencia de amor paternal y maternal.

Otros casos, otras circunstancias.

Decíamos que hay mujeres que se embarazan a propósito de su pareja para que esta se case con ellas, pero también hay hombres que usan todo tipo de artimañas para llevar a una pareja a un matrimonio obligado y confuso, embarazándolas aunque estas no lo quieran.

En ambos casos sólo se trata de conveniencias, engaños y trampas donde el amor está ausente, lo que hará difícil la vida de todos, pero especialmente la de los hijos.

Lo lamentable es que en ocasiones son los propios padres quienes inducen a los hijos a que actúen de forma baja y ruin, sean hombres o mujeres.

Imaginemos qué clase de madres o padres son los que convierten a sus propios hijos en gente vulgar y sin principios y que los empujan a la captura de su pareja con las redes del engaño.

No siempre les será fácil capturar a su presa, pero es en el juego como van perdiendo su identidad y moral necesarias para llegar a ser responsable y buena pareja, por lo que sólo ganarán la desconfianza de quienes les conocen.

¿Con qué cara podrán reclamar al futuro cónyuge su irrespetuoso proceder, su conducta agresiva, su pasividad o desamor en el matrimonio?

Recordemos que lo que nunca se convino, jamás existirá, ya que una relación es de pareja y no se pueden tomar decisiones por la otra persona y mucho menos debemos presionarla para que lo haga a nuestro mejor entender o parecer.

Es como los padres que tienen hijos dentro y fuera del matrimonio, quienes en repetidas ocasiones, faltan a su hogar y gustan de andar de fiesta con amigos y mujeres. ¿Con qué cara podrán exigir a los pretendientes y esposos de sus hijas que las respeten y quieran? Sinceramente se escucharán falsos.

Hay mujeres que piensan que pueden atar a un hombre con un hijo, lo cual es falso. Quizás ellos caigan en el engaño el primer o segundo año de matrimonio, pero después, ya ubicados como proveedores del sustento de su familia, verán sus alcances, así como sus oportunidades, lo que los hará candidatos para que otras mujeres lleguen a su vida.

Conocerse a sí mismos les hará más reflexivos y maduros sobre lo que han vivido, para luego tomar la acertada decisión de rehacer sus vidas con una nueva pareja a la que en verdad amen y con quien se sientan complementados.

Aquellos que van a la caza de una pareja no valen nada, luego de perder toda moral y autoestima para conquistar por sus propios méritos a un hombre o una mujer. La pésima orientación y malos consejos nunca serán buenos aliados.

Tal vez por falta de preparación o haber sido engañados, sea el resultado del proceder de este tipo de personas que difícilmente podrán ser felices, como tampoco lo serán sus propios hijos, a quienes probablemente arrastren con sus conflictos.

Siempre habrá quien se aproveche de las debilidades

Existen «amigos» que no saben serlo, los cuales a escondidas de sus supuestos mejores amigos, se ven a escondidas con la novia o esposo de estos, no porque haya un sentimiento de por medio o porque lo necesiten, sino simplemente para demostrarse a sí mismos que pueden hacer lo que les venga en gana con quien lo deseen, en el momento en el que lo dispongan.

Las consecuencias nos les importarán, sólo querrán acallar los celos o envidia que les despierta la suerte de los demás, aunque con esa actitud destruirán una sincera relación de amistad.

Simplemente no quieren que nadie tenga la felicidad que ellos no poseen. Es decir, son falsos y torpes.

Hace falta el respeto, la educación y ética en la sociedad, así como los valores tanto en la familia como en nuestro actuar cotidiano.

En todo el mundo se están perdiendo los valores morales fundamentales de las familias, lo que está cobrando una cuota muy alta y significativa, pero ni con esto se están recapacitando las acciones; pareciera más bien que todos tenemos prisa por vivir desordenadamente, sin responsabilidad alguna, aunque las consecuencias las tendremos que pagar, sólo nos falta ver llegar el momento.

Utilizando términos simples y sencillos para que estos ejemplos puedan ser entendibles e ilustrativos para toda la familia, es la idea de esta recopilación que deseamos sea de gran utilidad para el lector.

Aunque no se tocan cada uno de los casos que pudieran existir, pues sería imposible de lograrlo en un solo ejemplar, intentamos mostrar los más representativos con la finalidad de abrir nuestra mente, para trabajar en esos aspectos que nos ayuden a ser mejores personas en lo individual y lo colectivo.

Mientras que para algunos ciertas cosas son aceptables, quizás para otros no lo sean, lo cual obedece a la gran diversidad de opiniones que siempre serán válidas y bien recibidas.

Lo que para muchos las relaciones entre personas del mismo sexo pudieran ser actos demoníacos, para otros tan sólo sean una debilidad humana o problemas psicológicos; recordemos respetar la manera de pensar de cada persona y tratemos de cuidar a los nuestros, sin lastimarlos, humillarlos u ofenderlos.

Evitemos ser jueces de nuestros semejantes, pero sí analicemos todas y cada una de las situaciones que se tocan aquí para que sobre de estas, mejoremos nuestros conceptos y forma de vida, fortaleciendo los criterios de nuestras familias.

Todos cometemos errores y todos tenemos derechos a experimentar lo que soñamos, solo que debemos de ser cuidadosos y saber guardar silencio de por vida, sin pretexto y sin abusos; si no se puede, entonces no se haga.

Existen personas que se casan porque piensan tendrán un matrimonio feliz, sin embargo, sus celos e inseguridades personales los hacen fracasar como esposos y padres, quebrantando incluso la tranquilidad de sus familiares y amigos.

Otras veces, ya como personas divorciadas, logran tener un mayor acercamiento y entendimiento con los propios hijos y ex pareja, actitud que pareciera no tener explicación, aunque todo se basa en la diversidad del pensamiento humano.

El humano es verdaderamente increíble, pues puede llegar a cometer actos difíciles de prever y de narrar, en ocasiones de forma voluntaria y otras arrastrados por su propia naturaleza y se da cuenta de lo que hizo, hasta que ya lo ha hecho; no pasa nada, la regla es la misma, un silencio de por vida y una concientización de lo realizado. No será fácil, pero ayudara bastante y podremos seguir adelante sin dañar y lastimar a nadie.

Si alguien planea su vida matrimonial por etapas y tiempos, será importante recordar que la vida no es tan larga como se espera, nunca se sabe lo que pasará mañana.

Mejor demos a nuestra pareja un trato digno, amable, cariñoso, fiel, entregado y con libertades, lo que beneficiará a todos al tiempo que coadyuvará a incrementar la confianza entre la pareja.

Nadie tiene la vida comprada, así que no dejemos para mañana el bien que podamos hacer hoy.

¿Para qué atesorar bienes que no podremos disfrutar mañana? Si no podemos utilizar esa chamarra, suéter o abrigo que tanto trabajo nos costó adquirir, y que puede ser que jamás lo hagamos.

Disfrutemos la vida sin lastimar a otros y pronto nos daremos cuenta de que así se goza más la existencia y lo que durante esta se logra.

«La tranquilidad, es un regalo de la vida que no tiene precio.»

Lo mismo pasa con los hijos, no les exijamos de más, tampoco perdamos tiempo planeándoles un gran futuro cuando lo que necesitan es encontrar en sus padres a un amigo, a alguien que los ame y los quiera, a esa persona que se lo demuestre con cada acto.

Ningún padre sabe si vivirá mañana para dar a sus hijos lo que hoy pudieron haberles dado, tampoco si los hijos estarán con nosotros el día de mañana para poderles decir cuánto los amamos y queremos.

Por eso siempre repito una frase muy cierta que dice: ¡En vida, hermano... en vida! Después de ella ya nada cuenta y de nada sirve que uno se arrepienta.

No dejemos para mañana lo que a nuestros seres queridos les podamos decir hoy, ya que les significará muchísimo y a nosotros nos fortalecerá, lo que terminará por unirnos mucho más.

Si debemos disculparnos con la pareja, hagámoslo con premura, lo antes posible, las horas no deben pasar, pues quizás mañana sea demasiado tarde.

Mientras más tiempo dejemos pasar, ideas equivocadas pueden inundar nuestra mente y la de nuestra pareja, dificultando la reconciliación o el entendimiento; a veces el correr del tiempo sólo sirve para que muchos se enteren y con sus errados consejos tiren todo por la borda.

Si una pareja es para nosotros importante y significa algo, simplemente lo es; si no lo es, no debemos de encapricharnos; a veces en esos casos es bueno escuchar a las personas que nos quieren, porque de un capricho queremos obtener amor y cariño, cuando simplemente no es así, ni debe de serlo.

Si nos equivocamos, aceptémoslo, hay que entrar en razón y así expresarlo; no esperemos a que el tiempo nos arregle la existencia, pues este a cada instante se lleva nuestras oportunidades y vida misma.

El comportamiento de los individuos suele ser injustificable, lo que trae consecuencias al matrimonio hasta orillarlos a la infidelidad, entre muchas otras cosas peores.

Por esto las cosas deben ser siempre claras, tratando de hacerlas en el momento más oportuno.

Las personas inseguras que sienten que todos quieren andar con su esposa o novio, viven entre angustia, nervios y amargura, seguramente con fracasos en su vida personal y laboral. Un desastre dentro de sí mismos es lo único que tienen.

Por obvias razones no logran ser felices, como tampoco sus parejas y muchos menos los hijos, si es que llegan a tenerlos.

Como parte de su inseguridad, dichas personas reflejan a cada momento la escasa confianza que le tienen a su pareja, lo que nunca será aceptable.

Si descubrimos que nuestra pareja nos es infiel de manera recurrente, habrá que pensar detalladamente si queremos tener una vida de sufrimientos a su lado, pues mientras ellos viven a su modo, seguro uno no alcanzará la felicidad anhelada si se permanece unido. ¿Por qué conformarnos con una vida desastrosa?

A parte de todo, ¿por qué tenemos que vivir expuestos a que el cónyuge traiga una rara enfermedad al hogar o nos anuncie que pronto será padre o madre de una criatura?

Es importante estar alertas y analizar cualquier situación que se nos presente, para no tener que lidiar el día de mañana, con un problema más grande que no podamos resolver.

Problemas en vez de una nueva oportunidad.

El consejo es simple y sencillo: «No iniciemos una relación si de antemano sabemos que sólo será para llenar nuestra vida de disgustos, problemas, celos y envidias».

Si no tenemos el tiempo ni el interés de poder atender a una pareja, entonces no le hagamos perder su tiempo, ni tampoco perdamos el nuestro con un sueño que nunca se hará realidad.

No creemos falsas esperanzas en los demás, pues nadie se lo merece; tratemos a todos en forma digna y respetuosa para que los demás nos traten de la misma manera.

Podremos encontrar una excelente pareja, pero si su ex cónyuge los acosa, les complica la vida e intenta mantener a los hijos en contra de cualquiera que los pretenda, lo más sano será cortar esa relación y buscar nuestra felicidad en otro sitio con alguien más, ya que vivir bajo presión y conflictos no es lo idóneo para nadie.

Desafortunadamente hay seres que aun estando separados ya del cónyuge, no aceptan que su ex pareja logre la felicidad sin ellos, por lo que se empeñan en perturbar y obstruir las oportunidades de los demás cada vez que pueden. La recomendación sería vivir alejados de estos, sin dejarles saber en dónde nos encontramos.

Si los hijos de nuestra pareja llevan una existencia complicada, si viven en conflicto, peleando y causando problemas, habrá que pensar las cosas dos veces, ya que todo eso lo estaremos adquiriendo con nuestro nuevo compromiso.

Cuando en la pareja existen desavenencias estando casados o no, podrá existir la cercanía pero difícilmente la fidelidad y lealtad, entonces no alarguemos las relaciones sentimentales que se llevan a cuestas, que se sienten obligadas y vacías. Lo que no es, simplemente no será.

A la fuerza nadie se va a enamorar de nosotros, no existe forma de obligar a una persona para que nos quiera y nos ame con verdadero cariño, menos si les somos indiferentes o totalmente ajenos a lo que buscan y desean para sus vidas.

Como dice el refrán: «A la mala, ni lo mas bueno».

Una mejor educación familiar, ejemplos a seguir

A través de los siglos hemos podido comprender que a la mujer que se ama, cuando en verdad se le quiere por lo que ella es y representa, no se le debe pedir que sea como nuestra madre, igualmente sucede con el hombre, a quien tampoco se le obligue o pida que sea como nuestro padre; recordemos que todos somos distintos y debemos respetar la personalidad de todos los seres humanos, más aún de aquellos que decimos o pensamos que amamos y queremos.

Por ello hoy y siempre a cada quien respetando su característica especial, hay que amarlo y quererlo tal como es, ya sea hombre o mujer, porque sólo así conservará su forma de ser, su esencia, sin sentirse presionado por nada ni nadie; lo que les dará una total libertad de decisión que, por ende, contribuirá a su felicidad.

Si la personalidad, así como su característica y especial forma de ser y convivir de alguien no es de nuestro agrado, lo mejor será no desarrollar una relación sentimental con esa persona desde el principio, no nos desgastemos ambos, no queramos que el mundo gire al contrario, porque ni se puede, ni se debe.

Si lo hacemos, si queremos estar con ellos, aceptémoslos con sus defectos y virtudes, siendo sensatos, rectos y optimistas, conscientes de que será para toda la vida y de que nada de eso se podrá cambiar, ni ahora ni mañana ni nunca.

Los padres debemos ser el mejor ejemplo para nuestros hijos, porque estos aprenden todo lo que ven y escuchan, tal como lo entienden o interpretan, por eso hay que ser siempre claros y sinceros.

Nuestro ejemplo no debemos darlo con amenazas, tampoco con imposiciones y menos a la fuerza, este debe ser aportado de forma cotidiana, auténtica y franca.

La educación y el cariño familiar, entre muchas otras virtudes y buenos ejemplos, se deben dar a cucharadas, es decir poco a poco y a diario, para que esa continuidad los haga ver las cosas reflexivamente, en un comportamiento natural y aceptable. Pero que al mismo tiempo resulte asimilable. Debemos de insistir en ello sin presiones, pero con ejemplos y practica de ello en nuestra vida.

Podríamos decir que esta es la mejor medicina para mantenerlos sanos en su camino por la vida, al tiempo que los preparamos para enfrentar los retos que les tocará resolver en su momento. Porque lo que bien se aprende, nunca se olvida.

En efecto, hay que dárselos con el ejemplo diario, con nuestro comportamiento, con el lenguaje que utilizamos y con la templanza del carácter que nos rige; siempre con afecto y sinceridad, sin engaños ni trucos, porque podríamos confundirlos y alejarlos.

El civismo académico ha quedado de lado desde hace muchos años, pues este ya no se imparte como tal en las escuelas y tampoco en los hogares, ya que a las generaciones de nuevos padres, que no lo recibieron en su infancia, ni tampoco durante su juventud, siempre les resulta imposible enseñarlo, más aun si ellos mismos lo desconocen.

Ahora el resultado se ve en todas partes, ya sea al subir al transporte o al estar en un evento público, donde las mujeres embarazadas están de pie mientras que los señores van leyendo el periódico o están dormitando; tal parece que ya no existen los caballeros que puedan ceder su lugar o ayudar con los paquetes a las damas.

Hoy en día los niños ya no ayudan a los ancianos, ahora les ofenden; los desprecian y parecieran estorbarles; simplemente no hay valores morales en la educación preescolar, primaria y secundaria; o sea que en las principales etapas de crecimiento mental de los nuevos ciudadanos, ya no estamos impartiendo moral, ética y las enseñanzas de las buenas costumbres, ello debilita nuestra sociedad y más tarde nos aplasta con su propio peso. En familia hay que sembrarlo.

Los jóvenes ya no platican con sus madres, ahora les gritan y les exigen.

Ya nadie conversa con sus mayores, sólo les recriminan y juzgan, incluso actúan sin pensar en lo que dicen o realizan. Estamos en la etapa del hacer por hacer y nada importa ni vale la pena. No podemos exigir que sepan lo que no se les dio a conocer.

Los empleados ya no se esfuerzan por desarrollar con efectividad y prontitud sus labores y tareas, porque piensan que si lo hacen, sólo enriquecerán a sus jefes; por ello también la lealtad y el afecto en el trabajo está desapareciendo y ahora sólo son personas que cumplen con lo más esencial, sin poner su mejor esfuerzo en ello.

En lo particular, cuando alguien me solicita un servicio y me comprometo a ello, lo realizo como si se tratase para mi beneficio propio, cuido de él como si fuese mío y trato de hacerlo de la mejor forma y manera, puesto que así me gustaría que alguien lo hiciera para mí; esto es lo que yo siento que es lo más correcto y que así debiéramos de actuar todos. Aunque también reconozco que muchos no saben agradecer o reconocer el esfuerzo y la dedicación de los demás. Digamos que es parte de ser humanos.

Pareciera que en estas nuevas generaciones alguien los hizo perder la voluntad de progresar, de querer superarse y de ser mejores cada día, lo que es necesario para nuestra satisfacción personal, para tener un camino positivo y para que nuestras vidas sean más positivas y productivas.

Los jefes ya no saben agradecer a sus empleados por su esfuerzo, simplemente deben rendir en sus actividades o se van. Muchos han olvidado ser agradecidos, compartir un bocado con estos y mostrarles satisfacción por un trabajo bien realizado. Su punto relevante es ganar cuanto más se pueda y los demás nada importan.

En pocas palabras, la falta de impartir civismo a las nuevas generaciones durante los últimos años, ha provocado cambios en el pensamiento de niños y jóvenes, también de quienes se inician como adultos.

Se está perdiendo lo poco que nos quedaba de valores, de los principios de ética y moral, estos cada vez son más escasos.

Ello nos lleva a que hoy en día, la palabra de las personas está perdiendo su valor, antes valía más que un documento firmado, hoy parece que ni siquiera existe.

Sin lugar a dudas, la culpa la tienen los gobernantes quienes desearían regresarnos a la edad de piedra para no tener que lidiar con tantas peticiones, cuestionamientos y señalamientos. Así que mientras más impreparada sea la sociedad, les será más fácil de gobernar.

Ya saben lo que dice el refrán «En el país de los ciegos, el tuerto es rey». Y los políticos en todo el mundo parecen buscar una posición siempre sobre los demás y no al parejo de ellos. Se les olvida que se llega para servir y no para servirse.

En la actualidad lastimosamente la gente no tiene la educación suficiente ni para saber cómo se debe atravesar una calle, tampoco para manejar un vehículo y menos para convivir con los integrantes de la sociedad a la que pertenecen.

El respeto por los ancianos se ha perdido, de ser personas sabias han pasado a ser gente vieja que más bien estorba, olvidándonos de que todos llegaremos a ser ancianos algún día.

Siempre comento en mis pláticas que:
«La violencia es la defensa de los ignorantes, el arma de los ventajosos y la perdición de la raza humana».

Esto es muy cierto, por algo se cuenta de padres a hijos que «No hay que hacer al prójimo, lo que no queramos que nos hagan a nosotros».

Cuando el hijo ve que el padre saluda con desgano y apatía a su bandera, le está induciendo indirectamente al hijo ese desdén por su patria, por lo suyo, por lo nuestro. De ahí y de otras actitudes como esas, es que los hijos se vuelven irrespetuosos, cayendo en una educación y forma de vida equivocada. Lejos de hacerlos a nuestra forma, les estamos negando muchas cosas e induciendo por caminos equivocados.

Debemos aprender a ser patriotas. Todas las naciones tienen defectos, sí, pero si amamos a la nuestra, siempre le encontraremos muchas más cosas buenas que malas; tenemos que luchar sin que nadie nos lo pida para que ésta se supere, sea mejor y reconocida por la calidad de su gente. Basta de esperar a que los demás inicien, hagámoslo nosotros y compartámoslo, que poco a poco las cosas permearan en beneficio de todos.

Si los niños crecen con ese fastidio, llegarán a pensar: ¿Por qué perder el tiempo intentando colaborar en el engrandecimiento de una nación? Si recuerdan que ninguno de sus padres lo hizo, entonces, ¿por qué tendrían ellos que hacerlo?

Con esa indiferencia aplicada a sus propias vidas, los jóvenes comienzan a ver por sí mismos y sus necesidades inmediatas, convirtiéndose enególatras que después tendrán esa misma apatía hasta por su propia familia, lo que irá deteriorando cada vez más a la comunidad en que viven.

Todo nace del ejemplo de la conducta materna o paterna, aunque claro, algunas veces se supera todo lo aprendido y es cuando los hijos se convierten en nuestro máximo orgullo.

Hombres y mujeres que se preparan y cuentan con el deseo de alcanzar el éxito, siempre lo logran.

Nunca debemos dejarnos arrastrar por las suposiciones de las personas que nos conocen o rodean, todos sin excepción tenemos la capacidad para salir adelante, es la voluntad de cada uno lo que nos marca el tiempo y tipo de logros que consigamos.

A los hijos no hay que dirigirlos en su vida, darles las armas necesarias, la ayuda y preparación para que por sí mismos elijan cual es el camino que quieren seguir para alcanzar el éxito y su satisfacción personal.

He ahí la importancia de sembrar conceptos morales, ejemplos de justicia y equidad sin menosprecios, recordemos que lo que se siembra se cosecha y que aquel que nunca cosecha, jamás podrá tener algo.

Al hermano que trabaja y trae la comida a casa, no se le debe dar la rebanada más grande, ni el trozo más jugoso, ni siquiera se debe de hacer esto con el padre o la madre que trabajan y sostienen el hogar; si somos familia, todos somos iguales y tenemos los mismos derechos, pero a cada uno nos corresponden diferentes obligaciones con las cuales debemos de cumplir para que todo funcione con exactitud.

Vivimos en una democracia y así debemos seguir, con igualdad y sin distingos para nadie; quien más hambre tenga, que más coma, pero de inicio todo debe de ser equitativo para todos.

Cada quien deberá de cumplir con una obligación y trabajo, unos en la escuela, otros en la casa u oficina, pero todos con absoluta igualdad.

En la familia no todos los miembros logran alcanzar el mismo éxito, mas no por esto se da el amor de los padres con medidas desiguales, es más, quizás a los desprotegidos se les brinda mayor apoyo, pero no se les quiere más o menos que a los demás.

Si los padres no saben criar con igualdad a sus hijos, si son los propios padres los que propician el descontento al no distribuir correctamente su amor y cariño sembrando una notoria desigualdad en trato y comportamiento, esto quedará grabado en las mentes y corazones, debilitando la armonía familiar.

Las malas actitudes sólo lograrán que con el paso de los años se coseche una pésima siembra, la cual realizaron los padres y enseñaron a sus hijos; entonces cómo podremos esperar que los hijos sean distintos y que regresen al camino adecuado, si ni siquiera saben que existen otras cosas. De esto, los padres somos directamente responsables.

No se debe ser sobreprotector, pero sí quien motive el respeto e igualdad entre los hermanos enseñándoles a quererse y a protegerse, mas nunca a agredirse ni ofenderse.

Existen quienes gustan de escuchar a sus hijos pequeños diciendo groserías, les causa gracia que al empezar a hablar lo hagan con ofensas; recordemos que las criaturas no saben lo que hacen, menos del daño que este comportamiento les provocará en el futuro. Es aquí cuando los padres deben revisar su actuar y no rehusarse a reconocer su error.

Las groserías, insultos y los ademanes incorrectos, los utilizan las personas incultas, aquellas que carecen de educación y calidad moral; propiciar que nuestros pequeños lo hagan en su ignorancia e inocencia, pero sobre todo abusando de su cariño, solo hará que ellos mismos se desubiquen en la relación con la sociedad y su carácter cambiará y resultará dañino hasta para ellos mismos.

Si obligamos a nuestros hijos a que crezcan con esa deficiencia, no les pidamos entonces que cuando sean adultos tengan diferente comportamiento y manera de ser; ya que nosotros seremos los responsables de su incomodidad en la sociedad y del repudio hacia ellos de parte de quienes los rodean; en pocas palabras, les estaremos dañando su futuro y alterando su natural desarrollo de niños y jóvenes.

Tampoco debemos permitir que la gente les enseñe a insultar o a agredir, menos si son unos niños pues en su desconocimiento, ante las risas y burlas de los demás, llegarán a pensar que esta es la única manera de llamar la atención de todos, incluso pensaran que cuando crezcan tendrán el derecho de ofender a sus propios padres, puesto no lo ven mal, incluso ellos se los han enseñado.

Si no les enseñamos a respetarse a sí mismos, como a quienes les rodean, aun a sus mayores, a los ancianos y necesitados, no queramos entonces que nos vean con respeto o admiración en nuestra vejez.

Si en algún momento, pretendimos aprovecharnos y les dijimos que los ancianos son apestosos y que son personas que sólo dan molestias; ese será el trato que recibiremos al envejecer, al fin y al cabo los padres no les mienten a sus hijos.

Cuando nos vean que somos ancianos ya sabremos lo que piensan de nosotros, pues nosotros se lo enseñamos, así los educamos con todas esas deficiencias, las mismas que más tarde cargaremos nosotros mismos.

Es fácil decir cosas y realizar actos sin ninguna prudencia, pero no olvidemos que lo que hagamos frente a ellos, siempre será lo correcto para los hijos, quienes día a día irán grabando todo en sus mentes, de manera que los estaremos haciendo a nuestro estilo, ya sea para bien o para mal.

La vida no perdona, quien la sepa disfrutar la recordará con dignidad y orgullo, así como cada uno de los pasos que en esta se dio y lo que durante esta aportó.

Quien la desperdicie irá arrastrando un ancla de equivocaciones, la cual no podrán quitarse jamás. Solo que a veces esta ancla la heredamos a nuestros seres queridos, a causa de que no los enseñamos a tener un comportamiento honesto y correcto.

La vida se puede gozar de muchas maneras, sólo hay que saber encontrar la más adecuada para que al final de esta, recibamos la justa recompensa.

La preparación y estudios de los hijos

Todas las personas somos distintas, como muy diferentes son las capacidades entre cada uno de nosotros. Estas diferencias que, aunque pequeñas, son las que nos permiten ver las cualidades y verdaderos talentos de los seres humanos.

Hombres y mujeres podemos hacer cualquier cosa, pero esto no significa que lo que hagamos lo haremos bien; sin embargo, casi siempre solemos destacar en algo y es eso tan especial, la marca distintiva que iremos dejando a lo largo de nuestra vida.

Algunos padres piden a los hijos que estudien lo mismo que el abuelo, madre o que ellos mismos, pensando que serán como los primeros, lo cual no es correcto ni recomendable ya que sólo lograremos confundirlos. Démosles libertad de escoger y así estarán satisfechos de sus logros y alcances, pero sobre todo, a gusto con la decisión que les representará en su futuro una gran parte de su vida.

No faltan los que permiten a sus hijos estudiar lo que deseen, siempre y cuando lo hagan en la escuela o universidad donde los padres cursaron su preparación, lo que es una imposición poco grata y nada recomendable.

Otros pretenden que el hijo sea exactamente como el tío, el cuñado o el amigo, simplemente porque a estos les ha ido muy bien, lo que no es garantía de que a nuestros hijos les resulten las cosas de igual manera.

Quienes cuentan con una profesión u oficio tal como son los médicos, abogados, sastres o electricistas, desean que los hijos encaminen su preparación en lo que se han desarrollado, para heredarles su cartera de clientes y así tengan asegurado su futuro. En ocasiones esto resulta, pero en otras sólo trae graves problemas.

Si los hijos, nietos o familiares desean por mutuo acuerdo seguir en las mismas labores, debemos entonces capacitarlos y enseñarles todos los secretos, pues de esta manera les estaremos dando una valiosa herencia sin truncar sus sueños.

Cuando los hijos son pequeños, casi siempre se sienten atraídos por las profesiones o actividades que desarrollan sus padres, pero a medida que van creciendo y madurando, muchos se dan cuenta de que prefieren una nueva opción para estudiar, siendo precisamente ese momento, en el que los padres debemos mostrarles nuestra confianza y apoyo para que se desarrollen en lo que deseen, ya que de no hacerlo, los hijos ejercerán en contra de su voluntad, algo que les hará infelices.

En otros casos, existen amigos que se ponen de acuerdo para ir todos juntos a la universidad, pensando que de esta manera su amistad seguirá por siempre para apoyarse unos a otros, lo cual no es necesario. La vida es una y a cada quien le corresponde decidir cómo la quiere aprovechar.

Entrar a la universidad es la oportunidad para prepararnos en algo y desarrollar nuestras capacidades a lo largo de nuestra existencia, pero también la posibilidad de alcanzar la madurez y estabilidad emocional suficientes para enfrentar los retos de la vida con inteligencia, prudencia y seguridad en uno mismo; sólo de esta forma lograremos ser profesionales destacados y de éxito, pues sin esta madurez no podremos llegar a ningún lado, mucho menos tener la confianza de los demás.

Imaginemos llegar a un hospital donde el médico que nos atiende no cuenta con una personalidad pulcra, es mal hablado, descuidado en su persona y demuestra carecer de toda ética profesional, la misma que debiera tener de acuerdo a la actividad que desempeña y peor aún se pondrán las cosas cuando él o alguien nos informe que éste será la persona encargada de operarnos, de salvarnos la vida, indiscutiblemente cualquiera correría a buscar a un médico distinto que nos demuestre confiabilidad y profesionalismo.

Todo esto nos lleva al inicio. Y es que todo es muy simple, pues aunque se estudie otra cosa, las personas siempre buscarán realizar trabajos de acuerdo a su talento, capacidad y gusto.

El talento es algo innato, sin embargo, este no se descubre sino hasta años más adelante. Por ello, en muchas ocasiones vemos que las decisiones impetuosas de muchos estudiantes por cambiar de carrera o de oficio es contraproducente, pero aun así ello siempre será válido con tal de sentirnos satisfechos.

¿Qué caso tiene estudiar medicina y lograr una especialidad, si vamos a terminar dedicándonos a otra cosa? Si la sangre nos produce desmayos o simplemente no tenemos el carácter para escuchar, comprender y atender a los pacientes, será mejor encaminar nuestro talento hacia otra dirección.

No hay razón para ir a la universidad sólo para estar con los amigos o para estudiar algo que ni siquiera nos gusta, nuestro futuro está en nuestras manos, el día de mañana nadie nos va a mantener, es más, si nos va mal ni querrán hablarnos. Hay que tomar decisiones con madurez, para no desperdiciar nuestros años de vida y las oportunidades; porque no hay que olvidar que de nuestros aciertos y fracasos también les tocara compartir y vivir a nuestros seres queridos y familiares.

¿Para qué asistir a una institución de estudios superiores? ¿Acaso sólo lo haremos pensando en encontrar esposa o esposo? Tan sólo para buscar a esa persona que nos permita tener un mayor roce social o mejores oportunidades en la vida, nada de ello es una justificación aceptable.

No perdamos nuestro tiempo con suposiciones, pues tampoco se trata de lanzar una moneda al aire y tomar decisiones, hagamos un análisis profundo de lo que somos y deseamos alcanzar, ya que esta será la manera en que podremos encontrar la satisfacción personal al hacer lo que en realidad queremos.

Si buscamos tener éxito en lo que hacemos, debemos descubrir nuestros verdaderos talentos y capacidades, también tenemos que estar seguros de lo que deseamos, no hay que confundirnos con las novedades y novedosas carreras que mucho prometen y que al terminarlas no nos permiten colocarnos en ningún trabajo.

Cuando nos cueste trabajo y vacilemos a la hora de decidir qué estudiar o en qué prepararnos, siempre podremos recurrir a gente especializada como un orientador vocacional, que tras someternos a las pruebas correspondientes nos marcará con exactitud para qué tenemos talento y cómo podremos desarrollar al máximo nuestras capacidades. A más de ello falta que nosotros también queramos seguir dicho camino.

De las diferentes posibilidades que se nos brinden, elijamos aquella carrera o profesión que nos pueda redituar resultados a corto plazo, pues no tiene ningún caso perder tres, cinco o hasta diez años en una actividad que no tiene fuentes de trabajo. No servirá de nada haber estudiado varios años, si no tendremos la oportunidad de demostrar nuestro potencial intelectual.

¿Para qué estudiar aquella carrera del futuro, si sólo habrá trabajo a miles de kilómetros del hogar, el cual puede ser incierto y hasta mal remunerado? O si tenemos miedo de abandonar nuestro terruño.

De nada sirven todos los estudios, cuando no hay donde proyectar los conocimientos.

Optemos por esa profesión o actividad que nos apasione y que a su vez traiga beneficios en todo sentido para nosotros y posteriormente a nuestras familias.

No olvidemos que aun cuando existan carreras saturadas, siempre habrá un sitio para aquellos que tienen vocación y están decididos a ser los mejores; quienes disfrutan lo que hacen, poniendo su mejor empeño, dedicación y esfuerzo, siempre tendrán mayores oportunidades.

Algunas ocasiones observamos a ingenieros, abogados o médicos, entre otros, los cuales tienen un hobby especial como puede ser la música, el teatro, el baile, la cocina, el fútbol o la pintura, actividades que conjugan a la perfección con tal de enriquecerse en lo profesional como lo personal, lo que los hará seres humanos satisfechos y que al mismo tiempo les brindará un hobby sano que los ayudará a relajar las tensiones del trabajo.

Al estudiar algo que no nos agrada, ni satisface nuestros proyectos de vida, lo más probable es que no terminemos dicha preparación, y no haya titulación alguna, pero si la hay, no será esta profesión la que resuelva nuestra vida futura, ya que lo que en verdad anhelamos es algo totalmente distinto. Por lo que a corto o largo plazo abandonaremos todas estas ideas.

Hay abogados, médicos, ingenieros y arquitectos que se dedican a la mecánica automotriz, a la decoración de interiores o a la administración de su propio negocio o empresa, sencillamente porque lo que estudiaron nunca fue lo que en verdad querían, sino lo que les fue impuesto por otros, o lo que les llamó la atención en ese momento.

Entonces no le hagamos daño a nuestros hijos, nietos y demás seres queridos, tratemos de apoyarlos a ser los mejores, pero en el área que más les guste a ellos.

Echemos mano de todas las herramientas que hoy en día tenemos para descubrir nuestros talentos y capacidades, para que sobre estos logremos enriquecer nuestra vida en todos los aspectos.

Lo más valioso que tenemos es la educación, el civismo, la moral y la honorabilidad que vamos construyendo desde que somos pequeños, esto sí es algo que pesa al paso de los años, además de que resulta algo significativo y trascendente en nuestras vidas.

En muchos países del mundo la moral se ha ido perdiendo, así también vemos que ya no se practica la ética profesional. Hablar de gente honorable se está volviendo algo raro, por lo que actualmente hay que cuidarse de casi todos.

Hay médicos que, por ejemplo, apenas reciben a un paciente con capacidad económica y tenga algo de gravedad o no, ya lo quieren operar de urgencia, cuando que esto ni siquiera es necesario; sólo que el profesional tiene que cubrir los gastos del mes, lo que lo llevará a no vacilar en realizar un procedimiento médico a alguien que no lo requiere. Aquí es donde la ética, profesionalidad y calidad humana se demuestran o se pierden.

También están esos arquitectos, ingenieros y decoradores que nos venden una idea de remodelación o construcción, así como los materiales más finos y caros, sólo para que su porcentaje de ganancia sea mayor, son gente poco confiable, pues alguien que se diga profesional siempre le sugerirá a sus clientes productos de calidad, belleza y armonía, a un costo mucho más accesible, ya que ello es parte de brindar un buen servicio, así es como ellos se ganan la confianza de nosotros.

Pero también se aprecia conducta similar entre algunos maestros, chefs, guías, taxistas, plomeros, carpinteros, herreros y representantes, quienes buscan siempre su ventaja y mayores ganancias, sin importarles el tener un comportamiento poco ético, profesional y acorde con lo que todos esperaríamos recibir.

Lo mismo sucede con los contadores, abogados, representantes, gerentes, directores y administradores, que lejos de fijar una cantidad por sus honorarios de acuerdo al tiempo empleado o por la totalidad de un asunto, se la pasan pidiendo una o dos veces a la semana dinero a sus clientes, hasta que estos caen en cuenta de que su pago supera en costo, a lo que está en juicio.

Lo mas ético es que se acuerde un precio desde el inicio y que ambas partes cumplan con lo convenido, ya que a veces el que solicita los servicios, al ver resuelto su trabajo, problema o asunto, tampoco respeta sus acuerdos.

Las cocineras y chefs que piden despensa y provisiones sobradas, con la idea de sustraer parte de ello para su propio beneficio, por buenos que sean en sus actividades, dejan mucho que desear con su comportamiento desleal, lo que los hace personas poco confiables y no gratas a la hora de contratarlos. Siempre habrá excepciones. Además de ello, quienes los rodean y se dan cuenta de sus comportamientos poco éticos, nunca los respetaran o los verán con agrado o admiración.

Tampoco faltan los profesionales que al trabajar para las personas y entrar en sus negocios o domicilios, sólo tratan de captar comentarios, pláticas o chismes, para después denigrar a aquellos que les dieron apoyo y trabajo. Pero esto también lo vemos entre familiares y amigos y, aún peor, entre las personas que pretenden pasar a formar parte de una familia. Y no podemos olvidarnos de mencionar a las parejas resentidas, quienes van tratando de acabar con lo poco que dejan.

Cómo convivir con lesionados y enfermos en la familia.

Las enfermedades no avisan, los contratiempos no se anuncian y siempre hay acontecimientos que nos sacan de nuestra vida cotidiana.

La vida en matrimonio no es fácil, más si alguno de nuestros padres, hijos, hermanos o cónyuge se encuentran enfermos, nuestra vida se complica. Esta responsabilidad se convierte en un compromiso moral, una carga económica y una responsabilidad social; aunque la carga emocional interior es lo que más nos agobia.

Hay pequeños que desde su nacimiento solamente conocen el dolor y el sufrimiento. Nacieron con problemas de salud o en su nacimiento sufrieron alguna lesión o daño y con ello han de morir. Otros se lesionan a lo largo de su vida o enferman, se queman o lastiman sin haberlo deseado. Son situaciones que no esperábamos pero que a final de cuentas son una realidad, y que a cualquiera nos puede alcanzar.

Por lo general los seres humanos que padecen alguna deficiencia física o mental, durante sus primeros años de vida no logran darse cuenta de su situación, tampoco se percatan de todo lo que les rodea, cosa que no pasa con sus padres y familiares, quienes sufren en silencio tan lamentable situación.

La familia padece a corto y largo plazo con estos enfermos o lesionados al ver las pocas alternativas que sus seres queridos tienen para desarrollarse y sobrevivir por sí mismos. A ello hay que sumarle el hecho de que sabemos que tal vez nunca se puedan valer por sí mismos y deberán de depender de alguien que los quiera y cuide.

Hay quienes al ir creciendo se percatan de sus desventajas con respecto a los demás miembros de la sociedad, lo que les hará presas de angustias ante la imposibilidad de las cosas que los rebasan, sentimiento que se extiende a los familiares cercanos.

El papel de los padres es fundamental, pues son los que tienen que ver por el bienestar de los hijos desde la infancia hasta la madurez, siempre con el pesar de no querer morir antes que estos, para poder apoyarlos y encausarlos.

La sociedad suele ser injusta al no dar el debido respeto a los más desprotegidos, al burlarse de los enfermos y de la gente con capacidades diferentes, no saben el gran daño que con ello provocan. Nos falta ética, civismo y moral para tratar al necesitado.

No entendemos que se trata de personas como nosotros, con todo el derecho a ser felices, como a ser tratados con dignidad y respeto.

Desgraciadamente algunos padres no saben dar un buen ejemplo, como cuando ofenden a los ciegos por cruzarse en su camino, a los discapacitados tan sólo por estorbarles su rápido andar –ya sea con sus muletas o silla de ruedas–, sin considerar que están creando un antecedente que daña a todos y que deja en desventajas a sus propios seres queridos.

Es decir, su poca educación y falta de valores les impide darse cuenta de que no deben actuar de esa manera con las personas que integran su misma sociedad, aun cuando a estos no los conozcan, ya que lo que ellos sufren, cualquiera de nuestra familia podría vivirlo.

Ese proceder lo captan los hijos, lo graban en sus mentes y al paso del tiempo sin saber por qué, terminarán ofendiendo a los demás igual o más, que como lo hicieron sus propios padres.

Es una gran pena pero el remedio está en nuestras manos, fomentemos la tolerancia y el amor hacia el prójimo.

Una persona con capacidades diferentes puede ser tan buen amigo como cualquier otra persona, quizás requiera de nuestro apoyo, pero estamos seguros de que los buenos momentos a su lado no se harán esperar. Si está en nuestras manos poder ayudarlos, ¡hagámoslo!

Más de uno de nosotros solemos decir que nos gustaría encontrar a quien ayudar en nuestro camino para hacer una buena obra, pues bien, tal vez tengamos la suerte de realizarla todos los días al apoyar a una persona bajo estas condiciones, sin pedir nada a cambio y más aún, esa persona puede ser parte de nuestra familia.

Otra situación triste es cuando las enfermedades son para toda la vida, cuando llevan al paciente a un final lleno de dolor y sufrimiento, sumado a un mal trato, a la incomprensión y a la carencia de apoyo familiar y a un trato ético, moral y económico.

Los padecimientos de los hijos son como dagas clavadas en los corazones de los padres, ya que la familia entera sufre con ellos.

Cuando se es niño, si nos toca tener un padre o una madre enferma, es una situación demasiado triste y dolorosa, lo que en ocasiones nos hace ver el mundo de otra manera y desde otra posición. La infancia se ve alterada en muchas cosas y alcances. De igual manera los tiempos se ven alterados, influenciados y las alegrías se disminuyen y la poca participación del padre o la madre hacia los hijos los hace ser personas con vacíos y sueños truncados o no alcanzados.

Los hijos solteros tienden a desesperarse al no contar con la madre o el padre como lo hacen los demás amigos de la infancia o juventud, a ellos les recomendamos paciencia y serenidad, ya que para todo hay un tiempo y una oportunidad.

Muchos niños y jóvenes tienen que acostumbrarse a festejar en solitario sus éxitos, a nunca llegar a casa a narrar la alegría de los demás y la tristeza propia; ya que si se tiene a un hermano lisiado o enfermo que no tiene las posibilidades para hacer todo ello, saben que lo lastimarías y entonces su vida se siente bloqueada o truncada.

Cuando la solución es otra ya que no hay que esconder lo que somos o lo que hacemos, por el contrario hay que hacerlos partícipes a ellos o a ellas de lo que nos sucede bueno y el apoyo que nos hace falta para lo que se nos complica, con ello los haremos sentir útiles, parte de nosotros y se sentirán tomados en cuenta.

Hay que aprender a ser felices con lo poco o mucho que esté a nuestro alcance, que al fin es de nosotros y de nadie más; pero si está a nuestro alcance, nada perdemos con ayudar a los demás.

De lo bueno y malo debemos dar gracias, pues de esta manera conoceremos ambos lados de cada persona y cosa, lo que nos brindará mayor seguridad, además que nos permitirá tener una mejor visión de lo que enfrentamos.

A pesar de estar enfermos, los padres deben hacer su mayor esfuerzo por estar pendientes de los fracasos y éxitos de sus hijos; con esto queremos decir, que la labor de un padre es de veinticuatro horas al día, sin importar las circunstancias.

Hay que apoyarlos para darles ánimo una y otra vez, hasta que logren conquistar esas nuevas metas, olvidándonos de nuestro propio dolor, carencias y dificultades.
Debemos aprender a dar a los demás, sin necesidad de que ellos los pidan.

Las alegrías, triunfos y éxitos de los hijos debemos compartirlos y vivirlos en su compañía, siempre con alegría y entusiasmo para que encuentren en casa ese afecto, calor, cariño y apoyo que desean, sin importar su edad o estado de salud.

Bajo ninguna circunstancia los padres, o familiares tienen porqué recriminar las enfermedades y necesidades de sus hijos con cada alimento que les dan o al hablar con estos. Aquellos que así lo hagan por querer cobrar la salud perdida, simplemente estarán actuando injustamente.

Ya lo hemos dicho, hay que saber dar sin esperar recibir nada a cambio; si esto es para con los demás, mucho más para con nuestros propios hijos.

Aprendamos a darnos con franqueza y transparencia, si en verdad se quiere ayudar, no hay que mirar a quien. Si ello nos pesa, nos lastima o nos afecta, simplemente retirémonos, pero sin lastimar o perjudicar a los demás.

Tampoco ocultemos la enfermedad de los hijos, padres o hermanos, nunca por vergüenza, menos por conveniencia.

La vida es sólo una, por lo tanto no la podemos andar con dos caras distintas, poniendo con cada ocasión la que más nos interesa.

Debemos tener el valor de enfrentar las cosas, de compartir en familia los éxitos y los fracasos, así como las cargas de la vida, para que estas sean más llevaderas.

Todos tenemos que cumplir con responsabilidad dentro de la familia siendo parte de ese compromiso, apoyarnos los unos a los otros.

Si lo aceptamos debemos de hacerlo limpiamente, sin rencores, ni diferencias, porque sólo de esta forma podremos ir logrando las cosas en beneficio de todos.

A los hijos no hay que dividirlos, por el contrario tenemos que unirlos, aunque ello vaya en contra de nosotros mismos.

Habrá quienes se pregunten por qué en contra nuestra y la respuesta es simple, pues en ocasiones los padres son los principales explotadores del trabajo y la vida de los hijos, lo que es incorrecto. Pero si los hijos se apoyan entre sí, cuidándose de que nada ni nadie los dañe, utilice para sus fines, la experiencia y así el resultado puede ser mucho mejor de lo que se esperaba.

Lo importante es tener una familia unida, fortalecida, amorosa y con principios morales, consciente de sus obligaciones y deberes.

Una familia llena de amor, que en todo momento da apoyo sin restricciones, siempre será ejemplar; si a ello se suma el respeto y el entendimiento, encontraremos una familia muy feliz.

Y es que los hijos compartirán esos principios y enseñanzas a sus nuevas familias, extendiendo a más hogares las buenas costumbres con lo que la sociedad se verá beneficiada y la familia aún más fortalecida.

Cuando el enfermo es pariente cercano de la pareja, tenemos la misma obligación que con los nuestros de ser accesibles, tratar de ayudar y apoyar en lo que podamos.

Al casarnos con nuestra pareja todos venimos a ser una sola familia, la cual crece de un momento a otro; claro está que habrá con quienes tendremos que tomar menor o mayor distancia, para que los problemas no aparezcan y nuestra relación no se complique.

Hay familias que en lugar de verlas unidas, las apreciamos en constantes pleitos, agresiones e insultos, porque así los educaron y esa es la calidad moral que sus padres les heredaron. En estos casos hay que guardar distancia y tratar de resguardar a nuestros seres queridos para que no sean arrastrados por tan complicadas conductas.

De nada sirve tratar a los nuestros de una manera y a los parientes de la pareja con reglas distintas, pues al final ambos son familia por igual de nuestros hijos.

Por supuesto que hay excepciones, que existen situaciones en que es más recomendable y adecuado mantener a distancia a algunos de nuestros familiares, más aún, si estos no son el ejemplo ideal para los hijos.

Siempre será mejor que uno sufra el distanciamiento con la familia del ser querido o la nuestra, a que se arruine la armonía de nuestra familia. Recordemos que al contraer un compromiso familiar, los padres y familiares pasan a ser después de nuestra pareja, si bien no pierden su importancia, si cambia en mucho la situación de nuestra vida, porque las obligaciones, como el orden de muchas cosas se cambia, debiendo de estar privilegiada la pareja y los hijos, sobre los padres y parientes.

Quien no ha sabido querer a nadie en su vida, no aprenderá de la noche a la mañana que la familia no puede, ni debe de ser puesta en riesgo. Hay gente que sólo sabe vivir para sí misma sin importarle a quien pise en el camino, tratando de arruinar la existencia de los demás.

Esta es gente sin principios y falta de educación, que aunque con sobrada inteligencia, desafortunadamente sólo saben usarla para hacer el mal y no para superarse como personas.

Tampoco podemos arropar en el seno familiar a quienes repudian a nuestros hijos con o sin razón, porque desde ahí destruirán lo que hemos construido.

Quien haya despreciado a nuestros hijos, no se tocará el corazón para dañarlos en la primera oportunidad. Es mejor alejarlos de ellos.

Aquel que no los quiera no sabrá dar el justo valor a la unión familiar, la cual podría envidiar y hasta tratar de destruirla en forma consciente o inconsciente hasta lograrlo.

A la familia no la podemos exponer a aquellos personajes cercanos o externos con intención de perjudicarnos, que bien podrían acabar por deteriorar el núcleo conformado; no olvidemos que la familia es lo primero, que hay que defenderla y protegerla de todo lo que pueda afectarla. A veces hay que protegerla hasta de uno mismo.

De solteros debemos el respeto a la familia y la obediencia a nuestros padres; al casarnos, compartiremos las responsabilidades con la pareja y es con esta con la que debemos conciliar las conveniencias, aun por encima de la propia familia.

Al nacer los hijos estos tienen que ser la prioridad del matrimonio, pues están bajo nuestra responsabilidad directa, ni nuestros padres deben de afectarlos.

Un familiar adicto,ególatra o prepotente, un ser con problemas psicológicos, nunca deberá estar cerca de nuestros hijos. Porque es más daño el que les puede aportar que bienestar.

Una vez más recordamos que todos los hijos son iguales, sin importar la procedencia de estos, pues en el momento en el que se les acoge como un miembro en la familia, tenemos que cuidar y velar por ellos, sin distingo alguno.

Si hacemos lo contrario esto los confundirá, desequilibrará la balanza familiar ocasionándoles dudas, desamor y sentimientos encontrados, que podrían derivar en coraje en contra del entorno familiar.

Quien ha repudiado a la familia de su hijo, a la madre o padre de sus propios hijos, aquel que siente que el mundo no lo merece, es una persona que no debe estar cerca de nadie, porque igualmente les hará daño. Ello sin importar si se trata de un hombre o de una mujer.

Existen enfermos que con astucia utilizan a la familia, se hacen las víctimas, mortifican a todos y siempre se muestran insatisfechos; demandan mayor atención y cuidados, además del tiempo de sus allegados, lo que siempre les resulta insuficiente, por lo que siempre viven lamentándose y dejándose ver como víctimas.

Este juego egoísta suele alejar a todos hasta desintegrar a las familias, ya que pareciera que se está en contra de todos, sin que nadie entienda la causa. Este tipo de personas siempre lastiman a quienes los cuidan o tratan de ayudarlos, por ello es vital que personas con experiencia nos apoyen en estos casos.

Un enfermo debe estar consciente de que cualquier persona que los cuida y apoya, requiere que se le respete también su tiempo y libertad para realizar sus actividades personales; por lo tanto no deben reclamar a nadie en esclavitud al pie de la cama o de la silla de ruedas.

Todos vamos a envejecer y a enfermar algún día, quizás por un corto o largo período, recordemos entonces todo esto para no dañar a nadie.

Será importante saber cómo debe de ser nuestro comportamiento ante una larga enfermedad, para que no por una mala actitud, resulte que sin darnos cuenta perdamos ante nuestros seres queridos el amor y cariño que se ganó durante años.

No se vale mortificar innecesariamente a los demás, lastimarlos o tenernos en el desvelo continuo, ni con la vida en un hilo, pues este tipo de actitudes más bien son de pésimo gusto. No nos distanciemos de la familia por nuestra conducta errónea, por el contrario, acerquémonos con respeto.

El pasarnos la vida amenazando y ofendiendo a los demás, es sin lugar a dudas un pésimo ejemplo para nuestra familia y si es a ellos a quienes se ofende y amenaza; será peor aún, ya que se distanciarán de nosotros hasta dejarnos solos. Además les haremos un daño irreparable.

A quienes sólo desean enfermar con sus mentiras y abusos a toda una familia, tratémoslos con reservas, no les permitamos que destruyan lo edificado tan sólo para que les demostremos cuánto los queremos o lo buenos que podemos ser. Si no saben respetarnos por el solo hecho de que están enfermos, por ello no merecen nuestro tiempo y atención, recordemos que por las buenas todo, con amenazas, poco o nada.

La época de ser mártires para ser considerados unas buenas personas quedó atrás, esto ya no funciona desde hace mucho tiempo. Así que cuando hay enfermos que tratan de jugar ese papel, hay que hablar con ellos y deben de ser ubicados de inmediato, antes de que las cosas lleguen a un punto complicado.

No podemos desintegrar a una familia, sólo por la necedad o gusto de un «enfermo».

Todos en la familia tenemos el mismo valor, así que no enfermemos a sus integrantes con una situación como esta. Cuidado, protejamos lo que tenemos.

Quienes nos lastiman no pueden ser parte integral de nuestra familia, por tal motivo deben existir límites, los cuales hay que saber hacer respetar.

Nunca estarán de más las precauciones que se tomen, cuando se trata de conservar lo que se quiere y se ama.

Comportamiento familiar ante la muerte

Asaltos, secuestros, asesinatos, robos, alta velocidad, terremotos, huracanes, ciclones, deslaves, infartos, fallas orgánicas, cáncer, peleas, choques, alcances, atropellamientos o excesos en velocidad, drogas o medicamentos, son algunos de los factores más comunes en nuestros días para que la muerte sorprenda a alguien en la familia, aunque a veces alcanza a varios al mismo tiempo.

Sólo hablar de ello irrita a las personas, tal pareciera que al evitar comentarlo estarán más lejos de fallecer, sin embargo, se equivocan. Estos temas no nos acercan, ni tampoco nos alejan, simplemente nos ayudan a estar preparados para enfrentar y resolver este tipo de situaciones cuando se nos presenten.

Es un tema difícil, pero también es una realidad conmovedora y distinta en cada persona. La edad, el estado de salud y el apoyo que nos rodea, son factores que pueden influir para cambiar dicha realidad. La prudencia es un excelente elemento que a todos ayuda.

Por supuesto, ninguno de nosotros quiere tener un difunto en la familia, menos de forma inesperada, lo que nos podría suceder a causa de un accidente o de algún arrebato de desinterés por la vida, aunque otras veces, la muerte llega sigilosa o violentada y sin el menor aviso. Hay que hablar con todos en la familia, y quienes la dirigen, deberán de cuidar que el acontecimiento no arrastre a la depresión a ninguno de los integrantes, incluyéndose a ellos mismos y su pareja.

Cuando las cosas se dan inesperadamente, las personas no saben cómo aceptarlo, tal parece que el suceso paraliza a unos, mientras enloquece a otros. Y es que siempre será un fuerte golpe, para el que nunca estaremos preparados. Hay que tomar todo con calma y comprender que tarde o temprano todos vamos para el mismo sitio, aunque quizá de distinta manera y en otras condiciones.

Estamos acostumbrados a ver morir a los ancianos, a los enfermos graves, entre parientes, amigos y demás gente cercana, por quienes sentimos tristeza, la cual pasará.

Pocas veces nos detenemos a pensar que nuestra familia debe contar con la preparación para afrontar la muerte, que cuando un evento de este tipo nos sucede, duele de distinta manera y difícilmente se nos olvida.

La carga resulta más pesada, pero todo se puede enfrentar, siempre y cuando lo hagamos con la cabeza fría y pensando antes de actuar o de hablar, para no cometer errores que después no podamos remediar.

Pero esto es para los adultos, qué me dicen de los niños pequeños de dos o tres años, así como de los de cinco o siete, tampoco es fácil para los de diez o quince y ni siquiera para los jóvenes entre los dieciocho y veintiún años, que si bien ya no son niños, requieren del calor y afecto de sus padres.

En estas situaciones no se pueden escribir reglas, tampoco dar el mismo consejo a todos, ya que los padres son algo insustituible para los hijos, otras ocasiones no será el mismo amor, afecto y entendimiento entre unos y otros, aun cuando se tengan otros padres.

Existen padres buenos y amorosos, algunos fríos e inestables y otros más que ni siquiera han terminado de madurar, los cuales lógicamente no saben cómo tratar a sus hijos.

En casos como estos los padres juegan a ser los que dan a los hijos el amor por ellos y por el ausente, aunque no para todos es posible este tipo de proezas, ya que la situación económica, moral, social, formativa, cultural y familiar, suelen quebrantar estas intenciones.

Algunos viudos tienen que recurrir a un nuevo matrimonio para poder salir adelante en lo emocional y en lo económico, aunque bien saben que difícilmente encontrarán de nueva cuenta al amor de su vida o a alguien que lo sustituya.

Pero si no vuelven a contraer matrimonio, muchos no podrán trabajar para obtener lo necesario, menos tendrán el tiempo para educar y estar al pendiente de los hijos, algo complicado que en realidad es muy demandante.

Aquí cabe resaltar una vez más el brillante papel de las mujeres en las diferentes sociedades del mundo, porque durante siglos, han demostrado que nada las detiene, que todo lo pueden y que su vida es un constante sacrificio que no sólo fortalece a su familia, sino también a la sociedad en la que viven y se desarrollan.

Aceptamos la muerte de otros seres como cosa natural de la vida, pero cuando nos toca a nosotros tener que encarar este proceso sentimos que la vida es injusta.

¿Qué podemos decir de la madre o esposa que ve partir al hijo y esposo a la guerra, a la aventura y a la conquista de un nuevo mundo, siempre con el ánimo de salir victoriosos al alcanzar logros que enaltezcan su orgullo?

¿Pero qué pasa con las mujeres que los reciben inválidos, muertos o dañados psicológicamente para el resto de sus vidas, convirtiéndose en una carga más para ellas?

Seguramente todo será de acuerdo al color del cristal con que veamos las cosas, bien podría ser una misión especial para nosotros, entonces no la dejemos ir, pues quizás de esta manera nuestros sueños se realicen.

Son pruebas que nos pone la vida, así como el resultado de nuestras acciones.

Es fácil aceptar que los demás pasen por un trago amargo, pero es muy complicado que nosotros nos enfrentemos a algo similar y salgamos del mismo rápidamente.

Hay muchas formas de morir, las causas son diversas, pero habría que ver cuáles pueden ser las más dolorosas, las que más lastiman y se sienten.

«Para un padre no hay dolor más grande que tener que enterrar a un hijo», reza un adagio oriental, lo que resulta una verdad universal.

«Por más que se le quiera al padre, nunca dolerá tanto su muerte, como el tener que enterrar a un hijo», es otro adagio.

Sin embargo, dar el último adiós al ser amado es algo tan doloroso y distinto, que nadie podría narrarlo con verdadera exactitud, ya que cada quien lo vive distinto.

Lo cierto es que a cada quien le duele lo que más ama, sus padres, cónyuge e hijos.

El dolor varía de acuerdo a cómo se vive el momento.

Cuando no se tienen hijos, familia o seres amados, la muerte de los demás nos da tristeza, un poco de angustia y dolor, pero de forma distinta y no tan profundamente.

Los que enviudan jóvenes deberán buscar una nueva pareja con la que puedan rehacer sus vidas y organizar sus hogares.

Cuando se pierde al ser amado justo en el momento en el que nuestros sueños y proyectos están en la cúspide, el golpe es mayor, difícil de asimilar ya que de la nada vemos como todo se desmorona dejándonos con las manos vacías y sin ninguna esperanza.

Las circunstancias inesperadas parecieran ser un reloj que no sólo se detiene sino que nos regresa en la vida, para iniciar de cero con nuestros planes, pero ahora con mayor experiencia.

Las malas experiencias, como los malos recuerdos pueden llegar a sobrepasar todo lo bueno que se ha vivido, lo que podría alterar los resultados.

Esto hay que valorarlo ya que aunque no lo queramos, las reglas no siempre se aplican para la realidad que nos toca vivir a cada uno de los seres humanos.

Recordemos que somos distintos en mucho a los demás, que tenemos oportunidades, así como grandes posibilidades de triunfar a pesar de quienes y lo que nos rodea.

Somos capaces, triunfadores y podemos hacerlo, no nos detengamos por el hecho de que alguien más se sienta derrotado, pues nosotros no lo somos y nunca lo seremos.

Cuando amamos a alguien, su muerte dejará una huella profunda y difícil de borrar, ya que nada ni nadie puede sustituir a plenitud y con absoluta igualdad al ser amado.

Aunque existen personas que pueden amar y enamorarse una y otra vez, sin importarles lo sucedido con sus últimos romances, lo que es poco usual, los convierte en individuos devaluados ante los ojos de la gran mayoría.

Estas serán además personas en las que no podemos confiar por su inmadurez e incapacidad para construir una familia u hogar, los cuales seguramente terminarán solos en la vida.

La muerte de un ser amado puede ser el motivo para superarnos en la vida y conquistar las metas prometidas; si nos dejamos, tan sólo servirá para hundirnos en la desesperación y la ruina.

Enfrentar la muerte de alguien querido puede llevarnos a perder la razón, a no desear vivir, y peor aún, a olvidarnos de la responsabilidad que tenemos con quienes dependen de nosotros.

La gente que teme a la muerte debe saber afrontar y abordar el tema, pues no hacerlo, será un problema que afecte a la familia.

A la muerte no se le debe tener miedo, pero tampoco hay que retarla, ya que está en la naturaleza humana que algún día tendremos que enfrentarla.

Cada quien tiene un principio de vida y un final, el cual puede ser exitoso cuando la mente se mantiene positiva y nuestra actitud no decae, cuando no nos dejamos arrastrar por las malas influencias de los demás.

No seamos los que marquemos la hora final de nuestra vida, menos la de nuestros seres queridos; para todo hay un momento y lugar, ignoramos cuándo habremos de morir, así que lo mejor es no preocuparnos y disfrutar al máximo nuestra existencia.

Por más que se quiera a una persona, para algunos la vida será corta, mientras que para otros esta será larga; querer mucho o poco a una persona no cambiará las cosas, ni los sucesos inevitables.

Nunca debemos sentirnos culpables de lo que les suceda a los demás, pues por más que los amemos, para todos habrá un final.

Respetemos la ley de la vida, reconozcamos nuestra humanidad y la imposibilidad de revivir a los muertos.

Si en verdad se quiere a alguien recordémoslo pero nunca con amargura, tristeza o dolor, por el contrario, hagámoslo con amor y alegría, con la seguridad de que están en un lugar mucho mejor que el nuestro.

Vivamos sin hacer daño a los demás, sin hacerles tropezar o intentando que se equivoquen en sus decisiones.

Si somos honestos, viviremos más y mejor con nosotros mismos, lo que nos permitirá desarrollarnos sanamente con quienes nos rodean. Bendigamos al prójimo, sea o no de nuestra familia, ello nos ayudara a tener un mundo mejor.

En algunos casos las personas se dejan tanto, que arruinan su vida y la de aquellos que tienen cerca; por mal que las cosas estén, recordemos que mañana habrá un nuevo amanecer, esperémoslo y veamos todo con otra actitud, quizás en ese momento encontremos la respuesta que buscamos. Seamos positivos siempre y ante toda circunstancia.

Quienes viven llenos de maldad, odio y envidia, sólo lograrán amargar la existencia de quienes en verdad los aman, al tiempo que desearán la muerte de todos a cambio del que se fue, como si los que están vivos no valieran ni contaran. Estas personas generalmente viven solas, sin afecto ni cariño.

Hay padres que cuando se enfrentan a la muerte del cónyuge, culpan a los hijos del deceso de este, lo que sin duda es injusto, pues estos no son responsables de nacer cuando la madre fallece. Inculpar a un inocente no cambiará las cosas para nadie, pero sí nos alejará de una gran felicidad que bien podría ser superior a la que se tenía, desafortunadamente muchas veces no nos damos la oportunidad de conocerla y disfrutarla.

Hay hombres y mujeres que al separarse de su matrimonio, se juntan a otras personas y se distancian de sus seres queridos, razón por la cual a la hora final, no son tratados de la misma manera que debiera de haber sido. No es lo mismo ser alguien que llega a una familia, que aquel que lucho por construirla.

En otros casos, al fallecer alguno de los padres, los hijos de uno y otro matrimonio terminan por enfrentarse y peor aun cuando son de varias esposas o amantes.

Si nos toca vivir una situación como esta, demos el valor al más grande regalo que nuestro cónyuge nos habrá dado, aceptemos con amor a ese hijo y agradezcamos que tenemos algo de la persona amada.

Si un padre o una madre dan su vida para salvar la de uno de sus hijos, será un acto para admirarse, por lo que debemos reconocer su sacrificio y pasión en el cumplimiento de una condición natural, como lo es criar y cuidar de los hijos.

Pasa lo mismo cuando un hijo da la vida por su hermano o alguno de sus padres, estaremos frente a un acto supremo de amor y cariño.

Antes de juzgar a alguien comprendamos a quienes fallecen, no olvidemos lo bueno que hayan hecho en vida, menos los maravillosos momentos que pudieron habernos regalado. Así es como los seres amados nunca mueren.

Es muy triste que a un padre o una madre le informen que su hijo falleció por una sobredosis de droga y alcohol, por lo que se debe encarar la verdad y poner en la balanza los actos de cada persona antes de juzgarlos.

Muchos sufrirán menos con la muerte que vivir malviviendo, y es que lamentablemente hay personas que creen que vienen a este mundo con el temor a vivir, crecer y desarrollarse en él, lo que les hace buscar una salida fácil e irresponsable.

Nadie puede ser juez y parte, por lo que el suicidio es un crimen en contra de la familia y de los seres queridos.

Cuantas veces es preferible dejar ir al ser amado que prolongar su dolor, esto si sabemos que no existe oportunidad alguna de calidad de vida.

Otros nos han sorprendido al ser desahuciados por grandes médicos, y sin embrago se sobreponen volviendo a la vida con ímpetu para continuar disfrutándola.

Siempre será importante luchar hasta el último momento por dar una esperanza de vida a cada ser, sin fijarnos si es o no familiar nuestro, pero nunca por ello perder la cabeza e ir contra la propia naturaleza.

Si alguien enviuda no perdamos de vista la realidad, pues cabe señalar que la vida aún nos depara muchas cosas que debemos enfrentar, más aun si tenemos una familia.

Los hijos seguramente nos necesitarán más que antes, por lo que a partir de hoy habrá que ser madre y padre a la vez, unas veces accesibles, otras más estrictos, pero todo de acuerdo a lo que esperamos como resultado de cada uno de los integrantes de la familia.

Mi esposa solía decir que a un padre no le puedes preguntar a cuál de sus hijos o nietos quiere más, por lo que cuando alguien lo dudaba, respondía que es como tener cinco hijos, uno representado por cada dedo de la mano, todos diferentes y unos más útiles que otros, a lo que cuestionaba ¿Cuál de estos cortarías porque piensas que trabaja menos que los demás?

¿Cuál cortarías porque piensas que es menos estético?

¿Cuál cortarías por ser más grande o pequeño?

Seguramente que ninguno, pues todos dolerían igual y dejarían una importante marca para el resto de tu vida, además de que tendrías en tu mano un sitio imposible de llenar, con la misma naturaleza del anterior.

Marca que veríamos día tras día y que jamás olvidaríamos.
Por todo ello, tratémoslos a todos con igualdad.

La pérdida de un ser querido duele, pero no hay que enterrar con el difunto a la familia.

La esperanza nunca debe morir mientras nosotros así lo queramos para que llegado el momento, siempre haya con qué llenar ese vacío.

Tampoco hay que sepultar la cordura, ni la inteligencia, porque ahí será cuando más nos hagan falta.

«Del fracaso al triunfo, sólo hay un paso».

«Cuanto más oscura veamos la noche, será porque ya va a amanecer». Tengamos paciencia para que al esperarlo no lleguemos a enloquecer.

Intentemos ser un tanto fríos para no dejarnos arrastrar por el dolor de la pérdida, manteniéndonos ubicados y conscientes de que siempre vendrá algo mejor.

Por más que duela, por más que se les quiera, no olvidemos que ellos parten a un viaje al que no estamos invitados. Ya también nosotros partiremos sin invitar a quienes nos quieren y aman.

Cada quien tendrá su vida, por lo que quizás se van para no interferir con la nuestra o la de otros. Todo tiene su razón y su porqué.

Por lo tanto, no entorpezcamos el camino de nadie en ningún momento.

Al difunto no hay que desaparecerlo de la casa, ¡no! ¿Por qué hacerlo? ¿Acaso era tan malo?

Por el contrario, que cada uno se llene de su presencia a cada paso que den, que sientan que aún está presente, porque eso les ayudará a sobrellevar su pena y dolor.

Hagámoslo con naturalidad pues poco a poco tendremos que ir cambiando las cosas, para que esos lugares los ocupen quienes ahora llegan a fortalecer el hogar.

La muerte hay que verla con transparencia, como algo que es parte de nuestra vida y que todos tarde o temprano tendremos que enfrentar.

Tenemos que saberla mostrar a la familia con tranquilidad, sin rasgaduras de dolor, con firmeza y sinceridad.

Hay que hablar con uno mismo, poner los pies sobre la tierra y ubicarnos sobre el contexto de responsabilidad que nos rodea.

No podemos soltar el timón de la nave que nos toca comandar, hay que sostenerlo con fuerza para unir la entereza de toda la familia en un solo fin, el de salir avante.

¿Cómo van a confiar en nosotros nuestros seres queridos, si nos dejamos vencer por la defunción de alguien?

Por más que hubiésemos amado a esta persona, recordemos que ya partió, hecho que no justifica nuestra irresponsabilidad y desatino.

Recuerdo que cuando tenía como cinco años, pedía a mi abuelo y a mis padres que mi domingo (Mesada semanal) fuera en monedas iguales, la mitad la enterraba a un lado de la tumba de mi hermano, según yo para que se comprara dulces. Al regresar la siguiente semana, ya no había nada, alguien se lo había llevado y yo pensaba que era mi hermano quien se lo había gastado y cada semana me urgía que llegara el domingo para ir a verlo.

Una tontería, pensarán ustedes, pero de acuerdo a la edad, hay que tener un aliciente que nos haga llevar más fácil nuestra pena. A los meses, me regalaron una perra pastor alemán, a la cual tenía la obligación de bañarla cada semana (Los Domingos) y mi madre me dijo que de mi dinero había que comprar la creolina y el jabón, con lo que se me olvidó enterrar el dinero, simplemente porque ya no me sobraba, tenía otra distracción y muchas alegrías.

Es decir, nunca me prohibieron que ya no enterrara mi dinero, simplemente mi madre me dio una opción mucho más palpable a mi edad, la misma con la que llegó una infinidad de alegrías. Mi padre me llevaba a un rio cercano para que ahí la bañara, hasta que se me olvido ir los domingos al panteón.

Duele, porque la verdad es que duele y mucho, pero hay que superarlo, si no es por nosotros, por quienes se sostienen en la vida a través de uno.

Debemos aprender a actuar con madurez, criterio e inteligencia, sobre todo ante la muerte de un ser querido, no buscando olvidarlo sino situándonos en la realidad que vivimos. No queda otra cosa por hacer que dar su debido lugar a las cosas.

Así como los viudos rehacen su vida con todo el derecho, también los divorciados, separados y demás deberán hacerlo.

El divorcio se permitió para evitar tener que soportar vivir en situaciones que nos denigran, molestan o agobian, pero al darlo, también se otorga la oportunidad de intentar nuevas relaciones.

Los padres podrán hacerlo ya sea teniendo más hijos o adoptando a otro, pero seguirán sin llenar el hueco, que es lo que en verdad se desea. Y es que los hijos no son para llenar huecos, sino para compartir con estos nuestras vidas, experiencias, alegrías y tristezas; quien no lo vea así, estará fallando.

Si por cuestiones de edad o por enfermedad no es posible tener más hijos, siempre podremos ayudar al hermano, a la madre o al sobrino, dándoles ese amor que tenemos para brindar.

Para amar no existe edad, mucho menos para dar cariño y afecto.

Para una oportunidad más en la vida no existen límites ni tiempos.

Uno mismo es quien marca los límites de la vida, de acuerdo a lo que uno quiere y puede lograr.

La partida de un ser querido de este mundo es como un largo viaje del cual si bien no van regresar, al final de este los vamos a alcanzar.

¿Para qué sangrarnos el alma si finalmente volveremos a estar juntos?

Imaginemos que alguien de nuestros hijos, padres, hermanos, abuelos o cónyuge se irá de viaje a un lugar donde nada le hará falta, donde estará siempre feliz con el alma llena de alegría.

Pensemos que ese viaje es tan hermoso que al llegar a su destino, ya no querrá regresar, porque por más que nos quiera, ahí encontrará una felicidad insuperable, como parte de lo que alguna vez perdió.

Sería egoísta de nuestra parte querer que esa persona a la que tanto amamos, regrese a sufrir a esta vida, cuando en aquel lugar, para ella todo es felicidad.

Seguramente a nosotros no nos gustaría que nos lo hicieran, entonces, ¿por qué no permitirles partir en paz y con alegría?

En ocasiones los padres no tienen la fortaleza necesaria para poder enfrentar una pérdida como es la de un hijo, y es precisamente en una situación como esta, en la que los familiares deberán reconfortarlo, animarlo y apoyarlo para que continúe de la mejor manera su vida.

No evitemos su dolor por un día, démosles el confort y el ánimo para el resto de su vida.

No olvidemos el refrán que nos dice que: «Si queremos ayudar a alguien, hay que enseñarle a pescar en vez de darle el pescado para un día», esto porque al día siguiente tendríamos que darle uno más y así por el resto de su existencia haciéndolo un individuo inútil; de otra manera, él podrá abastecerse a sí mismo y enseñar a pescar a muchos más.

Demos entonces soluciones a estos sentimientos, para que se abra un nuevo panorama ante su perspectiva, brindándoles alternativas que los impulsen a vivir con inteligencia y sabiduría.

La persona que vive lamentándose por la pérdida del ser amado, que a diario la refiere como vital en su vida y que a esta acude para depositarle su dolor, está equivocada, además de que verá perdida la oportunidad para fortalecer el amor que le otorgan su familia y seres queridos.

Uno es quien tiene que enfrentar las vicisitudes de la vida, a nosotros nos toca salir adelante.

No nos escudemos en la muerte del ser amado para convertirnos en un despojo humano, en un ser sin voluntad, por el contrario, dejemos ver que ese amor y ese cariño construyeron dentro de nosotros a un ser que tiene mucho para dar.

Aquellas personas que piensan que porque el ser amado se fue ya nada tienen por hacer, sólo demuestran el poco valor hacia sí mismos.

Nada tiene que ver la partida de un ser querido, con el fracaso rotundo de los que quedan atrás. Pensemos positivamente y saldremos adelante, nosotros y todos aquellos que de nosotros dependen.

Si un ser se va duele, se le extraña y se le recuerda, pero no debe ser el pretexto para que nuestras vidas se paralicen o se vayan al vacío.

No hay que confundir el dolor de perder a un ser querido con la torpeza de tirar por los suelos nuestra vida, ocupándolo como la excusa para ya no hacer nada con nuestro futuro y familia.

Por más que se quiera al ser amado, en nada le ayudará que actuemos con torpeza.

Seamos sinceros, si lo que buscamos es un motivo para ya no seguir adelante por ser débiles e inútiles, eso será otra cosa, no culpemos al difunto por nuestra poca capacidad para enfrentar la vida, pues la responsabilidad es sólo nuestra.

A la gente le parece fácil que existan varias formas de ver la vida, ello no es tan simple, pero tampoco es imposible.

La vida es una, sólo que a veces se le contempla desde distintas plataformas; desarrollarse en ella, es lo que nos da la calidad que merecemos.

Lo mejor es que cada quien se coloque en la que quiere estar. Unos nunca están conformes con el lugar en el que se encuentran, sin importar cuántas veces su plataforma pueda cambiar; otros se dan por vencidos y nunca un éxito conquistarán.

No confundamos la muerte del ser querido con el fracaso propio, pues son cosas diferentes que debemos apreciar con madurez.

En este mundo hay que aprender a vivir y también a morir, aunque lo más difícil es ver partir a quienes quisiéramos que nunca dejaran de existir.

Si un matrimonio espera la llegada de su bebé y este desafortunadamente nace muerto o fallece en las primeras horas, indudablemente será un evento doloroso en la vida de cualquier persona, el mismo que no debemos permitir trunque nuestro proyecto de vida, ya que tarde o temprano la realidad se tiene que enfrentar.

No nos demos por vencidos en ningún momento, por difícil que este pueda ser, siempre habrá otras circunstancias, nuevos caminos y máximas alegrías por descubrir.

Sin importar si son hijos biológicos o adoptados, la oportunidad de ser padres es para todos, no limitemos nuestra felicidad a un compromiso social o con el qué dirán.

No podemos vivir culpando a la esposa por la muerte de un hijo, pues sólo amargaríamos su vida, además de que pasaría lo mismo con la nuestra.

¿Qué caso tiene llenarnos de odio, cuando en los momentos difíciles es cuando más amor, apoyo y comprensión hace falta a todos?

¿A dónde nos pueden llevar los pensamientos oscuros? Simplemente a un sitio poco agradable en el que nadie desea estar.

No volemos por senderos equivocados, en este tipo de situaciones lo que se requiere es armonía, luz e inteligencia para comprender la realidad.

Si apreciamos la vida, debemos saber vivirla.

Valoremos a todas y cada una de las personas que nos rodean, respetemos y queramos a quienes nos dan su afecto, sin importar que sean o no de nuestra familia.

La lealtad y cariño de algunos amigos y empleados es admirable, sentimientos que en ocasiones superan a aquellos que nos profesan los propios familiares.

La lealtad no tiene precio, este es un acto de gran valía que está por encima de muchos otros, por lo que hay que saber apreciarla y recompensarla, pero sobre todo defenderla de aquellos que quieran alejarla de nosotros para llevar a cabo sus planes.

La vida es maravillosa, no reneguemos de ella

La muerte es un proceso sin duda difícil, pero tenemos que aceptarla.

Que duele, ¡claro que sí!, y es precisamente ese dolor el que nos indica que hemos aprendido a querer y amar en la vida, es bueno sentirlo porque nos deja ver que no estamos vacíos, de que lo realizado lo hemos hecho con acierto e inteligencia.

Qué bueno que sintamos dolor al ver partir al ser amado, porque ese pesar que hoy nos deja es la muestra de cuánto logró vivir dentro de nuestro ser, cuánto nos conocía y cuánto nos dio.

Agradezcámoslo, démosle gracias por habernos amado tanto, por habernos enseñado a querer y a amar, demostremos que asimilamos todo y que aún tenemos mucho por andar.

Mostrémonos satisfechos por la oportunidad que nos dieron de ser esposa, esposo, padre, madre, hija, hijo y amigo.

La vida guarda muchos secretos al hombre, no queramos conocerlos todos pues estos llegarán a su tiempo, preparémonos para ese gran momento.

Tampoco podemos recriminarle al padre o a la madre, el que no estuvieran cuando falleció el hijo, el hermano o el nieto, simplemente hay ocasiones en que las cosas no salen como se esperan y en las que no se puede hacer nada.

Menos a los hijos o a los nietos por no haber estado en el momento de la muerte de los abuelos o de los tíos e incluso de los padres, esto es parte de la vida y no por estar presentes, se demuestra que se les quiso más.

Cada quien debe tratar de cumplir con sus obligaciones familiares, pero esto no significa que la vida de los demás se detendrá por la proximidad de la muerte de alguien.

La vida se escribe por sí misma con cada día, nos regala una nueva historia; afortunadamente a cada uno de nosotros nos toca vivir un nuevo capítulo de esa historia, con cada día de nuestra existencia.

Qué difícil sería vivir sabiendo en qué momento cada uno de nuestros seres amados morirá.

Pero más difícil sería el que nosotros mismos supiéramos cómo y cuándo vamos a morir, la espera resultaría un tormento, lo que nos llevaría el resto de nuestra vida querer cambiar las condiciones para evitarlo o modificarlo, sin que lo pudiéramos lograr. En ello se nos iría la vida y simplemente nada se haría, todo se perdería.

Sufriríamos cada instante de nuestras vidas, arrastraríamos la tranquilidad de la familia, sería un mundo de locura donde nadie haría nada por ayudar a sus seres queridos. ¿Para qué?, si ya saben que se van a morir un año después de casarse. ¿Para qué tener un hijo? ¿Para qué dejar problemas?, todos querrían mantenerse estáticos y se dejarían llevar por el temor.

Ya no habría causa de alegría, todo sería temor en espera del día de nuestra muerte; por parte de otros su comportamiento sería imprudente y hasta detestable, sabiendo que su muerte todavía no está cerca.

Sin prudencia y temor, enfrentaríamos un mundo inestable

Vivir y actuar sin pensar no sería vida, sería un castigo y un largo pesar, sufriríamos al aguardar la muerte durante nuestro andar por la vida.

Suele suceder que en algún accidente mueren todos menos uno, lo cual es triste y nos duele, pero aun cuando hubiera sido por una imprudencia propia, cabe recordar que nada pasa sin la voluntad de Dios.

No juguemos al imprudente, tampoco queramos matarnos ya que ello no les devolverá la vida; cada quien tiene una misión en este mundo y si la de los demás concluyó, ahora nos toca a nosotros terminar la nuestra.

Quizás la misión de los otros era situarnos en un punto crítico, para que podamos en respuesta de ello realizar algo impensado y que ayude a muchos más, pero sobre todo a nosotros mismos.

No podemos decir que la muerte es injusta porque ni siquiera la conocemos, la verdad es que debemos aprender a vivir y a morir, aprovechemos ese tiempo para enseñarle a los nuestros la mejor manera de disfrutar la vida, siempre con prudencia y sabiduría.

La muerte no es un castigo o una maldición, tan sólo es una ley de vida que aplica para todos.

Así como todo nace, también todo muere, con la fortuna de que todo renace.

En efecto, si vemos las cosas en forma positiva al ver partir a un difunto, hay que tener la esperanza de que irá a un lugar mejor donde perpetuará su existencia, entonces no hay por qué sufrir vivamos para los que se quedan.

Es mejor ser positivos que negativos, por ende será preferible abrazarnos a un anhelo, que arrojarnos a la desesperación y el aniquilamiento.

También en la muerte existe la paz y el descanso, condición que a veces los seres humanos no encontramos en esta vida.

Nadie quiere ver morir a sus seres queridos pues es doloroso, pero es parte de la naturaleza humana y como tal debemos aceptarlo.

Es por ello que debemos ser conscientes de todo, para poder enfrentar esos momentos tan difíciles con abnegación, cordura y esperanza.

Nuestra calma reflejará lo mismo en nuestra familia, lo que hará más fácil sacarlos avante; si decaemos o nos mostramos perdidos, igual o peor se sentirán todos ellos.

Si queremos gritar, cortarnos las venas, lanzarnos al vacío de la desesperación y el desatino, corremos el riesgo de arrastrar a la familia junto con nosotros.

Por esto en todos y cada uno de los integrantes de la familia, debe caber la prudencia y la tranquilidad ante este tipo de situaciones tan difíciles que nunca quisiéramos enfrentar. Todo se puede lograr si sabemos cómo actuar.

A veces suplicamos a Dios porque se lleve a una persona amada que sufre y no tiene salvación, que vive una agonía inevitable porque no tiene esperanza alguna de sobrevivir, que muere en vida; esto no es malo, simplemente humano.

¿Qué caso tiene ver sufrir a los seres queridos, solo por el capricho de querer disfrutarlos más tiempo a nuestro lado? Mejor tomemos en cuenta que también merecen dejar de padecer ese inmenso dolor.

No podemos ser egoístas con los demás en el intento de no permitirles partir.

Tampoco podemos esperar milagros cada vez que la vida de una persona termina, es simplemente un acto natural entre los seres vivos y a ello nos debemos de acostumbrar.

Tenemos que ser claros de pensamiento, afines de mente y decididos en nuestros objetivos.

Al partir un ser querido este nos dejará algo más que vacío, como la satisfacción de que se le quiso sinceramente y que nos regaló la oportunidad de vivir momentos de satisfacción y alegría.

Momentos únicos e inolvidables que nadie podrá volver a tener, simplemente porque cada persona es distinta y la imitación de los actos por otra persona jamás serán los mismos.

Tras fallecer nos dejan su amor, detalles, y cariño, lo cual guardaremos en nuestro ser como un bello recuerdo. Pero la vida sigue y hay que darse otra oportunidad para continuar, eso es lo que hacen los triunfadores; los débiles e inseguros, así como los que viven con miedo, son los timoratos que nunca saldrán adelante.

Dejemos de pensar en lo que la gente dirá, pues lo más importante es que nosotros nos sintamos bien y seguros de lo que estamos haciendo.

Aunque podemos llorar todos los días a quien se ha ido, hay que ser conscientes de que estamos en dos mundos distintos.

Los hay quienes se asustan al sentir la presencia de los seres que se han ido, esto no es malo, por el contrario es bueno, ya que significa un acercamiento con ellos.

Cuando ha existido una plena identificación con los seres queridos que se van, se forma un lazo de afinidad, el cual con frecuencia es utilizado para entrar en contacto con nosotros.

Así es como con frecuencia se sueña al ser querido y se siente cerca. La presencia en ocasiones es acompañada de sus olores predilectos y algunos otros detalles. Nos habla y advierte, nos cuida y nos protege.

Al estar meditando o con cierta incertidumbre, estos seres nos contactan e incluso mueven objetos para señalarnos situaciones especiales, para darnos alguna advertencia de peligro.

Los seres que reaparecen después de su muerte, no vienen a hacer ningún daño; si algo los perturba de nuestro comportamiento, seguro volveremos a verlos o a sentirlos.

Así como hay personas que sueñan con frecuencia con sus seres queridos, hay otros que jamás lo hacen, los motivos pueden ser diversos.

El no ser justo en la vida con nuestros seres queridos, traerá diferencias en la muerte.

Obremos de buena fe, sin ventajas y sin abusos, con rectitud y respeto, sin engaños.

Dios nos otorga el perdón cuando así lo pedimos, cuando la balanza de nuestras acciones se compensa favorablemente; por lo tanto no podemos ser tan duros con los demás, perdonemos sus errores y los propios.

Esto nos ayudará a que estemos en paz con nosotros mismos y aceptar este paso hacia la muerte.

Siempre habrá quien quiera hacernos daño, estemos preparados o no

Nunca faltará quien nos lastime a propósito o sin darse cuenta, eso es parte de la realidad que se vive.

Muchos individuos creen que desacreditando a los demás, su persona crecerá y se verán de mejor manera ante los ojos de otros, lo cual es totalmente falso.

Algunas de las cosas que nos llegan en la vida las recibimos de forma imprevista, ya sea porque las provocamos o buscamos, pero cada una tiene un valor y significado diferente.

Los seres humanos intentamos hacer lo que nos gusta, realizar con pasión nuestros deseos y ambiciones, buscando superarnos en todo momento para alcanzar las metas propuestas, construyendo otras mayores para dejar un legado a la familia.

Luchando por lo nuestro no nos percatamos de que quizás hemos dañado o terminado con los sueños y aspiraciones de otros, no porque seamos malos ni porque así lo deseáramos, sino simplemente porque las circunstancias se dieron de esta manera.

Nuestro actuar recto y cumplido también puede dañar a otros sin que nos demos cuenta.

Mientras que para uno el prepararnos arduamente y esforzarnos por conquistar un buen puesto o negocio, significaría un éxito, probablemente para otros esto represente una oportunidad menos para lograr lo que habían esperado por mucho.

Esto es verdad y es que sin desearlo se le hace daño a otros no porque lo queramos, sino por el hecho de que nunca observamos, tan sólo vemos sin analizar y comprender. Y es que ver es muy distinto a observar.

Aquí es cuando los oportunistas y malos amigos se aprovechan e inventan que estamos embrujados, que nos hicieron un trabajo, que nos desean el mal y todo, para vendernos el remedio por un alto precio. Eso no es cierto, nada hacen por nosotros que no sea quitarnos el dinero y la paz, así como la confianza en nuestros seres queridos. Pero de esa manera se aseguran que estarán siempre a nuestro lado con ventajas económicas y grandes oportunidades.

A la familia hay que observarla, no sólo verla. Si la entendemos podremos ayudarla y apoyarla de la manera correcta, con muchos y mejores resultados.

Debemos aprender a vivir sus momentos de angustia, alegría y tristeza, quizás sacrificando el poco tiempo que se tiene o dando un poco más de nosotros; cuando se trata de hacerlo por quien amamos esto no es una carga, sino un gusto y gran placer que nos brindará innumerables satisfacciones.

Lo más importante de esto es que nos demos cuenta de que así como podemos lastimar a alguien sin quererlo, el mundo también puede hacerlo con nosotros de la misma forma, porque la gente solo ve, nunca observa.

Después de algunas experiencias lo podremos comprender, a partir de ello si analizamos y pensamos antes de actuar, lograremos superar los problemas.

No todos tienen esa suerte, la mayoría necesita superar esos momentos tan difíciles; la única forma de facilitarles ese camino de entendimiento, es mediante la conversación y la comprensión.

Es necesario que tratemos de explicar a nuestra familia, a nuestros hijos desde temprana edad, estas circunstancias que forman parte de la vida y que se dan en forma imprevista durante nuestra existencia, ello les permitirá comprender el comportamiento de nuestros semejantes.

Los integrantes de una familia tienen que estar preparados para enfrentar al mundo por igual. Ya pasaron las épocas en que la mujer quedaba relegada, en donde ni siquiera se le dejaba escuchar las conversaciones familiares se reservaban nada más para los hombres o las mujeres.

Hoy en día la mujer es una triunfadora, pues ha superado todos los obstáculos que la sociedad machista le ha impuesto, logrando desarrollarse y demostrar su enorme capacidad que actualmente le es reconocida, ello iguala la balanza y cambia el mundo.

Ha conquistado los puestos que anteriormente estaban reservados para los hombres, demostrado en ocasiones que pueden superan por mucho las metas trazadas por estos.

Es magnífico, pero en este paso por la vida tan activa y cambiante también se dan otras situaciones, como lo es el ocupar lugares, puestos, comercios, direcciones y mandos que alguien más desea, resultando frustrante que otro lo obtenga con menor esfuerzo y sin ninguna espera.

Ahí nacen los problemas para muchos, las inconformidades y hasta los enemigos que crean un odio inmenso por ser los triunfadores del momento.

Para poder continuar con su racha de éxito, ciertas mujeres deben olvidarse de sus posibilidades de ser madres o esposas, lo que no es aceptado por otras, que prefieren anteponer un prometedor futuro profesional a su vida personal.

También están las que se saben seguras y capaces para llevar a cabo ambos retos, convirtiéndose en esposas y madres, a la vez de exitosas profesionales.

Cada vez son más las mujeres solteras, casadas o madres solteras, las que nos impresionan con sus logros y grandes talentos y aunque los hombres lo hagan, no nos resulta tan impactante.

A lo que quiero llegar es a que comprendamos que sin desearlo, ni buscarlo, podemos lastimar a los demás al cortar las esperanzas, destrozar las ilusiones y acabar con las metas de alguien más, esto por el hecho de que nuestro ascenso o logros desluzcan el de otros; sin embargo no hay por qué sentirnos culpables pues esto es parte de los retos que la vida nos da, mismos que tenemos la obligación de enfrentar y vencer.

Qué pasa cuando un trabajador lleva años de entrega dando lo mejor de sí para la empresa que labora, se prepara para alcanzar las bases que la corporación marca para lograr un ascenso, pero de la noche a la mañana esta cambia de dueños, con ellos su política y se renueva la senda de ascensos, se le ignora y es otra persona quien llega al sitio que esperaba.

Ante una situación como esta lógico tiene que haber inconformidad, la cual podrá ser escuchada pero ya no justificada, pues para los nuevos propietarios los tiempos habrán cambiado y tendrán que renovarse o morir, trayendo con ellos a personas extrañas para que ocupen estos puestos tan buscados, derrumbando las metas que muchos construyeron desde tiempo atrás.

¿Cómo no sentir inconformidad? ¿Cómo no experimentar la rabia y el coraje? Es más, para algunos su ánimo caería por los suelos tras ver truncadas sus aspiraciones profesionales, pero no hay que derrotarse por esto, más bien debemos salir adelante demostrando nuestra capacidad y conocimiento. Siempre habrá otras alternativas.

Algunos lo entenderán, aunque no por ello les guste.

Otros no podrán entender tanta injusticia, mucho menos la premiarán de manera alguna.

En la escuela podría sucedernos lo mismo, tal vez alguien con suerte ha sido postulado o nombrado para el puesto o función que queríamos, esto no debe hacernos sus enemigos, tampoco tenemos por qué sentirnos mal o estar inconformes.

Lo importante es no olvidar quiénes somos, cuál es nuestra capacidad, para nunca abandonar la lucha por alcanzar las metas que nos hemos propuesto.

Si las cosas no se dan como deseamos, puede haber una fortuna escondida en ello, la cual más tarde descubriremos.

¿Cuántas veces el nuevo director se convierte en el blanco de los enemigos, así como de quienes odian a una empresa?

Tal vez no está en nuestro destino el recibir injusticias y ataques que no nos corresponden, quizás sea la manera de que empecemos en otra parte, donde seguramente estaremos mucho mejor.

¿Cuántas veces los mejores alumnos, entre estos los más premiados, cuando viajan a alguna competencia sufren un accidente que los deja inválidos y hasta muertos? La respuesta es muchas.

Creo que una de las mejores cosas de la vida es la comprensión de uno mismo, no la autocompasión.

Por tal motivo siempre hay que estar agradecidos de lo bueno y lo malo que nos acontece, porque será la única forma de alcanzar la satisfacción de haber cumplido.

Intentemos ser personas con deseos positivos de superación y con una vida llena de ánimo por la satisfacción de quiénes somos.

Si aceptamos que eso suele pasar en este mundo, entonces sabremos que también nos pueden suceder a nosotros y a nuestra familia.

La mejor manera de enfrentar estos retos que nos manda en forma imprevista la vida, es estando preparados para estos.

La forma adecuada de que nuestra familia los enfrente y supere, es preparándolos con paciencia, tiempo y afecto.

Seamos responsables, mostremos a nuestra familia lo necesario para enfrentarse al mundo en los tiempos difíciles y en las circunstancias más inesperadas.

Una madre y un padre previsores siempre serán los grandes aliados de la familia, si a esto le sumamos la prudencia de los hijos y el deseo de ser mejores, fácilmente terminaremos por obtener grandes resultados.

En un mundo tan comunicado como en el que vivimos, siempre habrá amistades dañinas

Pareciera que por momentos se nos olvida que somos humanos y que somos propensos a equivocarnos, por lo que no aceptamos que nuestros amigos y conocidos lo hagan.

A veces es tanta nuestra ceguera y deseo de protegerlos, que incluso los defendemos por encima de nuestros hermanos y padres.

Y es que los amigos ocupan gran parte de nuestro tiempo, algunas veces para bien y otras para mal. Nos equivocamos en nuestras decisiones y cometemos errores que nos pueden conducir a situaciones graves y peligrosas, que en su momento se salen de control.

Tenemos que darnos cuenta de que las amistades no deben estar por encima de nuestra familia.

Digamos que una mala amistad es la que nos niega tener una vida propia, aquella que no respeta nuestra privacidad, identidad e ideas. La que nos pone en contra de nuestra propia sangre, la que nos intimida con actos de brujería y hechizos inexistentes y que nos lleva a la duda y poca seguridad de lograr nuestras metas.

Sin que nos demos cuenta se apoderan de nuestros ser, destruyen nuestros sueños y anhelos, haciéndonos vivir por los de ellos; es más, pareciera que no tenemos otra vida que disfrutar, que no sea directamente la de estos. Así sacan ventaja, y dinero de nosotros, sin dar nada que no sean mentiras y engaños.

Una mala amistad explota nuestra vida, reduce nuestro tiempo libre y aumenta nuestros compromisos con ella, daña nuestro pensamiento y existencia. Nos ocupa para dañar a los nuestros, nos separa del mundo y nos hace ver lo bueno como malo, para que solo a través suyo alcancemos lo que deseamos. Nos engaña y se aprovecha de nosotros.

Es imposible que valoren a nuestras familias, reconozcan nuestras capacidades y menos que nos respeten como personas.

Nos engañan y nos utilizan explotando nuestros talentos y bondad, consumiendo lo mejor de nuestro tiempo para que les arreglemos su vida, nos alejan de nuestras familias, sin que reste algo positivo para nosotros; para tener algo en su vida.

A pesar de esto, muy pocas veces nos damos cuenta y cuando lo descubrimos o nos convencemos de ello, es tarde y nada se puede hacer, sólo alejarnos.

Llegan siendo los héroes o las heroínas que nadie esperaba y que todos algún día soñamos conocer, sólo para cautivarnos y después utilizarnos.

Nos presentan planes y proyectos que se identifican con nuestra manera de pensar, nos envuelven en estos para después arrastrarnos por las veredas elegidas por ellos, para así alejarnos de nuestros principios y costumbres.

Justifican su comportamiento con causas perdidas, con destinos sin rumbo, imaginan nuevos mundos, los mismos que peleamos en su nombre para que conquisten nuestros sueños.

Son gente capaz de todo con la única finalidad de conseguir lo que desean, por esto convencen y se les sigue.

Tienen personalidad habilidosa y desarrollada, capaz de convencer a propios y extraños a pesar de que carecen de otros talentos, por lo que nos explotan y utilizan.

Sus palabras, como sus actitudes, convencen y atrapan

No necesitan ser ricos ni poderosos, puesto que lo que les sobra es una fluida labia, una personalidad que atrapa, convence y conquista.

Son los que ambicionan conquistar el mundo que los rodea a cualquier precio y sin ninguna excusa, por eso nos utilizan y nos exponen para luego olvidarnos y cambiarnos por personas a las que puedan seguir manejando.

Pero estos que hemos venido señalando, tan sólo son individuos de poca moral y total ausencia de ética.

¡Claro que son peligrosos! Son potencialmente nuestros peores enemigos, sin embargo, con su inteligencia, poderío, ingenio y destreza, nos conquistan y someten sin que nos demos cuenta.

Pueden llegar con actitud pasiva, cariñosa, con sobrada comprensión y admiración, aunque en el fondo esconden una personalidad totalmente distinta.

Se ofrecen a ayudarnos en lo que les pidamos, sin aparentemente pedir ni quitarnos nada, esto con la finalidad de no comprometerse.

Saben aguardar el momento preciso mientras van metiendo sutilmente en nuestra mente, acciones y su manera de ser. Al paso del tiempo nos sentiremos identificados estando a su lado.

Sin darnos cuenta empiezan a tener gobierno sobre nuestras acciones y personalidad, es decir, tienden sus redes y nosotros nos entregamos simplemente.

Otros llegan con imposiciones fáciles de cumplir, permitiéndonos obtener grandes beneficios, lo que nos gusta, atrae y llena de ambición. De esa manera nos someten y nos esclavizan a sus deseos.

Esto funciona bien por un tiempo, hasta que el compromiso es tan grande que ya no podemos estar alejados de ellos. Sin darnos cuenta, los colocamos por encima de la propia familia.

En la época escolar la ambición, así como el deseo de conquistar y llamar la atención, es lo que más importa, actitud que nos llevará a sustituir nuestros valores por otros.

Nos confunden fácilmente con sus palabras y acciones, pero nunca tendrán un válido concepto de la vida.

Logran ponernos en contra de nuestro cónyuge, hijos y padres, pues para ellos no hay límites, sólo el deseo de salirse con la suya, dominarnos y utilizarnos en su beneficio.

Nunca tomarán en cuenta si al ocupar nuestro tiempo a diario nos perjudican con los seres queridos, al no disfrutar con estos lo que debiéramos, provocando muchas veces que se fracturen nuestros hogares, al tiempo que cambian nuestra vida.

Si lo hacen es para separarnos de nuestra familia, para quedarse con nuestro cónyuge, otras tan sólo para sentir que somos parte de sus planes, parte de la familia que no tienen pero que ambicionan tener, aunque nunca habrán de valorarnos.

Las máscaras que utilizan son muchas, algunas veces de forma consciente e inconsciente, pero siempre para dañarnos.

Nos hacen jurar secreto a sus confesiones, comprometiéndonos de tal manera con ellos, que nos sentiríamos infames y culpables si no los apoyamos, damos el afecto y tiempo que nos requieren y que en verdad no merecen.

Sacrificamos nuestro tiempo familiar para estar a su lado, pero nunca hay nada a cambio más que la satisfacción de que nosotros sí somos buenos amigos. Nos hacen sentir que siempre han sido nuestros protectores y que sin su amor y cariño estaríamos destruidos. Todo eso es falso, si nos quisieran no nos harían todo ese gran daño.

Nos hacen sentir lo que no somos, nos responsabilizan de sus vidas y fracasos; es tanto lo que aparentemente delegan en nosotros, que terminamos por cuidarlos y protegerlos más que a uno mismo. Pero nunca nos consideran parte importante de sus éxitos.

Nos separan de quienes nos protegen sólo para arrastrarnos con ellos

De niños son los amigos exitosos, aquellos que tienen el gobierno sobre los demás, los que se hacen rodear de un grupo de pretenciosos que amedrentan a sus compañeros de escuela.

Para no ser rivales de estos, preferimos unirnos a ellos, eligiendo el peor de los caminos por lo que más tarde afrontaremos las consecuencias de tal decisión.

De jóvenes queremos experimentar lo que nos dicen y presumen, no queremos quedarnos atrás, llegamos a hacer lo que ni ellos mismos se han atrevido a realizar, lo que nos demuestra que caímos en el engaño.

En pocas palabras, nos engañan y nosotros nos dejamos atrapar.

Pero esto no sólo les puede pasar a los niños y jóvenes, sino también a aquellos adultos que aparentemente tienen labrado un futuro junto a su familia, quienes suelen caer y aprender de sus errores.

El alcohólico, como cualquier otra persona con vicios son capaces de inducirnos en sus hábitos, nunca podrá proporcionarnos algún tipo de beneficio, menos querrá darnos la libertad con tal de que seamos quienes secunden sus acciones.

Nos muestran en su modo de vida lo que quieren que admiremos, sin embargo, rechazan a los nuestros, nos ponen en su contra y nos utilizan para sus fines obscuros.

Estando solos, alejados de quienes nos quieren y protegen, seremos presa fácil en sus manos.

Nos pueden invitar cientos de tragos, así como todas las parrandas, pero nunca una bolsa de pan para nuestros hijos.

No tendrán algo para los nuestros en forma desinteresada, pues aunque nos proporcionen dinero y otras cosas materiales, será parte de un engaño que nos someterá a sus deseos y ambiciones.

Habrá que pagar un precio demasiado alto que nunca terminaremos de cubrir y que nos arrastrará a nuestro propio fin, probablemente junto con nuestras familias.

Nunca es tarde para darnos cuenta de que hemos errado en nuestras decisiones, actuemos entonces a tiempo.

Eso nos dice que no debemos estar sordos a las recomendaciones que nos hacen los demás, sabiendo separar con prudencia e inteligencia la verdad de la mentira, para no terminar confundidos.

Estemos alertas y pongamos sobre aviso a los nuestros, ya que así les será más fácil descubrir el engaño y prevenir estas trampas, como muchas otras que hay.

Todos corremos el riesgo de cometer errores, así que no arrojemos la primera piedra.

Las relaciones sentimentales cercanas y a distancia

En ambos casos es fácil tenerlas pero difícil de sostenerlas, simplemente porque la relación entre dos personas es sumamente compleja.

Vivir alejados del novio o la novia nos pone en desventaja para algunas cosas, pero también nos da la oportunidad de disfrutar más de nuestro tiempo, analizar detenidamente las circunstancias y las acciones que de esta amistad se derivan.

Pareciera que lo decimos porque nos fue mal en una relación pasada, pero no, por el contrario siempre nos irá bien si tomamos las debidas precauciones.

Debemos enamorarnos de las personas hasta que las conozcamos bien y aceptemos como son, sólo si ellos llegan a la misma decisión.

Cuando dos personas que se quieren y desean unir sus vidas, la lealtad, la verdad y el amor no pueden ser disimulados, menos inventados, porque si no se dañará a ambos.

Si todavía no estamos listos, si no se ha madurado como hombre o mujer para entender que a esa persona se le tiene que querer y amar con defectos y virtudes, seguramente es porque aún no estamos listos para iniciar una relación.

Podemos hacer muchas cosas en ausencia del otro, pero eso nos llenará de culpa, además de que desestabilizará nuestro yo interno.

Encontrémonos a nosotros mismos, aprendamos a valorarnos, analicemos nuestros actos y pensemos detalladamente qué es lo que en verdad queremos.

Muchos sólo quieren tener una compañera, otras a un buen amigo con quien dormir y despertar, pero ninguno quiere tener una familia, ni enfrentar la responsabilidad de sostener un hogar.

Hay personas que simplemente no nacieron para casarse, que disfrutan y defienden su libertad a pesar de saber que al final terminarán solos. Mas sin embargo les atraen los hombres y mujeres casados y les hablan bonito y aunque primero parecen defender sus matrimonios, lo hacen para enterarse de lo que les falta o anhelan y ya con ello toman el dominio sentimental de las personas y las utilizan en su beneficio, sin importarles que les arruinen la vida.

¿Para qué perder el tiempo con estos, si lo que se desea es otra cosa?

¿Se pueden tener aventuras lejos del ser amado, mientras que él o ella nos guardan absoluto respeto y lealtad?, esto no deja nada bueno, sólo demerita nuestra calidad de vida y exhibe nuestra irresponsabilidad.

Esto podría servir para madurar, así como para reconocer la falta de alguien a nuestro lado; será un aviso de que se necesita con quien convivir, pero de hacerlo, tendrá que ser con lealtad, rectitud y honorabilidad.

Ciertos individuos convencen a su pareja de vivir con ellos, aunque lo único que desean es alejarlos de alguien o algo, para después terminar esa débil relación y soltarlos a la deriva. Quien ya fracaso en una relación por irresponsabilidad, seguramente lo repetirá.

No se puede ser dos personas a la vez sin tener que ocultar ninguna de nuestras personalidades, en un lado somos de una manera y en el otro extremo todo lo contrario.

Podemos velar por nuestros intereses sin que se nos descubra, pero todo engaño trae problemas y crea inseguridades. En todo caso tratemos de ser responsables y actuar con honestidad frente a la persona con la que pretendemos tener alguna convivencia

Actuar con dolo en contra de alguien siempre nos dará problemas y traerá dificultades, las cuales con el tiempo se harán cada vez más complicadas e imposibles de resolver. Y no sería extraño que alguien nos «devuelva» el daño que causamos intencionalmente.

La pareja nos descubrirá en cualquier momento, quizás ya estando casados, sin excusa para reclamar; todo se resumirá en un «Nos faltó conocernos y siempre he sido así, tú me aceptaste de esa manera».

Ya es tarde para reclamos

Fácil es decirlo pero no vivirlo, más cuando alguien salió del hogar paterno sin experiencia, sintiéndose indefenso e inseguro de su persona y sus alcances, es presa fácil de quienes de ello se aprovechan.

Por lo mismo, algunas personas aceptan la difícil situación de recibir mal trato por parte de su cónyuge o pareja o bien que el compañero tenga perversos comportamientos hacia ellas (os), simplemente porque les hacen pensar que son las únicas culpables de lo que les sucede.

Esto y mucho más pasa cuando las personas no se conocen lo suficiente, cuando no han tenido el cuidado de convivir de forma correcta y sana, incluso por ese apresuramiento por casarse, el cual siempre resulta nocivo

Nadie puede tener tanta prisa por casarse como para que previo a ello, las familias ni siquiera se conozcan. Esto es importante y no hay que pasarlo por alto.

La familia de nuestra pareja por buena o mala que sea, pasará a ser parte de nuestra vida e influirá en muchas actividades para el futuro.

Cuando el noviazgo ha sido al vapor y los hijos se oponen a un trato más directo con la familia, obvio es por alguna circunstancia que se esconde o se pretende ocultar, lo más seguro es que al final algo resultará mal.

Algunos optan por casarse con alguien que les ofrezca una tranquilidad económica o que les brinde un estatus social, lo cual tras conseguirlo, se sienten vacíos y si llegan a tener descendencia, no la ven como algo suyo, sino como un hecho circunstancial, algo inesperado que no les pertenece, que nunca quisieron y que no podrán querer.

Cabe aclarar que habrá muchos que regresen a buscar a los hijos, ya sea para lastimarlos o para tratar de justificar sus acciones, pero no porque los quieran, sino simplemente para sentirse mejor con ellos mismos. Andan tras una disculpa, porque mientras no la encuentren, no podrán vivir en paz. Quien abandona a un hijo comete un error gravísimo, muy difícil de reparar.

Otras veces lo hacen para justificarse con su nueva familia, para que no se piense que fueron malos, simplemente lo hacen para seguir engañando y mintiendo.

No nos dejemos utilizar, quien te niega hoy te negará mañana y sólo te buscará mientras pueda obtener algo de ti.

Lo más recomendable es no aceptarlos ni tomarlos en cuenta, deben ser para nosotros lo mismo que fuimos para ellos, simplemente nada. En caso de aceptarlos estaremos validando una relación vacía, donde no hay afectos y no se ve nada positivo a futuro.

Si los ofendemos, amenazamos o corremos, sean hombres o mujeres, no servirá de nada, porque al darse cuenta de que su presencia nos molesta, lo seguirán haciendo. No valen nada y como tal hay que tratarlos, ignorémoslos, dejemos que busquen por otro lado la satisfacción a su negro proceder, eso ya no nos corresponde a nosotros.

Los amigos que han fracasado en su vida, los que no han alcanzado a concretar sus proyectos suelen mal aconsejarnos por envidia, coraje o desquite, a veces hasta por ignorancia. Cuantas primas y primos no se han quedado al final con la pareja, novia (o) o amiga (o) del familiar.

Son tantos los pretextos que nadie sabe a ciencia cierta, cuántas y cuáles son las maneras de perjudicar a un amigo.

No pongamos nuestro futuro en manos de gente inexperta, tampoco confiemos en todos los que nos rodean, pues existen amigos que se venden y otros que se dejan llevar por el deseo, sin importar si son hombres o mujeres.

Hay amigos que estarán cerca de ti, preguntando por tu situación amorosa, queriendo saber todo de tu pareja para que con esa información, puedan llegar directo al corazón del ser amado, soñar, pasear y vivir secretos romances a tus espaldas.

Para ellos. todo esto es parte de un juego de emoción, sólo por saber qué se siente andar con quien uno más quiere o se desea.

Hecho el mal y si tú desistes, se quedan con tu pareja, pero si permaneces con esta, tu relación queda fracturada. No hay que dejarnos arrastrar en el engaño, debemos estar siempre alertas.

«Los secretos no se cuentan, las intimidades tampoco».

En el amor no hay amigos, la lealtad más pura y sincera es la que nosotros mismos nos llegamos a tener.

Las cosas se pueden dar, tener un excelente fin, pero hagámoslo sin prisas, siempre con la mente fría.

El enamoramiento ciega la mente, el corazón pierde la cordura y lo entregamos en forma inexplicable, lo que es un grave error, pero siempre pasa así.

Tengamos criterio, pensemos las cosas en frío antes de dar un paso tan trascendental, pero sobre todo conozcamos lo mejor posible a la otra persona, aunque una vida para conocernos nunca será suficiente.

Si vemos que nuestra pareja toma alcohol sin medida ni control, que pierde los estribos y tiende a convertirse en un ser agresivo a la más mínima provocación, imaginemos qué podemos esperar al momento de estar casados, si ni siquiera a sus padres escucha y menos aún respeta.

A pesar de tener varios años de noviazgo, hombres y mujeres difícilmente se conocen, eso es porque su vida la han dedicado a llenarse de diversión y de actos intrascendentes.

En pocas palabras han perdido el tiempo al no saber fortalecer los vínculos verdaderamente importantes para consolidar una vida en pareja. A la pareja entre mucho mas hay que cuidarla, consentirla, amarla, darle caricias, amor, cariño y afecto; a diario, no de vez en cuando sin importar si es hombre o mujer.

Hay que tener valor para decir lo que no queremos, así como para reconocer que nos equivocamos.

Aun estando a un minuto de nuestra boda nos podemos retirar, incluso al pie del altar o al estar frente al juez, si sabemos que no seremos felices. No cometamos un error tan grave, más aún si sabemos que lo estamos haciendo.

Es importante que este punto lo remarquemos a nuestros hijos, por eso se hace una nueva referencia a este tema.

En especial decirle a las jovencitas que si no están seguras de la decisión que van a tomar, lo mejor es pensarlo o bien desistir definitivamente ya que la idea de un matrimonio es ser feliz, no atarse a una persona con la que no se siente a gusto para pasar el resto de sus días y formar una familia con hijos.

No permitamos que la familia nos obligue con el cuento de: ¡Es que ya gastamos! y ¿Qué va a decir la gente? No importa, cásate con la pareja que te hará feliz, aunque por ahora no tengas fiesta, ya la tendrás después, cuando veas crecer a tu familia.

Si no deseamos casarnos, ¡no lo hagamos! Si al momento de estar por aceptarlo caemos en la cuenta de que las cosas no son lo que deseamos, será mejor decir no, antes que pasar una vida de infelicidad al lado de una persona que no cumple con nuestras expectativas

Esto es válido para cualquiera, siempre será mejor un momento de disgusto que una vida de agonía.

Cuando una pareja está separada por la distancia debe aprovechar al máximo los momentos juntos para charlar sobre sus sueños, aspiraciones y la finalidad en su vida. También es importante saber escuchar y edificar sueños entre ambos.

La comprensión es algo complementario, pues a través de esta nos damos cuenta verdaderamente de lo que puede o no ser nuestro futuro.

Si no respetamos a nuestra pareja ni la tratamos correctamente, esto significa que no nos interesa para ser la compañera o el compañero de nuestras vidas, menos con quien tengamos una familia.

Al comprometernos a formar una familia, estamos aceptando la entrega, la fidelidad y hasta el sacrificio de muchas cosas, a cambio de edificar un maravilloso hogar. No podemos rendirnos a medio camino, solo porque las amistades no los recomiendan y nos hacen sentir vacías. La familia lo es todo y hay que preservarla lo mejor posible.

Conociendo a nuestra pareja con las acciones que realiza día a día, con sus respuestas, su forma de comer, de comportarse y de pedir las cosas, se puede deducir el tipo de vida que llevaremos a su lado, sobre todo cuál será su actuar y responsabilidad dentro del matrimonio. Pero solo al paso de los años sabremos cual es la verdad y realidad.

Así como estos, otros detalles nos hablarán de la verdadera personalidad de cada quien; sólo de esta manera podremos saber si podemos llevar una vida íntima con el que hasta ahora es un desconocido. No es fácil, por lo que debemos tomarnos nuestro tiempo.

Observando cómo se expresa de sus padres, hermanos y amistades, sabremos qué nos espera en lo individual y con los nuestros, al lado de quien hemos elegido para compartir la vida, el futuro.

Y es que la gente es como es y difícilmente cambiará; su esencia siempre permanecerá.

Valoremos los riesgos, evitemos cometer un error del que podamos arrepentirnos.

¡Cuidado! Porque podrían engañarnos diciéndonos que tienen una familia maravillosa que sencillamente no existe, o que si existe, está conformada de serpientes al acecho que le siguen el juego sólo para llevarnos a una trampa.

Muchos padres, hermanos, primos y amigos se prestan a seguir el engaño, cuando alguien cercano se los pide.

Lo único que desean es ingresar a una familia, para que ya estando en ella, concreten sus malévolos planes.

Pueden decirnos una parte de verdad con otra de mentira, prepararnos para el mundo anhelado que con ellos compartiremos, pero que bien saben nunca podrán ofrecernos, por lo que nunca lo veremos.

Bien pudieron saberlo por nosotros mismos, por nuestras familias o por nuestros mejores amigos, nadie lo sabe. Hay gente que es muy capaz e inteligente, que está pendiente de nuestros sueños y es por esa ruta como nos engañan y utilizan.

Se da que hay personas que mucho antes de ser presentadas con nosotros o de que tropecemos en la vida con estas, nos tienen más que estudiados e investigados, los cuales tienen bien pensada la estrategia que emplearán con nosotros, así como la trampa a nuestra medida.

Desde luego la recomendación para hombres y mujeres es estar atentos sobre el comportamiento de quien podría ser nuestra pareja.

Es por esto que las relaciones se deben analizar con inteligencia y calma, dándoles su justo tiempo, pues sólo de esta manera evitaremos muchos desengaños.

Para conocer a las personas debemos tener la cabeza fría y no dejar llevarnos por la pasión, el romance y el enamoramiento, porque cuando estos terminan, nos enfrentan a una realidad muy distinta.

En esta vida nadie se debe mostrar confiado con respecto a su futuro en el matrimonio y el de los hijos; mucho es lo que está en juego, no perdamos entonces el rumbo.

Tranquilos, serenos y prudentes es como debemos llevar una relación, ya que si lo hacemos de forma contraria, terminaremos con un cónyuge muy distinto a lo imaginado, a lo que en verdad necesitamos. Será una equivocación que no durará mucho, pero que sí nos lastimará.

Los valores familiares

El amor, cariño y lealtad, ni se compran ni se venden.

Existen cosas que se les parecen y que podemos tener con dinero, gozarlos por momentos, pero nunca serán algo verdadero para nuestro corazón y vida.

«Mi trono por una reina», «Mi vida por un minuto de amor verdadero», son algunas de las frases que la gente grita ante la desesperación de no haber encontrado en su vida un sentimiento legítimo, a la persona que satisfaga su deseo de amar y ser amados.

Los valores familiares, los sentimientos hacia las personas y todas aquellas cosas que creemos se deben salvaguardar en el seno familiar para preservar la unión, la lealtad, el amor, así como muchos otros atributos, deben irse construyendo con dedicación, no lo hagamos a la ligera, pues de esto dependerá el bienestar de nuestra familia en un futuro cercano.

De ahí la importancia de no vacilar en una relación, menos cuando se trata de estar alejados de nuestra pareja. Si nos decimos «pareja», es para estar unidos y felices con otra persona, de no ser así, lo mejor será no perder el tiempo ni crear expectativas falsas en alguien.

Es necesario subrayar que en ambas partes exista la seguridad, la fidelidad y el amor verdadero, el cual se da poco a poco y se incrementa con el paso del tiempo; el amor de inicio es un afecto muy distinto al que se va dando al paso de los años.

El amor que se siembra, que se cuida y se fortalece, termina por dar un mejor fruto, un amor más inmenso.

Respetemos a los demás

El respeto hacia los demás es de suma importancia, razón por la que debemos estar pendientes de lo que hacemos y decimos.

Dicho valor empieza por no robarle a nadie su privacidad, su tiempo; tampoco debemos interferir en sus planes de vida, en sus decisiones personales.

No vivamos haciendo cosas malas que parezcan buenas, ni aparentando lo que no somos.

Entendamos lo que es guardar silencio cuando los demás duermen o descansan, no hablemos a una casa en horas no apropiadas.

El respeto se demuestra no realizando actividades que puedan dañar el tiempo y la esfera de vida de los demás.

Respetar empieza por uno mismo, seguido por todo lo que nos rodea.

Nuestro comportamiento no debe de afectar la vida propia, menos la de otros.

Cada persona tiene una voluntad y una esperanza de vida. Podemos ayudar y sugerir cómo cambiar a alguien para mejorar, mas no obligar ni imponer conductas contrarias a su modo de ser y de pensar.

Para que nuestros actos no afecten a terceros, debemos de ser conscientes de lo que somos.

El respeto se expresa de muchas formas, iniciando con nuestra sola presencia; recordemos que el trato que exigimos, igual al que damos, es lo que labrará en gran parte nuestro futuro.

La arrogancia, la soberbia en nuestro hablar, así como la presunción de lo que hacemos o tenemos, al igual que el despotismo hacia los demás, son formas claras de nuestra total falta de respeto y carencia de humildad.

Ejemplos hay infinidad, aquí citaremos algunos, por ejemplo, aquellos que en lugar de hablar por teléfono gritan en él, buscando distraer la atención de los demás; son personas insoportables, esto no los hace ser más importantes sino desagradables y molestos.

Quizás la gente no se inconforme, probablemente hasta sonría, pero la verdad es que estos son individuos poco confiables y sumamente problemáticos a quienes todos rehúyen.

El que gusta lucirse afuera del restaurante, estacionarse en doble fila u ocupando dos lugares, tanto como el que suele llamar a gritos al mesero o a la servidumbre, sólo para demostrar quién es el que manda, está cometiendo un grave error.

El que quiere insultar a todo mundo y expresa sus inconformidades con groserías constata su poca calidad moral, por lo que difícilmente serán parte de una sociedad de entendimiento, desestabilizando el hogar y alterando en sus vidas la armonía.

De la misma manera hay quien realiza sus necesidades fisiológicas en plena vía pública, el que no sabe usar un baño, el que deja tirada su ropa sucia en la habitación, el que tira las cosas y no las recoge, el que todo deja destapado –sean los frascos y las botellas–, abiertos sus cajones, el que ensucia las cosas por donde anda y trabaja, es una persona desorganizada, pero además con problemas de identidad.

El estudiante que nunca lleva un lápiz o lapicero al salón de clases, al que le faltan hojas a diario, el que pregunta la hora a cada minuto, el que critica a sus semejantes por sus actos, es una persona que no está a gusto en ningún lado y que no podrá ser pareja fácil para nadie.

Es una falta de respeto tener muy alto el volumen de la radio o del televisor, ocupar dos carriles en vez de uno mientras se conduce un vehículo, manejar drogado o tomado (O BEBIDO), así como utilizar el automóvil para salpicar de agua a la gente que se cruza a su paso, ello denota irresponsabilidad e inmadurez en esas personas.

Entre las cosas que apreciamos habitualmente como negativas, podemos citar la falta de respeto y mal gusto cerrarse a los ciclistas, el no permitir que lo peatones atraviesen con calma la calle o avenida, estacionarse salido en las esquinas o en las bajadas para discapacitados, tocar el claxon por todo, renegar de los demás a todo momento, esto es un reflejo que les brota a los que llevan dentro de sí muchos complejos.

En la familia también se dan muchas faltas de respeto, como el que siempre llega tarde a comer, el que nunca avisa donde anda, el que critica la comida, el que nunca agradece las atenciones, el que no sabe decir gracias y el que no saluda, entre otros ejemplos.

Acordémonos siempre que: «Lo cortés no quita lo valiente», y que la educación como el respeto y la humildad, son el camino que acorta las distancias entre los hombres, sin dejar un mal recuerdo. Es decir, hagamos que nos recuerden por buenas acciones y no por actitudes malas.

Caprichos de los familiares

Es triste pero cierto, hay padres que no han sabido cuidar a los hijos ni educarlos, es decir, tienen hijos malcriados.

Es común escucharlos decir: «Yo así luché y pude salir adelante».

Este tipo de conducta envalentonada y poco razonada, es uno de los principales caminos para que los hijos se sientan sin apoyo y desprotegidos para conquistar grandes metas.

Pero si fracasan en sus pretensiones no será por su culpa, sino por la nuestra, ya que los hemos llenado de malos ejemplos, además de que nunca han visto en nosotros una conducta correcta, decente y adecuada.

Y cuando lo decimos no nos estamos refiriendo a que no estén bien alimentados o nutridos, sino por el contrario, hablamos de que la gente debe y tiene que criar a sus hijos con mucha más educación, valores y principios; al final son precisamente esos valores como un comportamiento más humano lo que demandan los hijos, aunque casi siempre guardan silencio para no alterar a los padres.

Los padres resultan ser los culpables de que sus hijos se conviertan en individuos injustos y mal agradecidos (o desagradecidos), unos verdaderos inútiles y auténticos vagos.

Con estas conductas de la edad de piedra, con análisis tan vacíos y confusos, sólo los estaremos arrojando a los brazos de la delincuencia y la mediocridad.

Si la madre o el padre no imponen un correctivo desde pequeños a los hijos en el hogar, si todo se les perdona, si lo que hace mal la criatura es chistoso para ellos, sin duda serán los culpables directos de que el día de mañana tengan a un hijo o hija irresponsable.

Hay quienes piensan que al facilitar todo a los hijos durante su infancia, niñez y juventud les están demostrando que los quieren mucho, es un error, pues lo único que lograrán será convertirlos en seres dependientes e inútiles.

Este caso se da mucho entre los padres divorciados y quienes por trabajo casi no ven a sus hijos, los mismos que intentan sustituir su falta de cariño con cosas materiales.

Casi siempre los hijos acaban por convertirse en unos patanes, pedantes y aventureros de la vida sin responsabilidades, sin respeto por nada y por nadie, aunque al final los únicos que salen perjudicados son ellos mismos.

Cuando los hijos enfrentan los riesgos y retos de la vida aprenden cosas nuevas y es basándose en estas, como juzgarán de cierto modo la educación que se tuvo en casa.

Sabrán si los padres los ayudaron o los perjudicaron, intentarán alejarse no por desagradecidos, sino para demostrarse a sí mismos que valen algo y que son capaces de salir adelante en la vida, ya que al lado de sus padres no encontraron esa oportunidad.

Los hijos y familiares también se van del hogar cuando en este solo hay pleitos, ofensas y engaños, prefiriendo partir e iniciar desde cero, a ser arrastrados por este tipo de conductas tan perjudiciales.

Pero no solo los padres cometen errores y se aferran a actitudes inadecuadas, también existen hijos que levantan falsos a sus progenitores para dañarlos en su medio y deteriorar su vida pacífica y controlada.

También existen aquellos hijos que buscan sacar de sus cabales a sus padres, que no permiten que estos tengan un solo minuto de tranquilidad y descanso, tal pareciera que tratan de acabarles la vida. No tienen limite en sus vanas pretensiones, quieren su dinero, tiempo y trabajo; no les importa en nada sus padres, solo sus posesiones.

Esto se da principalmente cuando una persona se casa dos o tres veces y en todos estos matrimonios tiene o adopta hijos, por causa de ello unos estarán demandando y presionando por obtener lo que aseguran les corresponde, mientras los otros, para no verse disminuidos, harán lo mismo.

Pero hay padres iguales o peores que se dejan ver como unos santos, pero que en realidad intentan abusar y presionar llevando hasta el límite a sus hijos con los que pareciera que su única finalidad es la de no dejarlos vivir, ni salir adelante.

Lo que no logran por las buenas lo buscarán mediante el chantaje sentimental, nunca están conformes, y lo peor de todo es que crían a sus descendientes con las mismas reglas, las que a su vez estos les aplicarán en su vejez.

Ya lo dice el adagio: «Todo lo que se hace se paga y con creces», así que no sembremos malas semillas para no llenar nuestras vidas de espinas.

Hay hijos que siempre están necesitando de los padres, que prefieren levantarlos de su lecho por un vaso de agua que hacerlo ellos mismos –sin importar que estos tengan 70 u 80 años de edad–; simplemente no hay amor, cariño, ni respeto por ellos.

Son hijos que nunca madurarán, que siempre serán unos buenos para nada, que obligarán a sus padres a convertirse en sus esclavos, en sus títeres, en guiñapos humanos.

Es increíble pero cierto, hay hijos que si los padres no les dan dinero para sus vicios golpean a estos; pero también hay padres que hacen lo mismo, ya que el vicio les nubla la mente, convirtiéndoles en unos verdaderos extraños ante sus seres queridos.

Ciertos padres la pasan mal si no compran la ropa que los hijos quieren, ya que estos hacen tremendo berrinche, se tiran al piso, patalean, insultan y gritan desesperadamente que no se les quiere, sin detenerse a pensar si los padres pueden o no comprársela.

Y es que habrá momentos en los que no se puedan tener ciertos lujos, situación que no logran comprender los hijos.

Si estos bienes o lujos no se adquieren, quizás sea porque propiciarán más daños que beneficios o representan un estatus que no se tiene; aparentar lo que no se es, nunca dejará nada bueno.

Una familia ejemplar.

Todos queremos una familia pero pocos hacemos lo necesario por tenerla, solamente lo exigimos sin saber qué es lo que nos corresponde aportar a cada uno de nosotros para lograrlo, si tenemos los medios y el comportamiento adecuado para ello.

Para tener una familia estable y unida, debemos participar activamente en todo lo que requiera nuestro tiempo y dedicación, incluso realizar algunos sacrificios, cambiar rutinas, hobbies, amistades y viejas costumbres que no van con lo que ahora deseamos. Tomemos en cuenta que todos tenemos derecho a ser felices, pero no por buscar nuestra felicidad, arruinemos la vida de nuestros hijos.

Lo más importante será que la familia cuente con salud, unión, entendimiento, alegría, apoyo entre unos y otros, honorabilidad en su conducta y mucho amor, así como un extremo respeto entre todos los que la integran; es del deseo de vivir unidos y apoyándonos, como nacen las familias ejemplares.

Quien lo haga de forma contraria, corresponderá a quienes se niegan a reconocer sus fallas, las cuales se derivan de haber querido hacer en el tiempo menos indicado, aquello que no nos correspondía.

Aquí surge de nuevo la problemática a la que nos exponemos cuando se emprende el matrimonio de forma prematura, cuando lo iniciamos sin haber aprendido a disfrutar nuestra juventud y adquirido en ella cierta madurez, conocimiento y experiencia; apresurar los tiempos nos lleva a no conocer muchas cosas, con lo que solo cometeremos más errores.

Casarnos jóvenes siempre será un riesgo, ya que la inmadurez de la pareja puede llegar a ser la causa de que al pasar los años, ambos se sientan vacíos y con huecos importantes en su vida por no haber logrado ni conocido otras cosas.

Esto se ve mucho pero, sin embargo, hay parejas jóvenes que han logrado con respeto, amor, lealtad y entrega celebrar sus aniversarios de plata, oro y diamante, lo que nos recuerda que todo es posible.

Al principio, y más si se está enamorado, todo se nos hace fácil, pensamos que a nosotros no puede pasarnos lo mismo que a otros, nos consideramos distintos a los demás, porque nos creemos capaces de superar lo que otras personas no han podido.

Claro, la justificante es que somos mejores, muy inteligentes y que tenemos una capacidad resolutiva superior a la de cualquier equipo de computación. Pero no nos confundamos, pongamos los pies sobre la tierra.

Los hombres como las mujeres pensamos que si cortamos con nuestra pareja nunca más encontraremos a alguien más, o por el contrario que de inmediato nuestros conocidos caerán sobre nosotros, lo que es un pensamiento totalmente equivocado, ya que si bien una relación nos daña, no debemos ni tenemos por qué soportarla. Pero que no sea por la creencia de que otros u otras nos esperan.

Siempre tendremos la posibilidad de encontrar una nueva pareja, una segunda oportunidad, solo que a veces esperamos tanto para tomar la decisión, que aquellos que estaban interesados en uno, pudieron haber encontrado ya con quién hacer su vida. A veces nos apresuramos tanto, que tomamos algo peor que lo que ya teníamos.

Cuando terminamos una relación debemos darnos un tiempo, esto con la finalidad de que nuestra mente y sentimientos se fortalezcan para que no lleguemos debilitados o confundidos a otra relación;

mientras nos reponemos conocemos más de la otra persona y valoramos lo que tiene para ofrecernos, podemos llevar una magnifica y sana amistad que al mismo tiempo nos ayudará a no equivocarnos de nuevo.

El refrán que antes les mencionaba y que dice: «Mientras llega la indicada, me divierto con la equivocada» puede ser de gran riesgo, ya que nos podemos quedar donde no debemos y echar a perder la oportunidad de encontrar lo que en verdad se desea.

El matrimonio, el calor de hogar y el entendimiento entre la familia no es un acto mecánico, sino un algo que se va hilvanando con nuestro comportamiento, capacidad, aptitudes, criterio, normas, sentimientos y muchas otras acciones, que nos hacen sentir, vivir, disfrutar y hasta equivocarnos, algo que no se encuentra en ninguna máquina.

Querer imponer condiciones a la pareja es algo que está fuera de sus posibilidades, costumbres, entendimiento y alcance, es un gran error, ya que aparte de que no podrá lograrlo, lo estaremos etiquetando de «fracasado e inútil», además de tenerlos inmersos en una vida de presión y tensión que nunca los llenará de felicidad, siendo esto último lo que debería de importarnos más.

Aceptar vivir bajo presión o amenazas, será como colaborar para que se pierda la armonía del hogar y se alejen las personas entre sí, ya que ese comportamiento suele destruir toda relación, haciendo que se pierda el amor que alguna vez existió, tras romper las reglas del respeto mutuo.

Es importante recordar que a la pareja como a los hijos, se les debe amar, respetar e incluso querer con sus defectos y virtudes, no de acuerdo a nuestras conveniencias y deseos.

El respeto, la confianza, el amor y comprensión, son la base primordial para lograr la cordialidad y armonía en cualquier relación de pareja, amistad y familiar.

La prudencia debe caber en ambos, pero cuando uno en la pareja la pierde, el otro tiene la responsabilidad de incrementarla para que no se desmorone todo lo que se ha construido. Uno y otro tenemos la obligación de luchar por sacar adelante nuestra unión, más aún si hay hijos, ya que estos sin importar su edad, son los que más recienten la separación y ello les descompone la vida y destroza sus sueños. No hay como tener a papá y a mamá en casa.

Perdonar y saber decir lo siento, son una cura rápida para estos enfrentamientos, la mejor manera de no dejar marca o cicatriz, en aquello que se quiere y se hace.

No nos equivoquemos, recordemos que de niños o jóvenes cuando se está soltero y en casa de los padres, es una clase de vida sumamente diferente a la de casados, la cual representa una nueva etapa en nuestra existencia, que dependerá en mucho del modo de actuar y planear el futuro que se desea.

Aprendamos a ver hacia adelante, a disfrutar la vida en forma positiva pero sin perder el valor para saber decir: ¡Hasta aquí!, cuando las cosas no funcionen. Pero a veces no funcionan como uno quisiera porque la pareja vive medicamentada y ello le corta el deseo de amar, abrazar y tener detalles con la pareja, esto duele, pero con paciencia y hablándolo, se puede resolver, claro que costara trabajo, que se llevara su tiempo, pero se puede y se debe.

Entre las cosas valiosas que tiene la vida están la pareja, los hijos, el hogar, así como la unión de todo esto en una sola célula, la misma que nos cambia de forma rotunda. Si todo lo hacemos con madurez seremos felices, no nos precipitemos entonces.

Así es, la célula de la sociedad es la familia y si ésta no es defendida por sus miembros acabará por desintegrarse, afectando a todas las personas que en ella vivimos.

Las palabras que lastiman son como las cicatrices eternas, que aunque a veces se olvidan, permanecen y agobian para siempre. No digamos cosas que lastimen, es mejor el silencio si con este no dañamos a nadie.

Para poder tener un hogar, un matrimonio y una familia, debemos aprender a vivir con entendimiento, con una apertura de mente y con verdadero amor, ya que de otra manera será muy difícil superar los obstáculos e inconformidades.

Si la esposa quiere ser el capitán y el esposo también, el barco terminará por hundirse. Si solo hay un timón y si este se tiene que compartir, habrá que hacerlo con las mismas reglas, metas y rutas, con la vista puesta en el mismo horizonte, esto con la intención de llegar al mismo puerto.

En complicidad y colaboración de la pareja, el viaje puede resultar más fácil y placentero, porque es así como se pueden hacer realidad los sueños.

Hablar desde un principio de la pauta a seguir en la familia y reconsiderar lo hablado, acrecentará el valor de las personas, engrandecerá a quien así lo hace.

Debemos aprender a hablar oportunamente, hacerlo con paciencia y siempre escuchando a los demás, sin precipitarnos para tomar una decisión y tampoco sin perder el tiempo al estarla posponiendo.

El comunicarnos con la pareja se inicia desde el mismo día en que se conocen, se prolonga en la amistad, se refuerza durante el noviazgo y es en este tiempo de reconocimiento entre ambos, lo que puede ayudar a elegir al compañero ideal.

A veces me río al escuchar que los jóvenes dicen que ya no hay buenas mujeres, mientras que ellas opinan exactamente lo mismo con respeto a los hombres.

Pero más gracioso es que tanto los divorciados, como los viudos, siguen refiriendo lo mismo, sin embargo, todos ellos logran encontrar nuevas parejas. Que pasa entonces, nada, simplemente es la desesperación del momento y la falta de seguridad en ellos mismos.

Desgraciadamente esas elecciones primarias o secundarias son las peores que se pueden tomar, ya que pensamos que si no aprovechamos a casarnos con la pareja que en ese momento tenemos, aunque no sea lo que más nos conviene, no encontraremos con quien hacerlo más adelante. Por ello, observamos tanto desastre matrimonial.

Nos valoramos tan poco pensando de esta manera, que será mejor abrir los ojos, actuar con criterio y madurez a la hora de pensar que si algo no está bien ahora, menos lo estará mañana.

Tomar lo que no va con nuestra forma de ser y de pensar solo nos ocasionará problemas.

Quien no acepta estar con nosotros y nuestras familias, nos esconde de sus amistades o pretenden cambiarnos a su antojo, serán una pesadilla hoy y un terrible malestar para el resto de nuestras vidas. Si el problema es menos, hay que echarle ganas y resolverlo. Nuestros hijos nos observan y toman ejemplo de todo ello.

Si desde un principio la pareja nos intimida, nos acorrala en otro tipo de actitudes y conductas que no van con nosotros, es ahí cuando hay que levantar la voz y decir: «Esto no es para mí y nos vemos».

Aquel que nos quiera vestir a su agrado o utilizar como un objeto que llene un espacio en el momento que quiera, no es satisfactorio y mucho menos sano; no lo permitamos, pues somos seres humanos con sentimientos, sueños y anhelos.

Un comportamiento con imposiciones, caprichos y amenazas, nos muestra que para ellos (ellas) tan solo somos un objeto sin valor, que no somos consideradas personas con virtudes y personalidad; simplemente pasamos a ser una posesión de la mujer o del hombre que dice amarnos, que nos ha perdido el amor y el respeto. Que se olvida de abrazarnos, de decirnos palabras bellas, de hablarnos al oído y de tener relaciones íntimas con amor, cariño y comprensión.

Estar dando oportunidades, así como querer cambiar de color el arco iris natural de una persona, es algo imposible para cualquiera, seguro perderemos el tiempo y la vida sin ningún beneficio.

También hay que aceptar que habremos hombres y mujeres que somos todo un caso perdido, que no cambiaremos nuestra forma de ser y de pensar, entonces tendremos que buscar por otro lado, porque en definitiva aquí nada vamos a lograr.

Por otro lado, existen aquellos que se dejan maltratar, humillar, intimidar y manejar, todo en el nombre del amor, esas son personas masoquistas y si bien les gusta la mala vida, nunca podrán ser felices, porque su personalidad acabará totalmente sometida, al grado de volverse invisibles e insignificantes para todos en la familia.

¿Qué cariño puede existir para alguien, si no se nos trata con amor, respeto e igualdad?

Sería como permitir al marido que nos mande a la recámara a encerrarnos mientras él recibe a sus amigos o que nuestra esposa nos diga que le da vergüenza que nos vean sus amigas y familia.

Si algo no es, nunca lo será. Digamos mejor que se acabó, «No hagamos sueños con mentiras, porque esos nunca serán realidad».

Querer engañarnos con pretextos solo debilitará nuestra conducta, hasta convertirnos en unos muñecos fáciles de manejar y muy probablemente, hasta de desechar.

Las parejas que constantemente están en una lucha continua de celos, reproches, desprecios y otras actitudes que restan valor a nuestra persona como mujeres u hombres, no deben formar parte de nuestras vidas, ya que nada más opacan, entristecen, dañan nuestro ser y anhelos. No confundamos las cosas cundo esto se desprende de las presiones del trabajo, del cómo resolver el mañana y el cumplir con nuestras obligaciones dentro y fuera del hogar y de la familia.

Hay que analizarnos nosotros mismos.

Alguien adecuado es aquella persona segura de sí misma, la que acepta, le agrada nuestro brillo natural y forma de ser, es quien lejos de celarnos, se siente feliz porque logramos nuestras metas y sueños.

Aquella persona que vive cuidando a su pareja, desde su manera de ser, andar y de vestir, es alguien con serios problemas emocionales que requiere urgentemente de ayuda, la misma que si no la recibe; al pasar de los años su conducta se verá afectada por la obsesión y la desconfianza, a un punto crítico de alejar de sus vidas a una excelente pareja.

Por el contrario podemos señalar que una persona segura de sí misma no se la pasará celando a su pareja, simplemente confiará en ella y si ésta traiciona su confianza, inmediatamente hablaran y si no se comprenden más, cortarán esa relación sin rasgarse las vestiduras o arrojarse a la depresión, pues son conscientes de que esa relación no es conveniente y que si asume con madurez su problema, probablemente encontrará una nueva compañera con las características que busca para su proyecto de vida. O seguirán viviendo en la misma casa, pero distanciados el uno del otro, para preservar la familia.

No importa cuán preparada en la vida y en lo académico sea nuestra pareja, si notamos que está desubicada lo mejor será alejarnos, ya que su manera de pensar los lleva a creer que están en lo correcto, cuando con toda su sabiduría lo único que construyen es un fracaso en su vida y un infierno para su familia.

Actualmente a todos nos queda claro que ya nadie camina detrás del otro, sino uno al lado del otro; quien se deje manipular por su pareja perderá su identidad y no volverá a figurar a su lado jamás, así que pensemos bien antes de permitir que alguien nos subestime o intimide, todos somos iguales mientras así lo exijamos, cuando lo olvidemos, se estará acercando nuestro fin.

Si permitimos a la pareja que nos amenace, nos doblegue y nos ordene hasta cómo debemos de caminar, vestir, comer y hablar, llegará el momento en que nuestra personalidad desaparecerá, nuestro espíritu se desvanecerá y quedaremos a merced de sus deseos y caprichos.

Cuando hemos sido sometidos a este tipo de trato cuesta reconocer el daño que nos han hecho, pero a medida que recuperamos nuestra autoestima, se nos abren mágicamente las puertas a una nueva y mejor forma para disfrutar la vida. Siempre encontraremos lo que deseamos, si nos esforzamos y nos lo proponemos.

Tengamos cuidado de la interacción cotidiana porque casos así son los que llevan a los individuos a ser manipulados, utilizados y hasta vendidos sexualmente al antojo de la pareja; sin voz ni espíritu de lucha, sin identidad propia, jamás podremos decir que no queremos, que no lo deseamos o que ello nos molesta.

Peor aun cuando esas conductas tan aberrantes van destruyendo nuestra autoridad en el hogar. Es decir, simplemente nuestra opinión ya no vale, nuestros deseos no cuentan y, por causa de ello, hasta nos alejarán de la familia, para que nadie nos apoye y menos nos hagan despertar en medio de esta terrible pesadilla.

Hay que estar alerta ante este tipo de problemas, que son más comunes de lo que pensamos. No seamos necios, abramos los ojos y pensemos que no tenemos que dejarnos arrastrar por el corazón. Para lograr una buena relación debe haber respeto, si alguien no nos lo da en forma natural, simplemente nunca lo recibiremos.

Sin importar quiénes somos, que hacemos o con quien estamos; respetemos a los demás. Siempre demos lo mejor de lo nuestro, si ello es lo que queremos que se nos dé a nosotros. Dando siempre, sin esperar recibir nada.

Para hombres y mujeres, las cosas son iguales, hay que ver las cosas con calma, no pensemos que fallamos porque no supimos hacer las cosas o porque nos equivocamos, simplemente a veces no somos el uno para el otro, tal y como se pensó.

He conocido personas que se recomiendan entre sí para enamorar a un hombre o a una mujer y casarse con ellos solo porque se los recomendaron por tener dinero o una excelente posición social. Por ello, muchos de ellos o de ellas no aceptan tener hijos para no tener ataduras.

A estas personas, mujeres y hombres, no les importa la persona, se casan por su ambición y, al lograrlo, buscan la manera de quebrantar su unión para llevarse una remuneración económica que les permita vivir plácidamente, solos y gozando de su libertad; digamos que simplemente son embaucadores, que nada valen y todo se llevan, sin importarles lo que dejan atrás.

La vida no deja de sorprendernos y a veces aun teniendo o siendo parte de la pareja ideal, no faltan los enemigos, los que no respetan o no soportan el éxito ajeno y dirigen sus artimañas contra esas personas para separarlas y quedarse con alguna de ellas, sin ponerse a pensar el gran daño que están causando.

No hay que luchar por retornar a la vida universitaria, a sus pláticas, risas, diversiones y amistades; lo bueno perdurará, pero ya al terminar los estudios, la vida hay que encararla con madurez.

A veces de regreso a la tierra y hogar que nos vieron nacer o a veces lejos de este.

Lo importante es iniciar con el pie derecho, así que al terminar los estudios, lo más conveniente es retornar a casa, convivir con los nuestros y revalorar lo que en verdad se tiene y lo que se quiere.

Muchas de las veces no sabemos ver lo que tenemos para nosotros y nuestras familias; no sabemos observar con detenimiento el valor y lo que representa cada persona que está a nuestro lado.

Es bueno y recomendable el hacer este tipo de reflexiones con frecuencia; es como detenernos en el rápido camino de la vida y valorar lo que hasta ese punto hemos logrado.

La vida quien la desperdicia, irá arrastrando por ella una gran ancla de equivocaciones que no le dejará avanzar con prontitud y que no se quitará jamás.

Esta se puede vivir y disfrutar de muchas maneras, hay que saber encontrar lo más adecuado; para que al final de esta, recibamos nuestra recompensa, aun en vida. Por ello dice el refrán «Lo bailado, ya nadie me lo quita», si, pero te lo cobran y lo pagas quieras o no.

Seamos conscientes y prudentes

Así como encontramos a hijos prudentes, también hallamos a aquellos que son inconscientes con sus actos, incluso amenazan a sus padres con irse de la casa o hasta suicidarse si sus caprichos no son cumplidos a su antojo. En esos casos, no hay por qué dejarse intimidar ni mucho menos ceder a sus necedades.

Quienes de esta manera se comportan, desatan su ira y rabia si los padres no dan cumplimiento a sus requerimientos, pero si se los cumplen, es más lo que se les perjudica que lo que se les ayuda.

Algunos padres suelen ceder por el profundo amor que profesan a sus hijos, por el engaño o presión constante, lo que los lleva a ser víctimas de una causa injusta, convirtiéndose en el soporte de una serie de equivocaciones.

Esa falta de determinación para decir no en el momento y lugar precisos, aunada a la seguridad para corregir debidamente al hijo y castigarlo si es necesario, son las causas principales para que estos terminen viviendo en la senda equivocada.

Los padres son los principales responsables del buen o mal comportamiento de los hijos durante su infancia, niñez y juventud; más adelante cada quien labrará su propio destino.

Cuando la hija afirma ser la más hermosa del universo, los padres deben encargarse de hacerle poner los pies sobre la tierra, para que en estas no crezca una egolatría que las aleje de la realidad. Por muy bellas que sean, siempre habrá alguien igual o mejor y aun siendo la más bella, la humildad le dará una mejor valor social y un mayor entendimiento de la vida.

A los hijos varones que se sienten inalcanzables para las mujeres y superiores a los demás, hay que bajarlos de las nubes para que con afecto y cariño los ubiquemos en un mundo real, donde puedan aprovechar sus atributos naturales, los mismos que no los hace superiores ni inferiores a nadie.

De ello se desprende la importancia de saber educar a los hijos sin necesidad de golpearlos, solo con buenos ejemplos y dedicación, otorgándoles calidad de vida y tiempo en familia.

No permitamos que se sientan solos u olvidados, no los abandonemos a su suerte, dediquémosles tiempo para trabajar y crecer juntos compartiendo vida, trabajo, esfuerzo, estudios, obligaciones con satisfacciones y deseos con diversión, tratemos de estar más cerca de ellos.

El acercamiento verdadero entre padres e hijos es una influencia importante, no olvidemos que la madre como el padre no deben ser temidos sino respetados y amados. Y siempre será mejor verlos juntos que separados.

Los padres se ganan el respeto y cariño de los hijos con sus acciones, entre estas, el acercamiento con ellos y la unidad familiar.

Los resultados se dejan ver desde temprana edad, cuando hay que alimentarlos, darles educación y hasta bromear con estos. Hay que conocerlos para ser parte de ellos, apoyarlos a ser mejores.

Educarlos es una gran responsabilidad por lo que no podemos arriesgarnos a perder la posibilidad de guiarlos adecuadamente, de dejarlos en manos desconocidas. Debemos estar siempre pendientes de su educación, desarrollo y crecimiento personal.

Aquí cabe mencionar que si los hijos son problemáticos, agresivos o flojos, justamente será porque así fueron criados, solo siguen patrones de vida que los padres les han heredado, patrones que dificultarán su crecimiento y madurez personal.

No podemos pedirle peras al olmo, tampoco podemos dar lo que no tenemos.

Menos debemos exigir a los hijos que tengan la educación que nunca se les dio. Hagamos nuestro trabajo en tiempo y forma, cumplamos nuestra misión de padres y estemos siempre ahí, nos necesiten o no.

Hay hijos que aunque se les otorgó una buena educación, ejemplo y vida digna, hacen lo que menos imaginamos y se convierten en verdaderos extraños a nosotros y a la familia.

Las malas influencias, la ambición y el egoísmo suelen cambiar el tipo de vida de las personas, por lo tanto, hay que frecuentar a la familia, charlar con esta y enterarnos de sus planes, ello nos puede dar la oportunidad de un buen consejo o enseñanza, aún antes de que elijan el peor camino y con esto arruinen su existencia.

Duele perder a un hijo, pero si ya se hizo todo lo humanamente posible por encauzarlo por el camino del bien sin conseguirlo, será mejor dejarlo apartarse de la familia, para que los demás no se corrompan ni arruinen sus vidas.

Insisto: «La manzana podrida por más querida, hay que ponerla aparte».

Por supuesto que es doloroso, nadie desea ver a un hijo llevando una vida incorrecta, pero debemos tener el coraje para imponer reglas que nos hagan entender que existe un sentimiento de responsabilidad tanto en los hijos como en los padres que se tiene que aplicar.

Suele pasar que la madre o el padre se hacen alcohólicos, perdiendo con esto todo respeto por su cónyuge, hijos y hogar. En una situación como esta lo ideal sería que los miembros que se encuentran sanos se unan para rescatar a la familia, ya sea dando el tratamiento adecuado al enfermo o separándose de este, si él no permite que se le ayude.

La misma regla aplica para la conveniencia familiar, si se trata de los hijos inmersos en el alcohol, drogas u otros vicios.

Es importante que las cosas se analicen concienzudamente en familia, para tratar de buscar una solución que sea la más adecuada para todos, tratando de dañar lo menos posible y sí de ayudar verdaderamente.

Muchos se hacen las buenas personas, pero en realidad son quienes dan el peor de los consejos; cuando se les reclama, solo dicen: «Bueno, tú me preguntaste y yo creí que así estarías mejor, lo hice por ti, no quise destruir tu vida y matrimonio, fue un error como cualquier otro».

Dos cabezas piensan más que una. No se vale que alguno de los cónyuges tome decisiones sin antes haber consultado a los demás afectados, cierto es que quizás tiene la mejor solución pero deberá de convencer a los hijos y familiares de ello, hay cosas en las que no se puede uno permitir los errores.

Esto hará que los hijos no nos vean como una persona injusta, que abandonó a su pareja cuando más lo necesitaban, aunque siempre pasa. Por ello nunca debemos de cansarnos de luchar por nuestra familia.

El amor de la familia puede y debe sanar todo tipo de heridas, pero la unión no lo hace un escudo impenetrable, también reciente los embates de la vida.

Ese amor no debe de cegar a los padres en los tiempos de impartir educación y respeto, tampoco tiene por qué alterar la ruta trazada para su fortalecimiento mental y espiritual como pareja.

Lo adecuado será mantener la igualdad entre todos los que componen la familia, recordándoles que a pesar de que se les quiere de la misma manera, en ocasiones hay que educarlos de forma distinta, ya sea siendo más indulgentes o estrictos con algunos; esto es porque cada individuo cuenta con una personalidad y carácter que los hace únicos.

No hagamos menos a nadie solo por tratar de darle valor a los que no lo tienen, aceptemos a todos y cada uno de los integrantes con virtudes y defectos, no realicemos excepciones que a la larga puedan destruir nuestro hogar.

Como padres e hijos hay que tener el valor necesario para enfrentar los malos tiempos, ya que no puede ser que solamente estemos unidos y fortalecidos en las épocas de abundancia y éxito; cuando el amor, solidaridad y respeto existen, siempre se podrá enfrentar en equipo lo que la vida nos presente.

El fracaso en un negocio, la pérdida de un empleo o la nula posibilidad de concretar los planes anhelados, pueden arrastrar a alguno de los integrantes del hogar a un camino de diversión o perdición, que normalmente lo sacará del ritmo en la vida familiar, ahí es cuando los que verdaderamente nos quieren, vendrán en nuestro apoyo y todo se recuperará.

Si los dejamos a su suerte, si no los ayudamos, más de uno terminará hundido en el dolor y la desesperación; pero si hay un ángel que los cuide, que los arrope, los proteja y tienda su mano para levantarlos, entonces saldrán victoriosos de todos y cada uno de los infortunios que el destino les prepare. Ese ángel es la familia.

No tenemos por qué tener miedo a vivir, a seguir adelante, demos entonces nuestro mejor esfuerzo, logremos el éxito pleno y si en la lucha caemos, levantémonos para continuar nuestro andar, que seremos más fuertes y estaremos más preparados y conscientes de lo que se requiere.

Cada día es una nueva oportunidad de triunfar, cada mañana un nuevo saludo de Dios que nos recuerda que está con nosotros, que tenemos que seguir adelante con fe y sobrado entusiasmo.

Tenemos que ponerle muchas ganas a lo que emprendamos, sin importar donde nos encontremos o lo que estemos haciendo, nunca hay que darnos por vencidos.

Bien dice el refrán: «Cuando más oscura está la noche, es porque ya va a amanecer».

Hasta las mafias para sobrevivir le ponen ganas a lo que hacen, se dedican en cuerpo y alma a su labor; pero nunca olvidan que lo más importante es el resguardo y el cuidado de la familia.

La familia es lo primero y ello no es nada nuevo, esto es algo más que se ha demostrado a través de los siglos de existencia de la raza humana.

Los hombres y las mujeres nos necesitamos mutuamente, pero tenemos que hacerlo como aliados, convivir con agradecimiento y gratitud. Ambos somos valiosos, por ello somos pareja.

Las envidias y malos deseos no deben corromper nuestras reglas de vida, tampoco absorber nuestro tiempo; lo más importante de todo es que sepamos en verdad quiénes somos, qué queremos y hacia dónde vamos.

Lo que pretendemos para nosotros, nuestras familias y los descendientes de estos, es parte de lo que vive en nuestro ser, si estamos sanos desearemos y buscaremos cosas buenas, si somos negativos así será nuestra enseñanza.

Nuestra meta debe ser bien trazada, pareciera compleja pero es tan simple y sencilla, como el decir educa a tus hijos para que no solo te obedezcan, sino para que sepan vivir y convivir correctamente y educar a sus hijos y estos a los suyos.

Así es como perdura la familia, así es como se conservan los gustos por las tradiciones y valores, de otra forma, las cosas se destruyen y al final todo se pierde.

Tampoco debemos ser impositivos, agresivos o falsos, cuando no podamos querer a alguien, tenemos que estar conscientes de que nunca lo lograremos, entonces será mejor retirarnos; sino podemos hacer el bien, no busquemos hacer el mal, así nuestro yo interno se mantendrá sano y fuerte.

A mis familiares y amigos siempre les digo esta frase: «La verdad, siempre la verdad, porque esta duele una vez y se sana pasado un mes, la mentira daña mucho y se sufre de por vida».

«Con calma y nos amanecemos», dicen por ahí, palabras que tienen lógica, pues no queramos hacer hoy lo que es imposible, esperemos el momento adecuado para cada cosa y entonces, si es que este llega, se hará y se hará bien.

Cuando se dice que los hijos son desagradecidos, debemos analizar cualquier situación antes de juzgarlos, resumamos cómo es que fueron criados y si es que en ello no se justifica su actitud, entonces sí serán unos ingratos.

La realidad es que hay padres que no se merecen el cariño de los hijos a quienes se la pasan explotando, ofendiendo y denigrando, manteniéndolos a su lado con engaños tan solo para maltratarlos, sin importarles su edad o las necesidades de estos.

Es por esto que algunas veces los hijos salen del hogar para no volver jamás, la gente los llama ingratos, cuando en verdad lo que ellos encontraron al salir de casa fue su libertad.

En efecto, hay situaciones en que los padres creamos verdaderas prisiones para nuestros hijos, los apabullamos con trabajo, obligaciones y los condicionamos para todo; como humanos se desesperan, se hartan y por un respeto mal entendido se callan, pero aun así sufren.

En la primera oportunidad se irán del hogar para nunca volver, no porque sean malos, sino porque ya no desean volver a sufrir en las manos de quienes los lastiman y los chantajean por amor y cariño.

Así es la vida y ni con este ni con un millón de libros la vamos a cambiar, aunque lo más importante es que aprendamos algo nuevo todos los días, simplemente para mejorar.

Enseñemos a nuestras familias a ser respetuosas con ellas mismas y con los demás, será un gran paso que a todos ayudará.

Si no luchamos por mejorar, ¿qué caso tiene querer seguir viviendo? La complacencia es una mala consejera que nos conduce a la anarquía y con ella a la desintegración del hogar.

El hablar con la pareja se inicia desde el mismo día en que se conocen, se prolonga en la amistad, se refuerza durante el noviazgo y es en este tiempo de reconocimiento entre ambos, lo que mejor puede ayudarnos a elegir la mejor pareja.

Por el contrario, un comportamiento con imposiciones, caprichos y amenazas, nos muestra que para ellas o para ellos solo somos un objeto sin valor, que ya no somos consideradas personas con virtudes y personalidad; simplemente pasamos a ser una posesión de la mujer o del hombre que nos ama, pero que nos ha perdido el afecto, el respeto y más aún el cariño.

Hay que aceptarlo, hay mujeres y hombres que somos caso perdido y que no cambiaremos nuestra forma de ser y de pensar; entonces hay que buscarle por otro lado, por acá nada se va a lograr.

Sin embargo, hay quienes se dejan maltratar, humillar, intimidar y manejar en el nombre del amor y del cariño, esos son masoquistas y si bien les gusta el maltrato, no así serán felices, porque cada vez su personalidad está más sometida, pisoteada y se vuelven invisibles e insignificantes para todos en la familia.

INTENCIÓN DE LOS «TIPS»

Esta recopilación de pensamientos vagos, ideas difusas quizá, que no llevan un orden lógico, no es más que una leve exposición que a muchos no gustará, pero que a todos servirá.

Sin embargo, fueron escritos con el mayor interés de hacer una aportación a la vida cotidiana, en especial que este documento llegue a nuestros muchachos que por su inmadurez pueden ser presa de situaciones nocivas.

También hay decenas de recomendaciones, comentarios y asuntos de interés para los jefes de familia con la intención de que tengan un texto que puedan consultar en cualquier momento para adquirir «un nuevo aire» y enfrentar con éxito las metas y responsabilidades que se propongan en la vida.

Por eso es que algunos asuntos escabrosos se tocaron reiteradamente para afianzar este conocimiento.

Se podría hacer algo mucho más completo, pero eso nos alejaría del propósito de que esto sirva como un simple «tip», para que las personas piensen y recapaciten en su actuar individual, así como familiar.

Faltan muchos temas por tocar, otras trampas por descubrir, pero este pequeño manuscrito no fue hecho para ser un reglamento, sino un simple recordatorio de que somos humanos y de que cualquiera nos podemos equivocar.

Es una muestra de que podemos dar consejos y externalizar nuestras experiencias de vida, aprender a escuchar a los demás, así como de que también podemos errar, ya que nadie es perfecto.

Para que queden claras las posturas aquí manifestadas, no estamos a favor de las mujeres o de los hombres, tampoco defendemos a los hijos de los padres o a estos de ellos, solo exponemos la verdad y cada uno de nosotros tendrá que meditar para saber cuál es la manera idónea de actuar.

Habrá cosas que al tratarse no vayan con nuestra forma de pensar, otras quizás sí, pero si nos fijamos un poco más, en ellas varios de nosotros nos vemos reflejados.

Obvio es que estos textos y consideraciones son perfectibles. De hecho no se aspiró a hacer algo perfecto. Por el contrario, en su propia imperfección nace la idea del lector quien sabrá corregir en su propia vida al reconocer sus errores, aunque lo aquí escrito nunca acepte.

Seguramente los hijos no van a estar muy de acuerdo con lo que aquí se señala, pero de algo les ha de servir; tal vez de esa corrección, en ellos nazca un nuevo ser.

De hecho esa es la idea fundamental.

Con esta serie de «tips» y consejos podemos llegar a formar personas distintas, que lleven de la mejor manera su nuevo hogar, dándole a los hijos la oportunidad que quizás a ellos les faltó.

Esa es mi intención, de que cada quien descubra dentro de sí mismo quién es en realidad, para que así enfrente con responsabilidad su compromiso, llevando a buen término su misión.

Cuando se lean estas frases y consejos nadie deberá temer, ya que son palabras que nos ayudarán al comprenderlas; todo lo que puede pasar es que se haya perdido un poco de tiempo, al leer sin comprender.

Es la advertencia para todo género de que solo Dios es perfecto; el recordatorio de que como humanos fuimos creados, mas no por eso estamos olvidados.

A propósito se insistió sobre algún tema, a fin de ligarlo a diversas circunstancias, dado que las controversias, discusiones o problemas entre pareja, pueden ser similares con los padres o con los hijos.

Es decir una conducta puede repetirse en varios escenarios, por eso es que se quiso dar claridad a cada una de las exposiciones, con ideas cortas, entendibles.

La verdad es que cada cabeza es un mundo, distinto y valioso, al que no se le deben de imponer reglas ni caprichos, sino dar libertades y oportunidades.

Tan es así, que hoy en día se permiten libertades que antes ni siquiera se pensaban y que si se exploraban, bien que se escondían.

Algunos dicen que el mundo cambió pero esto es falso, somos nosotros los que estamos cambiando y alterando las reglas del juego, ya sea para bien o para mal, pero somos nosotros y nadie más.

Estamos en una época donde el pensamiento infinito de las computadoras se ha ido perfeccionando para igualar el ingenio del hombre, ante esa revolución de inventivas, de conocimientos y grandes cambios, existen personas que se revelan porque no están de acuerdo con ello.

Este tipo de personas inventan nuevos patrones de vida, se dan oportunidades diferentes, renuncian a sus obligaciones y condiciones que les corresponden por naturaleza, adoptando las que no son para ellos, como una manera de demostrar su inconformidad con lo que recibieron e inician una lucha para obtener lo que desean.

Esto no es muestra de que estén o no en lo correcto, simplemente tienen una forma diferente de ver y enfrentar la vida, por tal motivo se revelan, cambian y quieren dejarse escuchar.

Cierto es que la humanidad no se puede quedar cruzada de brazos, tiene la obligación de recurrir en la superación de ellos mismos y en ayuda de todos los demás, siempre con los mismos derechos e iguales condiciones.

La grandeza del hombre radica principalmente en que sabe amar y crear, pero al mismo tiempo cuenta con sentimientos, sencillez, humildad, razonamiento, lealtad y generosidad, por mencionar algunas cualidades.

¿Cómo podemos desear destruir esos valores que son lo más grande que tenemos, actuando de forma equívoca que nada bueno nos reditúa?

Luchemos, pero hagámoslo día tras día y sin detenernos, no perdamos el tiempo poniéndonos a ver lo malo que pasó, sino lo bueno que pasará.

Las acciones de otras personas por malas que hayan sido con sus rencores, envidias, malos tratos, abandonos y engaños, etcétera, son simplemente situaciones que el tiempo borrará. No vale la pena cargarlas en nuestros corazones y mentes, porque solas se perderán en el valle del olvido y de la indiferencia para no lastimar a nadie más.

Tenemos que ser más listos que nuestros adversarios, no permitamos que nos arrastren a su juego mortal, nuestra capacidad tiene que superarlos, alejémonos de ellos en el momento oportuno.

No hay mejor lucha que la que no se efectúa, porque nadie sale lastimado y nunca la revancha se dará, recordemos siempre que,

«La batalla que mejor se gana, es aquella que nunca tenemos que librar».

A poner en práctica los consejos

Aquí hemos conjuntado un gran número de recomendaciones, las cuales difícilmente recordaremos con gran exactitud, por ello insisto que es aconsejable con alguna frecuencia volvamos a leer estos consejos, que nos pueden ayudar a obtener un mejor sistema de vida en familia. Cuando tengas dudas o preguntas, abre el libro en donde quiera que tu mano señale y ahí encontraras algo de lo que estás buscando.

Al decir familia, convoquemos a nuestra esposa, a nuestros hijos, familiares y gente cercana para compartir algunas de estas reflexiones, en el afán de que nos hagan mejores personas.

Así de manera individual podremos aportar cambios y transformaciones en nuestro entorno, especialmente en estas épocas que se viven situaciones difíciles en todo el mundo y desde luego más allá de nuestras fronteras personales.

Este texto pretende que ocasionalmente pueda ser leído por los jóvenes que frecuentemente pueden sentirse desorientados por todas las circunstancias que viven y las decenas de mensajes que llegan a ellos diariamente.
De la misma forma, son una guía para reforzar los conocimientos de los padres y de las parejas sobre la mejor manera de vivir las cosas.

En resumen, se ha hablado aquí del amplio abanico de relaciones y posibilidades que se dan entre los humanos, la interacción con nuestros seres cercanos y también la manera de comportarnos con la gente con quien tenemos un trato cotidiano.

Como se citó al inicio de este libro de superación y autoconocimiento, permítanme ratificar:

Debemos de entender a la humanidad, pero iniciemos por conocernos y comprendernos a nosotros mismos, pero no olvidemos que la humildad en las personas, los llevara por el camino que los convierte en seres grandes».

Este libro se imprimió en Madrid
en mayo del año 2017

www.ingramcontent.com/pod-product-compliance
Lightning Source LLC
Chambersburg PA
CBHW022054150426
43195CB00008B/127